国家精品资源共享课教材

国际私法

蒋新苗 | 主编
郑远民　邱润根　邓杰 | 副主编

PRIVATE
INTERNATIONAL
LAW

法律出版社
LAW PRESS · CHINA
北京

图书在版编目(CIP)数据

国际私法 / 蒋新苗主编. -- 北京 : 法律出版社,
2022
ISBN 978-7-5197-6757-0

Ⅰ. ①国… Ⅱ. ①蒋… Ⅲ. ①国际私法 Ⅳ.
①D997

中国版本图书馆CIP数据核字(2022)第087761号

国际私法
GUOJI SIFA

蒋新苗 主编

策划编辑 沈小英
责任编辑 刘晓萌
装帧设计 鲍龙卉

出版发行 法律出版社
编辑统筹 法治与经济出版分社
责任校对 杨锦华
责任印制 吕亚莉
经　　销 新华书店

开本 710毫米×1000毫米 1/16
印张 27.5 **字数** 593千
版本 2022年8月第1版
印次 2022年8月第1次印刷
印刷 固安华明印业有限公司

地址:北京市丰台区莲花池西里7号(100073)
网址:www.lawpress.com.cn
投稿邮箱:info@lawpress.com.cn
举报盗版邮箱:jbwq@lawpress.com.cn

销售电话:010-83938349
客服电话:010-83938350
咨询电话:010-63939796

书号:ISBN 978-7-5197-6757-0
定价:69.00元
凡购买本社图书,如有印装错误,我社负责退换。电话:010-83938349

国际私法

撰稿人（以撰写章节先后为序）：

蒋新苗　熊育辉　邓　杰　佘少峰

郑远民　王霖华　邱润根　郭树理

朱雅妮　刘　杨　魏增产

前　　言

国际私法作为调整涉外民商事关系的法律部门，在当今多元化时代，内容日趋丰富，形式不断多样化，且逐渐分化出新的、复合型或具有交叉性的分支。同时，国际私法的“私”性本质使国际私法的实践性特征日益突出。

本教材作为国家精品资源课和国家精品资源共享课的主干教材以及国家仿真实验教学的核心教材，既有别于传统教材编排体例，又在守正创新的基础上化繁为简、去粗取精、去伪存真、抛虚留实，力求理论知识和实践技能的完美结合，便于读者轻松、快乐、方便地阅读和学习，学有所悟、学有所获、学有所用。

本教材采取知识结构图、内容导读、法律职业资格考试要点、正文、法律职业资格考试真题五大板块进行编写，简化国际私法的理论介绍，突出国际私法的实践应用。同时，通过正文中课堂讨论、理论争鸣、相关链接的栏目设置，引发学生讨论，拓展理论思维。

国际私法的理论研究和实践发展，亟须推出与时俱进的相关教材，便利法科学生与教师开展仿真实验教育活动。在法律出版社法治与经济分社沈小英社长的多次催促下，我们组织了10所高校从事国际私法教学与研究的同仁，结合自身多年的教学经验进行编写。全体编写人员精益求精，根据2010年《中华人民共和国涉外民事关系法律适用法》和2020年最高人民法院制定的《关于适用〈中华人民共和国涉外民事关系法律适用法〉若干问题的解释（一）》以及相关的最新立法与司法解释，结合2021年开始实施的《中华人民共和国民法典》的相关规定，历经反复磨练，最终才将这本立体化国际私法精品资源共享课程与仿真实验教材完成。全书各章节编写者的具体分工如下（以撰写章节为序）：

蒋新苗，湖南师范大学法学院，担任第1章、第2章、第3章和第12章的编写；

刘杨，湖南理工大学政法学院，担任第2章的编写；

邓杰，上海师范大学政法学院，担任第4章和第5章的编写；

佘少峰，上海海事大学法学院，担任第6章、第8章和第10章的编写；

熊育辉，广东财经大学法学院，担任第10章的编写；

郑远民，湖南师范大学法学院，担任第7章和第9章的编写；

王霖华，广州大学法学院，担任第11章的编写；

邱润根，南昌大学法学院，担任第13章的编写；

郭树理，苏州大学法学院，担任第14章的编写；

朱雅妮，广东工业大学法学院，担任第14章和第15章的编写和修改；

魏增产，北京科技大学法学院，担任第15章的编写。

在教材编写、修订及多媒体课件制作过程中，各位作者本着求真务实的态度，严格遵守学术规范，广泛参考、借鉴同类教材与优秀的精品课程的课件，博采众长。终因时间和学术水平的局限性，未必尽如人意，教材中存在的错漏与编选不当之处，敬请读者谅解并批评指正！

蒋新苗

2022 年 7 月 1 日

目　　录

第一章　国际私法的概念与渊源

[知识结构图]

- 国际私法的概念与渊源
  - 国际私法的名称与定义
    - 国际私法的名称
    - 国际私法的内涵与外延
  - 国际私法的性质
    - 国际私法兼具国际法与国内法的性质
    - 国际私法兼具实体法与程序法的性质
    - 国际私法以私法为主导并兼有公法的性质
  - 国际私法的调整对象
    - 涉外民商事法律关系的定义
    - 涉外民商事关系法律冲突产生的原因和条件
    - 涉外民商事关系法律冲突的实质
    - 涉外民商事法律冲突的类型
    - 解决涉外民商事关系法律冲突的主要途径
  - 国际私法的渊源
    - 国内立法
    - 法院判例
    - 国际条约和国际惯例
    - 一般法理、国际私法原则与学说
  - 国际私法的范围
    - 国际私法范围的界定
    - 国际私法规范的种类
  - 国际私法的基本原则与方法
    - 国际私法的基本原则
    - 国际私法的基本研究方法

[内容导读]

国际私法作为预防和消除各国民商事法律冲突的一个独立的法律部门，不可避免地要涉及处理不同国家的当事人在进行跨国民商事交往中出现的法律问题。掌握必要的国际私法知识，有助于我们运用该法律手段维护国家在对外民商事交往中的权益，保护中外当事人的正当权益，促进国际民商事的合作与交流。因此，首先必须弄清国际私法基本概念，明确国际私法的性质，了解国际私法的调整对象、调整方法以及法律渊源与范围，把握国际私法的基本原则和研究方法。本章是全书的导论部分，学好本章内容是深入、全面把握国际私法各部分内容的前提，可为学习以后各章奠定坚实基础。

[法律职业资格考试要点]

本章在考试中所涉及的要点有:国际私法的名称(法则区别说、私国际法、国际私法、冲突法),国际私法的定义与特点;国际私法的调整对象,国际民商事法律关系(涉外民商事关系)的内涵与外延,涉外民商事关系法律冲突产生的条件,法律冲突的概念与类型,国际民商事法律冲突的特点,国际私法调整国际民商事法律关系的方法;国际私法的渊源(国内立法、国内判例、司法解释,国际条约、国际惯例);有关国际私法范围的不同主张、国际私法的规范类型(外国人的民商事法律地位规范、冲突规范、国际统一实体私法规范、国际民商事争议解决规范)。

第一节　国际私法的名称与定义

事例 1.1

2013 年，一位 17 岁德国女孩马娅与一位 18 岁中国男孩朱军在英国牛津大学留学时相识并相恋。2015 年 7 月马娅随朱军回国探亲时到中国旅游。朱军父母非常喜欢马娅，希望两人早日成婚。2015 年 9 月，马娅和朱军到男方户籍所在地民政部门申请登记结婚时，因马娅未达到中国法定婚龄而被拒绝了。

一、国际私法的名称

国际私法（Private International Law）作为调整各种含有涉外因素的民商事关系的一个独立的法律部门，其名称至今未能统一。一般而言，大陆法系各国比较普遍地称之为“国际私法”，而普通法系各国则更多称其为“冲突法”（Conflict of Laws）。

（一）大陆法系国际私法名称

1. 意大利的国际私法名称

早在 14 世纪，国际私法学的创始人巴托鲁斯（Bartolus）在探寻意大利城邦法则冲突的解决办法时，使用了“法则区别说”这一术语。[①] 不仅当时意大利的大部分国际私法学者接受和使用这一名称，而且法国和荷兰的许多国际私法学者也相继认可和使用“法则区别说”来称谓国际私法。由于巴托鲁斯主要是从区别“法则”（statuta）的性质入手来确定它们是否可以在域外适用，因此，当时的国际私法学通常被称为“法则区别说”或“法则说”。[②]

2. 荷兰的国际私法名称

“冲突法”这一名称是荷兰学者罗登伯格（Rodenburg）最早提出来的。1653 年，他在《关于婚姻的法则或因习惯冲突而产生的法律问题》中，[③]第一次使用了“冲突法”

---

① 巴托鲁斯（Bartolus de Saxoferrato，1314 ~ 1357 年），意大利后期注释法学派的代表人物之一，立足于探讨城邦法则的普遍适用性来解决城邦法的冲突问题。他以前人的研究成果为基础，把法则分为人法和物法，并进一步区分了“混合法”，明确提出人法具有域外效力。巴托鲁斯因在国际私法方面的开创性贡献而被后世称为“国际私法之父”。

② “法则区别说”所要解决的主要是当时意大利半岛各城邦法则之间法律适用问题，并非 19 世纪以来频繁发生的内外国私法的适用问题。所以，19 世纪以后几乎再无学者使用“法则区别说”（或“法则说”）来称谓国际私法。

③ See J. H. C. Morris et al., *Dicey and Morris on the Conflict of Laws*, 10th ed., Sweet & Maxwell Ltd., 1980, p. 29 – 30.

(de conflictu legum)这一名称。[①]

3. 法国的国际私法名称

法国学者弗利克斯(Foelix)是首先用“私国际法”这个名称的人,其不仅正式使用“Droit International Prive”来称谓这一法律部门,而且是一个坚持把国际私法看作国际法的学者,1840 年曾发表一篇题为《论内外国法律的冲突·又称私国际法》的论文。如今这一名称在法国以及其他一些拉丁语系国家较为流行,英美等普通法系国家也有部分学者在继续使用这一名称。

4. 德国的国际私法名称

德国国际私法学者奥斯塔特(Örstadt)在 1822 年出版的国际私法专著中,将其命名为“外国法适用论”。因此,德国曾将国际私法的立法称为“民法施行法”。

真正称“国际私法”的却是德国一位叫雪佛(Schäffer)的学者,1841 年,他在一本研究国际私法的历史著作《国际私法的发展》中首先称这一法律部门为“Internationales Privatrecht”,而直译为英文则成了“International Private Law”。如今,德国学者大多沿用这一名称。此外,日本、俄罗斯以及东欧一些国家的学者也广为使用这一名称。

5. 日本的国际私法名称

日本有的学者认为,国际私法既然是规定内外国交往的私法关系,就应该称之为涉外私法(Foreign Private Law)。此外,还有称之为“私法关系的国际处理法”(Internationale Rechtsbehaudlung der Privatrecht Lichen Verpaltnisea)、“私间法”(Zwisechen Privatrecht)、“界限法”(Grenzrecht)、“体系间法”(Droit Intersystematique)等。在国际私法立法方面,日本过去(1898 年颁行的法律)称为“法例”,2007 年则改称为“法律适用通则法”。

除上述名称外,国际私法这一法律部门还拥有许多不同的名称。如萨维尼(Savigny)有时则把国际私法学称为“法律的场所效力论”(die Reaumliche Herrschaft der Rechtsnormen)。不仅如此,20 世纪的学者中还有把国际私法学称为“法律的域外效力论”(Extrateritorial Effect of Law)的。此外,也有学者称之为“国际民法”“国际商法”“国际民商法”等。

“国际私法”这一称谓在大陆法系国家占主导地位,无论在理论研究还是立法实践中都较为常见。

(二)普通法系国际私法名称

1. 美国的国际私法名称

美国的国际私法奠基人斯托里(Joseph Story)1834 年在其《冲突法评论》

---

① 荷兰国际私法学者胡伯(Huber)在 1684 年曾使用过“冲突法”这一名称。美国国际私法学的奠基者斯托里在其著作中也使用过“冲突法”这一名称。号称“近代国际私法之父”的德国著名法学家萨维尼(Saving)对斯托里倍加推崇,萨维尼在 1849 年的《现代罗马法体系》(第 8 卷)一书中也未对“冲突法”这一名称提出任何异议。不过,英国国际私法泰斗戴西(Dicey)认为,与其把国际私法称为“法律冲突论”,不如命名为“法律选择论”(choice of law)更为恰当。

(*Commentaries on the Conflict of Laws*)一书中最早提出“私国际法”(private international law)这一术语,但他并未用它作为书名,相反,他采用了欧洲大陆荷兰学者 17 世纪所首创的“冲突法”(de conflictu legum)这一名称。

2. 英国的国际私法名称

在英国,“国际私法”与“冲突法”这两个名称的使用概率大体相当。例如,英国学者论及该法律部门的两部经典巨著,戴西和莫里斯的著作就命名为《冲突法》,[①]而戚希尔和诺斯的著作则取名为《国际私法》。

对于国际私法这个法律部门的称谓,即使在英、美学者之间也是存在差异的。尽管“Private International Law”这个名称为美国斯托里所首倡,但直到今天,“Conflict of Laws”在美国使用得更广泛。究其原因,关键在于美国将这一部门法主要用于解决它自己各个州之间的法律冲突,自不宜称为“国际私法”,而英国却并非完全如此。

(三)中国的国际私法名称

我国台湾地区沿袭中华民国的立法称其为“涉外民事法律适用法”,我国香港特别行政区习惯按普通法系的习惯称其为冲突法,而我国澳门特别行政区则依照大陆法系的传统称其为国际私法。就我国内地(大陆)大多数学者观点来看,通说主张使用国际私法这一名称。在我国内地(大陆)的全国性立法中,《中华人民共和国民法通则》(已失效)将涉外篇命名为“涉外民事关系的法律适用”,2010 年全国人大常委会在通过我国单行的国际私法方面的立法时继续沿用了该名称,即命名为《中华人民共和国涉外民事关系法律适用法》。

总之,国际私法这个法律部门或学科的名称存在如此大的分歧,主要是因不同时代、不同国家或地区、不同学者对于国际私法所要解决的问题和任务存在不同的看法而产生的。了解这些名称,可以帮助我们从不同侧面认识国际私法这一法律部门或法学学科的性质和作用。

二、国际私法的内涵与外延

(一)国际私法的内涵

国际私法是以涉外民商事关系为调整对象,以解决法律冲突为中心任务,以冲突规范为最基本的规范,同时包括规定外国人民商事法律地位的规范、避免或消除法律冲突的统一实体规范以及国民事诉讼与仲裁程序规范在内的一个独立的法律部门。

可见,国际私法的本质特征,一方面在于其调整对象的特殊性,即调整含有外国因素的民商事关系,而调整对象的不同,正是区别不同法律部门的基础;另一方面还在于它致力于解决因各国民商法规定不同而产生的法律冲突,这是其常规功能及中心任务所在。

(二)国际私法的外延

凡是具有国际私法的本质特征所指称的对象范围就是国际私法的外延,如古代国

---

① 英国国际私法泰斗戴西(Dicey)认为,与其把国际私法称为“法律冲突论”,不如命名为“法律选择论”(choice of law)更为恰当。See J. H. C. Morris et al., *Dicey and Morris on the Conflict of Laws*, 10th ed., Sweet & Maxwell Ltd., 1980, p. 29 – 30.

际私法、近代国际私法、现代国际私法;大陆法系国际私法、普通法系国际私法;普遍国际私法、特殊国际私法;比较国际私法、统一国际私法、国别国际私法;人际国际私法、时际国际私法;航空国际私法、海事国际私法、侵权国际私法、贸易国际私法等。

理论争鸣

关于国际私法的定义

由于对国际私法的调整对象、功能、方法及范围的理解不同,中外学者从不同角度给国际私法下过种种定义。美国学者比尔(Beale)1935 年曾出版了一本《冲突法专论》(*Treaties on the Conflict of Laws*)。[①] 他在著作中收集了不同学者从不同侧面给国际私法下的定义,在比尔之后,又有各种各样的新定义出现。但概括起来,古今中外有关国际私法的定义不外以下几类:

第一,根据国际私法的调整对象加以定义,即国际私法是调整涉外民事关系的法律部门。

第二,从解决涉外民事关系中法律冲突的角度下定义,即国际私法是解决各国私法冲突的规范总和。

第三,从有关涉外民事关系应服从外国法的效力的角度下定义,认为国际私法是规定在有关情况下或多或少要服从(或让位于)别国的法律的规范。

第四,从法律适用的角度下定义,即提供在一国领域内适用他国法律的规则的法律。

第五,用列举国际私法的范围的方式下定义,英国的戚希尔(Cheshire)和戴西(Dicey)等都认为,国际私法是处理涉外民事案件管辖权、法律适用和外国判决的承认与执行的规范的总和。

第六,从全面概括国际私法的调整对象、功能、方法及范围的本质特点的角度下定义,如我国台湾地区国际私法学者刘甲一明确指出:"国际私法定义谓其系统规范涉外关系而分配有关国家之制法及管辖权限并制约其行使之法律也。"我国著名国际私法专家韩德培教授则主张:"国际私法是以直接规范和间接规范相结合来调整平等主体之间的涉外民商事法律关系并解决涉外民商事法律冲突的法律部门。"[②]

课堂讨论案例

美国纽约 A 公司同英国伦敦 B 公司于北京签订标的 100 万美元的贸易合同,交货地美国纽约,并约定适用法国法来处理他们之间将来可能发生的合同争议。后美国纽约 A 公司违约,英国 B 公司在美国纽约法院起诉。

[问] 该案属于国际私法问题还是冲突法问题?

---

① 参见邓正来:《美国现代国际私法流派》,法律出版社 1987 年版,第 19 ~20 页。

② 韩德培:《国际私法新论》,武汉大学出版社 1997 年版,第 22 页。

第二节　国际私法的性质

一、国际私法兼具国际法与国内法的性质

事例 1.2

叶特苹富是英国一位著名的电子产品销售员,英国利物浦太盛克电子贸易跨国公司(以下简称太盛克公司)非常赏识其才干。因此,太盛克公司与叶特苹富在利物浦签订了一份雇佣合同,约定由太盛克公司不定期聘用叶特苹富担任太盛克公司日本分公司的总经理,未约定雇佣期限。受聘之后,叶特苹富赴日本任职,其工资有一部分是在利物浦领取的。大约在叶特苹富任职 1 年以后,其因与雇主发生争执而被解雇。于是,叶特苹富在日本东京地方法院向利物浦太盛克公司起诉,称被告太盛克公司无故将其解雇是滥用雇主权利,并要求被告太盛克公司付清尚未支付的薪酬。

随着国际联系的加强,国际关系日益丰富多样,已经在国际法与国内法之间产生了许多相互渗透以至跨越几个领域的综合性法律部门。国际私法现已发展成为一个综合性的独立法律部门,既具有国际法律性质的一面,又具有国内法律性质的一面。

相关链接

国际私法与国内民法的比较

项目	国际私法	国内民法
调整对象	含有涉外因素的民商事关系	不含有涉外因素的民商事关系
法律关系主体	自然人、法人	自然人、法人
法律渊源	国际条约、国内立法、国际惯例	国内立法
法律规范	间接性的冲突规范	实体规范
争议解决途径	程序问题的解决,除适用一般民事诉讼法外,还要适用国家关于国际或涉外民事诉讼程序法的规定	国内民事争议程序问题的解决只适用一般民事诉讼法

二、国际私法兼具实体法与程序法的性质

国际私法的中心任务是解决法律冲突,因而主要是冲突法,但同时还包括统一实体法、国家的外国人法①以及解决涉外民商事争议的程序法。可见,国际私法既包含实

---

① 国家的外国人法既含有一般意义上的实体法,又含有间接规范人的行为和关系的冲突法。

体法，又包含程序法。我国著名国际私法学家李双元教授认为，国际私法中的冲突法也确实还具有程序法性质的一面，即冲突法本身就包括国际民事管辖权与诉讼及仲裁中许多程序问题的法律适用制度。① 可以说，国际私法是冲突法、实体法以及程序法的混合体，这正是国际私法的独特性所在。

三、国际私法以私法为主导并兼有公法的性质

尽管国际私法在名称上仍仅称"私法"，但无疑在当今时代，它已兼具公法和私法的两重性。主张将国际私法定性为兼具公法与私法二重性的基本理由，一方面，因为国际私法的法律适用规范旨在指示法官如何适用法律，理应属于"公法"；另一方面，既然国际私法对涉外案件所可适用的实体法予以"决定"，据此乃得间接确定实体法上的权利义务，而此处的实体法即指一国的"私法"。从某种程度上分析，国际私法既不完全属于公法，也不完全属于私法；或反过来说，它既包含有公法的性质，也包含有私法的性质。② 国际私法所包含的公法与私法性质，都不能仅用某一种规范某一方面的性质或作用加以论证，而必须从多角度来作出全面、客观、科学的考察。

相关链接

国际私法与国际公法的比较

项目	国际私法	国际公法
调整对象	涉外民商事关系	国家、国际组织之间的关系
法律关系主体	自然人、法人	国家、国际组织
法律渊源	国际条约、国内立法、国际惯例、法律原则与学说	国际条约、国际习惯
法律效力	国内强制实施	非强制性
解决争端方式	诉讼与仲裁	斡旋、谈判、调解与国际法院诉讼

理论争鸣

关于国际私法的定性

自从19世纪中期开始，各国的国际私法学者与实务工作者对国际私法的性质问题便一直争论不休，至今尚未取得统一的认识。长期以来，争议的问题主要集中在两大方面：国际私法是国际性法律还是国内性法律？国际私法究竟是实体性法律还是程序性法律？

---

① 参见李双元：《国际私法（冲突法篇）》，武汉大学出版社2001年版，第31～33页。

② 参见陆东亚：《国际私法》，台北，正中书局股份有限公司1979年版，第13页。

对于国际私法到底是国内性法律还是国际性法律的问题，国内外学者都有三种不同的观点：国内法论、国际法论、二元论或综合论。

1. 国内法论的主要观点

这一学派通常被称为“民族主义学派”或“国内法学派”，主张国际私法属于国内性质的法律，主要代表人物包括：德国的卡恩（Franz Kahn）、努斯鲍姆（Nausbaum）、沃尔夫（Wolff）、梅尔希奥（Melchior）、法国的巴丁（E. Bartin）、尼波耶（J. P. Niboyet）、巴蒂福尔（Batiffol），英国的戴西（Dicey）、戚希尔（Cheshire），美国的比尔（Beale）、库克（Cook）等。这一学派中的绝大多数学者断然否认有一种凌驾于一切国家之上的“超国家的国际私法”的存在，认为国际私法只是国内法中的一个部门。他们认为每个国家都有权制定本国的国际私法，各国国际私法只是本国国内法的一个分支，其主要理由与依据是：第一，国际私法调整的是非主权者的民事法律关系；第二，国际私法的渊源主要是国内法；第三，国际私法上的争议一般由一国的法院处理，不属国际法院管辖范围；第四，国际私法规范的制定和适用取决于该国的国内自身利益与意志。

由于在传统上，一直认为只有规范国际社会中以国家为主体的国家间的法才是国际法，从而一些学者要否定国际私法也包含有国际法的内容和兼具国际法的性质，断然认为“国际私法”根本就不是“国际的”。我国一些学者也将这种观点奉为圭臬，只是其根源主要在于苏东国际私法学说的影响，如苏联学者彼列切尔斯基与隆茨等都曾认为国际私法实质上既“非国际法，又非私法”。受其影响，我国著名国际公法学家王铁崖教授也持类似的观点，还有学者甚至认为国际私法乃“国内公法”。不过，这种看法已背离现代国际国内的实践，难以成立和自圆其说。①

2. 国际法论的主要观点

这一学派通常被称为“世界主义学派”或“国际法学派”，明确主张国际私法是国际性法律，其主要代表人物有：德国的萨维尼（Karl Von Savigny）、巴尔（Ludwing Von Bar），意大利的孟西尼（P. S. Mancini）、法国的魏斯（Weiss）、毕耶（Pillet）等。这些学者从不同角度论证国际私法是具有国际性质的法律，其主要论据可归纳如下：

第一，从国际私法调整的社会关系的性质来说，已经超出一国范围而具有国际性，并且这种社会关系跟国际公法所调整的社会关系在本质上并无区别。

第二，就国际私法的渊源而言，国际条约和国际惯例已成为国际私法的重要渊源，并有趋向表明国际条约作为国际私法的渊源将占越来越多的比重。

第三，国际私法的作用同国际法一样，亦在于划分国家之间主权的效力范围，或认为冲突法既然只规定何种民事法律关系应适用哪国的法律，所以它只赋予国家以适用或不适用特定法律权利与义务。

第四，从国际私法本身所包括的原则、制度来说，其中不少是与国际公法一致的，诸如条约必须信守原则、主权原则、内外国公民平等的内外法律平等原则、互惠原则等。

---

① 参见李双元：《国际私法（冲突法篇）》，武汉大学出版社 2016 年版，第 24 页。

根据以上列举的论据及其他一些理由,持国际私法属于国际法的观点的学者认为,国际法分为国际公法和国际私法两个平行的部门,恰好像同一树干上长出来的两个分枝,因而国际私法是国际性质的法律。

3. 二元论或综合论的主要观点

这一学派主要代表人物有德国的齐特尔曼(Zitelmann)和捷克斯洛伐克的贝斯特里斯基(R. Bystricky)等人,他们认为,国际私法是介于国际法与国内法之间的一个独立的法律部门。其所以如此,是因为就国际私法的基本原则而言,既有属于国际法方面的,也有属于国内法方面的;①就国际私法规范而言,既有国际条约与国际惯例方面的渊源,也有国内冲突法及与之相关的法律渊源。

综合分析可知,二元论或综合论的观点较前二者各执一端的主张,是更为可取的。因为对一个法律部门的具体定性,明确其属于哪一类法律体系时,既不应该固守于不是国际法就是国内法(或者不是国内法就是国际法)这种绝对的、僵化的二分法分析,又不应该只停留于抽象的理论探究,更不宜完全拘泥于各自调整社会关系的性质的不同,而应该从生动的现实社会生活和实践出发,进行科学的分析和揭示。例如,国家豁免、外交豁免等问题就牵涉外国国家和外交人员从事民商事活动的问题,而这个问题,既是国际公法上的课题,也是国际私法上的课题。再如,从国际私法渊源上看,它仍主要由国内法构成,但它的国际法因素正在日益增加:许多新的立法已明确规定,在有国际条约存在的情况下,应优先适用条约中的冲突规范(如 1986 年联邦德国国际私法、1982 年土耳其国际私法、1984 年秘鲁国际私法、1974 年阿根廷国际私法、1979 年前南斯拉夫区际私法和 1982 年前南斯拉夫国际私法、1979 年匈牙利国际私法、1995 年意大利国际私法、1992 年罗马尼亚国际私法、1996 年列支敦士登国际私法、1998 年委内瑞拉国际私法等)。事实上,戚希尔和诺斯早就指出:将国际私法和国际法二者看作完全无关的两个法律部门是非常错误的。因此,著名法学家李双元教授明确指出:国际私法所应担负的功能,在 21 世纪,肯定将在建立国际民商新秩序方面,与国际公法、国际经济法等一样,发挥重大的作用。②

国际私法究竟是实体法还是程序法,学者之间也是有争论的。在这个问题上,大体亦可区分出三大理论派别,即程序法学派、实体法学派和综合法学派。③ 程序法学派把国际私法或者完全视为"法官的法",或者认为它是指示法官的"路标法"或"桥梁法";实体法学派的主要观点是国际私法虽在争议发生后起指示法官如何适用法律的作用,但它首先还是以实体涉外民商事关系为规范对象的,只是在这种关系发生争议时,才发挥其"路标法"的作用,因而国际私法毫无疑问是实体民商法的适用法,理应属于实体法;综合法学派在基本上支持实体法学派的观点的基础上主张,因当代国际私法已纳入许多程序法性质的内容,故认为国际私法除实体法性质外还兼具程序法性

---

① 参见谢石松:《国际私法学》,高等教育出版社 2007 年版,第 20 页。

② 参见李双元:《李双元法学文集》,中国法制出版社 2009 年版,第 35 页。

③ 参见李双元主编:《国际私法》,北京大学出版社 2011 年版,第 27 页。

质。越来越多的国际私法学家已承认国际私法规范是包括规定涉外民事诉讼与商事仲裁程序问题的规范。

课堂讨论案例

1984年,中国A公司与美国B公司签订了一项从后者购买一批钢材的合同,后因美方无力履行,在征得A公司的同意后,将合同卖方的权利、义务全部转移给瑞士G公司。G公司于1985年3月14日向A公司发出电传称:“货物已在装船港备妥待运”,“装船日期为1985年3月31日”,要求A公司开出以G公司为受益人的信用证,并最终提取了货款。此后,A公司并未收到钢材,经多次电传催询和交涉,G公司拒不答复或以种种理由搪塞。A公司遂于1986年向S市中级人民法院起诉,要求返还货款,赔偿银行利息,经营损失及其他费用。S市中级人民法院受理此案后,经调查,被告既无钢材,也无钢厂,一切单证均系伪造,构成欺诈侵权,最后的判决基本满足了原告A公司的请求。

瑞士G公司不服一审判决,上诉至S市高级人民法院。其主要理由为双方签订的购货合同中有仲裁条款,而中国已加入1958年《承认和执行外国仲裁裁决的公约》(《纽约公约》),因而原审法院无管辖权。

[问]　该案是否属于国际私法问题？该案应适用何国的法律判决？为什么？

第三节 国际私法的调整对象

事例 1.3

中国西安某进出口公司有一批电缆。1998 年 5 月 15 日向老客户美国公司发出要约,规定 15 日内承诺有效。美国公司 5 月 27 日以邮政快件形式承诺。由于邮电部门工作失误,将“西安”误作“西宁”,致使该邮件迟至 6 月 1 日才到达西安进出口公司。该西安公司已于 5 月 31 日将该电缆卖给一家中日合资企业。美国公司起诉西安进出口公司,要求其承担违约责任。理由是:依照美国法律,承诺一经发出,即产生法律效力,合同就正式成立。西安公司将货物转售他人,显属违约行为。西安进出口公司抗辩称:要约规定的 15 日承诺期限应至 5 月 30 日期满。依照贸易惯例,5 月 30 日之前未收到承诺,该承诺即失效,合同尚未成立,更谈不上违约问题。

一、涉外民商事法律关系的定义

从国际私法产生历程与其发挥的最具本质意义的功能和作用来看,国际私法与其他部门法的根本区别就在于其调整对象为涉外民商事法律关系。① 所谓涉外民商事法律关系,是指基于国际社会的人流与物流而产生的一种社会关系,即在民商事关系的主体、客体和权利义务据以发生的法律事实中,至少有一个因素与外国有联系或含有跨国性。②

一般来说,从民商事法律关系构成的角度分析,凡具有下列要素之一的均可构成涉外民商事法律关系:

1. 作为民商事法律关系的主体的一方或双方是外国自然人、法人或无国籍人。此外,国际组织或外国国家也可能成为涉外民商事关系的主体。例如,一位中国人与一位英国人在我国登记结婚,德国公司在我国成立合资企业,俄罗斯一公民在我国持有中国某公司发行的股票等,均属于这种情况。

2. 作为民商事法律关系的客体或标的是位于外国的物、财产或需要在外国实施或完成的行为。例如,长沙市公民柳某继承其父遗留在日本的房产,法国某建筑公司承建印度的一项油田开发工程,中国某企业将其所拥有的位于意大利的一块土地转让给希腊人等。

---

① 涉外民商事法律关系(civil and commercial legal relations involving foreign elements),或者称国际民商事法律关系(international civil and commercial legal relations),或者称国际私法关系(relations of private international law),或者称跨国民商事法律关系(intercountry civil and commercial legal relations)。

② 将涉外民商事法律关系作为国际私法的调整对象,只是着眼于它最一般的意义,而且是从广义上讲的。它不仅包括物权关系、国际破产关系、国际信托关系、国际海商事关系、国际票据关系,而且包括发生在国际民商事领域的各种债权关系、知识产权关系、婚姻家庭关系、财产继承关系以及劳动关系等。

3. 民事法律关系的内容即权利义务据以产生的法律事实发生在外国。[①] 例如,婚姻或收养的成立在外国,引起继承的死亡发生于被继承人有外国住所的期间,或引起损害赔偿责任的侵权行为发生在外国,或合同的缔结或履行在外国,或判决在外国取得等。[②]

二、涉外民商事关系法律冲突产生的原因和条件

所谓涉外民商事关系法律冲突,就是指对于同一民商事关系因所涉及各国立法不同且都主张对它管辖,而产生的法律适用上的冲突。通说认为,在处理涉外民商事关系时之所以会产生法律适用上的冲突,主要存在以下四个方面的条件或原因:一是在现实生活中大量出现含有涉外因素的民商事关系;二是所涉各国民商法上的规定并不完全相同;三是各主权国家的司法权独立;四是各主权国家为了发展对外经济贸易关系,需要赋予外国人在内国的平等的民商事权利地位,并且在一定范围内承认所涉外国法的域外效力(extraterritorial effect)。就这四个条件来看,前二者可以说是发生法律冲突的客观原因,但如主权国家在这样的现实生活面前,不采取后面两项政策,则法律冲突仍然是不会发生的。当今世界,在各国不赋予外国人平等的民事权利地位的领域,或在主权国家出于重大利益与安全的考虑而不允许承认有关外国法的域外效力的社会生活关系中,依然不会产生法律适用上冲突问题。

三、涉外民商事关系法律冲突的实质

由于各国民法规定的不同,加上内国法院在处理涉外民商事关系时,又承认外国民法的域外效力,这就产生了法律适用上的冲突。国内一些学者曾明确地指出:这种法律适用上的冲突实质上就是“外国法律的域外效力[③]与内国法律的域内效力,[④]或内国法律的域外效力与外国法律的域内效力之间的冲突”。正是外国法的域外效力与内国法的域内效力或内国法的域外效力与外国法的域内效力之间的冲突这一实质催生了冲突法或国际私法。

---

① 国际私法中所讲的外国因素中的“外国”(foreign),也应作广义的理解,实际上包括“含有其他法域”的意思。例如,在联邦制国家中,其内含不同民商法的各组成单元也包括在内,即往往包含有“其他法域”这一含义。这在美国这样的联邦制国家中表现十分明显。在私法上,美国每一个州都可以说是一个“法域”(territorial legal unit)。英国的国际私法中所指称的“外国”(foreign),即使是涉及苏格兰和北爱尔兰的民商事关系,它也是把它们当作涉及德国或法国一样的民商事关系来对待的。在我国的司法实践中,国际私法规范也常常适用于我国台湾地区、香港特别行政区和澳门特别行政区的民商事关系。

② 最高人民法院2014年12月18日《关于适用〈中华人民共和国民事诉讼法〉的解释》第522条和2012年1月8日《关于适用〈中华人民共和国涉外民事关系法律适用法〉若干问题的解释(一)》第1条的规定基本相同,“具有下列情形之一的,人民法院可以认定为涉外民事关系:(一)当事人一方或双方是外国公民、外国法人或者其他组织、无国籍人;(二)当事人一方或双方的经常居所地在中华人民共和国领域外;(三)标的物在中华人民共和国领域外;(四)产生、变更或者消灭民事关系的法律事实发生在中华人民共和国领域外;(五)可以认定为涉外民事关系的其他情形”。

③ 法律的域外效力就是指一国法律在制定者管辖领土以外尚能发生的效力。法律的域外效力则主要表现为国家的属人优越权(Personal Supremacy)。

④ 法律的域内效力就是指一国法律所具有的及于其管辖领土内一切人、物和行为的效力。法律的域内效力主要表现为国家的属地优越权(Territorial Supremacy)。

四、涉外民商事法律冲突的类型

事例 1.4

一个在纽约州有住所的人与一个在伊利诺伊州有住所的人结婚，其结婚实质要件是依纽约州法还是依伊利诺伊州法，就是区际法律冲突，需要用区际私法来调整；而一个在纽约州有住所的美国人与一个在东京有住所的日本人结婚，其结婚实质要件是依美国法还是依日本法，就是国际法律冲突，需要由国际私法来调整。

在国际私法中所讨论的法律冲突，主要是指法律的国际性冲突，即不同国家的法律之间的冲突。除此之外，国际私法有时还要涉及民商事法律的区际冲突、人际冲突和时际冲突等方面的问题。

(一)法律的区际冲突

法律的区际冲突(Interregional Conflict of Laws)是指一国内部不同的地区或法域之间私法的冲突。解决一国内部不同地区之间私法(主要是民商法)冲突问题的区际冲突法又称区际私法(Private Interregional Law)。

在19世纪以前，国际私法主要是作为区际私法发展起来的，直到现在，两者在大多数原则与制度上还是共通的。因而，有学者将区际私法称为准国际私法。在国际私法运用国籍作属人法的连结点指引一个内部存在多数法域的国家的法律时，它有时还需要求助于该国的区际私法中的有关规定来解决当事人属人法的确定问题。

相关链接

国际私法与区际私法的比较

项目	国际私法	区际私法
目标	解决不同国家的法律之间私法的冲突	解决一国内部不同的地区或法域之间私法的冲突
国籍的作用	国籍是重要的连结点	国籍这一连结点完全不起作用
受制约因素	“公共政策”	受到中央宪法的制约；“公共政策”(Public Policy)运用于内部区际之间的法律冲突远比运用于国际之间的法律冲突有着更为特别的要求

(二)法律的人际冲突

法律的人际冲突(Interpersonal Conflict of Laws)是指一国之内适用于不同宗教、种族甚至不同阶级的人的法律之间的冲突。调整这种人际法律冲突的法律制度又被称为人际私法(Private Interpersonal Law)。尽管人际法律冲突的原则在形式上与现代冲突规范有相同之处，而且也具有法律适用法或法律选择法的性质，但是，它要解决的不是两个国家或两个不同法域的(亦即空间的)法律冲突问题,而是在一个主权之下,哪一个当事人所属的法律应适用于有关法律关系的问题。所以,不能简单地认为这种解决人际法律冲突的原则就是国际私法的冲突法原则或国际私法的冲突规范。

相关链接

国际私法与人际私法的比较

项目	国际私法	人际私法
目标	解决不同国家法律的空间冲突问题	解决一个国家内部不同类别的人适用不同法律的问题
连结点	具有空间或地域意义的事实因素	不具有空间或地域意义的事实因素,以所涉及的有关当事人来指引应适用该人所属的法律
受制约因素	含跨国因素	一般不含跨国因素

(三)法律的时际冲突

事例 1.5

在法国,直到1912年以后才通过法律允许非婚生子对其父提起确认父子关系的诉讼。假如一个1910年出生的法国人于1960年在纽约州法院对一个住所在纽约的美国人提起此种诉讼,这时,该法院就不仅首先要考虑美国纽约州的法律和法国法的冲突问题(场所冲突),而且在确定应适用法国法后,还要考虑1912年以前和以后的法国法中不同规定之间的冲突,即时际冲突。

法律的时际冲突(Intertemporal Conflict of Laws)是指可能影响同一民商事关系的新法与旧法、后法与前法之间的冲突。解决这种法律时际冲突的法律制度称为“时际私法”(Private Intertemporal Law)或时际法(Intertemporal Law)。萨维尼的国际私法名著《现代罗马法体系》第8卷的书名便称为《法律冲突与法律规则的地域和时间范围》,不但首次系统研究了法律的空间或地域冲突,而且也最早着手并研究法律的时际效力冲突问题。时际法律冲突主要不是解决法律的场所冲突的,尽管有时也会提出究应适用前一国籍(或住所,或所在地等)还是后一国籍(或住所、或所在地等)的法律的问题,但这种情况在时际法上又叫“动态冲突”(Conflicts Mobiles),似乎应包含有场所冲突。

相关链接

国际私法与时际私法的比较

项目	国际私法	时际私法
目标	解决同一场所可能同时发生效力的两个法律之间的冲突问题	解决的前后两个场所或同一场所前后两个法律之间的冲突
连结点	有空间或地域意义的事实因素	具有时间意义的事实因素
受制约因素	含跨国因素	一般不含跨国因素

区际私法、人际私法、时际私法，都可能属于国际私法中所涉及的问题，然而它们所要解决的已不是和国际私法处于同一平面的问题，而是在冲突规范指定应适用某一国法律之后才提出的。因此，匈牙利国际私法学家萨瑟（Szászy）将区际私法、人际私法、时际私法等归入了“二级法律冲突”，而将国际私法的冲突定位为“一级法律冲突”。①

五、解决涉外民商事关系法律冲突的主要途径

解决涉外民商事关系法律冲突的途径就是解决涉外民商事关系法律冲突方法，主要有间接调整的方法与直接调整的方法两种。

所谓间接调整方法，就是指在解决涉外民商事关系中的法律适用冲突问题时，通过冲突规范来指定各种不同性质涉外民商事关系应该适用的准据法，而不直接规定当事人的权利义务关系。最早开始采用并一直沿袭至今解决涉外民商事关系法律冲突的办法就是这类间接调整方法。

基于间接调整方法的内在缺陷，19 世纪末 20 世纪初，国际上又出现了另一种实践，即解决法律冲突问题的直接调整的方法。

所谓直接调整的方法，就是指有关国家间通过双边或多边国际条约的方式，制定统一的实体法，用以直接支配涉外民商事关系当事人的权利义务关系，从而避免或消除法律冲突和法律选择。由于适用统一实体法规范避免了在国际民商事交往中可能发生的法律冲突，有学者称之为“避免法律冲突的规范”，而冲突规范则是“解决法律冲突的规范”。

---

① István Szászy, *Private International Law in the European People's Democracies*, Publishing House of the Hungarian Academy of Sciences 1964, p. 115 – 118.

相关链接

间接调整方法与直接调整方法的比较

项目	间接调整方法	直接调整方法
运用的规范	冲突规范	统一实体法规范
特性	不直接规定当事人的权利义务关系	直接规定当事人的权利义务关系
运用程式	第一步：适用冲突规范，找出某个涉外民商事关系应以何国法作准据法；第二步：适用该准据法来确定该涉外民商事关系当事人之间的权利义务	遵守一般条约适用程序
作用	解决法律冲突	避免或消除法律冲突
缺陷	当事人难以预见法律行为的后果；同案判决的不一致性；易导致出现选择挑选法院甚至规避法律的情形；涉及反致、公共秩序保留、外国法查明与法律规避等一系列相关制度的运用，复杂化	统一的难度大，特别是在婚姻家庭与继承等领域，产生统一实体法的可能性较小；因统一实体法主要见之于国际条约，但国际条约原则上只对条约的缔结国或参加国有约束力，很难约束非缔约国的当事人；统一实体法公约并非完全排除当事人另行选择法律的权利，也会减损直接调整的效力

理论争鸣

1. 关于涉外民商事关系的法律冲突产生的原因和条件，各国学者的概括和总结并不统一。

有学者认为，法律冲突的产生有五个条件或原因，即内外国人的频繁交往；外国人民事权利地位得到承认；内外国法律存在差异；国家司法权的独立自主；允许内外国法律的并用。另外一些学者认为，法律冲突产生的最基本的条件或原因只有两个：一是世界上并存着许多具有平等主权的国家，它们各自有着自己独特的法律制度；二是这些国家的自然人和法人，需要在民法、家庭法及劳动法等关系中建立接触与联系，并希望得到外国的保护。此外，还有学者从内外国两方面的立场来分析这个问题，就内国来说，它应该承认外国人在自己境内的平等的法律地位，在一定的民商事关系中，承认外国法律与自己的法律具有同等的价值；而就外国来说，它也要承认自己在他国的公民必须服从他国的管辖，同时也希望他国在一定范围内承认自己的公民依自己的法律在本国已取得的权利。还有学者认为法律冲突的产生主要有三方面的条件或原因：各国人民往来频繁，有些民事法律关系含有涉外因素；各国民法互相歧异；对含有涉外因素的民事法律关系,在一定范围内有适用外国法的必要和可能。虽然各国学者对于涉外民商事关系的法律冲突产生的原因或条件有不同的看法,但实际上大同小异。

2. 关于"直接适用的法"。

在讨论涉外民商事关系的调整方法时,还有必要进一步探讨各国国内法中那些直接适用于涉外民商关系的实体规范。所谓"直接适用的法",在一部分学者的视野中是指那些不必经过冲突规范的指引而可"直接"适用的法律,称为"lois d' application immediate"或"directly applicable law",主张"直接适用的法"是国际私法上"法律选择的另一种全新的方法"。它们之所以构成"直接适用"性,一是不受国际私法上公共秩序制度的制约;二是不需要依赖于"连结因素"的指引,它们在空间上的适用范围是"自我界定"的。这样,它们当然就与冲突法完全不同,更不属于统一实体法的范畴了。而另一部分学者并不完全否定它们与冲突法制度的关系,但它们的适用界限或空间是由它们自己决定的(不是通过冲突决定的),所以又称"自我限界的法"(self-limiting rules)或"空间上有条件的法"(specially conditioned rules)。对于这类法律,目前普遍认为其"起源于现代国家的干预直接深入到了传统上本属民法范畴的事项""主要是保障一个国家的政治、经济或社会的重大利益或基本制度的法律"。追根溯源,这种法律的适用,早在国际私法产生之时,就已在法则区别说的考虑之中,甚至整个法则区别说就是从法律的性质来区分其可否在域内必须直接适用的。早先,只是把"直接适用的法"作为公共秩序制度的一部分,而且主要仅涉及法院国自己的这种实体规范。但现在随着本应适用的"外国公法"不得借冲突规范而加以排除的观念与立法的逐渐推广,把各国国内法中的"直接适用的法"纳入对涉外民商事关系进行法律调整的国际私法范畴的观点常有所见。如果把国际私法的性质与功能定位在构筑整个国际民商新秩序上,而不是只解决法律冲突问题,那么把各国国内法中这种"直接适用的法"归入国际私法的范畴,当然不无道理,因为它们同样起着直接调整涉外民商关系的作用。但是,必须注意,这种"直接适用的法",无论是法院国的,还是外国的,在目前还没有足够的证据证明它们完全不受国际私法上公共秩序制度的制约。这是因为这类规定在制定国看来,虽有其政治、经济、社会、道德上的种种根据,但它不一定与适用国的政治、经济、社会、道德上的要求相一致,如美国的《赫尔姆斯·伯顿法》就是这样。另外,还要注意的是,这种"直接适用的法"的适用至少不至于破坏当今国际社会所追求的内外国法律平等和法律适用上的国际协调原则。否则,由于这种"法"的大量"直接适用","单边主义"与"属地主义"倾向就必定会重新滋长起来,法律冲突不但不会受到制约、减少与化解,反而将重新加剧并阻碍国际民商事交往的进一步发展。①

课堂讨论案例

中国公民李某曾与丈夫胡某侨居印度尼西亚,但李某因思乡心切要求回国。后经努力,李某终于如愿以偿,携子女回广州定居,并用丈夫胡某寄回的侨汇在广州市购买

---

① 参见李双元等:《中国国际私法通论》,法律出版社2003年版,第11页。

了一幢住房,房主登记为胡某。子女长大以后先后出国或去中国香港特别行政区定居。1990年李某申请去香港特别行政区定居获准,欲将住房卖掉,经人介绍,李某在未经其丈夫同意的情况下,将房屋以65万元人民币卖给了新加坡人任某某。同年11月,双方前往房管部门办理产权过户手续,因李某未取得丈夫胡某的同意出卖了住房,房管部门未给其办理过户手续。后李某因身体原因,未去香港特别行政区定居;其丈夫胡某得知卖房一事,从国外来信反对,并通过律师到房管部门,要求不予办理过户手续。在这种情况下,李某要求取消房屋买卖契约,各自返还房款和所占住房。但任某某坚持房屋买卖有效,双方不能协商解决,任某某于1994年诉至中国法院,要求确认房屋买卖有效。

［问］　该案的法律关系涉及哪些法律部门?该案应适用何国的法律判决?为什么?

第四节 国际私法的渊源

事例 1.6

中国公民李某、张某与韩国人金某合著一本有关内科的医学著作《中韩医目》，2003 年由中国某科技出版社用中文出版，合署了 3 人的姓名。后来，张某与李某将该书译成英文，由中国某出版社转让给英国某出版社在英国出版。张某、李某在将书稿交给中国国内出版社时，在书稿上未署韩国作者金某的姓名，出版社由于疏忽也未提出异议就在英国出版发行。该书英文版在英国出版以后，被韩国作者金某发现，并找到英国出版社，英国出版社称此稿系中国出版社转让，署名中没有韩国金某的名字。金某遂来中国状告中国某出版社侵权。

一般认为，国际私法的渊源也就是指国际私法规范的存在及其表现形式。① 换言之，各种用以表现国际私法规范的具体形式就是国际私法的渊源。

一、国内立法

国际私法最主要的渊源是国内立法，它包括规定外国人民事法律地位的规范、冲突规范和国际民事诉讼程序规范等。一些国家集中在单行的冲突法或国际私法中加以规定；也有一些国家则分散在宪法、民法、商法、经济法、劳动法、民事诉讼法等部门法中；还有一些国家在民法典或其他法典中以专篇或专章，比较系统地规定国际私法规范。

我国主要采用国际私法单行法与其他法律法规中的涉外法律适用规则的立法形式，如 2010 年 10 月 28 日第十一届全国人民代表大会常务委员会第十七次会议通过的《中华人民共和国涉外民事关系法律适用法》这一单行国际私法是我国国际私法的主要渊源。1992 年《中华人民共和国海商法》(以下简称《海商法》)第 270 ~ 272 条，1995 年《中华人民共和国民用航空法》第 185 ~ 188 条，1995 年《中华人民共和国票据法》第 95 条、第 97 条、第 98 条及第 100 ~ 102 条，2019 年《中华人民共和国外商投资法》第 2 条、第 31 条，以及 2020 年《中华人民共和国民法典》第 467 条、第 594 条、第 683 条、第 1109 条，都是我国国际私法的重要国内法律渊源。此外，我国 1991 年颁布的《中华人民共和国民事诉讼法》第四编及其他有关规定以及 1994 年颁布的《中华人民共和国仲裁法》、1986 年的《中华人民共和国外交特权与豁免条例》、1990 年的《中华人民共和国领事特权与豁免条例》以及最高人民法院有关海事案件管辖权和诉讼前扣押船舶的具体规定等，是我国国际私法程序法方面的重要渊源。

---

① 法律渊源(Sources of Law)主要是指法律的效力渊源，即指法律由不同机关创制或认可而具有不同效力，从而也就可以划分为各种类别，如制定法(宪法、法律、行政法规等)和判例等，有时也包括经认可的习惯、法理等。参见沈宗灵：《比较法研究》，北京大学出版社 1998 年版，第 161 页。

二、法院判例

法院的判例是否可以成为该国国际私法的渊源，在国际私法实践中是有分歧的。[①]大陆法系国家早先一般不承认判例可以成为法律的渊源，而普通法系国家却一直以判例法为主。[②] 有的学者指出，在国际私法这个领域，不管成文法如何发达，以及如何强调编制成文法的意义，都不能排除法院或法官造法（judge-making law）的作用，都不能排除法院或法官的自由裁量权。这主要因为国际私法涉及领域极其广泛而复杂，立法者不可能预见并提出一切可能发生的情况。因此，法院和法官在19世纪曾对国际私法的发展作出过重要的贡献，许多重要的冲突原则与冲突法制度都在那时通过判例确定起来。可以断言，在目前或将来，判例仍会在国际私法中发挥作用。

此外，国际法院的一些涉及国际私法的判例往往也发展成为现代国际私法的重要渊源。国际法院也做出过许多有关国际私法的判决，虽然其中主要涉及法人国籍、外国人法律地位及外交保护方面的问题，但有关适用法律的判例也偶有所见。[③]

我国一般不承认判例可以作为国际私法的法律渊源，但结合整个国际社会来看，可以充分认识到判例在国际私法中的作用。从理论上分析，我国国际私法的原则与制度，也需要通过判例来加以发展和补充。

三、国际条约和国际惯例

（一）国际条约

从国际社会的角度看，国际条约作为国际私法的渊源，已占有越来越大的比例。在我国，因为实行对外开放的政策，并且积极参与国际事务，不但已经并将继续参加和签订一些国际私法或含有国际私法内容的多边公约或条约，而且已经并将继续和有关国家签订专门的或含有这方面规定的双边条约或协定。根据“条约必须信守”（pacta sunt servenda）的原则，我国在有关调整涉外民事关系的立法中常常明确规定，我国参加或接受的国际条约同中华人民共和国法律有不同规定的，除我国声明保留的外，应适用该国际条约的规定。不仅如此，在我国民法通则及其一些民商事单行法中规定，如果我国法律和我国所参加的条约均无规定时，可以适用“国际惯例”。这就表明，就我国国际私立法而言，国际性方面的法律渊源主要是国际条约。

---

① 所谓判例，是指法院的某判决具有法律约束力，可以成为以后审判同类案件的依据。

② 由于判例繁多，且十分凌乱，互相抵触，因而英美法系国家的国际私法学者在整理编纂判例方面，有着杰出的贡献。在英国，著名国际私法学者戴西于1896年编著出版《冲突法论》，该书从1949年起一直由莫里斯（Morris）等人相继予以修订，到2006年已出到第14版；在美国，1971年由哥伦比亚大学法学院里斯（Reese）任报告员，出版的《冲突法重述（第二次）》（*Restatement*，*Second*，*Conflict of Laws*），都是这方面的经典代表。

③ 例如，1955年4月6日国际法院对诺特鲍姆案的判决和1970年2月5日对巴塞罗那案的判决便涉及外交保护问题；1926年5月25日关于波兰在西里西亚征用德国工厂案的判决及外国人的待遇问题；1929年7月12日关于塞尔维亚和巴西政府在法国发行公债所发生争议的两项判决以及1958年11月28日国际法院关于波尔监护权一案的判决等，都涉及法律适用上的问题。

相关链接

作为国际私法渊源的条约的适用应注意的问题

第一，尽管国际法要求有关缔约国必须善意地履行条约的义务，但是履行条约的国内程序仍然得由各国自己决定。对此，往往有不同的实践，并大体可分为两类：一类是将条约规定转变（transformation）为国内法，即条约在国际上生效后，必须在经国内立法机关用国内立法的形式转化为国内法，才使条约在国内生效，如意大利和英国；另一类则是无须转变，通过国内立法将条约的规定直接采纳入（adoption）国内法，条约在国际上生效后，在国内就自动生效，如美国和西班牙。中国 1982 年《中华人民共和国宪法》并未规定条约是否必须经过转变才可以成为国内法。但从其他国内立法中可以看出，我国倾向于采纳直接纳入的做法。① 第二，在与国内法的关系上，条约与国内法究竟处于何种地位，各国现行制度大体上有四种不同的做法：国内法优越于条约、国内法与条约地位平等、条约优越于国内法、条约优越于宪法。由于我国都只在具体的部门法中规定条约优越于国内法，应当认为并没有采纳这一做法。② 第三，越来越多的有关法律适用和程序法的国际私法条约规定了“例外条款”或“排除条款”，这就允许缔约国在适用有关条约中（适用其他缔约国的实体法或程序法作准据法）的规定时，如认为适用该外国法律会与自己的“公共秩序”存在明显的抵触，可以不适用该条约中的有关规定。统一实体法公约也往往允许就适用的事项范围和公约的特定条款，作出声明与保留，如 1980 年《联合国国际货物销售合同公约》即有此类规定。

（二）国际惯例

作为国际私法渊源的国际惯例包括两部分，一部分是如《国际法院规约》所称的“作为通例”（general practice）并“经接受为法律”的那些国际习惯；另一部分则是具有任意法性质的国际贸易惯例，且只有经当事人接受于合同中才具有法律上的约束力，这种国际惯例是在长期商业实践的基础上产生的，后来又经过统一编纂和解释而变得更为准确，从而在国际上起着统一实体私法的重要作用。

四、一般法理、国际私法原则与学说

学说一般不是法的渊源。但在国际私法方面，由于它还是一个比较年轻的法律部门，许多制度和规则尚处于形成和发展的阶段，加之法官的自由裁量权在这一领域也比较大，因此，一些国家的司法机关有时需要借助学理和相关原则作为解决实际问题的根据。③ 这种现象在以判例法为主的普通法系各国尤为突出。根据一些国家的传统

---

① 参见王铁崖主编：《国际法》，法律出版社 1995 年版，第 426 页。

② 参见李浩培：《条约法概论》，法律出版社 2003 年版，第 330～331 页。

③ 在国际公法中，根据《国际法院规约》第 38 条第 1 款卯项明确规定，法院可适用“各国权威最高之公法学家的学说，作为确定法律原则的补助资料”。在西方国家的国际私法判决中，也常引用学者的学说作为论证的渊源。学者引述国家的司法实践来论证或推翻某一理论，以及国家司法实践引述学者的学说来论证和推翻某一成文法或判例法所确定的冲突原则，都是常见的。

或立法以及若干国际条约的规定，一般法理(或一般法律原则)、国际私法之原则以及特定学者(或学派)的学说等，在法无明文规定时，亦可作为解决国际私法实体问题争议的依据。

在实践中，一般法理、国际私法的一般原则及特定学说是否可成为国际私法的渊源，关键取决于有关国家的法律或国际条约是否有明确授权。不过，我国在处理涉外民商事争议时，尚无以学说、一般法理或国际私法的基本原则为裁判依据的先例。

课堂讨论案例

中国A公司与日本B公司签订Incoterms 2010 CFR合同，由A公司出售1000吨大米给B公司，当时在A公司装运的3000吨散装大米中，有1000吨是卖给B公司的，货物运抵目的港后，将由船公司负责分拨。但受载船只在运输途中遇到风险，使大米损失1500吨，其余1500吨安全抵达目的港。但A公司宣布出售给B公司的1000吨大米，已在运输途中全部损失，并且认为按CFR合同，其对此项风险不负任何责任。

[问]　解决该案的争议应适用国际条约还是国际惯例？卖方A公司对出售给B公司的1000吨大米有无交货的责任？为什么？

第五节 国际私法的范围

事例1.7

中国广东某纺织品进出口公司在广州市与一位年满21岁的意大利商人签订一笔纺织品原料供货合同。合同签订后,这种纺织品原料的价格在国际市场上暴涨,意大利商人如履行合同将造成巨大亏损。为达到不履行合同又不承担违约责任的目的,该意大利商人提出按意大利法律,他系未成年人,不具有完全民事行为能力,不能成为合同主体,因而他与广东某纺织品进出口公司签订的供货合同是无效的。广东某纺织品进出口公司向法院提起诉讼,要求该意大利商人承担违约责任并赔偿损失。法院受理了案件,并进行审理。法院认为:本案合同履行地在中国,应以中国法律为准据法。根据我国法律规定,年满18周岁的人为具有完全民事行为能力人。故该意大利人具有行为能力和诉讼行为能力。广东某纺织品进出口公司与该意大利人签订的合同有效,该意大利人不履行合同属违约,判令赔偿其违约给广东某纺织进出口公司造成的损失。

一、国际私法范围的界定

国际私法的范围有两种含义:一是指对象范围,即国际私法所调整的社会关系的范围;二是指国际私法应当包括哪些法律规范,即国际私法应包括的规范的范围和种类。

二、国际私法规范的种类

国际私法的规范种类和国际私法的范围是两个有紧密联系的问题,或者说是同一个问题的两个侧面。结合有关国际私法定义和功能及范围来分析,国际私法规范种类主要应包括如下四类:

1. 外国人民商事法律地位的规范

外国人民商事法律地位规范是规定在内国的外国自然人和法人在什么范围内享有民商事权利与承担民商事义务的法律规范。这是外国人在内国从事民商事活动的法律前提。关于外国人的民商事法律地位的规范,各国根据本国的国情、利益和政策,大多在内国立法中作出规定,但也有出现在国际条约中的。

2. 冲突规范

冲突规范是在调整涉外民商事关系时指定应该适用哪一国家的法律作为准据法的各种规范的总称。冲突规范是国际私法特有的规范。传统的国际私法甚至只包括冲突规范。国际私法学最初就是从研究冲突规范发展起来的。当今各国的国际私法也仍以冲突规范为核心和最基本、最主要的组成部分。

3. 统一实体规范

统一实体规范又称统一私法规范,是指国际条约和国际惯例中直接调整涉外民商事关系的实体规范。运用统一实体规范直接调整涉外民商事关系，具有明确、方便的优点。这种规范在19世纪后期的一些国际条约中才开始出现，目前在国际经济贸易、海上货物运输和知识产权等领域发展较快。统一实体规范在调整涉外民商事关系中的作用已日渐增大，从而成为国际私法中的又一类重要规范。

4. 国际民事诉讼程序规范和国际商事仲裁规范

国际民事诉讼程序规范，是指规定司法机关在审理涉外民事案件时专门适用的程序规范。[①] 国际商事仲裁规范，是指仲裁机构对当事人通过合意自愿提交的国际商事争议做出裁决所依据的规范。

相关链接

国际私法规范的结构图

- 国际私法规范类型
  - 冲突法
    - 各国国内冲突法
    - 国际统一冲突法
  - 实体法
    - 各国专用涉外实体法（含“直接适用的法”）
    - 国际统一实体法
  - 程序法
    - 国际民事诉讼程序法
      - 各国涉外的（或国际的）民事诉讼法
      - 国际统一民事诉讼法
    - 国际商事仲裁制度
      - 各国国际商事仲裁法（规则）
      - 国际统一商事仲裁法（规则）

理论争鸣

有关国际私法范围的不同观点

国际私法的范围问题，同样是一个分歧观点众多的问题，国内外的有关争论也一直未停止过。

普通法系国家的国际私法学虽认为国际私法就是冲突法，却主张将关于涉外民事案件管辖规范和外国民商判决的承认和执行的规范纳入国际私法之中，只是反对把国籍问题和外国人民事法律地位规范归入国际私法范围。戚希尔在其著作《国际私法》的序言中就表明“本书不涉及英国国籍法问题”，因为“国籍问题属于宪法的范畴，与国际私法关系不大，一个人究竟有哪个国家的国籍，既与法律选择无关，也与法院管辖权无关”。这显然是因为英美等国在属人法的适用与管辖权的划分上，一般是以住所为

① 尽管就法律性质而言，国际民事诉讼程序规范属于程序法，但管辖权规范、外国人民事诉讼地位规范、外国法院判决的承认与执行规范更是与法律冲突直接有关，这就有必要把国际民事诉讼程序规范纳入国际私法规范序列之中。至于国际经济贸易和海事仲裁程序规则，有的是由民间团体性质的仲裁机构制定的，有的规定在有关的国际条约中，也跟涉外民商事纠纷的解决有着密切关系，因而同国际民事诉讼程序规范一样也包括在国际私法中。

根据的。因此,尽管反对把国籍问题归入国际私法,但却又让住所问题在国际私法中占有重要的地位。如美国的《冲突法重述(第二次)》与英国戴西和莫里斯《论冲突法》等带有准成文法性质(或带有判例汇编法性质)的重要著作,均在开篇部分用相当篇幅讨论了住所问题。

大陆法系一些国家,尤其如法国,却对国际私法范围作广义的理解,认为它除了冲突规范外,还应包括"适用于国际关系中私法主体间的所有规范"。因此,外国人民事法律地位规范与国籍问题都应包括在国际私法之中。此外,关于管辖权规范,他们认为也应归入国际私法的范围。不过,他们认为法律适用规范仍是国际私法中最重要的规范。

苏东国家学者比较一致的观点是国际私法至少应包括冲突规范、外国人民事法律地位规范、调整涉外民商关系的统一实体规范和国际民事诉讼程序规范。此外,有人主张还应把国内法中直接规定涉外民商事关系的实体规范归入国际私法。但也有人主张国际民事诉讼程序的规范虽可在国际私法学中加以讨论,但它并不属于这些国家国际私法的范围,因为依隆茨的观点,苏联的国际私法学所涉领域要比作为苏维埃法律的一个部门的国际私法的领域宽一些。

随着统一国际民商实体法公约和在实践基础上形成的国际贸易惯例不断增加,有学者主张应扩展国际私法的范围,将统一实体法也纳入其中。法国学者戈得曼(Goldman)与英国学者施密托夫(Schmitthoff)就认为,随着统一国际民商实体法公约和在实践基础上形成的国际贸易惯例不断增加,应该把国际私法的范围加以扩展,把统一实体法也纳入国际私法体系之中。德国学者弗鲁恩德也认为国际私法是由以下三个方面的基本事实构成的,即人们在处理涉外民事案件时,需要选择法律;需要选择法院司法管辖权;许多国家鉴于法律选择范围的不断扩大而同意制定的统一实体法。

关于调整外国人法律地位的规范,有属于公法范畴的,如外国人的出入境、居留、驱逐等,这些当然与私法无关。但关于外国人民事法律地位的实体规范,却是发生法律冲突的前提条件之一,当然应该在国际私法中一并加以研究。与外国人法律地位有联系的一个问题是自然人的国籍与住所问题。关于国籍问题的实体法制度应属国籍法,而住所问题应属国内民法,这是毫无疑义的。因此,凡关于国籍或住所的取得、丧失、恢复的制度,当前的做法与法国和新中国成立前中国国际私法的观点不同,均不主张在国际私法中讨论。但是国际私法在解决自然人的权利能力与行为能力应适用的法律时,常常要适用他的本国法或住所地法,这就需要确定他的国籍与住所,因而关于自然人国籍冲突和住所冲突,必须由国际私法来解决。这是国籍法和实体民法一般不加规定的问题。此外,尽管程序法所调整的社会关系不属于民事关系,在国内法中,民法与民事诉讼法也明显地属于两个不同法律部门,但是在国际私法中,却必须包括调整涉外民事诉讼和商事仲裁程序的规范。在实际工作中,研究民事诉讼法的学者,对这两部分的问题也往往限于一般性的介绍,只有国际私法学才对它们作系统深入的研究。

此外,尽管程序法所调整的社会关系不属于民事关系,但是也不可忽视涉外民商事诉讼与仲裁程序规范在国际私法中的地位和作用。①

课堂讨论案例

2003年10月9日，日本S公司与中国H公司签订了100吨板栗的购销合同，价格为2450美元/吨，Incoterms 2000 FOB天津，买方须于合同订立后4日内将银行信用证开到卖方。合同签订后，H公司于2003年11月8日收到S公司的开证申请书副本。H公司认为其中规定的装船期和有效期过短，要求将装船期的11月15日延至11月20日，信用证的有效期从11月30日延至12月5日。2003年11月12日H公司收到了S公司开出的信用证，但装船期和信用证的有效期依然分别是11月15日和11月30日。但此后，S公司未派船接货，双方未能协商解决争议。H公司遂向中国国际经济贸易仲裁委员会提请仲裁。

H公司称：S公司本应在合同签订后4日内开出信用证，但其迟延至2003年11月12日才将信用证开到H公司。H公司对装船期和信用证的有效期提出延长，S公司未予理会，既不展证又不派船，是故意严重毁约，应赔偿由此而给H公司造成的损失共计人民币1,959,647元。

S公司辩称：S公司迟开信用证，首先是因为H公司没有提供货物已运到天津港并做好发运准备的通知。另外，2003年中国出口到日本的板栗出现多起质量问题，日本银行不愿答应开立信用证，后经S公司多方做工作，银行才同意开证。对于H公司提出延长信用证有效期的意见，虽经S公司的努力，但银行不同意延长。争议发生后，S公司与H公司联系，拟通过协商解决争议，但H公司不配合，并将100吨货物全部转售，从而失去协商解决的基础。S公司认为H公司提出了过高的赔偿要求，按照中日贸易习惯，买方没按合同规定开立信用证或是由于未能按FOB条件派船，买方仅承担合同总金额或未履行合同部分金额3%的赔偿金额。

［问］　S公司引用中日贸易习惯作为赔偿的依据在国际私法的理论与实践中是否行得通？为什么？S公司对迟开信用证的辩解是否合理合法？为什么？

---

①　涉外民商事程序规范纳入国际私法范围的主要理由在于：第一，就涉外民商事诉讼程序法所包含的几类特别规定来看，除了期间与财产保全等少数问题外，其他如诉讼时效、证据制度、司法协助、（直接）管辖权问题、外国判决的承认与执行（间接管辖问题）等，都有法律冲突或法律适用问题存在。法国尼波耶（Niboyet）也认为：“不适当的司法管辖，与法律冲突的错误解决，是同样不幸的。它甚至会使正确的法律选择的可能带来的一切利益面临全部丧失的危险。”而日本学者江川英文则指出：“实体权利关系因外国法院的判决而被变更时，该判决的效力承认与否的问题，仍然是国际私法上的问题。”因为许多国家要考虑该判决的作出，其法律的选择和管辖权的确定是否符合国际私法的规则。何况如识别、反致、公共秩序保留、外国法的查明与法律错误适用的救济，既是冲突法上的重要制度，本身又是程序问题。第二，把涉外民商事关系中提出的实体法上的问题和解决涉外民商事争议的程序法上的问题，放在一个法律部门，从国际私法的统一立场上去加以规定，进行研究，也是有利的、方便的。第三，尽管程序法所调整的社会关系带有公法性质不属于民事关系，在国内法中，民法与民事诉讼和商事仲裁程序的规范，也分属两个不同的独立法律部门，但是由于调整涉外民事诉讼和商事仲裁程序的规范，不但直接与实体关系的法律冲突的解决有关，而且它本身也有许多法律冲突问题需要解决，因此，将它们归入国际私法的范围也是顺理成章的。

第六节 国际私法的基本原则与方法

一、国际私法的基本原则

事例 1.8

1911 年清政府为在湖南、湖北境内修建粤汉、川汉西铁路而发行的一笔债券,即“湖广铁路 5 厘利息递还金镑借款债券”。湖广铁路债券从 1938 年起停止付息,1951 年本金到期亦未偿付,债券在市场上已成为废纸。美国的一些人以低廉的价格收购了这种债券,企图从中牟取暴利。1979 年,美国公民杰克逊等代表所有持这种债券的人在美国亚拉巴马州地方法院东部分庭对中华人民共和国提起诉讼,要求中华人民共和国偿还这种债券本利 1 亿美元外加利息和诉讼费。

1979 年 11 月 13 日,美国法院向中华人民共和国发出“传票”,并指名由当时的中华人民共和国外交部部长黄华收。要求“被告”中华人民共和国于收到“传票”后 20 日内提出答辩。否则将“缺席判决”。中国外交部拒绝接受此“传票”,径直将其退回。1982 年 9 月 1 日,美国亚拉巴马州地方法院以这项借款是为了“发展经济,加强国防和增进民族团结”,“完全具有商业性质”,是“民事纠纷”为由,“缺席判处”中华人民共和国偿还原告 41,313,038 美元,外加利息和诉讼费,声称如果不执行,将扣押中华人民共和国在美国的财产并予以强制执行。

由于中国政府的强烈抗议,美国司法部向亚拉巴马州地方法院提出了美国利益声明书。鉴于美国司法部的干预,亚拉巴马州地方法院于 1984 年 1 月 7 日重新开庭,审理此案。1984 年 2 月 27 日,亚拉巴马州地方法院作出裁定,撤销原审判决。其撤销的理由是:依据 1976 年《外国主权豁免法》审判的湖广铁路债券案需要具有追溯力,但该法是否具有追溯力而适用于 65 年以前的案件,国会的意图不明确;再者,传票未译成适当的汉语,通知方式也不合程序规定,因此,法院的管辖权和诉讼程序均未很好确立。故缺席判决理应撤销。至此,这场持续 5 年的诉讼终因美国法院作出“拒绝受理”的裁定而终结。

在现代国际私法中,由于其范围已超出传统冲突法的范围,而同时涉及的还有外国人的民事法律地位问题、统一实体法的适用问题、国际民事诉讼与仲裁程序的问题,要解决的已不仅仅是适用外国法或进行法律选择的问题,因而需要有自己的基本原则,作为立法机关或司法(仲裁)机关解决各种国际私法实践方面问题的主导价值取向。

作为国际私法的基本原则,应是贯穿于国际私法各项制度中的共同的指导思想或理论原则,而不应包括那些只在某一方面制度中起指导作用的东西。由于国际私法是国际经济关系发展到一定历史时期和国家间商业贸易的交往已在国家经济生活中占有重要地位的时代的产物,因而,国际私法是整个法律制度中的一个重要组成部分,其首要的任务既是在国际民商事活动中，维护自己国家和人民利益的有效的法律工具，又是在人类社会进入知识经济与全球化的时代成为促进国家间平等互利交往和有利于建立新的国际民商秩序的法律制度以及保障全人类福祉的有利的法律手段。因此，在国际私法中，其原则除了包括国内民法、民事诉讼法的总原则外，还应包括国际关系的基本准则，但基本原则不外乎国家主权独立原则、平等互利原则、国际协调与合作原则以及保护弱方当事人正当权益原则 4 项。

相关链接

国际私法各项基本原则的比较

项目	含义	适用方式与范围
国家主权独立原则	要求各国在处理涉外民商事关系时，必须贯彻独立自主的方针，坚持相互尊重主权和互不侵犯主权	国家主权独立原则既是国际法基本原则又是国际私法基本原则。若将其夸大到国家在立法和司法中可不受任何限制的地步，势必导致扩大各国民商法的差别与对立，导致国际私法中法院地法适用的过度膨胀，导致内国法成为国际私法的唯一或最高法律渊源，最终陷入国际私法的特殊主义或国家主义的“泥坑”
平等互利原则	在制定和实施国际私法规范，进行涉外民商事活动和解决涉外民商事争议时，必须遵循地位平等和利益互惠的原则	首先，要求各国民商法处于平等的地位，需要适用外国法时就予以适用；其次，要求承认外国当事人平等的地位，他们的合法权益受到同等保护；最后，在解决国际民事诉讼问题时，需要赋予外国人以平等的诉讼地位
国际协调与合作原则	在处理涉外民商事关系时应坚持相互协调与合作的机制	首先，各国通过国内立法形成一套与国际普遍实践更为接近或一致的冲突法、实体法和程序法制度；其次，通过多边的或双边条约，共同努力达成各种统一的冲突法、实体法和程序法；最后，通过世界性组织，对共同构筑国际民商法律新秩序作出安排与调控，促进国际民商法律的协调和合作
保护弱方当事人正当权益原则	国际私法在处理跨国性的法律冲突与法律适用问题时，应强调保护弱方当事人的合法权利与利益	许多新近的国际私法的国内和国际立法，都出现了一些保护妇女、子女、消费者利益的条文。在解决法律适用问题时，除应坚持保护妇女、子女、消费者等弱势群体的原则外，还应坚持保护发展中国家及其当事人在国际民商事法律关系中的正当权益

二、国际私法的基本研究方法

长期以来，对于国际私法理论的研究方法，大陆法系学派比较侧重于从法理学的角度出发,试图推导出各种普遍适用的国际私法规则;而英美法系学派则以研究分析判例材料为主,试图归纳出一些带共性的国际私法原则。前者最著名的代表如萨维尼(Savigny),后者最著名的代表如美国的斯托里(Story)和英国的戴西(Dicey)。这种研究方法上的差异到目前仍未消失。这两种不同的研究方法各有优劣。因此,在研究国际私法的过程中,离不开综合运用历史分析法、比较分析法、辩证分析方法等科学的方法。因国际私法既不同于一般的国际法又不同于一般的国内法,理所当然应拥有独特的方法论,以便指导其理论研究和司法实践。

理论争鸣

英美和欧洲各国的国际私法学很少专门讨论国际私法的基本原则。因为这些国家的学者和实务工作者通常认为,适用外国法的理论或指导法律选择的原则已经起到了国际私法基本原则的作用。在西方国家的传统国际私法中,不同的适用外国法的理论,就是国际私法的基本原则或指导思想。

主张确定国际私法基本原则的不同国家的学说对于国际私法的基本原则做过不同的概括。苏东国家的国际私法学曾就国际私法的基本原则做过广泛的探讨,如匈牙利的萨瑟就认为社会主义国家的国际私法的基本理论和基本原则应该有以下7项:第一,社会主义国家的国际私法是规定产生于国家间斗争和合作过程中的法律关系的法律;第二,它的理论源于这些国家的对外政策(故苏东国家的国际私法和法学说或理论又可称为“对外政策学派”);第三,它的前提或根据是并存两种不同的社会制度的这一基本事实;第四,在社会主义国家之间,通过条约方式使国际私法规则得到加强与统一,是这些国家处理它们彼此之间关系的基本原则;第五,这些国家的立法机关在国际私法领域中的一个重要目标就是建立起国际的法律保障(international legal security),这种法律保障的一个重要条件便是通过制定明确的统一的实体法或冲突法规则,来尽可能消除法律的冲突,而在不可能消除法律冲突时,也应该尽可能适用那种不是只对法院国家自己有利的统一实体法或冲突规则;第六,社会主义国际私法的另一个基本原则就是反对在社会主义国家的法律和非社会主义国家的法律之间采取差别的措施;第七,社会主义国家国际私法的最后一个基本原则是尽可能限制援用公共秩序保留来排除外国法的适用。苏联学者隆茨则曾把苏联国际私法的基本原则归纳为“严守各国平等和独立的原则”“国家及其财产豁免原则”“互惠原则”等3项。此外,其他苏东学者还认为“管辖权合理划分”“适用法律的同一(按法律所属国的解释去适用外国法)”“外国人民事权利平等”这类原则也是国际私法的基本原则。他们归纳或强调的上述各项原则中,许多是基于在一个时期内,当时社会主义国家的许多法律(如关于没收或征收个人财产的国有化合法等)不被西方资本主义国家所承认的歧视性判例和司法政策而提出来的。

课堂讨论案例

在我国某外资企业工作的甲国公民A和乙国公民B签订了一项赠与合同,合同规定A赠送给B价值200万元人民币的钻石戒指一只，但条件是B必须和A共同在该外资企业工作10年，并且在10年内B不得与他人结婚，否则A可收回赠送的钻石戒指。双方明示选择甲国法作为该赠与合同的准据法，且依甲国法该附条件的赠与合同是有效的。3年后B与他人结婚，A欲讨回石戒指不成，诉至中国法院。

［问］　该合同当事人约定适用甲国法是否有效？为什么？

法律职业资格考试真题

1. 下列在我国法院提起的诉讼中，构成涉外民事法律关系的有哪些？（2002 年试题）

A. 发生在美国的犯罪行为因在我国发生结果而对犯罪嫌疑人追究刑事责任

B. 中国公民和美国公民之间的婚姻关系

C. 中国公民和德国公民之间的继承关系

D. 因发生在印度的交通事故而产生的侵权行为关系

2. 甲国秋叶公司在该国法院获得一项胜诉的判决，并准备向中国法院申请执行。根据我国现行法律，下列哪些选项是正确的？（2008 年试题）

A. 该判决可以由当事人直接向我国有管辖权的法院申请执行

B. 该判决可以由甲国法院依照该国与我国缔结或共同参加的国际条约的规定向我国有管辖权的法院申请执行

C. 对外国法院判决效力的承认，我国采取裁定方式

D. 对与我国缔结司法协助条约的国家的法院判决，我国法院均应予以执行

3. 中国甲公司与德国乙公司进行一项商事交易，约定适用英国法律。后双方发生争议，甲公司在中国法院提起诉讼。关于该案的法律适用问题，下列哪一选项是错误的？（2013 年试题）

A. 如案件涉及食品安全问题，该问题应适用中国法

B. 如案件涉及外汇管制问题，该问题应适用中国法

C. 应直接适用的法律限于民事性质的实体法

D. 法院在确定应当直接适用的中国法律时，无需再通过冲突规范的指引

第二章 国际私法的历史

[知识结构图]

- 国际私法的历史
  - 国际私法理论的产生与发展
    - 学理型国际私法的产生与发展
    - 近现代国际私法理论的形成与发展
  - 国际私法立法的产生与发展
    - 国际私法规则的萌芽
    - 国际私法立法的起步与发展
    - 国际私法的统一化进程
    - 中国国际私法的立法与司法实践

[内容导读]

国际私法肇始于13世纪的意大利。中国唐朝《永徽律》以及古代埃及的个别法律中仅偶然出现过国际私法规范。18世纪下半叶以前,国际私法一直处于“法理学与学科的国际私法”阶段,没有成文立法。国际私法是从学说法逐渐发展成为制定法的。中国现代国际私法理论研究与立法始于清末民初,曾中断相当长时间,但目前已形成较完备的理论体系并初具立法规模。该章涉及的人物、学说、法典名称较多,尽力避免张冠李戴。

[法律职业资格考试要点]

本章在考试中所涉及的要点有:巴托鲁斯的法则区别说、法国杜摩兰的意思自治说、荷兰胡伯国际礼让说、德国萨维尼“法律关系本座说”、英国戴西的既得权说、美国国际私法学说与代表人物、希腊弗朗西斯卡基斯的法律直接适用说、中国唐朝的国际私法规范萌芽形态、《巴伐利亚法典》、《普鲁士法典》与《法国民法典》的国际私法立法范例、海牙国际私法会议、中国国际私法的立法与司法实践。

第一节 国际私法理论的产生与发展

事例 2.1

在日耳曼人征服欧洲后，由于未能建立起强大的统一的政权，在其辖区内，罗马人仍适用罗马法，日耳曼人适用日耳曼种族法(tribe law)，法兰克人适用法兰克种族法。9 世纪时，里昂的亚戈巴特大主教曾写道："常常有走在一起或坐在一起的五个人中，每人都在他自己法律的效力下生活。在人口混杂的地方，如在意大利，惯常在契约中得写明当事人各自所服从的法律。审案人员也得讯问原告和被告各受什么法律支配。"

一、学理型国际私法的产生与发展

国际私法学的最早形态为法则区别说，产生于 14 世纪初的意大利，16 世纪传入法国，后在荷兰得到新的发展。由于这个时期的理论大多建立在法则区别说的基础之上，故将该时期称为法则区别说时代。

(一) 意大利的法则区别说

意大利波伦亚(Bologna)大学、比萨大学教授巴托鲁斯(Bartolus，1314～1357 年)站在探讨城邦法则的普遍适用性的立场上来解决法律冲突问题，创立了法则区别说。① 虽然巴托鲁斯的法则区别说存在形式主义等种种缺陷，但它作为国际私法的最早形态，对全球国际私法的发展产生了深远的影响。② 巴托鲁斯死后 40 年内，意大利法则

---

① 本来在巴托鲁斯以前的 12～13 世纪，意大利和法国的一些法学家已经相继提出过一些早期的法则区别理论或与冲突原则相类似的看法。例如，阿尔德里古(Aldricus，1170～1200 年)主张在发生法律选择问题时应适用"更有力量更为有益的法律"，或称"更好的法律"。德国学者纽梅耶(Neumeyer)就将阿尔德里古的创举视为现代国际私法的真正源头(Karl Neumeyer, *Die gemeinrechtliche Entwickelung des internationalen Privat und Strafrechts bis Bartolus*, München 1901 － 1916, p. 66)；"阿尔德里古在十二世纪末期便提出了如果有几个不同省份的人涉讼，而这几个省份的习惯法又不同，审判员便应该去适用那个他认为是更好或更较为有效的习惯法的观点，已是真正的国际私法的开始，即第一位真正提出国际私法问题的人"(Martin Wolf, *Private International Law*, Scientia Verlag Aalen 1977, p. 22)；在巴托鲁斯以前探讨法则区别理论的还有巴尔多纽(Balduinus，大约于 1235 年)，他首先提出了"场所支配行为"的思想，并从此开始将程序法和实体法区别开来。亚古瑟斯(Accursius，1228 年左右或许更久远)等法学家还提出过法院地法优先的观点。

② 巴托鲁斯作为国际私法的开拓者，其成就是不能否认的。其创立的"法则区别说"一直延续到 18 世纪末 19 世纪初，在国际私法理论方面居于统治地位长达五六百年之久。因此，不少学者称巴托鲁斯为"国际私法之父"。参见李双元等：《中国国际私法通论》，法律出版社 2003 年版，第 50 页；韩德培主编：《国际私法新论》，武汉大学出版社 1997 年版，第 55 页。此外，比尔(Beale)教授曾评价说："巴托鲁斯是国际私法最早的原创大师，其创新空前绝后。巴托鲁斯的学说令后世学者历经五百余年仍未琢磨透。"我国学者梅仲协先生则指出：巴托鲁斯的学说是"奠定近代国际私法之基石"，"关于能力之依属人法，方式之依行为地法，物权之依所在地法，诉讼程序之依法院地法，凡此诸大原则，皆氏所倡导而为后世所师承者，洵足当国际私法学之鼻祖而无愧"。参见梅仲协：《国际私法新论》，台北，三民书局 1982 年版，第 28 页。

区别说曾得到巴尔多(Baldus,1327～1400年)的推广发展,但此后便日渐衰落,直到16世纪转移到法兰西,一直没有什么新的进展。[①]

(二)法国的法则区别说

16世纪开始,巴托鲁斯创立的法则区别说研究重心转移到了法国,一时学者辈出,尤以南部的杜摩兰(Charles Dumoulin,1500～1566年)[②]与北部的达让特莱(Bertrand d'Argentré,1519～1590年)[③]最具代表性。他们分别对巴黎与布列塔尼的习惯法进行了整理,从而形成了各自的著作与理论。杜摩兰进一步继承和发扬了意大利的法则区别说,倡导当事人"意思自治"原则,后来成为支配契约关系的首要国际私法原则。进入17世纪和18世纪,法则区别说继续在法国得以发展。这一学派的发展,最终在法国形成了新法兰西学派。[④] 他们虽然仍坚持法则区别说,但均力主扩大"人之法则"的适用范围,赞成法律应具有域外效力。这些见解经鲍蒂埃(Pothier,1694～1772年)等人发扬光大,对1804年《法国民法典》的编纂产生了积极的影响。

(三)荷兰的法则区别说

意大利法则区别说经法国传入荷兰,自17世纪在荷兰迅速发展并不断得到突破和更新。[⑤] 其中,最为显著的当推国际礼让说的创始人胡伯,率先提出了国际礼让三原则:

第一,任何主权者的法律必须在其境内行使并且约束其臣民,在境外则无效;

第二,凡居住在其境内的人,包括常住的与临时的,都可视为主权者的臣民;

第三,每一国家的法律已在其本国的领域内实施,根据礼让(comitas gentium),行使主权权力者也应让它在自己境内保持其效力,只要这样做不至于损害自己的主权权力及臣民的利益。

这就是国际私法上流传甚广的"胡伯三原则"。前两项实际上属于国际公法原则,其根据仍然是主权者管辖权的划分。它们是为论证第三项原则服务的。只有第三项原则才是国际私法原则,具体阐述了适用外国法的根据和条件。这一原则,首次表明了国际私法的国内法性质,即内国是出于礼让和自身的考虑而承认外国法效力的,这

---

① 参见李双元:《国际私法(冲突法篇)》,武汉大学出版社2001年版,第107页。

② 杜摩兰是巴黎高等法院的律师、图宾格大学教授。他继承和发扬了意大利的法则区别说,以首倡"意思自治"而被后世学者誉为"国际私法学上一大天才"。参见马汉宝:《国际私法总论》,台北,汉林出版公司1982年版,第250页。

③ 达让特莱法官是法国布列塔尼(Bretagne)省的贵族,属于与杜摩兰同时代的法国著名的历史学家兼法学家,主要著作是《布列塔尼习惯法释义》(*Commentaire Sur la Cautume de Bretagne*)和《布列塔尼的历史》(*Histoire de Bretagne*)。

④ 佛罗兰(Froland,卒于1746年)、波利诺(Louis Boullenois,1680～1762年)和波依尔(John Bouhier,1673～1746年)是当时法国的三大著名法学家,属于新法兰西学派先锋。

⑤ 17世纪,荷兰取得了国际私法的领导地位。荷兰学派的主要代表人物有巴根多斯(Burgundus 1586～1649年),罗登伯格(Rodenburg 1618～1668年,"冲突法"这一名称的首创者),保罗·伏特(Paul Voet 1619～1677年)与约翰·伏特(John Voet 1647～1714年)父子,以及优利克·胡伯(Ulricus Huber 1636～1694年)等人。

就把普遍主义的观点完全推翻了。①

胡伯国际礼让三原则说已提出了现代国际私法上的一项重大原则,即承认不承认外国法的域外效力及适用还是不适用外国法,完全取决于各国的主权考虑。这实际上已将适用外国法的问题纳入国家关系和国家利益的范围加以考察,将国际私法看作主权国家国内的事,从而对国际私法国内法成文化(法典化)的发展起到了积极的作用。②

相关链接

各地法则区别说的比较

项目	创始人	主要内容	贡献
意大利的法则区别说	巴托鲁斯	把法则分为物法(statuta realia)、人法(statuta personalia)和"混合法"(statuta mixta),唯有人法具有域外效力	国际私法的最早形态
法国的法则区别说	杜摩兰	由当事人的共同意思表示决定法律的适用	发展为国际私法支配契约关系的首要原则
荷兰的法则区别说	胡伯	内国是出于礼让和自身的考虑而承认外国法效力的	对国际私法国内法成文化(法典化)的发展起到了积极的作用

理论争鸣

关于第一个使用"法律冲突"这一术语的争议

胡伯的贡献除了创立国际礼让说外,还有一大成就便是使"法律冲突"一词从此成为定论。③

法国法学家巴蒂福尔则认为胡伯是第一个使用"法律冲突"这一概念的。巴蒂福尔明确指出:"胡伯(原书翻译为'许贝尔')的《市民法论》中的'各国各种法律的冲突'

① 有些西方学者据此认为,从这一意义上讲,荷兰的法则区别说是一种从意大利、法国法则区别说立场上的倒退,它标志着国际私法说从基督教普遍主义到特殊主义,从"国际主义"到"国家主义"的转变。参见李双元:《国际私法(冲突法篇)》,武汉大学出版社2001年版,第111~113页。

② 英美普通法系的国际私法学说深受胡伯国际礼让说的影响,有学者认为,胡伯国际礼让三原则说对国际私法产生了巨大的影响,并直接为19世纪上半叶的美国法学家斯托里所因袭。

③ 优利克·胡伯的《论罗马法与现行法》(*Praelcctiones Juris Civilis Romani et Hodierni*, 1689年)一书第二编即论"法律冲突"(De Conflictu Legum)。

一章似乎第一次使用了'法律冲突'这一词组。"①

也有学者认为最早使用"De Conflicta Legum"这一术语的是罗登伯格而非胡伯。

二、近现代国际私法理论的形成与发展

(一)德国萨维尼"法律关系本座说"及其影响

19世纪的德国学界掀起了一股摆脱传统法则区别说理论的风潮,从而催生了国际私法的普遍主义思潮。② 在这一过程中,率先对传统法则区别说发难的是德国法学家雪佛(Schäffer)和华赫特(C. G. von Wächter,1798~1880年),但最后都让位给历史法学派的泰斗萨维尼,使其成为"德国第一位重要的国际私法作者"。③

萨维尼(Friedrich Carl Savigny,1779~1861年)是19世纪德国著名的私法学家,柏林大学教授,曾任普鲁士立法大臣等要职。萨维尼的主要著作为1849年完成的《现代罗马法体系》(System des Heutigen Römischenrechts)。该书共八卷,最后一卷专论国际私法。萨维尼的主要贡献在于创立了著名的"法律关系本座说"(Sitzdes Rechts verhältnisses)。

萨维尼对法律关系进行了分类,具体划分为身份法(权利能力与行为能力)、物法、债法、继承法、家庭法,其中家庭关系法又分为婚姻、父权和监护。每一种特定的法律关系的"本座"的选择通常是比较固定的,应适用其"本座"所在的法律来解决存在冲突的案件。④

萨维尼在国际私法方面的贡献具有划时代的意义,开辟了寻求解决法律适用问题的一条崭新途径。

第一,改写了法则区别说统治国际私法理论界长达500年之久的历史,在国际私法方法论上实现了根本的变革。萨维尼抛弃延续了500多年的法则区别说,从法律或法则自身的性质来探讨法律冲突的解决方法,通过寻求其应隶属的地域的法律,即所谓的"本座"(Seat),来解决各种不同法律关系应适用的法律。

第二,萨维尼冲破荷兰国际礼让说的特殊主义——国家主义的束缚,使国际私法重新复归到普遍主义——国际主义路线。

第三,萨维尼的国际私法学说推动了国际社会各国国际私法的法典化进程,并对

---

① [法]亨利·巴蒂福尔、[法]保罗·拉加德:《国际私法总论》,陈洪武等译,中国对外翻译出版公司1989年版,第315页。

② 梅仲协先生认为德国学者在16世纪就已继受了法则区别说。自18世纪至19世纪中叶,在德国颇能维持其权威的Fichhorn、Goeschen等著名学者,均属于传统法则区别说的信徒。参见梅仲协:《国际私法新论》,台北,三民书局股份有限公司1982年版,第37页。

③ [法]亨利·巴蒂福尔、[法]保罗·拉加德:《国际私法总论》,陈洪武等译,中国对外翻译出版公司1989年版,第332页。

④ 参见[德]弗里德里希·卡尔·冯·萨维尼:《现代罗马法体系》(第8卷),李双元等译,法律出版社1999年版,第67页。

国际私法的趋同与统一化起了积极的促进作用。[①]

不过,萨维尼的"法律关系本座说"理论也难免存在一些不足之处,在1896年颁布的德国民法施行法中,除在少数条文中得到反映外,并未成为该法的理论基础。[②]

萨维尼的学说奠定了现代国际私法的基础,使原有的国际私法理论发生了翻天覆地的变化,极大地影响了19世纪后半叶的各国国际私法的立法,[③]而他也被誉为"近代国际私法之父"。[④]

在现代国际私法革新运动中,德国人也未一成不变地坚持保守主义。[⑤] 德国的著名国际私法学者弗兰根斯坦(Ernst Frankenstein)、齐特尔曼(Ernst Zitelmann)、沃尔夫(Martin Wolff)、马卡罗夫(Alexander Makarov)、拉贝尔(Ernst Rabel)、克格尔(Gerhard Kegel)、曼恩(Frederick Alexander Mann)、汪格尔(Wilhelm Wengler)、奥托·康·弗罗因德(Otto Kahn—Freund)等提出了许多有别于传统国际私法学说的独立见解。[⑥]

(二)意大利孟西尼的国籍主义及其影响

孟西尼是19世纪中期意大利的政治家,也是著名的国际法和国际私法学家。他在1851年1月22日就任都灵(Turin, Torino)大学国际法教授时所发表的题为《论国籍是国际法的基础》的著名演讲,[⑦]主张构成法律选择的基础应是国籍、当事人和主权三种因素的共同作用,而其中国籍起决定作用。[⑧] 无论何种法律关系,其法律适用原则上都应以国籍作连结因素。这样,孟西尼就把国籍因素提高到了国际私法指导原则的高度,推翻了自荷兰学派以来强调的属地主义和萨维尼鼓吹的以住所地法作为属人法的主张。实际上,孟西尼在这里正式为大陆法系国际私法的法律选择导入了以当事人的本国法作为准据法的范式。

---

① 19世纪中叶国际私法从"法理学和科学的国际私法"阶段进入"立法的国际私法"阶段,是与萨维尼、孟西尼及斯托里三位伟大的法学家所作的贡献密不可分的。参见李双元:《国际私法(冲突法篇)》,武汉大学出版社2016年修订版,第98页。

② 德国民法施行法大量采用单边冲突规范,而且根本没有涉及合同问题。据说在草稿中,原是有合同方面的规定的,并且也是采用履行地法的,但遭到了俾斯麦的反对,所以后来被删除了。可见,萨维尼的适应德国自由资本主义要求的学说,这时已不受德国垄断资本的欢迎了。

③ See Sir Peter North & J. J. Fawcett, *Cheshire and North's Private International Law*, 12th. ed., Butterworths London Ltd., 1999, p. 23.

④ 李永烈:《论萨维尼对国际私法的影响》,载马汉宝主编:《国际私法论文选辑》(上),台北,五南图书出版股份有限公司1984年版,第73~78页。

⑤ See Gerhard Kegel und Klaus Schurig, *Internationales Privatrecht*, 9. Auflage, 2004, p. 128－161.

⑥ 参见蒋新苗:《国际私法本体论》,法律出版社2005年版,第87~98页。

⑦ 该文的中文译名有:《民族性乃国际法的基础》《国民性乃国际法的基础》《国籍乃国际法的基础》《国籍之为国际法之基础地位》等。

⑧ 孟西尼也赞同意思自治原则,认为契约关系因当事人的意思表示而指定适用当事人本国法以外的法律时,作为一种例外,可以用当事人指定的法律作为契约准据法。现代国际私法的通说常将孟西尼的学说概括为三大原则:国籍原则——本国法原则、主权原则——公共秩序保留原则、自由原则——契约当事人意思自治原则。

自孟西尼时代后沉寂的意大利国际私法,直到安齐洛蒂推出其二元论国际私法学说才再度引起理论界和实务部门的关注。[①] 1995 年的意大利国际私法法典的修立就直接受安齐洛蒂思想的影响。

（三）法国国际私法学说的发展

近现代法国的国际私法学说在毕耶、尼波耶、莱尔保一皮热奥尼埃尔与巴蒂福尔的努力下也获得了长足进展。

毕耶(Antoine Pillet,1857 ~ 1926 年)[②]不仅是孟西尼国籍主义的“异端分子”,而且反对德国萨维尼的“法律关系本座说”。[③] 他从探索属人法存在的理由出发,对法律冲突问题进行了独特的构思,主张依法律的真实性质(true nature of laws)来解决法律冲突问题。毕耶倡导的国际私法统一观也对当代国际私法产生了较大影响。

尼波耶(Jean Hippolyte Paulin Niboyet, 1886 ~ 1952 年)作为法国著名国际私法学家毕耶的学生,后来脱离了其导师毕耶的普遍主义国际私法学说,回归传统的属地主义,从而形成了自己独树一帜的特殊主义国际私法学说。[④] 他明确反对毕耶的国际主义观念及本国法优先原则,进而提出以住所地法为属人法来取代本国法。[⑤]

同样,莱尔保一皮热奥尼埃尔从巴丁与尼波耶的狭隘的国家主义立场上解脱了出来,[⑥]也从冲突规范单边性质的极端观点中解脱了出来,采取了一种折中主义立场,主张在解决国际私法的法律冲突问题时,必须全面考虑各种因素。

---

① 安齐洛蒂(Dionisio Anzilotti)1867 年 2 月 20 日生于意大利佩夏(Pescia),卒于 1950 年 8 月 23 日,享年 83 岁。安齐洛蒂 1890 年获得比萨大学(Pisa University)博士学位以后,自 1903 年执教于意大利波伦亚大学(Bologna University),1911 年至 1937 年任职于罗马大学(Rom University)。安齐洛蒂属于当今富有影响力的国际公法和国际私法学家。他在国际私法方面的主要著作有:1924 年至 1925 年出版的《国际私法教程》(Corso di dirtto internazionnale privato)、1960 年出版的《国际私法》(Scritti di dirtto internazionnale privato)、1996 年由弗朗切斯科·萨莱诺(Francesco Salerno)整理出版的《国际私法理论与实践》(Corsi di dirtto internazionnale privato e processuale)等。安齐洛蒂以坚持和倡导国际法与国内法的二元关系论而闻名。

② 毕耶是巴黎大学国际私法教授,属于法国普遍主义国际私法学说的代表人物。他的学说是 20 世纪初形成的,主要著作有 1903 年的《国际私法原理》(Principes de droit international privé)及 1923 年和 1924 年出版的两卷本《国际私法实论》(Traite Pratique de droit international privé)。

③ [法]亨利·巴蒂福尔、[法]保罗·拉加德:《国际私法总论》,陈洪武等译,中国对外翻译出版公司 1989 年版,第 327 页。

④ 尼波耶(Jean Hippolyte Paulin Niboyet, 1886 ~ 1952 年)是法国著名的法学家,属于法国国际私法特殊主义的典型代表。尼波耶主要学术著作有 1938 年至 1950 年推出的五卷本《法国国际私法专论》(Traité de dorit international privé Francais)与 1949 年出版的《国际私法教程》(Cours de droit international privé)等。

⑤ 参见[法]亨利·巴蒂福尔、[法]保罗·拉加德:《国际私法总论》,陈洪武等译,中国对外翻译出版公司 1989 年版,第 331 页。

⑥ 莱尔保 – 皮热奥尼埃尔(Lerebours-Pigeonniere)是法国富有影响力的折中主义国际私法观学者,其代表性著作有 1928 年的《国际私法概论》(Precis de droit international privé)。莱尔保 – 皮热奥尼埃尔认为国际私法是国内法的一部分,但主张国际私法包含的国家利益不是相互尊重主权的问题,而只是每一国家在相互的国际商业交往中的利益。

不过,亨利·巴蒂福尔(Henri Batiffol,1905~1989年)则从国家主义立场出发,[①]认为冲突法的使命在于尊重各国实体法体系的独立性,并在国际上充当不同法律制度的协调人。巴蒂福尔的主要思想属于特殊主义国际私法观,无论在理论体系还是方法论上均独具特色。[②] 东欧国家在巴蒂福尔这种思想指导下,还出现了国际私法实体法化(substantialization)或统一实体法化的主张,捷克斯洛伐克的国际私法学家卡兰斯基的学说就是这方面的典范。[③]

(四)英国戴西的既得权说及其影响

作为国际私法英美学派的奠基人,戴西在1896年完成的《法律冲突论》(*A Digest on the Law of England with Reference to the Conflict of Laws*)一书中率先提出了既得权说(doctrine of vested rights)。[④] 他根据英国的具体情况提出了处理涉外民商事法律关系的6项基本原则:

第一,凡依他国法律有效取得的任何权利,一般都应为英国法院所承认与执行,而非有效取得的权利,英国法院则不应承认与执行。

第二,如果承认与执行这种依外国法合法取得的权利与英国成文法的规定、英国的公共政策和道德原则以及国家主权相抵触,则可作为例外而不予承认和执行。

第三,解决涉外民事争议时,首先应该解决英国法院是否有管辖权。只有在有管辖权的前提下,才能进一步谈得上法律适用问题。

第四,英国法院只能对可作出有效判决和自愿服从其管辖的人行使管辖权。

第五,为了确定某种既得权利的性质,只应依产生此种权利的该外国的法律为根据。

第六,依照“意思自治”原则,当事人协议选择的法律具有决定他们之间的法律关系的效力。

虽然戴西的既得权学说有许多难以自圆其说之处,但在国际私法的发展历程中也

---

① 亨利·巴蒂福尔担任过法国里尔大学教授,1940年后又任巴黎大学国际私法教授,同时也是有声望的国际法学会(现国内翻译成“国际法研究院”,会员改称院士)和海牙国际法学院的会员。巴蒂福尔学术成果卓著,最具代表性的为他与保罗·拉加德合著的巨著《国际私法》(上下卷)。巴蒂福尔是20世纪30年代后法国最出色的国际私法学者,特殊主义国际私法的代表人物。

② 李双元先生将亨利·巴蒂福尔归入“特殊主义—国家主义学派”,参见李双元:《国际私法(冲突法篇)》,武汉大学出版社1987年版,第106页。余先予教授将亨利·巴蒂福尔的学说列入“目的论”范畴,参见余先予主编:《冲突法》,法律出版社1989年版,第65页。还有学者视亨利·巴蒂福尔为“协调论”倡导者,参见赵生祥主编:《国际私法学》,法律出版社1999年版,第39页;韩德培主编:《国际私法》,高等教育出版社、北京大学出版社2000年版,第77页。

③ 卡兰斯基(Pavel Kalenský)属于捷克斯洛伐克著名国际私法学者,其主要著作是1971年出版的《国际私法发展趋势》(*Trends of Private International Law*)。卡兰斯基的国际私法观特别是国际私法统一化与实体化思想,在现今仍有不少可取之处。参见李双元:《国际私法(冲突法篇)》,武汉大学出版社2001年版,第150~152页。

④ 戴西(Albert Venn Dicey)生于1835年2月4日,卒于1922年4月7日,享年87岁。他曾就学于牛津贝列尔学院(Balliol College),毕业后做过一段时间律师,1882年任英国牛津大学的法学教授。

曾得到一些国家法学家的拥护。[①] 在美国法学会主持下,1934 年由哈佛大学法学院教授比尔任报告员编纂的美国《冲突法重述(第一次)》,就将既得权学说作为理论基础。

相关链接

英国著名国际私法学家戚希尔(Geoffrey Cheshire,1886~1979 年)曾是戴西既得权说的崇拜者,但后来改变了既得权说立场,并转而对它进行批判和革新。[②] 戚希尔主张,一国的国内法不仅包括实体法,而且应该包括冲突法,法官完全可以根据本国的冲突法去适用外国法。[③]

无论是戚希尔和诺斯合著的《国际私法》,还是戴西和莫里斯合著的《论冲突法》,均为英国权威的国际私法学说。英国法院在处理法律冲突问题时经常从这些著作中引经据典作为法律根据。实际上,英国对当代国际私法的贡献还是相当明显的,除了戴西和莫里斯先后就合同的法律适用提出"合同自体法"(Proper Law of Contract)和就侵权行为提出"侵权行为自体法"(Proper Law of Torts)的理论拓宽了法律选择的途径外,英国国际私法学最早把国际民事管辖权和外国判决的承认与执行纳入国际私法的范围,打破了国际私法只解决法律适用问题的欧洲大陆的传统模式。所有这些均已得到国际社会的公认并对丰富和发展现代国际私法理论与实践产生了巨大影响。[④]

(五)学派林立的美国国际私法学说

事例 2.2

奥汀(Auten)夫妇 1917 年在英国结婚且双方都取得了英国国籍。他们婚后生育了两个子女且一起住在英国。1931 年,奥汀先生抛妻别子,只身前往美国。奥汀先生于 1932 年在墨西哥经法院判决获准离婚,然后与另一女子卡丽娜结婚。1933 年,奥汀在英国的原配夫人来到美国纽约与奥汀先生达成分居协议,双方约定,由奥汀先生每月付给奥汀夫人 50 英镑作为其与子女的扶养费,双方维持分居现状,任何一方都不得向对方提起与分居有关的诉讼,并且奥汀夫人还不得以奥汀先生离婚或再婚为由对奥汀先生提起诉讼。在协议签订后,奥汀夫人即返回英国,与子女继续共同生活。由于奥汀先生仅支付了几次生活费之后就没有再支付,致使奥汀夫人维持其与子女的生活出现困难。于是,奥汀夫人按律师的建议在英国法院对奥汀先生

---

① 既得权说是在继承了荷兰法则区别说和斯托里的礼让说中的属地主义的基础上发展起来的。该说虽然产生于 19 世纪下半叶,但在 19 世纪和 20 世纪之交风行于英国和美国,可以说,它在英国和美国的国际私法理论的发展历程中起到了继往开来的作用。参见黄进主编:《国际私法》,法律出版社 1999 年版,第 108 页。

② 戚希尔在国际私法方面的经典著作为《国际私法》,1935 年首次出版,后经多次修订。戚希尔的《国际私法》在 1970 年出版第 8 版时,英国著名国际私法学者诺斯参与修订并成为合著者。1992 年推出第 12 版,1999 年由牛津大学教授诺斯与诺丁汉姆大学教授霍塞特(J. J. Fawcett)共同主持修订后出版了第 13 版。

③ See Peter North & J. J. Fawcett, *Cheshire and North's Private International Law*, 13th ed., Butterworths London Ltd., 1999, p. 31 - 32.

④ 参见蒋新苗:《国际私法本体论》,法律出版社 2005 年版,第 111 页。

起诉,以被告通奸为由提出分居要求。该诉讼在英国法院提起时是在分居协议签订1年以后,即1934年,到判决作出时已是1938年,判决结果是被告必须向原告支付生活扶养费。据说,在英国的这一诉讼并未进入审理程序,它只是经律师建议而使用的一种向被告要钱的手段。原告也明确表示其起诉的目的不是要解除协议,而是要使该协议能强制执行。在英国法院的判决作出之后的几年里,奥汀先生仍然未向奥汀夫人支付生活扶养费。后来,原告认识到在英国进行的诉讼并未奏效,奥汀夫人就于1947年在美国纽约州法院对奥汀先生提起诉讼,要求其按双方签订的分居协议支付生活扶养费共计26,564美元。被告辩称,原告在英国法院提起诉讼已使1933年的协议失效,从而结束了原告依该协议获得扶养费的权利。纽约地方法院认为该案应适用纽约州法律。根据纽约州法律,原告在英国法院提诉讼,获得了临时给付的裁决,因而纽约地方法院接受被告的辩护,驳回原告的诉讼。原告不服,提起上诉。二审判决维持原判。原告不服,又在纽约州上诉法院提起上诉。上诉法院认为该案应适用英国法律,因而将原审法院的判决推翻。

在19世纪30年代以前,美国国际私法主要是受到欧洲学说与实践的影响,[①]直到斯托里国际私法学说的出现才催生了英美普通法系自己的冲突法。[②]

斯托里(Joseph Story,1779～1845年)是美国最高法院的法官,哈佛大学教授,是英、美国私法学的奠基人之一。他在19世纪40年代初就在国际私法学理论方面取得了杰出的成就,比萨维尼和孟西尼还要早。斯托里1834年推出的名著《冲突法评论》(*Commentaries on the Conflict of Laws*),至今仍是英美等普通法系国际私法的经典代表。[③] 他继受了荷兰法则区别说学派的国际礼让说并将属地主义路线予以拓展,为英美等普通法系的国际私法确立了基本范式。

因此,在探寻解决法律冲突的方法的过程中,斯托里根据胡伯三原则而提出了他自己的冲突法3项基本原则:

第一,每个国家在其领土内享有一种专属的主权和管辖权,因而每一国家的法律直接对位于其领域的财产、所有居住在其领域内的居民以及所有在其领域内缔结的契约和所为的行为,都具有约束力和效力。

---

① 参见李双元:《国际私法(冲突法篇)》,武汉大学出版社2001年版,第128页。

② 虽然早在斯托里之前,美国的利夫摩尔(Livemore)曾于1828年发表了《论不同州和国家成文法的抵触所产生的问题》(*Dissertations on the Questions Which Arise from the Contrariety of Positive Law of Different States and Nations*),肯特(Kent)也于1826～1830年发表了《美国法评论》(*Commentaries on American Law*),均讨论了冲突法的问题,但影响都不大。

③ 在写作这部著作过程中,斯托里大量参考了大陆法系学家的国际私法著作,同时考察和分析了美国、英国和苏格兰的冲突法案例500余个。"斯托里的著作产生了深远的影响,这部著作似乎第一次使用了国际私法这一名称"。斯托里首创"私国国际法"(Private International Law)这一术语来指称国际私法,却为大陆法系国际私法学家所普遍采用,而英美国际私法学家却广泛使用荷兰学者罗登伯格所创制的"冲突法"一词。参见[法]亨利·巴蒂福尔、[法]保罗·拉加德:《国际私法总论》,陈洪武等译,中国对外翻译出版公司1989年版,第21页。

第二，每一国家的法律都不能直接对在其境外的财产发生效力或约束力，也不能约束不在其境内的国民，一个国家的法律如果能自由地去约束不在其境内的人或事物，则与所有国家的主权不相容。

第三，从以上的两项原则，得出第三个原则，即一个国家的法律能在另一个国家发生效力，完全取决于另一国家法律上的明示或默示的同意。

相关链接

斯托里的学说尽管与胡伯三原则有不少雷同之处，但也并非胡伯学说的简单翻版。尽管斯托里的第一项原则综合了胡伯的第一、二项原则，且他的第二项原则不过是以另一种方式重述了胡伯第一项原则的最后一句话，但他还是根据美国的实际情况把荷兰学派的属地主义路线作了进一步发展。他的第三项原则明确地把“国际礼让”表述为一种国内法上的规定，从而完全否认国际礼让是习惯国际法加予国家的一种义务。[①] 这就把国际私法完全看作一种国内法了。

美国法学家比尔就在许多方面继受了戴西的既得权说思想，[②]而且将其贯彻到1934年的《冲突法重述（第一次）》中。然而，比尔主持完成的美国《冲突法重述（第一次）》却自问世起，便遭到美国其他一些学者的猛烈抨击。正是在这一批判与反批判的过程中，造就了美国当代冲突法的革命运动，涌现了一大批学者，形成了形形色色的理论，极大地推动了美国现代国际私法理论与实践的发展。[③] 其中，尤以库克的“本地法说”[④]、凯弗斯的“公正论”[⑤]、柯里的“政府利益分析说”[⑥]、艾伦茨威格的“法院地法优

---

① See Alan Watson, *Joseph Story and the Comity of Errors, A Case Study in Conflict of Laws*, The University of Georgia Press, 1992, p. 18 – 20.

② 比尔（Joseph Henry Beale）是美国当代国际私法的著名代表人物与实践家。他曾担任哈佛大学法学院教授，国际私法方面的著述富有巨大影响。比尔潜心研究，在将英国戴西的既得权说导入美国当代冲突法的实践中发挥了关键性的作用。他花了12年多的时间主持编纂了美国《冲突法重述（第一次）》（*Restatement of the United States, Conflict of Laws*）。在1934年公布美国《冲突法重述（第一次）》后，比尔又很快在1935年整理出版了其三大部头的巨著《冲突法专论》（*A Treatise on the Conflict of Laws*）。

③ See Peter Hay, Russell J. Weintraub & Patrick J. Borchers, *Conflict Laws: Cases and Materials*, 11th ed., New York Foundation Press, 2000, p. 4 – 6.

④ 1942年，美国法学教授库克（Walter Wheeler Cook, 1873 ~ 1943年）在其《冲突法的逻辑与法律基础》一书中，提出了“本地法说”（Local Law Theory）。

⑤ 凯弗斯（David Farquhar Cavers, 1902 ~ 1988年）1933在《哈佛法学评论》上发表一篇题为《法律选择过程批判》的文章，批判传统的冲突规范只作“管辖权选择”而不问所选法律的具体内容是否符合案件的实际情况与公正合理性的做法，主张采用“规则选择”或“结果选择”方法。

⑥ 柯里（Brainerd Currie, 1912 ~ 1965年）将以往的一些论文汇编成《冲突法论文集》，于1963年正式出版。在该书中，柯里提出了“政府利益分析说”（Governmental Interests Analysis）。他反对通过冲突规范来选择法律，主张区分法律的“真实冲突”与“虚假冲突”，并以政府利益作为适用法律的唯一标准。

先说"[①]与里斯的"最密切联系说"[②]最为引人注目。此外,冯梅伦(Arthur T. von Mehren)和特劳特曼(Trautman)在其《多州法律问题》一书提出的"功能分析说"(Functional Analysis)、巴克斯特(Baxter)所倡导的"比较损害说"(Comparative-impairment Approach)以及波斯纳(Richard Allen Posner)的"经济分析学说"(Economic Analysis Theory),均是当代英美普通法系国际私法革新运动中十分引人瞩目的学说,而且对世界国际私法的理论与实践依然有着重要影响。[③]

(六)希腊弗朗西斯卡基斯的法律直接适用说

弗朗西斯卡基斯(Phocion Francescakis)是希腊富有创造性的国际私法学家。在当今欧洲国际私法领域中,出现了一个较有争议的学说即"法律直接适用说",就与弗朗西斯卡基斯创造性分不开。他在1958年《反致理论和国际私法的体系冲突》(La théorie du renvoi et conflits de systémes en droit international privé)中率先使用了"直接适用的法"(Loi d'application immédiate)这一术语,并成为这一理论的主要代表人物。他认为,随着国家对社会经济的干预不断增强,国家制定了一系列具有强制性的法律规范,用以调整某些特殊的法律关系,以维护本国在国际民商事交往中的利益。此类具有强制性的法律规范在调整涉外民事关系时,可以撇开传统冲突规范的援用,而直接适用于涉外民事关系。这一学说已为某些国家的国内立法和有关国际条约所采用。[④]

(七)日本山田三良的国际私法学说及其影响

山田三良(1899~1965年)是第二次世界大战前日本著名的国际私法学家,[⑤]在其主要著作《国际私法》中强调以国家主权为中心,主张采取灵活而不偏颇的法律适用立场。[⑥] 战后日本国际私法学最有权威的学者当推江川英文(1898~1966年)推出了许多对日本国际私法研究有指导意义和起先驱作用的著作和论文,其中1950年出版的《国际私法》是他的代表作,该书1970年由有斐阁出版了增补修改版。[⑦] 近年来,活跃在日本国际私法学界的学者主要有东北大学教授折茂丰、出口耕自教授(1958年出生,

---

① 加利福尼亚大学教授艾伦茨威格(Albert Ehrenzweig,1906~1974年)主要著作有1962年的《冲突法论》(*A Treatise on the Conflict of Laws*)和1967年的《国际私法》(*Private International Law*)等,提出了"法院地法优先说"(Doctrine of Lex Fori)。他认为国际私法赖以建立和发展的基础是优先适用法院地法,适用外国法仅仅是一种例外。

② 里斯(Willis L. M. Reese)属于美国当代国际私法学界最有影响的学者,曾担任过哥伦比亚大学法学教授,主持编纂了以最密切联系原则作为理论基础的美国《冲突法重述(第二次)》。他在改造传统冲突法体系的基础上,提出了"最密切联系说"(Doctrine of the Most Significant Connection)。

③ 参见李双元主编:《国际私法》,北京大学出版社2007年版,第57~58页。

④ 参见徐冬根:《论当代国际私法中的"法律直接适用说"》,载《宁波大学学报(人文科学版)》1993年第1期。

⑤ 参见李双元等编著:《中国国际私法通论》,法律出版社2003年第2版,第72页。

⑥ 参见日本国际法学会编:《国际法辞典》,外交学院国际法教研室译,世界知识出版社1985年版,第27页。

⑦ 目前,日本国际私法著作翻译成中文的,有[日]北胁敏一:《国际私法——国际关系法Ⅱ》,姚梅镇译,法律出版社1989年版;[日]山田三良:《国际私法》,李倬译,中国政法大学出版社2003年版。

现为日本上智大学法学教授)、名古屋大学法学部教授山田镣一(1922 年出生)和石黑一宪(1950 年出生)、中央大学法学院法学教授多喜宽及山内惟介(1946 年出生)等。

自 19 世纪 30 年代起,国际私法空前发展,相继出现了许多杰出的国际私法学家,他们都以自己的成就丰富和发展了国际私法的理论和方法。斯托里的判例分析法、萨维尼的“法律关系本座说”、孟西尼国籍主义与戴西的“既得权说”等,无不对后世产生了重大影响。20 世纪中叶以后,国际民商往日趋频繁,学者和实务工作者对于国际私法的价值、功能、理论基础与法律选择方法等问题进行了深刻反思,对传统国际私法的弊端提出了种种批评,并形成了形形色色的理论与方法,不断推动国际私法的进步和发展。

课堂讨论案例

美国马萨诸塞州的一个居民与该州的“杜威和阿尔米化学公司”缔结了一份书面雇用合同,同意他以化学工程师和化学家的身份替该公司在马萨诸塞州的实验室做研究工作。1935 年 9 月在该居民的雇用期中,雇主将其派往该公司在加利福尼亚州的一家分厂工作,作为临时技术顾问以改进雇主在那家分厂制造的产品的质量。他期望在他完成任务以后回到雇主在马萨诸塞州的实验室工作,但在此时,他不幸在加利福尼亚州遭到了伤害。于是,他便要求“加利福尼亚工业事故委员会”判定分厂对其在被雇用期间于加利福尼亚州受到的伤害加以补偿。加利福尼亚州工业事故委员会因此责成分厂根据加利福尼亚州保险法所规定的保险补偿费对其进行补偿。

加利福尼亚州分厂则在加利福尼亚州地方上诉法院提出上诉,要求撤销加利福尼亚州工业事故委员会责成它对被雇用人的补偿。其根据有两点:第一,由于被雇用人是长期在马萨诸塞州的公司总部工作,而且只是暂时出差来加利福尼亚州并不幸遭受伤害的,所以他应当受马萨诸塞州工人补偿法的保护,而不应当受加利福尼亚州工人补偿法的保护;第二,加利福尼亚州工业事故委员会在适用加利福尼亚州法律的同时,拒绝给予马萨诸塞州法律以忠诚信用。然而,加利福尼亚州地方上诉法院驳回了该保险公司的上诉请求,美国最高法院也采取了维持原判的态度。

[问] 该案应适用什么地方的法律?该案的处理对美国传统国际私法理论有哪些突破?

第二节　国际私法立法的产生与发展

事例 2.3

法国王子鲍富莱蒙(Bauffremont)与一比利时女子结婚。该女子因与鲍富莱蒙结婚而成为法国王妃并取得法国国籍。此后,该女子与罗马尼亚王子比贝斯柯(Bibesoco)相恋,故欲与鲍富莱蒙离婚。但当时法国法律(1884 年以前)只允许别居不允许离婚;而当时德国的法律允许离婚。为了达到离婚的目的,该女子移居德国并归化为德国公民,随后,在德国法院提出与鲍富莱蒙离婚的诉讼并获得离婚判决。该女子在柏林与比贝斯柯王子结婚后,以德国公民的身份回到了法国。鲍富莱蒙向法国法院起诉,要求宣告该女子加入德国籍及离婚、再婚无效。

按照当时法国的冲突法规定,婚姻能力适用当事人的本国法,由于该女子已归化为德国公民,其本国法为德国法,而按德国法该女子的离婚是有效的。但法国最高法院 1878 年最终判决该女子在德国的离婚和再婚均属无效。至于其加入德国籍问题,法国法院无权审理。

一、国际私法规则的萌芽

(一)古埃及时代的"默示的冲突法规则"

在埃及出土的一具木乃伊里,发现了公元前 120 年至公元前 118 年的一个法令,规定凡以埃及文字起草的合同,可以在埃及法院对希腊人起诉。有学者认为这是一条默示的冲突法规则。因为它指定语言作为确定管辖权的连结因素,并认可当事人的意思自治原则。

(二)欧洲国际私法的萌芽

古希腊出现了国际私法的初步萌芽,即建立在共同的原则与商业习惯基础上的古希腊普通法。只是古希腊这种带有国际私法萌芽形态的商业习惯法则并不以任何个别城邦的立法权为基础。

古罗马人也没有发明法律选择规则。罗马市民法只适用于罗马公民,并且过于简陋且形式主义特征明显,不能满足涉外民商交往的需要。罗马人于公元前 242 年前后创立了一项制度,设立外事裁判官,处理涉及非公民的诉讼。外事裁判官可以不受程序上的形式主义以及严格的本地法的限制,借用了大量非罗马的、主要是希腊的制度,创立了一套独立的法律规范,即万民法(Jus Gentium),它比市民法更能适应涉外的民商交往。①

---

① 古罗马的万民法"并没有形成一个完整的体系",而且仍属于罗马内国法,而不是法律的适用法则。参见[法]亨利·巴蒂福尔、[法]保罗·拉加德:《国际私法总论》,陈洪武等译,中国对外翻译出版公司 1989 年版,第 11 页。

公元476年,西罗马帝国灭亡后,欧洲大陆各民族迁徙频繁,形成了各民族杂居的格局,出现了“种族法时代”(Period of Racial Law)或“属人法时代”(Period of Personal Laws)。种族法中的一些规范诸如“继承依被继承人的血统法”“契约关系当事人的能力依各该当事人的种族法”等,在形式上跟后世的冲突规范相类似,对国际私法也产生了影响。

不过,在阿尔卑斯山以南地区,因意大利半岛各城邦国家的出现,极端属人法逐渐为属地法所取代。① 为了各城邦国家之间的互通有无和人员往来的方便,人们渐渐认识到有必要对过去那种严格的属地性进行限制。这样一来,13世纪的意大利自然而然地成为以国际私法学说形态出现的“法则区别说”的发祥地。

(三)中国国际私法的萌芽

中国唐朝(公元618~907年)国力强盛、经济贸易兴隆、对外交往频繁。为了调整和规范各种具有涉外因素的法律关系,中国唐朝的统治者在《永徽律·名例律》中就制定了“类似今天的冲突规范的规定”。② 公元651年的《永徽律·名例律》明确规定:“诸化外人同类自相犯者,各依本俗法;异类相犯者,以法律论。”③尽管《永徽律·名例律》有关涉外法律关系的这种规定,带有明显的刑法特征,但是其国际私法的隐性因子也是公认的。它实际上已具有冲突规范的雏形,而在同一时期的世界其他各国法律中至今尚未发现有类似的成文法规定。在欧洲,直至1756年的《巴伐利亚法典》才第一次有了成文的冲突规范。

虽然明朝曾借用唐朝《永徽律·名例律》有关涉外法律关系的规定处理过涉及居住澳门的葡萄牙人事务,但依然未突破唐律的框架。④ 直至清朝末年,中国不仅依然未见有专门的国际私法立法,而且这方面的法律实践也相当少。

二、国际私法立法的起步与发展

(一)国际私法立法的起步

现有资料表明,1756年《巴伐利亚法典》和1794年《普鲁士法典》就是最早涉及国际私法立法的范例。不过,早期真正产生重大影响的国际私法成文立法还要算1804年《法国民法典》。法国编纂民法典的专家学者与立法者吸收了新法兰西学派的诸家学说,在《法国民法典》第3条对国际私法问题作了规定。⑤

相关链接

《法国民法典》第3条共3款,包含了3项原则:第一,“凡居住在法国领土上的居民应遵守治安法律”(第1款),强调有关“治安法律”是绝对的属地法,凡在法国境内的

① 马汉宝:《国际私法总论》,台北,汉林出版公司1982年版,第245~246页。
② 黄进主编:《国际私法》,法律出版社1999年版,第92页。
③ 蒲坚编著:《中国古代法制丛钞》(第2卷),光明日报出版社2001年版,第193页。
④ 参见黄汉强、吴志良主编:《澳门总览》,澳门基金会1996年版,第13页。
⑤ Niboyet, Traité de droit international privé, Vol. 3, 1948, p. 110.

一切人,无论是内国人还是外国人,都可以对他们强制施行;第二,“不动产,即使属外国人所有,仍适用法国法律”(第2款),采用了自巴托鲁斯以来法则区别说奉行的“物法”适用原则,一切有关不动产的法律关系,概依物之所在地法,而不问该物是内国人所有还是外国人所有;第三,“有关个人身份及享受权利的能力的法律,适用于全体法国人,即使其居住于国外时亦同”(第3款),明确规定有关个人身份和能力的法律属于“人法”,不但适用于法国境内的法国人,而且具有域外效力,在法国境外的法国人亦得受其支配,是对自巴托鲁斯以来法则区别说主张的“人法”适用原则的概括总结。1804年《法国民法典》的编纂,特别是该法典第3条所确定的三大原则,对后世国际私法产生了深远影响,在国际私法的发展史上有着划时代的重大意义,主要表现在如下三方面:一是扩大了国际私法作用的领域,突出了国际私法的“国际”性;二是在属人法方面,把自法则区别说以来一直在欧洲实行的住所地法改为国籍国法,从而催生了本国法主义;三是成文的国际私法规范的确立,标明国际私法从此由学说法进入了制定法的阶段。①

《法国民法典》第3条所确立的3项原则,既是自巴托鲁斯起五百年法则区别说研究成果的立法表现,同时也宣告国际私法从此结束法则区别说时代而进入了新的历史发展时期。②

(二)国际私法立法的进展

在《法国民法典》的影响下,欧洲许多国家或在民法典中设立国际私法规范或分散在其他法律中加以规定,③如1811年《奥地利民法典》与1889年《西班牙民法典》等;也有像德国1896年《民法施行法》④那样制定单行国际私法的,如阿尔巴尼亚1964年的《国际私法典》、匈牙利1979年的《国际私法典》、瑞士1987年的《瑞士联邦国际私法典》⑤、斯洛伐克1996年的《国际私法与程序法》、列支敦士登1997年的《国际私法》、斯洛文尼亚1999年的《国际私法与程序法》⑥、斯洛文尼亚1999年的《国际私法典》、保加利亚2005年的《国际私法典》等;也有一些欧洲国家没有集中的立法,国际私法分散

---

① 《法国民法典》第3条和其他一些条文,大多是通过单边冲突规范(只规定对什么问题应适用法国法)来规定冲突法的。

② 参见梅仲协:《国际私法新论》,台北,三民书局股份有限公司1982年版,第31~33页。

③ 自1804年《法国民法典》对国际私法问题加以规定后,法国并未以此为满足,先后于1955年、1959年与1967年提出过三个国际私法草案,尝试修改《法国民法典》中的国际私法规范,但均无果而终。参见徐冬根等:《国际私法》,清华大学出版社2005年版,第18页。

④ 自1896年《民法施行法》颁布后,德国于1986年、1999年和2001年不断进行更新。

⑤ 《瑞士联邦国际私法典》是当代最具代表性而影响也是最为广泛的一部单行成文国际私法典。2000年3月24日瑞士联邦推出《有关民事案件的管辖权问题的规定》,对各州的民事程序法典的修订起到了巨大的推动作用。关于瑞士国际私法,可参见[美]斯蒂芬·麦克弗里:《论瑞士冲突法草案》,李双元译,载《国外法学》1982年第3期;李浩培:《瑞士新国际私法》,载《法学杂志》1989年第4期;陈卫佐:《瑞士国际私法法典研究》,法律出版社1998年版。

⑥ 具体文本参见李双元、欧福永、熊之才编:《国际私法教学参考资料选编》(上册),北京大学出版社2002年版。

在家庭法与海商法等法律法规中。

此外,英国的国际私法(冲突法)被认为发端于戴西和威斯特洛克19世纪的开拓性工作,主要吸收和借鉴了美国与欧洲的许多理论。[①] 不过,英国国际私法的大多数领域还是依判例法以及法学家的冲突法学说,从而使《戴西和莫里斯论冲突法》一书几乎赢得了立法的地位。[②] 尽管如此,但英国的国际私法(冲突法)也并未完全放弃其成文法的取向。自20世纪开始,英国颁布了一些涉及国际私法的法规,如1995年的《英国国际私法(杂项规定)》等。[③]

大洋洲各国深受普通法系与古老的习惯法影响,很少制定成文的国际私法法规。大洋洲大部分国家的国际私法都是判例和学说及实施的一系列公约,其中澳大利亚最为典型。

非洲许多国家采用专章式立法模式在民法典或民事诉讼法典中对国际私法问题进行规定,如阿尔及利亚1975年的《民法典》等;还有一些非洲国家在婚姻家庭法中对国际私法作了规定,如南非1980年的《家庭法典》等。

美洲国家当代国际私法的立法与司法实践呈现出五彩缤纷的局面。美国1934年由比尔主持完成了美国《冲突法重述(第一次)》,但遭到美国一些学者的猛烈抨击。于是,美国法学会在1952年撤销了1934年的《冲突法重述(第一次)》,并举荐哥伦比亚大学里斯教授和哈佛大学斯科特(Austin W. Scott)教授负责起草美国《冲突法重述(第二次)》。历经17年的艰辛努力,1971年完成美国《冲突法重述(第二次)》(*Restatement*, *Second*, *Conflict of Laws*, *Second*)。1986年美国学者又对《冲突法重述(第二次)》进行修订。[④]

加拿大的法律冲突包括国际冲突与省际冲突,而解决法律冲突的途径主要采取法官造法、学理解释与国际条约或公约等办法。加拿大的魁北克曾着手制定国际私法典,但经过多年努力并未取得实效。[⑤] 此外,加拿大还批准和实施了一系列涉及解决法律冲突问题的国际性条约或公约。近年来,加拿大国际私法也在全球化进程中不断革新。[⑥] 而阿根廷和秘鲁于20世纪80年代分别制定了单行冲突法法规,委内瑞拉的《国际私法法典》已于1999年正式实施。

在亚洲,比较早的国际私法立法当推1898年的《日本法例》[⑦]、1918年的《中国法

---

① 参见徐冬根:《19世纪的国际私法立法拾遗》,载《法学杂志》1994年第4期。

② 参见李双元等编著:《中国国际私法通论》,法律出版社2003年版,第64页。

③ 参见黄进主编:《国际私法》,法律出版社1999年版,第135页。

④ 参见徐冬根:《论欧、美国际私法法典化的不同进路及其法哲学思想》,载《河南省政法管理干部学院学报》2004年第3期。

⑤ See J.-G. *Castel*, *Canadian Conflict of Laws*, 4th ed., Butterworths Canada Ltd., 1997, p. 59 - 60.

⑥ See Joost Blom, *Private International Law in A Globalizing Age: The Quiet Canadian Revolution*, in Petar Šacevic and Paul Volkened, Yearbook of Private International Law, Vol. Ⅳ, 2002, Kluwer Law International and Swiss Institute of Comparative Law, 2003, p. 81 - 115.

⑦ 日本的国际私法的立法名称为《法例》,1898年2月21日公布,同年7月16日施行,共计31条。日本先后于1942年、1947年、1964年、1977年、1980年、1989年对《日本法例》予以修订。

律适用条例》、1937 年的泰国国际私法、韩国 1962 年的《关于涉外民事关系的法令》[①]、亚洲国家 20 世纪末开始出现的国际私法修立运动,是为适应国际民事交往的新发展而展开的,吸收了当代国际私法许多最新的理论研究与实践成果,时代特点较为突出,如 2006 年阿塞拜疆《国际私法典》。

三、国际私法的统一化进程

事例 2.4

一甲国男公民与一乙国女公民在乙国依乙国法律规定结了婚,这一婚姻不但涉及甲、乙两国,而且在任何其他国家发生争议,都会提出法律适用上的问题。如果甲国坚持此种婚姻必须适用男方的本国法,而乙国认为只要依照了举行地法规定的婚姻便是有效的婚姻,则这一婚姻,在甲国,或依甲国法将是无效婚姻,而在乙国,或依乙国法却是有效婚姻,这样便都会出现"跛脚婚姻"(Limping Marriage)的不幸情况。

在具体实践中,各国民商实体法的歧异不可避免地导致法律冲突,而解决法律冲突的各国冲突法本身也因互不相同而有冲突。因此,无数国际组织从 19 世纪后期起不懈地努力,不断推出国际私法的统一化公约或条约。[②]

(一)海牙国际私法会议对国际私法统一化的贡献

在从事冲突法统一的国际组织中,最有成效、最富影响的当首推海牙国际私法会议(Hague Conference on Private International Law)。[③]

在荷兰法学家阿瑟(Asser)的积极努力下,由荷兰政府在 1892 年发出召开统一国际私法的国际会议的邀请,并于 1893 年在海牙召开了第一届海牙国际私法会议,参加者有荷兰、奥地利、匈牙利、德国、俄国、瑞士、意大利、比利时、西班牙、葡萄牙、丹麦、卢

---

① 韩国自 1999 年至 2000 年对国际私法进行修订,共召开了 17 次重要会议。韩国司法部在 2000 年 6 月成立了 11 人的专家小组对《冲突法的修订草案》进行审查,经过 14 次重要会议的反复斟酌,终于在 2000 年 11 月 4 日完成了提交立法会议审议的建议稿。经韩国国会按修法程序审议讨论后,于 2001 年 4 月 7 日颁布修订后的《冲突法》。韩国于 2001 年 7 月 1 日正式实施新的《冲突法》。韩国新修订的《冲突法》将 1962 年《冲突法》的三部分 47 条扩展为九大部分 62 条,具体包括总则、自然人与法人、管辖、物权、债权、婚姻家庭、继承、票据、海商等内容。

② 在国际私法统一化进程中,一般从三个层面来开展这一工作:一是将国际私法统一化定位在对传统的国际私法的统一,即对冲突法(Conflicts Law)进行国际范围内的统一。经过这种统一的国际私法主要包括冲突规范,有关法院管辖权的规范以及关于法院判决的承认和执行的规范。海牙国际私法会议正是从事这种传统意义上的国际私法统一化的最为重要、最富影响的国际组织。二是将国际私法统一化定位在对"私法"的国际统一。这里所谓的私法仅仅指作为实体法的民、商法,并不包括传统意义上的国际私法即冲突法。罗马统一私法学会以及联合国国际贸易法委员会便主要是进行这一意义上的国际私法统一工作。三是将国际私法统一化定位在既包括对传统国际私法的统一,又包括对实体民、商法律的国际统一,美洲国家组织便是在从事此类国际私法统一活动。参见李双元等:《中国国际私法通论》,法律出版社 2003 年版,第 77 ~ 78 页。

③ 关于海牙国际私法会议的成就与贡献,参见李双元主编:《中国与国际私法统一化进程》(下编),武汉大学出版社 1998 年版。

森堡、罗马尼亚等13国。[①] 1951年第七届海牙国际私法会议通过《海牙国际私法会议章程》，从而正式确立它作为一个常设的国际组织。这次会议决定将该国际私法会议改为常设机构进行工作，并原则上决定每四年举行一次会议，致力于国际范围内国际私法的统一。[②]

自海牙国际私法会议成立至2022年，已召开了22届大会及数次特别会议，海牙国际私法会议已有成员91个，[③]通过的公约或议定书中已有33个生效实施。[④] 海牙国际私法会议已完全走上了正规化道路，现已成为在世界范围内谋求国际私法统一的组织，而且成果卓著，其方法与途径也在不断发展和完善。[⑤]

（二）美洲国家组织国际私法会议

1948年在哥伦比亚首都波哥大举行的第九次泛美会议上通过了《美洲国家组织宪章》，正式确定美洲国家组织（Organizacion de los Estados Americanos，OEA；Organization of American States，OAS）的法律地位。[⑥] 该组织现有成员国35个，最高权力机构是每年举行一次的大会，已召开了51届美洲国家组织大会。[⑦] 当2/3成员同意，美洲国家组织可以召开特别大会。美洲国家组织目前的国际私法统一工作主要由国际私法特别会议负责，自1975年起美洲国家组织国际私法会议已召开了7次大会，

---

① 这次会议讨论了婚姻的成立、民事诉讼、继承与遗嘱以及法律行为的方式等四项议案。1894年召开了第二届海牙国际私法会议，除第一届海牙国际私法会议的参加国外，又有瑞典、挪威两国加入。1900年召开了第三届海牙国际私法会议。1904年召开了第四届海牙国际私法会议，日本自该届会议开始参加工作。1925年召开第五届海牙国际私法会议，英国、芬兰、波兰、捷克等国自第五届会议开始参加工作（但此前曾参加海牙国际私法的苏联却于该次会议退出）。1928年召开第六届会议，但均无建树，便长期停顿了下来。直到第二次世界大战后的1951年，才召开第七届会议。

② 海牙国际私法会议第一阶段通过的5个公约的中文译文，可参见李双元主编：《国际私法教学参考资料选编》，北京大学出版社2002年版。

③ 中国于1987年7月3日向荷兰政府交存了对海牙国际私法会议章程的接受书，成为其正式成员。中国恢复对香港和澳门行使主权后，海牙国际私法会议7项公约分别继续适用于香港和澳门特别行政区。

④ 海牙国际私法会议公约的签署、加入与批准、生效及保留的情况，载 http://www. hcch. net/，accessed on 12 August，2015。

⑤ 参见李双元：《海牙国际私法会议统一国际私法的方式与途径》，载《武汉大学学报（社会科学版）》1993年第3期；李双元：《走向21世纪的国际私法——国际私法与法律的趋同化》，法律出版社1999年版，第392～404页。

⑥ 孟西尼统一国际私法的倡议，最早获得南美洲的响应，秘鲁政府曾于1878年便在其首都利马召开有阿根廷、玻利维亚、智利、哥斯达黎加、厄瓜多尔、委内瑞拉参加的利马会议，通过了一个由8章60条构成的国际私法条约。因只有秘鲁一国批准而未生效。后在乌拉圭学者那米勒斯（Gonzolo Ramines）倡议下，1888年在乌拉圭首都召开了还有玻利维亚、巴西、智利、巴拉圭等国参加的蒙得维的亚会议。这个会议通过了国际刑法、著作权法、国际民法、商法、诉讼法等条约草案。但只有后3个条约曾得到若干国家的签署、批准与付诸实施，并于1940年作了修改。美洲方面统一国际私法的事业，在其后又有泛美会议（Pan-American Conference）为之努力，但因第一次世界大战而中断。到1928年在哈瓦那召开的有21国参加的第六届泛美会议，才通过了以古巴法学家布斯达曼特的名字命名的法典《布斯达曼特法典》（Bustamante Code/Codigo Bustamante）。该法总共437条，就其内容与包涉的条文而言，在国际私法方面到现在仍堪居首位。

⑦ 参见美洲国家组织官网，http://www. oas. com，accessed on 28 June，2022.

先后推出了26个国际私法方面的公约、议定书及相关法律文件。[①]

(三)斯堪的纳维亚国家统一国际私法组织

斯堪的纳维亚国家统一国际私法组织也进行统一国际私法的工作。早在19世纪中叶,丹麦与瑞典就曾经缔结过相互承认和执行判决的条约。在1931年到1935年之间,斯堪的那维亚三国与芬兰、冰岛五国又专门缔结了五个国际私法条约。[②] 比利时、荷兰、卢森堡三国也于1951年在海牙缔结了一个国际私法条约(又称比、荷、卢国际私法条约)。[③]

(四)罗马统一私法协会对实体私法统一化的努力

1926年成立的罗马"国际统一私法协会"(International Institute for the Unification of Private Laws,UNIDROIT),是国际上一个非常有影响的从事私法统一的政府间国际组织。[④] 罗马国际统一私法协会与海牙国际私法会议的合作非常成功,已经成为联合国以外的最重要的从事国际私法统一化工作的组织。罗马"国际统一私法协会"在统一私法方面的活动富有成效,涉及国际货物买卖法、国际运输法、国际仲裁法及国际民事责任等领域。[⑤]

(五)欧盟的统一国际私法的工作

欧洲联盟(European Union,EU)是在欧洲共同体的基础上发展而来的。[⑥] 在统一国际私法方面的重要公约当数1968年欧共体6个原始成员国,即比利时、原联邦德国、法国、意大利、卢森和荷兰于布鲁塞尔签订的《关于民商事案件管辖权和判决执行的公约》(1973年生效);1988年为将此公约扩大适用于欧洲的自由贸易联盟国家,有关国家又签署了《洛迦诺公约》;1980年欧共体又制定了一个非常重要的《关于合同义务法

---

① 1989年第四届美洲国家组织国际私法特别会议建议成员国考虑签署、批准或加入4个国际公约。2002年美洲国际组织第六届国际私法特别会议在美国华盛顿召开,通过了关于安全交易的美洲国家间示范法、关于美洲国家间统一国际货物运输提单的议定书以及一系列有关文件。参见蒋新苗:《国际私法本体论》,法律出版社2005年版,第192~193页。

② 1931年缔结关于婚姻、扶养和监护的条约,1933年缔结了关于相互承认和执行判决的条约,1934年缔结了关于抚养金的条约、关于破产的条约,以及1935年缔结的关于继承与遗产清理的条约。

③ 该公约与海牙国际私法会议所通过的公约在内容上有重复之处,其中若干规定又受到批评,加之仅卢森堡一国批准,1975年被比、荷、卢三国议会联盟所否定。See Edoardo Vitta, *Impact in Europe of the American Conflicts Revolution*, *The Influence of Modern American Conflicts Theories on European Law*, American Journal of Comparative Law, Vol. 30, 1982, p. 1 – 18.

④ 中国于1985年7月23日正式接受该协会章程,并从1986年1月1日起正式成为其成员国。截至2022年6月,罗马"国际统一私法协会"已有63个成员国,载http://www.unidroit.org, accessed on 28 June, 2022。

⑤ 参见李双元等编著:《中国国际私法通论》,法律出版社1996年版,第296~297页。

⑥ 1991年12月11日,欧共体马斯特里赫特首脑会议通过了以建立欧洲经济货币联盟和欧洲政治联盟为目标的《欧洲联盟条约》。该条约于1993年11月1日生效后,欧共体并未就其称谓的变更问题作出决定,但欧共体内部与国际社会越来越广泛地使用"欧洲联盟"(简称欧盟)。随着2009年《里斯本条约》的生效,废止了欧洲共同体,目前,欧盟官方不再使用欧洲共同体,只使用欧盟。在欧盟中从事国际私法统一化工作的尤以欧盟委员会(European Commission)、欧盟理事会(European Council)、欧洲议会(European Parliament)、欧洲法院(European Court of Justice)最为突出。

律适用的公约》,并于同年6月19日在罗马对成员国开放签字。此外,尚有上述6个原始成员国于1968年达成的《相关相互承认公司和企业实体的公约》和欧盟理事会于1995年在布鲁塞尔通过的《破产诉讼公约》。欧盟2007年7月11日通过《关于非合同之债法律适用的条例》(罗马条例Ⅱ,2009年1月11日生效实施),[①]2008年6月17日将1980年《罗马公约》转化为欧盟法律,即《关于合同之债法律适用的条例》(罗马条例Ⅰ,2009年12月17日生效实施),2010年12月20日通过《关于离婚和司法别居法律适用的条例》(罗马条例Ⅲ,2012年7月14日生效实施)。

(六)联合国统一国际私法的成就

与海牙国际私法会议和美洲国家组织国际私法会议相比,开展更具世界规模和普遍性的国际私法统一化工作的还要算联合国。由联合国国际法委员会(International Law Commission of the United Nations)拟定草案并经联合国主持缔结的多边公约及相关议定书已超过16项,其中就有一些涉及国际私法的统一化的规定。[②]

联合国致力于国际私法统一工作的还有联合国贸易和发展会议(United Nations Conference on Trade and Development, UNCTAD)、贸易法委员会等。

此外,国际商会、国际法律协会(International Law Association)、国际法学会(Institute Droit International)、国际海事委员会等也从事了大量的国际私法统一化工作。[③]

无论是政府间组织还是非政府间组织,均在国际私法统一化运动的发展中发挥了重要作用,极大地推动了国际私法在区域乃至全球的统一化。

四、中国国际私法的立法与司法实践

北洋军政府于1918年颁布了《法律适用条例》,这是中国历史上第一部国际私法立法。该条例是在日本人主持下抄袭德、日的国际私法立法出笼的,而且脱离了中国当时的国情。此后,国民政府于1927年3月12日令暂准援用1918年的《法律适用条例》,但当时主权仍不完整,真正适用该条例来裁判涉外民商事案件的案例仍是寥寥无几的。

中华人民共和国成立后,人民政府废除了包括《法律适用条例》在内的国民党政府的全部法律,开始按苏联模式建立社会主义的法律体系,国际私法立法并不受重视。直到党的十一届三中全会以后,我国实行对外开放政策,我国才开始重视国际私法立

---

① 参见 http://www.eur-lex.europa.eu/, accessed on 27 August,2015。

② 这是隶属联合国的一个国际法研究机构,依1947年11月21日联合国大会通过的第174(Ⅱ)号决议而建立。1949年4月12日联合国国际法委员会举行了第一届年会,现已经召开了74届会议。该委员会委员由联合国会员国政府提名,联合国大会选举产生,任期5年,可连选连任。不过,这些委员不是以国家代表的资格,而是以个人身份参加工作的。在联合国时期通过的涉及国际私法的国际公约主要有1950年《关于宣告失踪者的公约》、1951年《关于难民地位的公约》、1956年《关于收取在外国的抚养金的公约》、1958年《关于承认与执行外国仲裁裁决的公约》及1965年《关于解决各国和其他国家国民之间的投资争议的公约》等,载 http://www.legal.un.org/,accessed on 30 August,2015。

③ 它们通过的有关公约及国际惯例详见李双元主编:《国际私法学》,北京大学出版社2000年版,第137~145页。

法与司法工作。经过多年的努力，目前我国的国际私法立法已推出单行立法即《中华人民共和国涉外民事关系法律适用法》，不仅国际私法立法已初具规模并且相互间形成了有机联系，而且国际私法司法实践也获得了长足发展。

相关链接

就中国国内立法而言，已形成一个多层次的国际私法体系。

1. 居于第一层次的是我国《宪法》中的有关规定，其中少数是直接的规定，如序言第 12 段以及第 18 条、第 32 条所表述的内容。

2. 居于第二层次的便是包括《中华人民共和国民法典》和《中华人民共和国民事诉讼法》在内的许多民事基本法律。

3. 居于第三层次的是 2010 年 10 月 28 日第十一届全国人大常委会第十七次会议通过的《中华人民共和国涉外民事关系法律适用法》，这是截至 2022 年我国单行的国际私法法典。① 此外，还有《中华人民共和国海商法》《中华人民共和国民用航空法》《中华人民共和国票据法》等法律法规中的相关规定。

4. 居于第四层次的主要是由全国人大常委会或国务院颁布的条例或行政法规中调整涉外民事或诉讼关系的规范。

5. 居于第五层次的是最高人民法院所作的大量司法解释。如最高人民法院 2013 年实施的《关于适用〈中华人民共和国涉外民事关系法律适用法〉若干问题的解释(一)》，其于 2020 年 12 月 23 日最高人民法院审判委员会第 1823 次会议通过的《最高人民法院关于修改〈最高人民法院关于破产企业国有划拨土地使用权应否列入破产财产等问题的批复〉第二十九件商事类司法解释的决定》修正。

另外，国际商事仲裁制度也在中国获得了全面发展。我国国际贸易仲裁委员会和海事仲裁委员会制定了各自的仲裁规则。

进入 20 世纪 80 年代以后，在国际私法的国际法源方面，中国缔结或加入的有关国际私法的条约逐年增多。此外，我国还同许多国家签订了双边投资保护协定、贸易协定等，也包含大量的调整涉外民事关系的实体法规范。从 1987 年起，我国还加快了与有关国家谈判签订司法协助协定的步伐。② 截至 2015 年年初，中国已同法国、波兰、蒙古国、比利时、罗马尼亚、意大利、西班牙、俄罗斯、土耳其、古巴、泰国、澳大利亚、秘鲁

---

① 关于我国国际私法单行立法问题，中国国际私法学会早在 1993 年深圳年会上就提出了，并成立了以中国著名法学家韩德培教授为组长的中国国际私法(示范法)起草小组。经过近 7 年的努力，几易其稿，2000 年才最终完成并由法律出版社出版《中国国际私法示范法》(第六稿)。该示范法是学术性的立法建议案，仅供立法、司法机关及科研机构等参考使用。《中国国际私法示范法》共 5 章、166 条，包括总则、管辖权、法律适用、司法协助、附则。这是中国法学界第一部完全由学术研究团体起草的示范法典，它的公开出版对中国国际私法的理论发展以及立法和司法实践肯定会产生深远影响，必将极大地推动中国国际私法的进一步发展，逐渐与世界潮流接轨。参见中国国际私法学会编：《中华人民共和国国际私法示范法》，法律出版社 2000 年版，前言。

② 1987 年 5 月 4 日，中国与法国签订《中华人民共和国和法兰西共和国关于民事、商事司法协助的协定》，这是我国改革开放后签订的第一个司法协助协定或条约。

等64个国家缔结了122项司法协助协定或引渡条约,其中105项已经生效。在我国签订的司法协助协定或条约中,涉外民商事司法协助协定19项,其中17项已生效;民商事和刑事并存的司法协助协定19项且均已生效。①

另外,我国台湾地区1953年6月6日颁布实施的"涉外民事法律适用条例"及其他相关规定,是台湾地区解决法律冲突的主要法律依据。我国澳门特别行政区的国际私法集中在1999年11月1日生效的《澳门民法典》第24条至第62条中。此外,1999年实施的《澳门民事诉讼法典》以及其他相关规定也构成澳门国际私法的渊源。另外,澳门特别行政区还实施了一些涉及国际私法问题的国际公约,如海牙国际私法会议的《国际诱拐儿童公约》(1999年3月1日)、《儿童抚养法律适用公约》(1969年9月3日)、《儿童抚养判决执行公约》(1969年9月3日)、《国际民事诉讼程序公约》(1968年4月23日)、《取消要求外国公文书的认证公约》(1969年2月4日)、《保护未成年人公约》(1969年2月4日)等。我国香港特别行政区的国际私法主要沿袭英国的判例法传统,适用的国际私法方面公约主要有:海牙国际私法会议的《国际诱拐儿童公约》(1997年9月1日)、《信托公约》(1990年6月1日)、《遗嘱处分方式法律冲突公约》(1968年8月23日)、《取消要求外国公文书的认证公约》(1990年6月1日)、《承认离婚及分居公约》(1972年4月1日)等。

课堂讨论案例

德国西方公司以技术、设备、资金投资,中国大兴发展有限公司提供土地使用权和劳动力,双方签订期为5年的合作经营合同,并在中国北京成立大西有限公司。该合作经营合同中规定:合同履行中如果发生争议,应向德国法院提起诉讼解决。合同履行过程中,德方提供的设备陈旧,严重不符合合同的要求,中方请求德方更换设备,德方置之不理。中方于是向北京市中级人民法院提起诉讼。德方以合同中有协议管辖条款为由,提出中国法院没有管辖权的异议。

[问] 该合同纠纷应由何国法院管辖?我国法律对这类问题有何规定?

① 参见《最高法院解读民商事司法文书送达调查取证司法协助协定》,载《法制日报》2013年4月28日,http://www.fmprc.gov.cn/, accessed 27, August 2015; http://www.moj.gov.cn/, accessed 30, August 2015。

第三章　国际私法的主体制度

[知识结构图]

- 国际私法的主体制度
  - 外国人的民商事法律地位
    - 外国人民商事法律地位的定义
    - 外国人民商事法律地位的主要类型
    - 外国人在中国的民商事法律地位状况
  - 自然人
    - 自然人国籍的法律冲突
    - 自然人住所的法律冲突
    - 自然人权利能力与行为能力的准据法选择
  - 法人
    - 法人国籍的确定方式
    - 法人住所的确定方式
    - 外国法人的认许方式
    - 法人权利能力与行为能力的准据法选择
  - 国家
    - 国家参与涉外民商事活动的特殊性
    - 国家成为国际私法主体的必要条件
  - 国际组织
    - 国际组织参与涉外民商活动的特殊性
    - 国际组织成为国际私法主体的必要条件

[内容导读]

国际私法的主体不仅包括各国自然人和法人,而且包括以民商事主体身份参与国际民商关系的国家和国际组织。在内国的外国人能否成为涉外民商事法律关系的主体,一般应由所在国实体法律规范或国际条约来加以规定,并不涉及适用外国法的问题,但弄清外国人民商事法律地位与待遇,是解决涉外民商事关系法律冲突的前提。明确自然人与法人在国际私法上的主体资格,有助于正确运用国际私法处理各类涉外民商事问题。

对于国家和国际组织作为国际私法主体,应注意比较其作为国际公法、国际经济法主体的异同。

[法律职业资格考试要点]

本章在考试中所涉及的要点有:自然人、法人、国家、国际组织的国际私法主体资格,外国人的民商事法律地位的类型(重点注意国民待遇、最惠国待遇、优惠待遇),外国人在中国的民商事法律地位;自然人国籍的积极冲突和消极冲突及其解决,自然人住所的积极冲突和消极冲突及其解决,自然人的居所、经常居所的确定,自然人权利能力与行为能力的法律冲突、自然人权利能力与行为能力的法律适用、中国关于自然人权利能力与行为能力法律适用的规定；法人国籍与住所的确定，中国在实践中确定法人国籍的做法，法人的居所和经常居所与营业所，法人法律能力的法律冲突，法人行为能力的法律适用，中国关于法人行为能力法律适用的规定，外国法人认许的概念与方式，外国法人在中国的认许；国家和国际组织在国际民商事交往中的特权与豁免问题，我国有关国家财产豁免的理论与实践。

第一节 外国人的民商事法律地位

事例3.1

一艘A国潜艇在我国钓鱼岛附近撞沉了一艘B国货轮。沉船的消息通知各托运人以后,所有的托运人都提出了赔偿要求,A国海军部除对中国某托运人300多万美元的货物不予赔偿外,对沉船及其他托运人都给予了全部赔偿。中国托运人不服,要求A国海军部照赔;A国海军部认为,潜艇属于军舰,享有豁免权,仍拒不赔偿。后经多次交涉,A国海军部给予了赔偿。

一、外国人民商事法律地位的定义

(一)外国人的定义

外国人(foreigner)一般是指在一国境内但不具有该国国籍的人。通常,国籍是区分本国人和外国人的根本标志。国际私法上所称的外国人,除了外国自然人之外,还包括外国法人。

(二)外国人民商事法律地位的界定

外国人民商事法律地位,是指外国自然人与法人能在内国享有民商事权利和承担民商事义务的法律状况。外国自然人和法人在内国依据国内法或国际条约的规定,享有一定的民商事权利和承担一定的民商事义务,这是外国人得以在内国从事民商事活动的法律前提。① 当外国人在内国取得了某种民事法律地位以后,对于他们行使某项具体权利、承担某项具体义务时应依据何国法律做准据法,国际私法会运用实体法规范或冲突法规范来进行进一步调整。

二、外国人民商事法律地位的主要类型

外国人在内国获得民商事法律地位,享有民商事权利和承担相应义务,经历了从敌视外国人到给予差别待遇再到享受平等和互惠待遇的漫长而曲折的发展过程。在国内和国际实践中,有关外国人民商事法律地位的制度主要有:国民待遇制度、最惠国待遇制度、优惠待遇和普遍优惠待遇制度及歧视待遇与非歧视待遇制度。

---

① 外国学者称之为"外国人地位",并将此种民事法律地位之内容归纳为"享受权利和行使权利"。法国国际私法学者巴蒂福尔将其解释为:"弄清一个外国人是否享有某种权利是一回事,而确定其依据哪个法律行使该项权利却是另外一回事。第一个问题即权利享受问题,取决于法国冲突法的规定,只有法国法才能解决这个问题,因为所涉及的是要弄清在何种程度上外国人在法国法律制度中被视为权利主体。""第二个问题即权利行使问题,通常取决于法律冲突规则。法国冲突法体系规定权利的行使问题适用某一国家的法律。这些冲突规则可将有关的权利行使系属于某一适用于调整该问题的外国法。"参见[法]亨利·巴蒂福尔、[法]保罗·拉加德:《国际私法总论》,陈洪武等译,中国对外翻译出版公司1989年版,第213页。

相关链接

外国人民商事法律地位的制度比较

项目	含义	主要内容	特点
国民待遇又称平等待遇(National Treatment)	内国给予在内国境内的外国公民、企业和商船的民商事权利方面,与内国公民、企业和商船一样享有同等的待遇。1804年《法国民法典》第11条率先在国内立法中加以确认	国际私法意义上的国民待遇,专指外国人在民商事方面的待遇,即私法上的地位。其目的在于通过赋予外国人和内国人平等的民商事权利地位,以实现外国人与内国人之间在民商事权利地位上的平等,从而避免对外国人实行不公正的歧视待遇。同时,它也可以避免外国人在内国获得不合理的特权地位	国民待遇仅就一般原则而言,确立的是内外国人之间同等而非完全同样的权利。在内水航运、领水渔业、沿海贸易、公用事业、领水员资格和外国律师执业等方面不给予外国人国民待遇
最惠国待遇(Most-Favoured-Nation Treatment)	缔约一方根据条约之规定,把它已给予或将要给予第三国或与之有确定关系的人或事的优惠待遇,同样给予缔约他方或与之有确定关系的人或事。 最惠国待遇通常在双边或多边国际条约中加以规定,条约中规定此种待遇的条款,就是所谓的"最惠国条款"	根据最惠国待遇的给予方法、范围和条件的不同,最惠国待遇在实践中表现出不同的形式,如互惠与非互惠的最惠国待遇、有条件与无条件的最惠国待遇、有限制与无限制的最惠国待遇等。目前世界上多数国家采取互惠、无条件且有限制的最惠国待遇制度	最惠国待遇的适用范围一般根据两国的关系程度和经济状况确定。国家之间在缔结最惠国条款时,一般都规定了一些不适用最惠国待遇的例外条款,主要有:第一,一国给予邻国的特权与优惠;第二,边境贸易和运输方面的特权与优惠;第三,有特殊的历史、政治、经济关系的国家形成的特定地区的特权与优惠,如欧洲荷兰、比利时、卢森堡集团以及斯堪的纳维亚国家之间的一些特权与优惠待遇;第四,经济集团内部各成员相互给予对方的特权与优惠,如欧盟各成员之间相互给予的特权与优惠、北美自由贸易区的成员国间互相享有的特权与优惠

续表

项目	含义	主要内容	特点
优惠待遇(Preferential Treatment)	一国给予外国及其自然人和法人以特定的权利和优待的一种待遇	优惠待遇常带有某种目的性,且主要限于进口限制、关税减免、商品过境、外商投资等方面。此种待遇的给予,主要通过两种方式:一是在国内立法中加以规定,二是在国际条约中加以规定	优惠待遇与国民待遇概括性地给予外国人的方式不同,它只在几个有限的领域内给予外国自然人和法人,待遇的水平也有可能高于本国人所享有的待遇。 优惠待遇与最惠国待遇只能通过国家之间订立最惠国待遇条款享受的方式不同,它既可以通过国际条约,也可以通过内国立法享受
普遍优惠待遇(Generalized System of Preference),简称普惠制	发达国家单方面给予发展中国家以减免进出口货物关税的一种优惠待遇	普惠制主要体现在其普遍性上。普惠制虽然只适用于发达国家与发展中国家之间,但它规定所有发达国家对所有发展中国家出口制成品和半制成品给予普遍的优惠待遇	普惠制是单向而非互惠的,只要求发达国家单方面给予发展中国家及其自然人与法人特殊优惠待遇,并不要求"对等回报"
歧视待遇(Discrimination Treatment)	又称为差别待遇,是指一国把低于内国人或低于其他外国自然人或法人的待遇专门适用于某一特定外国国家的自然人和法人	一国把给予内国或其他外国自然人、法人的某些优惠或权利,不给予特定的外国自然人或法人;或者一国把不给予本国或其他外国自然人或法人的限制性规定专门适用于特定国家的自然人或法人	歧视待遇会阻碍两国之间经贸往来的正常发展,现代国家常通过缔结国际条约规定相互采用非歧视待遇
非歧视待遇(Non-discrimination Treatment)	又称无差别待遇,是指缔约各方约定彼此不得把低于内国或其他外国自然人、法人的权利以及某些限制或禁止措施,适用于对方国家的自然人或法人	非歧视待遇带有预防性,只要求缔约国不对特定国家的自然人、法人的民商事权利施加不合理的限制或禁止性措施,它也是世界贸易组织的一个最基本的制度	国民待遇和最惠国待遇是从积极的角度明确规定授予国必须保证在内国的外国自然人、法人与内国的自然人、法人权利平等,或者在内国的所有外国自然人、法人之间的权利彼此平等,而非歧视待遇则是从相反的角度对此加以强调

三、外国人在中国的民商事法律地位状况

根据我国历史发展的特点及不同历史时期对外政策的变化，外国人在我国的民商事法律地位状况也经历了合理待遇时期、闭关排外时期、特权待遇时期、平等待遇时期等不同的历史阶段。①

新中国成立后，一方面，废除了各种赋予外国人特权的不平等条约；另一方面，相继颁布了宪法、法律、法令和条例，在许多领域赋予外国人平等的民商事法律地位。②此外，我国还积极参加或缔结了一系列国际条约和协定，进一步确立了国民待遇、最惠国待遇、非歧视待遇制度。根据有关法律法规和条约的规定，外国人在我国享有的具体民商事权利主要有：亲属权、人身权、财产继承权、知识产权、土地使用权、经营权和自然资源开发权、劳动权以及民商事诉讼权等。

理论争鸣

只有在整体上承认外国人在内国的民商事法律地位，外国人才能在内国成为民商事法律关系的主体，并因此享受权利和承担义务。至于在何种范围内或以何种方式赋予外国人在内国以民商事法律地位，则是国内立法和国际立法必须解决的问题。一般情况下，各国赋予外国人在内国大体与内国人同等的民商事权利和义务，但在某些情况下，可能限制外国人行使某些方面的民商事权利，而在个别情况下，外国人甚至可以享有内国人所不能享有的某些民商事权利。

课堂讨论案例

2005 年 2 月，我国湖南某公司经理王某与越南金奖公司经理邵某在北海谈交一笔机床贸易生意，总货款 45 万美元，签订书面合同。当年 4 月、5 月我国湖南某公司分两次将货发给了越南方。越南金奖公司收到货后迟迟不付货款。经湖南方多次催促，一直未收到货款。最后，湖南某公司在中国法院对越南金奖公司提起诉讼。2005 年年底法院依法开庭审理，越南金奖公司委托越南律师阮某作为代理人出庭。但是，法院不允许越南金奖公司委托的律师阮某参加法庭的审理活动。越南金奖公司经理邵某强烈抗议，认为中国法院歧视他们，反复要求让其代理律师阮某出庭。

［问］ 法院禁止越南金奖公司委托阮某以律师身份参加法庭审理活动是否合法？为什么？

---

① 参见蒋新苗：《国际私法本体论》，法律出版社 2021 年版，第 372 ~ 373 页。

② 世界各国有关外国人民商事法律地位的立法大致可以分为如下情况：第一类，大多数国家对外国人在内国享有的民商事权利都赋予国民待遇，如法国、罗马尼亚、也门、越南等；第二类，大多数国家的法律对国民待遇的给予并不以条约或法律上的规定为条件，如葡萄牙、哈萨克斯坦、波兰等，只有法国法要求赋予外国人国民待遇必须依所签订的条约为准；第三类，大多数国家赋予外国人国民待遇以互惠为条件，即采取对等原则；第四类，大多数国家赋予外国人国民待遇仅就一般原则而言，并非在具体的民商事权利的享有上明确外国人和内国人完全一样，但也有对外国人国民待遇在立法时允许制定特殊的例外规定。

第二节　自　然　人

事例3.2

甲具有美国国籍，在加拿大有其原始住所。现甲在英国及中国均有住所。甲家人常住英国，甲为生意常年往返于中国和英国。甲在中国住所居住期间，与他人发生民事纠纷而诉至中国法院。依中国有关法律及司法解释，我国法院应以与产生该纠纷有最密切联系的住所即甲在中国的住所为甲的住所。

一、自然人国籍的法律冲突

在国际私法中，准据法是通过冲突规范中的各种连结因素的指引得以确定的，国籍是其中的一个重要连结因素。很多国家对有关身份、能力、亲属和继承等涉外民商事关系的准据法，都以自然人的国籍作为连结因素。

（一）自然人国籍冲突的概念

国籍（nationality），是指自然人属于某一国家的国民或公民的法律资格。

相关链接

国籍在国际私法上的意义有：第一，当事人是否具有外国国籍，是判断某一民商事关系是否是属于涉外民商事关系的根据之一；第二，国籍是指引涉外民商事关系准据法的一个重要连结因素；第三，国籍又是国家对于在外国的侨民的民商事权益受到侵犯时，作为原告回到祖国来进行诉讼时行使管辖权的一种根据。总之，国籍在国际私法中一直是属人法上最重要的连结点之一。

由于各国对自然人国籍的取得和丧失所采取的制度并不相同，往往就会造成国籍的冲突（conflict of nationalities）。在国际私法中，把一个人同时有两个或两个以上国籍的情况称为国籍的积极冲突，而一个人同时无任何国籍或属于何国国籍无法查明的情况则称为国籍的消极冲突。例如，一国规定凡本国妇女与他国公民结婚，当然丧失内国国籍；若其夫方国籍法规定，外国妇女与本国公民结婚并不当然取得夫方的国籍，这个妇女就会成为无国籍人。

（二）自然人国籍冲突的解决途径与办法

在解决自然人国籍的积极冲突和消极冲突时，必须明确两个前提：第一，一个人是否具有某一国家的国籍，只能依该国国籍法来判定。因为，根据国家主权原则，关于居民的法律资格的确定，属于国家权力范围的事情，通常由各国国内立法加以规定。[①] 第

---

① 1930年海牙《关于国籍法冲突若干问题的公约》第2条规定："关于某人是否具有某一特定国家国籍的问题，应依照该国的法律予以断定。"

二,解决自然人的国籍冲突,在国际公法和国际私法上有着不同的方法和目的。[①] 在国际公法上解决国籍冲突,旨在消除多重国籍和无国籍现象;而在国际私法上解决国籍冲突,其目的仅在于确定应适用的当事人的本国法。[②]

在实践中,一个人具有多重国籍或无国籍会给国际法和国际私法带来种种问题,因而,目前国际社会既通过国内立法也通过国际条约来消除自然人国籍冲突的现象。[③]

相关链接

自然人国籍冲突解决方式归类

国籍冲突类型	含义	解决冲突的办法	例外
国籍的积极冲突	一个人同时有两个或两个以上国籍的情况	内外国籍冲突,通行的做法是主张以内国国籍优先,以内国法为该人的本国法;多个外国国籍冲突时:最后取得的国籍优先;当事人住所或惯常居所所在地国国籍优先;与当事人最密切联系的国籍优先 *	依条约处理、个案处理法
国籍的消极冲突	一个人无任何国籍的情况	一般主张以当事人住所所在地国家的法律为其本国法;如当事人无住所或住所不能确定的则以其居住地法为其本国法;如居所无法确定或没有居所,也可以适用法院地法	依条约处理、个案处理法

* 这种做法曾在海牙常设仲裁院 1912 年对卡内伐罗(Canevaro)案的裁决和国际法院 1955 年对诺特包姆(Nottebohm)案的判决等实践中得到了印证。

(三)我国关于解决自然人国籍冲突的规定

我国现有立法和司法解释对于国籍积极冲突多主张以其经常居所地国家的法律为其本国法,若该人在其所有国籍国均无经常居所,则以与其有最密切联系的国籍国法律为其本国法;对于国籍消极冲突一般适用其经常居所地法律。[④]

二、自然人住所的法律冲突

(一)国际私法中的住所的内涵与价值

住所(domicile),是指一人以久住的意思而居住的某一处所。[⑤] 从各国的立法与学

---

① 参见李双元、蒋新苗主编:《现代国籍法》,湖南人民出版社 1999 年版,第 112~124 页。

② 不能简单地认为在国际公法上解决国籍冲突所适用的"国籍唯一原则"也是解决国际私法上所称国籍冲突的"一个出发点"。参见余先予主编:《简明国际私法学》,中央广播电视大学出版社 1986 年版,第 55 页。

③ 参见蒋新苗:《国际私法本体论》,法律出版社 2021 年版,第 380~401 页。

④ 《中华人民共和国涉外民事关系法律适用法》第 19 条规定:"依照本法适用国籍国法律,自然人具有两个以上国籍的,适用有经常居所的国籍国法律;在所有国籍国均无经常居所的,适用与其有最密切联系的国籍国法律。自然人无国籍或者国籍不明的,适用其经常居所地法律。"

⑤ 参见法学词典编辑委员会编:《法学词典》,上海辞书出版社 1980 年版,第 334 页。

说来看，一般都认为住所包含主客观两个构成因素：一是在一定的地方有居住的事实；二是在一定的地方有久住的意思。① 不过，由于判定一个人是否有在某地久居的意思比较困难，近年来已有一种更重视客观因素的趋势，如《加拿大魁北克民法典》就取消了传统的意思因素，以“惯常居所地”为住所。②

相关链接

住所作为管辖因素和连结点，对管辖权和准据法的确定起着重要作用。自巴托鲁斯以后，直至1804年《法国民法典》颁布的数百年间，国际私法上的属人法都是指当事人的住所地法。即使在当今，英美法系国家等仍采住所地法作为当事人的属人法。英美的判例法对确立住所形成的原则有：第一，任何人必须有一住所；第二，一个人同时不能有两个住所；第三，住所一经取得，则永远存在，不得废弃，除非已取得了新的选择住所；第四，只有具有行为能力的人，才享有设立选择住所的能力。

可见，住所在国际私法上具有重要的地位，不但是确定法律适用的重要连结点，而且对确定国际民商事诉讼管辖权具有重要作用，很多国家都规定行使民商事管辖权的根据首先是当事人在内国有住所，而且在一般的地域管辖中，多实行原告随被告的原则，即依被告住所地确定一般管辖原则。③

相关链接

住所相关概念比较

项目	含义	地位	作用
住所(domicile)	一人以久住的意思而居住的某一处所	私法上的概念，是自然人进行民商事活动的中心地，反映了居民与特定地域的联系	在当事人国籍存在冲突时，可以住所作为指引准据法的替代连结因素
国籍(nationality)	自然人属于某一国家的国民或公民的法律资格	公法上的概念，是确定自然人的政治身份，反映居民与特定国家的联系，非经法定程序不得随意变更国籍	指引准据法的连结点

① 李双元先生认为：“在冲突法上，住所也表现当事人与特定法域(Territorial Legal Unit)之间的法律上的联系。许多国家都用当事人的住所地法作他们的属人法。”参见李双元：《国际私法(冲突法篇)》，武汉大学出版社2001年版，第361页。

② 参见中国大百科全书总编辑委员会编：《中国大百科全书·法学》，中国大百科全书出版社1984年版，第815页。

③ 参见李双元：《国际私法(冲突法篇)》，武汉大学出版社2001年版，第361页。

续表

项目	含义	地位	作用
居所(residence)	居民暂时居住的某一处所	私法上的概念,指居民暂时居住的某一处所,设定居所的条件比住所宽松,不要求居民有久住的意思,只要有一定居住时间的事实即可	在适用住所地法的场合,如果当事人的住所不明或没有住所则转而适用其居所地或习惯居所地法
习惯居所(habitual residence)	一个人惯常居住的处所	又称"惯常居所",既不要求有久住的意思,也不强调久住的事实	指引准据法的连结点。习惯居所意味着"必须持续某段时间的一种经常的身体出现"

(二)住所的种类与住所法律冲突

在国际私法上,根据住所的取得方式,可将住所分为三类:原始住所(domicile of origin)又称"生来住所",即指自然人因出生而取得的住所;选择住所(domicile of choice)也称"意定住所",是指自然人因自主选择而取得的住所;①法定住所(statutory domicile),是指依法律直接规定而取得的住所。② 各国对自然人住所的认定标准存在不同看法,通说主张依照法院地法的住所概念去认定当事人的住所究竟在何处,只在个别情况下,才能依据有关的外国法认定。

在1971年美国《冲突法重述(第二次)》中,把住所定义为"一个人的家(home)的所在地",并认为任何人在任何时间都应有一住所,但基于同一目的,不能有两个以上的家。美国有关住所的制度基本上与英国类似,但也存在少许差别,主要表现在:一是美国不承认原始住所因选择住所的放弃而自动恢复的制度;二是虽也强调住所取得的意思条件,但并不太注重永久居住的意思。③

住所的积极冲突,是指一个人同时具有两个或两个以上的住所;而一个人同时无任何法律意义上的住所,则称住所的消极冲突。住所冲突产生的原因,一是由于各国有关住所的法律规定不同,二是由于对住所的事实认定不同。如一弃婴发现于甲乙两国交界处,两国均可认为该弃婴的住所在(或不在)自己国内,从而导致住所的法律

① 选择住所与原始住所的主要区别表现为两个方面:第一,原始住所比选择住所更为牢固,要证明一个人放弃了他的原始住所,比证明放弃了他的选择住所要困难得多;第二,一个人如果离开其原始住所国,即打算永远不再返回那里,在未获得一个选择住所以前,他的原始住所始终保留。反之,如果一个人离开他的选择住所所在国,并意图不再返回那里,其选择住所立刻丧失,并在获得一个新的选择住所之前,原始住所即刻恢复。一个人一旦放弃了选择住所而尚未获得新的选择住所之前,原始住所立即恢复的制度,也已有批评者,并在新西兰和澳大利亚法律中被废弃了,英格兰和苏格兰法律委员会也提出了类似的立法。

② 在英国法上,法定住所又称"从属住所"(domicile of dependency),是指不具备独立行为能力的人(dependent person,多指16岁以下的未成年人,精神失常的人)的住所。

③ See American Law Institute, Restatement of the Law, *Conflict of Laws, Second, 1971, Section 11 – 33*, American Law Institute Publishers, 1971, p. 41 – 97.

冲突。

（三）自然人住所冲突的解决原则与办法

对于住所的积极冲突，其解决原则大体与解决国籍的积极冲突相似：第一，内国住所与外国住所间的冲突，以内国住所优先，不论取得的先后；第二，外国住所与外国住所间的冲突，如果它们是异时取得的，一般以最后取得的住所优先，[①]如果是同时取得的，一般以设有居所或与当事人有最密切联系的那个国家的住所为住所。

对于住所的消极冲突的解决办法，一般以当事人的居所代替住所；如果无居所或居所不明时，一般以当事人的现在地作为住所。

正由于住所冲突的复杂性及住所与国籍作为属人法连结因素的冲突，使得不少国际私法学者及国际性的国际私法会议倡议用"习惯居所"（habitual residence）来取代国籍、住所作为确定当事人属人法的连结因素。已有一些欧洲国家受 1955 年海牙《解决本国法和住所地法冲突公约》影响而接受了"习惯居所"。[②] 1979 年美洲国家组织国际私法会议所通过的关于国际私法上自然人住所公约也试图在缔约国之间达成一项统一规则。该公约把"习惯住所"列为住所的首选地。[③] 目前，习惯居所已成为一个常用的连结点了。

理论争鸣

对于住所的消极冲突的解决办法的不同观点

有学者主张，一般以当事人的居所代替住所；如果无居所或居所不明时，一般以当事人的现在地作为住所。另有学者主张依法律关系的性质，即分别依人身关系和财产关系的顺序确定住所。例如，在住所地法适用于人身关系时，解决住所消极冲突的办法为：首先依其最后住所地法，如无最后住所，则适用其父母的现在或过去住所地法；或依当事人现在或过去的居所地法；如其于数国均有居所，依最后取得的居所地法；如居所也没有，则以其现在地法为住所地法。在住所地法适用于财产关系时，解决住所消极冲突的主要办法有：依当事人现在居所地法；如其于数国均有居所，依最后取得的居所地法；如无居所，依现在地法为其住所地法。

（四）我国有关住所冲突的解决原则与办法

2014 年 12 月 18 日通过的最高人民法院《关于适用〈中华人民共和国民事诉讼法〉的解释》（2022 年修正）第 3 条明确规定公民的住所地是指公民的户籍所在地。该司法

---

① 《日本法例》第 28 条第 2 款关于准用国籍积极冲突的规定以及《布斯达曼特法典》第 25 条均有类似的规定。

② 参见陈隆修：《比较国际私法》，台北，五南图书出版股份有限公司 1989 年版，第 91 页。

③ 美洲国家间组织国际私法会议 1979 年在蒙得维的亚通过了《美洲国家间关于国际私法上自然人住所的公约》，对解决住所的法律冲突具有重要意义。该公约第 2 条规定自然人住所的确定顺序为：（1）惯常居所所在地；（2）主事务所所在地；（3）在无上述两者时，其单纯居所地；（4）在无单纯居所时，该自然人的身体所在地。

解释第4条明确规定:“公民的经常居住地是指公民离开住所地至起诉时已连续居住一年以上的地方,但公民住院就医的地方除外。”2021年1月1日正式施行的《中华人民共和国民法典》第25条也同样规定:“自然人以户籍登记或者其他有效身份登记记载的居所为住所;经常居所与住所不一致的,经常居所视为住所。”需要注意的是,《中华人民共和国涉外民事关系法律适用法》的特点之一就是用经常居所地取代国籍和住所成为确定当事人属人法的主要连结点。根据2012年12月10日通过,2020年12月23日修订的最高人民法院《关于适用〈中华人民共和国涉外民事关系法律适用法〉若干问题的解释(一)》第13条的规定:“自然人在涉外民事关系产生或者变更、终止时已经连续居住一年以上且作为其生活中心的地方,人民法院可以认定为涉外民事关系法律适用法规定的自然人的经常居所地,但就医、劳务派遣、公务等情形除外。”

对于住所的消极冲突,2010年10月颁布的《中华人民共和国涉外民事关系法律适用法》第20条明文规定:“依照本法适用经常居所地法律,自然人经常居所地不明的,适用其现在居所地法律。”

三、自然人权利能力与行为能力的准据法选择

(一)自然人权利能力的法律冲突及其解决办法

自然人的权利能力是指自然人享有民商事权利和承担民商事义务的资格。由于现代国家都承认人的权利能力“始于出生,终于死亡”,因而,就总体而言,似乎不大可能发生法律冲突,但是对于在什么状态下属于“出生”和“死亡”,各国民法的规定不尽相同,仍会引起自然人权利能力的冲突。①

在自然人权利能力发生法律冲突时,应适用何种准据法,有以下三种主张:第一,适用各该法律关系的准据法所属国法律;第二,适用法院地法;第三,依当事人的属人法来解决其权利问题。

这三种主张都有可取之处,但都不宜加以绝对化。在判定自然人的权利能力时,原则上必须肯定,应适用当事人属人法。因为只有这样,才有利于自然人权利能力的稳定,有利于发展国际民商事交往。但在特定情况下,也并不能排除法院地法和有关法律关系准据法的适用。

因此,《中华人民共和国涉外民事关系法律适用法》第11条明确规定:“自然人的民事权利能力,适用经常居所地法律。”该法第15条进一步规定:“人格权的内容,适用权利人经常居所地法律。”

(二)涉外失踪或死亡宣告的准据法选择

1. 涉外失踪或死亡宣告的管辖权

由于宣告失踪(如法国)和宣告死亡也能终止自然人的权利能力,因此这两种宣告的管辖权的确定也是十分重要的问题。对于涉外失踪或死亡宣告(declaration of

---

① 参见李双元:《国际私法(冲突法篇)》,武汉大学出版社2001年版,第73页。

absence or death involving foreign elements)案件应由何国法院管辖的问题,[①]主要有三种不同的主张:一是认为应由其国籍国管辖;二是主张应由其住所地国宣告;三是主张原则上由失踪者本国法院对涉外失踪或死亡宣告行使管辖权,但在一定条件和一定范围内,也可由其住所或居所国管辖。当前第三种观点,是许多国家共同的立场。

相关链接

1950年通过的《关于失踪人死亡的公约》规定,凡失踪人的最后住所或居住地、本国、财产所在地、死亡地,以及一定的亲属申请人的住所或居所地,都可以行使对这些人的死亡宣告管辖权;而且一经宣告,则有关死亡及死亡日期等,在各缔约国间均应被承认具有法律效力。

2. 涉外失踪或死亡宣告的法律适用

在确定了管辖权之后,宣告失踪或死亡的原因和条件一般是依属人法,但对涉及法院国境内的财产及法律关系的死亡宣告则依法院地法解决。德国法、日本法以及波兰国际私法、奥地利国际私法、匈牙利国际私法、土耳其1982年国际私法和国际诉讼程序法等,都持这种主张。

2021年12月24日修订的《中华人民共和国民事诉讼法》第15章第1节(第184~187条)规定了关于宣告失踪、宣告死亡案件的特别程序。但是,我国法律并没有关于宣告涉外失踪、死亡案件管辖权的具体规定。[②]

对于涉外失踪或死亡宣告的法律适用问题,《中华人民共和国涉外民事关系法律适用法》第13条明确规定:“宣告失踪或者宣告死亡,适用自然人经常居所地法律。”

(三)自然人行为能力的准据法选择

自然人的行为能力,是指自然人通过自己的行为取得民商事权利和承担民商事义务的能力,或者说是自然人能够独立为有效法律行为的资格。由于各国民法对具有完全行为能力、无行为能力和限制行为能力规定的条件不尽相同,在自然人行为能力方面的法律冲突也是常见的。

在国际私法中,一般多主张依解决自然人权利能力冲突的同一原则,即依当事人属人法来解决自然人行为能力的法律冲突。

我国立法对自然人民商事行为能力的法律适用作了明确、具体的规定。《中华人民共和国涉外民事关系法律适用法》第12条规定:“自然人的民事行为能力,适用经常居所地法律。自然人从事民事活动,依照经常居所地法律为无民事行为能力,依照行

---

① 失踪宣告,是指法院依法认定离开自己的住所没有任何消息满法定期间的公民失踪的法律制度。死亡宣告属于一种推定死亡制度,指公民下落不明超过法律规定的时间,经利害关系人申请,由司法机构依照法定程序和方式宣告该公民死亡的一种法律推定制度。

② 根据一般实践,在处理此类案件时,就失踪和死亡宣告的管辖权来看,原则上属于当事人的本国法院,住所国只能就被宣告者在当地的法律关系和财产所有权宣告,且只应在其本国不愿过问的情况下才能行使此种权利。至于涉外失踪或死亡宣告适用的法律,主要也应是被宣告人的本国法,只是涉及我国境内的财产及法律关系的,则可适用我国法律。

为地法律为有民事行为能力的,适用行为地法律,但涉及婚姻家庭、继承的除外。”

2004 年修订的《中华人民共和国票据法》第 96 条则规定:“票据债务人的民事行为能力,适用其本国法律。票据债务人的民事行为能力,依照其本国法律为无民事行为能力或者为限制民事行为能力而依照行为地法律为完全民事行为能力的,适用行为地法律。”

(四)涉外禁治产宣告的法律适用

所谓禁治产,是指禁止为财产方面的法律行为,而禁治产者是指被依法宣告禁止其为财产上的法律行为的人。禁治产宣告制度主要为保护已成年但因精神缺陷、心智不健全的自然人的利益而设立的。[①] 在国际私法上,关于涉外禁治产宣告的管辖权和法律适用尚无统一做法。我国并不使用上述禁治产概念,而是称为“宣告无行为能力人或限制行为能力人”。《中华人民共和国民法典》第 21 条规定,对不能辨认自己行为的成年人宣告为无民事行为能力人,由其法定代理人代理实施民事法律行为。第 22 条规定,对不能完全辨认自己行为的成年人宣告为限制民事行为能力人,实施民事法律行为由其法定代理人代理或者经其法定代理人同意、追认;但可以独立实施纯获利益的民事法律行为或者与其智力、精神健康状况相适应的民事法律行为。

理论争鸣

关于对外国人禁治产宣告的管辖权争议

对于在内国的外国人的禁治产宣告,应由其本国法院管辖还是应由其居住地法院管辖,主要有两种主张:其一,主张只应由被宣告禁治产者的本国法院依本国法处理;[②] 其二,主张也可由被宣告禁治产者居住地国家的法院依其法律兼管。不过,为了被宣告人个人利益和社会交易的安全,对于成年人为此种禁治产宣告,多数国家的实践与学说是倾向于第二种主张的,即原则上由本国法院管辖,但为了兼顾住所地或行为地的交易安全,也允许其居住地国法院管辖,并适用该人的本国法或居住地法。[③]

对于禁治产宣告的域外效力,一般主张区分在内国和在外国宣告的两种不同情况分别对待。在内国对外国人为宣告的,尽管宣告的原因应适用该人的本国法,但在内国的效力,应依内国法,即法院地法;在外国所为的宣告,又可以分为对外国人的宣告

① 所谓禁治产(interdiction),系指禁止为财产方面的法律行为,而禁治产者即指被依法宣告禁止其为财产上的法律行为的人。禁治产制度是自然人民事行为能力制度的组成部分,它对于那些因特殊原因而意思能力有欠缺的人,可以基于利害关系人的申请和人民法院的宣告而被禁止管理和处分自己的财产。

② 参见苏远成:《国际私法》,台北,五南图书出版股份有限公司 1990 年版,第 179 ~ 180 页。

③ 1912 年海牙《关于禁治产及类似保护处分公约》就采用以属人管辖与属人法为主兼顾属地管辖与属地法的原则。该公约规定:第一,宣告某人为禁治产者的管辖权属于他的国籍国,并且不管他的住所或居所何在,其宣告禁治产的条件,概依他的本国法决定;第二,但其人所在地国家,为保护其人身和财产,在依其本国法已具备宣告条件时,可以采取一些必要的临时措施,并及时通知其本国有关方面,一旦其本国采取措施如宣告为禁治产后,这种临时措施即行终止;第三,只有在其本国表示不愿予闻或于 6 个月内不作答复时,居住国才可以作正式的禁治产宣告。

和对内国人的宣告两种不同情况。在对内国人宣告属内国法院专属管辖时,则外国法院的宣告,当然不会承认其任何效力;但如为外国法院对外国人所作的宣告,则只要是该法院享有此种管辖权并且是依被宣告人的本国作出的,内国可以承认其效力。

关于禁治产宣告对被宣告人能力保护的范围,大多主张依其属人法决定。

课堂讨论案例

1. 一对德国夫妻到阿根廷生子A,德国采取血统主义,A可取得德国国籍;而阿根廷采取出生地主义,A可取得阿根廷国籍。因此,A出生就取得德国和阿根廷两国的国籍,属于因出生以后的事实而产生的双重国籍的情况。

[问] A出生后既取得阿根廷国籍又取得德国国籍属于哪一类冲突?

2. 一对阿根廷夫妻到德国生子C,德国采取血统主义,C无法取得德国国籍;而阿根廷采取出生地主义,C也不可取得阿根廷国籍。因此,C出生就无国籍。

[问] C出生后既无法取得德国国籍也无法取得阿根廷国籍属于哪一类冲突?

3. 一个具有伊朗国籍的人F,用意大利护照在泰国通过中国南航网站购买了马来西亚航空公司MH370的机票,2014年3月8日凌晨0:41从吉隆坡起飞前往中国北京,准备偷渡到德国,不幸的是F所乘坐的MH370航班最后消失在安达曼海上空。

[问] F涉及的有关法律纠纷应适用哪国法律?

第三节 法 人

事例3.3

1956年埃及把苏伊士运河公司收归国有。其理由是：按照国际私法，苏伊士运河的营业中心地在埃及，是埃及公司，埃及有权将其收归国有。埃及的国有化政策遭到英法的反对，英法认为，苏伊士运河公司的董事会这个最高管理机关在英国，其资本属于英法两国的自然人、法人所有。苏伊士运河公司不是埃及公司，埃及无权对其采取国有化的政策。但埃及不理睬英法的抗议。于是英法组织联军、向埃及发动进攻，这就是所谓的“苏伊士运河战争”，结果英法被打败。

正如社会生活中的权利主体不仅仅限于自然人一样，涉外民商事法律关系的主体除自然人以外还有“人格化”的实体，即法人。①

一、法人国籍的确定方式

（一）确定法人国籍的依据

法人的国籍，是指法人与其所属国的一种永久、稳固的内在联系，是区分内国法人与外国法人的重要标志。

跨国公司(transnational company)也称多国公司或国际公司等，主要是指资本雄厚的大型垄断企业，以本国为基地，通过对外直接投资，在其他国家设立子公司或分支机构从事国际化生产和经营的国际垄断经济组织。在确定跨国公司的国籍时，应该将母公司与子公司区别开来，再将分布在不同国家的子公司逐个区别开来，而后，按照内国确定法人国籍的标准，结合个案的具体情况分别确定跨国母公司及其子公司的国籍。如泰国在确定法人国籍时就以法人总店或主要营业所所在国为法人的国籍。

（二）我国确定法人国籍的实践与有关规定

1. 新中国成立初期，主要采法人资本实际控制说，以法人资本实际控制于何国人手中的情况来确定法人的国籍。

2. 对外国法人国籍的确定，主要采注册登记国说。对于在外国已根据它的法律取得了该外国国籍的法人，中国也都承认其已取得的国籍，而不问该外国适用何种确定法人国籍的标准。②

3. 对中国内国法人国籍的确定，则采法人成立地和准据法复合标准，故只有依照中国法律组成并且在中国境内设立的法人才能取得中国内国法人的资格。例如，根据

---

① 法人(legal person, artificial person)一般是指依法定程序成立，具有一定的组织机构，拥有独立的财产，能够以自己的名义享受民商事权利、承担民商事义务，并能在法院起诉、应诉的人合或财合组织体。

② 2018年修正的《中华人民共和国公司法》第191条规定：“本法所称外国公司是指依据外国法律在中国境外设立的公司。”

2019 年 3 月 15 日通过的《外商投资法》第 2 条规定，外商投资企业，是指全部或者部分由外国投资者投资，依照中国法律在中国境内经登记注册设立的企业，故中国法律确定它是中国法人。

二、法人住所的确定方式

在确定法人国籍时，许多国家采住所地说，主张以法人的住所地法作为法人的属人法。因此，对于法人住所的确定，在国际私法上也有其重要意义。只是对于何处为法人的住所，又有不同主张：第一，法人的住所应该是它的管理中心或主事务所所在地；第二，法人的住所应是法人实际上从事经营活动的所在地；第三，法人住所依其章程的规定为准；第四，法人的住所在其成立地。

此外，法人居所也是影响法人属人法的一个重要联结因素，在英国甚至被认为是“最重要的联结因素”。① 一般而言，法人居所与确定法人纳税义务或诉讼责任、诉讼费用担保、在战时敌对外国法人身份等有关。

三、外国法人的认许方式

外国法人的认许，是指对外国法人以法律人格者在内国从事民商事活动的认可，是外国法人进入内国从事民商事活动的前提。

在当今国际社会，对于以何种方式认许外国法人在内国活动，各国法律的具体规定并不一致，归纳起来，一般采以下不同程序：

第一，特别认许程序，即由内国对外国法人通过特别登记或批准程序加以认许。

第二，概括认许程序，又称相互认许程序。也就是说，内国对属于某一特定外国国家的法人概括地加以认可。

第三，一般认许程序。凡依外国法已有效成立的法人，不问其属于何国，只需根据内国法规定，办理必要的登记或注册手续，即可取得在内国活动的权利。

第四，分别认许程序。这就是对外国法人分门别类，或采特别认许，或相互认许，或一般认许。

相关链接

我国自实行对外开放政策以来，外国公司、企业、个人来我国进行商贸、投资活动的越来越多。外商的活动主要有三种方式：第一，临时来华进行经贸活动；第二，在我国直接投资；第三，在我国为进行连续的生产经营活动，以外国公司名义在我国设立分公司等分支机构。对于采取第一种方式的外国法人，我国立法采取自动承认其在本国的主体资格的政策，在程序上属于一般认许。在第二种方式下，因为“在中国境内设立的外商投资企业为中国法人”，故不存在认许问题。对于第三种方式，我国法律规定不甚详尽，散见于《中华人民共和国公司法》及其他法律法规中。一般采取特别认许程序，即必须先经批准，再行登记，而后才能以外国法人驻中国常驻代表机构的名义在中

---

① Ronald Harry Graveson, *Conflict of Laws*: *Private International Law*, 7th ed., Sweet & Maxwell Ltd., 1974, p. 181.

国境内进行活动。

四、法人权利能力与行为能力的准据法选择

各国民商法关于法人权利能力和行为能力的规定是不尽相同的,难免出现法律冲突。①

对于法人的权利能力和行为能力的法律冲突,国际私法上是采用同一冲突规则来解决的,即适用法人的属人法。但外国法人在内国活动,首先必须遵守内国的法律,所以,在具体的权利能力和行为能力等问题上,也还得同时受内国的外国人法的控制和制约。

相关链接

法人属人法(personal law of corporation),一般主张是指决定法人权利能力和行为能力的准据法,即确定法人身份、构成和法律地位的法律。法人属人法适用范围广泛:有关法人的内部和外部的基本事项,包括法人的成立问题,如成立的实质要件和形式要件、成立无效的原因;法人的能力问题,如作为法人享有什么权利、承担什么义务,以及什么人以什么形式进行行为和对何人的何种不法行为应由法人本身承担赔偿责任;法人的组织问题,如大会、董事、监事等组织的构成、权限及与成员的地位等有关的事项;法人的合并和分立及其债权债务的继承问题;法人的解散问题,如解散的理由和有关清理债务事项等,一般都应由法人属人法决定。

至于是否允许外国法人在内国活动的范围、对外国法人的监督以及外国法人在内国享有权利承担义务的限制等问题,则必须适用内国的外国人法。

我国在这方面的规定比较特别。《中华人民共和国涉外民事关系法律适用法》第14条明文规定:“法人及其分支机构的民事权利能力、民事行为能力、组织机构、股东权利义务等事项,适用登记地法律。法人的主营业地与登记地不一致的,可以适用主营业地法律。法人的经常居所地,为其主营业地。”2020年修正的最高人民法院《关于适用〈中华人民共和国涉外民事关系法律适用法〉若干问题的解释(一)》第14条进一步具体规定:“人民法院应当将法人的设立登记地认定为涉外民事关系法律适用法规定的法人的登记地。”

理论争鸣

确定法人国籍的不同学说

国籍的概念,本是表明自然人与特定国家之间某种固定的法律联系的标志,在国际经济和民商事关系中,也同样用到法人这个法律的创造物(statutory creature)身上,

① 法人的权利能力,是指法人作为民商事权利主体,享受民商事权利和承担民商事义务的资格。法人的行为能力是指法人以自己的意思独立进行民商事活动,取得民商事权利并承担相应义务的资格。

而且其国籍的法律意义，几乎与自然人的完全相同。目前，国际社会尚无确定法人国籍的统一标准，因而，在实践中提出了种种不同的学说：

第一，法人住所地说，即认为法人的住所在哪个国家，便应认为该法人属哪国法人。但对于何处为法人的住所，学者的主张和各国的实践尚未统一。一种主张认为法人的住所就是记载于章程中的成立地，即法人的“出生地”，英美国家普遍认为这两个地点是重合的；另一种主张认为法人的住所应在其管理中心；还有一种主张认为法人住所应在其营业中心地或开发利用中心所在地等。如对于苏伊士运河公司的国籍，埃及和英法都采用了法人住所地说，但埃及根据法人的营业中心所在地来确定法人的住所，而英法以法人管理中心地为法人的住所。

第二，组成地说以及与之直接相关的登记国说或准据法说。组成地说主张法人的国籍应在其取得法律人格的地方，即法人的组成国；登记国说主张某一组织在哪一个国家登记注册则为哪一国的法人；准据法说则认为法人依据哪一国法律创立即取得哪国国籍，目前，英美和欧洲部分国家均采此说确定法人的国籍。

第三，法人设立人国籍说，即法人的国籍应依组成法人的成员或依董事会董事的国籍决定。

第四，实际控制说，即主张法人实际上由哪国控制，即应具有哪国国籍。

第五，复合标准说，即由综合法人的住所和组成地两项标准定其国籍；或者由综合法人的住所地或设立地和准据法两项标准定其国籍。

在现实生活中，各国并不只是依照单一标准来定法人国籍，而是往往依上述几种标准，根据具体情况，结合本国利益和需要，灵活加以运用。

课堂讨论案例

上海永安公司原来成立时登记为美商，1941 年太平洋战争爆发后又改为华商，1945 年抗战胜利后又登记为美商，但该公司实际上是我国人投资的，且一直为我国人所经营掌握。因此，新中国成立后，我国政府将该公司作为我国私营企业，而未作外国法人对待。

美光火柴公司实际为瑞典资本，为便于在国际竞争，注册为美国资本。新中国成立初期，在处理美光火柴公司过程中就根据实际情况，确定为瑞典企业而非美国企业。

［问］ 我国政府在新中国成立初期的这种做法是否符合国际通例？为什么？

第四节 国 家

事例 3.4

1977 年 7 月 2 日,美国人马·司考特和朋友斯皮门在其住所地燃放烟火,烟火本来指向空旷地方,但点燃后突然改变方向,击伤司考特弟弟的右眼。所燃放的烟花是由中国进口的带响“空中旅行”。于是,司考特的父母于 1979 年在美国得克萨斯州向法院提起诉讼。他们将中华人民共和国当作制造厂商作为第一被告,以中国外交部部长为中华人民共和国的代理人,并以进口烟火的美国远东进口公司和烟火经销商作为第二、第三被告,要求赔偿损害赔偿金 100 万美元,并判处惩罚性赔款 500 万美元,共计 600 万美元。

一、国家参与涉外民商事活动的特殊性

随着国际经济关系的发展,以及国家经济职能的不断加强,国家直接或间接参加的国际民商事活动也日益增多。但国家作为主权者的本质属性,又使得国家参与涉外民商事活动具有其特殊性。国家虽以涉外民商事法律关系的主体参与国际民商事法律关系,但因主权者的财产及主体资格仍然享有一定的豁免权。

二、国家成为国际私法主体的必要条件

与自然人和法人一样,国家在一定的范围内也可以成为涉外民商事法律关系的主体。但国家要成为国际私法的主体必须具备如下条件:

第一,享受民商事主体的平等性。国家参加国际民商事交往且以涉外民商事法律关系的主体身份出现,需要遵守民商事法律关系的平等性,对其主权进行一定的自我限制。

第二,特定的授权。国家参加国际民商事活动,必须以国家本身的名义,并由其授权的机关或负责人进行。

第三,民商事法律责任的无限性。国家作为国际私法的主体时,应以国库的财产作为后盾,即以国库财产承担因此而产生的涉外民商事责任,并承担无限责任。

第四,国家享有豁免权。国家虽以涉外民商事法律关系的主体参与国际民商事法律关系,但它毕竟是主权者,国家及其财产仍然享有司法豁免权。

相关链接

我国一向坚持国家及其财产享有豁免权的国际法基本原则。例如,在处理司考特诉中华人民共和国一案就较好地运用了国家豁免权原则。2021 年《中华人民共和国民事诉讼法》第 268 条对享有司法豁免权的外国人、外国组织和国际组织在民事诉讼中的豁免权作了原则性规定,而 1986 年颁布的《中华人民共和国外交特权与豁免条例》只对外交豁免问题作了规定,但对国家豁免问题并未明确规定。2005 年《中华人民共

和国外国中央银行财产司法强制措施豁免法》规定了外国中央银行财立豁免问题。在实践中，我国法院尚未审理过涉及外国国家豁免问题的案件，但自新中国成立以来，中国曾多次被动地在其他一些国家或地区被诉，例如“贝克曼诉中华人民共和国案”“湖广铁路债券案”等。

理论争鸣

1. 关于国家能否成为国际私法的主体的争议

有学者主张，国家能成为国际私法的主体；但也有学者认为，国家是主权者，只能作为公法主体，不能成为国际私法的主体。

2. 关于国家豁免问题的争议

国家作为国际私法的主体在国际民商事交往中，同样也可能与其他涉外民商事法律关系的主体发生纠纷，从而提出国家的豁免问题。国家豁免(state immunity)包括司法管辖豁免(immunity from jurisdiction)和执行豁免(immunity from execution)。也有一些国家和学者把国家豁免分为司法管辖豁免、诉讼程序豁免和强制执行豁免，但其实质内容与前者是一致的。

课堂讨论案例

1954 年 10 月 4 日，中国驻瑞典大使馆购买了位于斯德哥尔摩的不动产。但贝克曼声称该不动产属于其父亲所有的遗产，未经贝克曼同意而被其父的遗产管理人卖给中国驻瑞典大使馆。原告主张该遗产管理人没有出售原告父亲遗产的权利，因而贝克曼在瑞典斯德哥尔摩市法院对中华人民共和国提起诉讼，请求法院判决这一买卖关系无效。

瑞典外交部向中国驻瑞典大使馆询问，中国大使馆认为自己享有外交豁免，拒绝应诉。法院认为，原告请求涉及中国驻瑞典大使馆的财产所有权，对此中国享有豁免权。裁定驳回原告诉讼请求。原告上诉，上诉法院维持原判。原告上诉到瑞典最高法院，瑞典最高法院裁定，该案涉及的财产为中华人民共和国驻中国大使馆所用，属其国家财产，该国有权对这一诉讼主张豁免。

［问］　该案中的不动产买卖关系是否属于涉外民商事关系？中华人民共和国可否成为该案的主体？为什么？

第五节 国际组织

事例3.5

荷兰人迈克作为某国际组织派驻中国的代表,在中国工作期间对一中国妇女造成过失伤害。因双方就损害赔偿问题未达成协议,中国妇女将迈克及其所属国际组织作为被告起诉到迈克工作所在地的某人民法院。迈克及其所属国际组织则以享有豁免权而拒绝出庭和赔偿。

一、国际组织参与涉外民商活动的特殊性

国际组织是国际关系发展到一定阶段,主权国家之间为了共同的政治、经济、军事、文化或其他利益,通过缔结国际条约规定他们共同享有的权利和承担的义务,并以这些国际条约为基础而结成的国际性社会组织。① 因国际组织的法律人格源于组成国际组织的基本法律文件。国际组织参与涉外民商活动有其自身的特殊性:一是权利能力和行为能力受基本法律文件的严格限制,常常是不完整的;二是国际组织在其财产限度内直接承担责任。

二、国际组织成为国际私法主体的必要条件

作为国际关系中的一个实体,国际组织必然要与国家、其他国际组织、自然人和法人发生经济或民商事关系,因而,国际组织也是国际私法的主体之一。② 但国际组织又是一种特殊的涉外民商事法律关系的主体,要成为国际私法的主体必须具备如下条件:

第一,国际组织以自身的名义参加涉外民商事法律关系。

第二,国际组织所从事的民商事活动是执行职务及实现其宗旨所必需的。

第三,政府间的国际组织在参与国际民商事法律关系时享有一定的特权和豁免。

国际组织在涉外民商事法律关系中享有的特权与豁免主要有:国际组织的会所、公文档案不受侵犯;国际组织的财产和资产免受搜查、征用、侵夺和其他任何形式的干涉等。

---

① 也有学者界定为:国际组织是指跨越国界并提供制度框架的正式机构,目的在于加强成员之间在安全、经济、社会和相关领域的合作。

② 根据国际协会联盟(Union of International Associations, UIA)的数据,目前国际上约有75,000个组织,包括政府间国际组织(Inter-government Organization, IGO)和非政府间国际组织(International Non-government Organization),每年大约增加1200个新组织。

理论争鸣

关于国际组织能否成为国际私法的主体的争议

有学者主张国际组织能成为国际私法的主体；但也有学者认为国际组织的法律人格的特殊性使其不可成为国际私法的主体。

课堂讨论案例

1. 荷兰籍男青年甲，21岁。1997年来中国旅游，在某风景区一户少数民族农家，看中一套当地人的民族服装。经协商，以随身携带的照相机与之互易。甲打电话给好友乙，告知此事。乙称这笔交易不合算，劝甲把照相机换回来，甲回到农家商谈返还之事，农家不同意。甲遂以自己时年不满23岁，按其本国法（荷兰法律规定23岁为成年年龄）尚未成年，不具有完全民事行为能力，所为民事行为无效为由，诉至我国法院。

［问］　该案甲主张交易无效是否成立？该案甲的行为能力应适用荷兰法还是中国法认定？为什么？

2. 英国妇女A与法国人B（19岁）在英国结婚，而双方父母对此毫不知情。婚后，B父母得知此事后，即带B回法国并向法国法院起诉，要求判决此婚姻无效。法国法院依据本国法"男未满25周岁，女未满21周岁，非经父母同意不得结婚"的规定，判决该婚姻无效。其后，双方在各自国家又分别结婚。但两年后，A的英国丈夫C提起诉讼，基于A与B的婚姻未因英国法律上的任何理由而被宣告无效或解除，故请求法院判决C与A的婚姻解除。英国法院据此判决A与C的婚姻解除。理由是，如依法国法即当事人B的本国法，B不具备缔结婚姻的能力，故法国法院判决A与B婚姻无效；而依英国法即依住所地法和婚姻举行地法，则B具有完全的缔结婚姻的能力，故英国法院判决A与B的婚姻有效，从而解除了A与C的婚姻。

［问］　当事人的行为能力应适用何国法律确定？各国法律对当事人行为能力的确定规定了哪些例外？

法律职业资格考试真题

1. 经常居所同在上海的越南公民阮某与中国公民李某结伴乘新加坡籍客轮从新加坡到印度游玩。客轮在公海遇风暴沉没，两人失踪。现两人亲属在上海某法院起诉，请求宣告两人失踪。依中国法律规定，下列哪一选项正确？（2016 年试题）

A. 宣告两人失踪，均应适用中国法

B. 宣告阮某失踪，可适用中国法或越南法

C. 宣告李某失踪，可适用中国法或新加坡法

D. 宣告阮某与李某失踪，应分别适用越南法与中国法

2. 韩国公民金某在新加坡注册成立一家公司，主营业地设在香港地区。依中国法律规定，下列哪些选项是正确的？（2016 年试题）

A. 该公司为新加坡籍

B. 该公司拥有韩国与新加坡双重国籍

C. 该公司的股东权利义务适用中国内地法

D. 该公司的民事权利能力与行为能力可适用香港地区法或新加坡法

3. 德国甲公司与中国乙公司在中国共同设立了某合资有限责任公司，后甲公司以确认其在合资公司的股东权利为由向中国某法院提起诉讼。关于本案的法律适用，下列哪一选项是正确的？（2014 年试题）

A. 因合资公司登记地在中国，故应适用中国法

B. 因侵权行为地在中国，故应适用中国法

C. 因争议与中国的联系更密切，故应适用中国法

D. 当事人可协议选择纠纷应适用的法律

4. 经常居住于中国的英国公民迈克，乘坐甲国某航空公司航班从甲国出发，前往中国，途经乙国领空时，飞机失去联系。若干年后，迈克的亲属向中国法院申请宣告其死亡。关于该案件应适用的法律，下列哪一选项正确？（2014 年试题）

A. 中国法

B. 英国法

C. 甲国法

D. 乙国法

5. 张某居住在深圳，2008 年 3 月被深圳某公司劳务派遣到马来西亚工作，2010 年 6 月回深圳，转而受雇于香港某公司，其间每周一到周五在香港上班，周五晚上回深圳

与家人团聚。2012 年 1 月，张某离职到北京治病，2013 年 6 月回深圳，现居该地。依《涉外民事关系法律适用法》（不考虑该法生效日期的因素）和司法解释，关于张某经常居所地的认定，下列哪一表述正确？（2013 年试题）

A. 2010 年 5 月，在马来西亚

B. 2011 年 12 月，在香港

C. 2013 年 4 月，在北京

D. 2008 年 3 月至今，一直在深圳

6. 甲国公民琼斯的经常居住地在乙国，其在中国居留期间，因合同纠纷在中国法院参与民事诉讼。关于琼斯的民事能力的法律适用，下列哪一选项是正确的？（2012 年试题）

A. 民事权利能力适用甲国法

B. 民事权利能力适用中国法

C. 民事行为能力应重叠适用甲国法和中国法

D. 依照乙国法琼斯为无民事行为能力，依照中国法为有民事行为能力的，其民事行为能力适用中国法

7. 甲国 A 公司和乙国 B 公司共同出资组建了 C 公司，C 公司注册地和主营业地均在乙国，同时在甲国、乙国和中国设有分支机构，现涉及中国某项业务诉诸中国某法院。根据我国相关法律规定，该公司的民事行为能力应当适用哪国法律？（2011 年试题）

A. 甲国法

B. 乙国法

C. 中国法

D. 乙国法或者中国法

8. 甲国籍人罗伯逊与家人久居乙国，其原始住所在甲国。罗伯逊在乙国和丙国均有生意和住所，不时去丙国照看生意，并与在丙国居住的父母小住。近年来，由于罗伯逊在中国的生意越来越好，因而长期居住于在北京某饭店包租的 578 号房间。现涉及丙国的纠纷在中国法院审理，关于罗伯逊住所的认定，下列选项正确的是：（2009 年试题）

A. 应以长期居住地北京某饭店 578 号房间为其住所

B. 应以乙国的住所为其住所

C. 因涉及丙国的纠纷，应以丙国的住所为其住所

D. 应以甲国的原始住所为其住所

9. 中国籍人李某 2008 年随父母定居甲国，甲国法律规定自然人具有完全民事行为

能力的年龄为21周岁。2009年7月李某19周岁，在其回国期间与国内某电脑软件公司签订了购买电脑软件的合同，合同分批履行。李某在部分履行合同后，以不符合甲国有关完全民事行为能力年龄法律规定为由，主张合同无效，某电脑软件公司即向我国法院起诉。依我国相关法律规定，下列哪一说法是正确的？（2009年试题）

A. 应适用甲国法律认定李某不具有完全行为能力

B. 应适用中国法律认定李某在中国的行为具有完全行为能力

C. 李某已在甲国定居，在中国所为行为应适用定居国法律

D. 李某在甲国履行该合同的行为应适用甲国法律

10. 甲公司在德国注册成立，在中国进行商业活动时与中国的乙公司发生商务纠纷并诉诸中国法院。法院经审理查明：甲公司的控股股东为英国人，甲公司在德国、英国和中国均有营业所。依照我国有关法律及司法解释，法院应如何选择确定本案甲公司营业所？（2006年试题）

A. 以其德国营业所为准

B. 以其英国营业所为准

C. 以其中国营业所为准

D. 以当事人共同选择的营业所为准

11. 某国公民杰克逊18岁，在上海某商店购买一款手机，价值4000元人民币。三天之后，杰克逊在另一商店发现该款手机的价格便宜许多，便到前一商店要求退货，被拒绝。杰克逊遂向上海某法院起诉，理由是根据其本国法，男子满20岁为成年人，自己未届成年，购买手机行为应属无效。对此，下列哪一种说法是正确的？（2005年试题）

A. 认定杰克逊的行为无效，手机可以退货

B. 认定杰克逊的行为有效，手机不能退货

C. 认定杰克逊为限制行为能力人，但因本案所涉金额不大，判购买行为有效

D. 法院应根据1980年《联合国国际货物销售合同公约》处理该案

12. 甲具有美国国籍，在加拿大有其原始住所。现甲在英国及中国均有住所。甲家人常住英国，甲为生意常年往返于中国和英国。甲在中国住所居住期间，与他人发生民事纠纷而诉至中国法院。依中国有关法律及司法解释，法院应以何地为甲的住所？（2005年试题）

A. 甲的原始住所，即在加拿大国的住所

B. 甲常住地的住所，即在英国的住所

C. 与产生该纠纷有最密切联系的住所，即在中国的住所

D. 同时以其英国和中国的住所为住所

13. 大卫是甲国人，同时具有乙国国籍，其住处在甲国，其惯常居所在乙国。后因在丙国为票据行为所引起的票据纠纷在我国涉诉。为了确定大卫之票据行为的效力，我国法院首先要确定他是否具有民事行为能力。按照我国《票据法》的规定，票据债务人的民事行为能力适用其本国法。大卫同时具有甲国国籍和乙国国籍，我国法院应如何确定其本国法？（2004 年试题）

A. 以大卫有住所的甲国法律为其本国法

B. 以票据行为地丙国的法律为其本国法

C. 以大卫有惯常居所的乙国法律为其本国法

D. 以与大卫有最密切联系的国家的法律为其本国法

14. 甲国公民汤姆 19 岁，1989 年在我国境内购买了一件民间工艺品，价值 1500 元，现汤姆以其本国法上 20 岁为成年才具有行为能力为由，要求解除合同。我国法院在审理此案时应如何处理？（2002 年试题）

A. 汤姆的行为无效，可以解除合同，买卖不成立

B. 汤姆的行为有效

C. 法院可以适用 1980 年《国际货物买卖合同公约》处理该案

D. 合同成立

15. 依照我国有关司法解释，法人的民事行为能力依其本国法确定。某一外国法人到中国从事商业活动，应以哪一国的法律为其本国法？（2000 年试题）

A. 主要营业地国的法律

B. 主要管理地国的法律

C. 注册登记地国的法律

D. 资本控制国的法律

16. 在当事人所具有两个或两个以上的国籍均为外国国籍时，各国解决国籍积极冲突的做法有以下哪些？（2000 年试题）

A. 以当事人最先取得的国籍为准

B. 以当事人最后取得的国籍为准

C. 以当事人住所或惯常居所所在国国籍为准

D. 以与当事人有最密切联系的国籍为准

第四章　冲突规范的内涵与外延

[知识结构图]

- 冲突规范的内涵与外延
  - 冲突规范的概念
    - 冲突规范的定义
    - 冲突规范的分类
  - 冲突规范的结构
    - 冲突规范的构成
    - 连结点
    - 系属公式
  - 准据法的确定
    - 准据法的概念
    - 准据法的选择方法
    - 准据法确定的特殊性

[内容导读]

冲突规范,是指明某种涉外民商事关系应适用何种法律的规范。冲突规范由范围和系属两部分组成。根据系属的不同规定,可将冲突规范划分为四种类型。将双边冲突规范中的系属部分固定下来,使之公式化、原则化,形成用于解决同类涉外民商事关系法律适用问题的一般性规则,即系属公式。常见的系属公式有属人法、物之所在地法、行为地法、法院地法、旗国法、当事人合意选择的法律、最密切联系地法等。准据法是指经冲突规范指引,用来确定涉外民商事关系当事人权利义务关系的特定的实体法规范。常见的准据法的选择方法有依法律的性质选择、依法律关系的性质选择、依最密切联系原则选择、依规则选择方法选择、依政府利益分析选择、依当事人的合意选择、依有利于判决在国外得到承认和执行选择以及依分割方法选择等。

[法律职业资格考试要点]

本章在考试中所涉及的要点有:冲突规范的概念与特性、冲突规范的结构(冲突规范的构成、连结点、系属公式)、冲突规范的类型、国际民商事法律冲突的解决方法(冲突法解决方法、实体法解决方法)、准据法的概念和特点、准据法的选择方法、准据法的确定(区际法律冲突与准据法的确定、人际法律冲突与准据法的确定、时际法律冲突与准据法的确定)。

冲突规范是国际私法最古老的一类规范,也是国际私法的核心规范,同时还是国际私法的特有规范。由于冲突规范是为适应其特殊的调整对象——涉外民商事关系及其所担负的特殊任务——解决民商事法律冲突的特点和需要而制定和设计出来的,并且采用了特殊的调整方法或解决方法,因而其明显不同于一般的法律规范,在结构、功能和作用等诸多方面都表现出自身的特点。

第一节 冲突规范的概念

事例 4.1

中国公民李某在日本定居,回国探亲时突发疾病,未留遗嘱而死,其在日本留有动产若干,在国内留有不动产一处,其国内亲属与其在日本的亲属因遗产继承在中国法院涉诉。根据《中华人民共和国涉外民事关系法律适用法》第 31 条的规定,法定继承,适用被继承人死亡时经常居所地法律,但不动产法定继承,适用不动产所在地法律。受诉法院最终依日本继承法处理了动产继承问题,依我国《继承法》处理了不动产的涉外继承问题。

一、冲突规范的定义

冲突规范,又称法律适用规范(rules of application of law)、法律选择规范(choice of law rules)或国际私法规范,就是指明某种涉外民商事关系应适用何种法律的规范。作为国际私法的特有规范,冲突规范具有以下一些不同于一般法律规范的特点:

第一,冲突规范不同于实体法规范,是一种法律适用规范。实体法规范是直接确定当事人实体权利义务关系的一种规范,而冲突规范仅指明某种涉外民商事关系应适用何种法律,并不直接确定当事人的实体权利义务关系。

第二,冲突规范不同于程序法规范,是一种法律选择规范。冲突规范虽不同于实体法规范,但并不因此就成为一种程序法规范,它与程序法规范之间的区别也是十分明显的。程序法规范主要是调整和确定当事人主张其实体权利时所应遵循的程序、所处的程序法律地位以及彼此之间形成的程序权利义务关系;冲突规范则是通过在相冲突的民商事法律中作出选择以实现对涉外民商事关系的调整。

第三,冲突规范是一种间接规范,因而缺乏一般法律规范所具有的明确性和可预见性。冲突规范必须与其援引的实体法规范相结合,才能最终确定当事人的实体权利义务关系。这就使其不具备能直接确定当事人实体权利义务关系的直接规范所具有的明确性、可预见性等特点。

第四,冲突规范具有不同于一般法律规范的特殊结构。一般的法律规范在结构上由三个部分组成,即规范适用的条件、概括的行为模式和法律后果。冲突规范则有着十分特殊的构成,即由范围和系属两部分组成。

在事例 4.1 中,《中华人民共和国涉外民事关系法律适用法》第 31 条的规定即属冲突规范,法院须依其指定的某国实体法中的规定处理案件、作出判决。

二、冲突规范的分类

按照冲突规范对所应适用的法律的指定情形,可将冲突规范划分为四种基本的类型。

(一)单边冲突规范(unilateral conflict rules)

单边冲突规范,是指其系属直接指出应适用某国法律的冲突规范。它既可以明确指出应适用内国法,也可以明确指出应适用外国法,还可以明确规定应适用某一特定国家的法律。

单边冲突规范具有以下特征:

第一,单边冲突规范中只有一个连结点,且连结点对法律的指引是单向的,即指向适用内国法时就不能指向适用外国法,或在指向适用外国法时就不能再指向适用内国法。但是,单边冲突规范的连结点在更多的情况下是只指向适用内国法的。

第二,单边冲突规范对法律适用的指定常常是附条件的,即对冲突规范的范围部分设置一定的条件限制,只回答特定条件下范围部分的法律适用问题。例如,《中华人民共和国民法典》第467条第2款规定:"在中华人民共和国境内履行的中外合资经营企业合同、中外合作经营企业合同、中外合作勘探开发自然资源合同,适用中华人民共和国法律。"在这条单边冲突规范中,范围部分附有"在中华人民共和国境内履行"这一条件,连结点指定的法律(中华人民共和国的法律)只适用于符合条件的合同关系,对于不符合条件(在中华人民共和国境外履行)的合同关系应适用哪里的法律,则未作出规定。换言之,单边冲突规范不是对某一类涉外民商事关系的法律适用作出一种普遍性的规定,而是仅对某一类涉外民商事关系中的某一方面或某一部分的法律适用作出回答,这就常常留下立法缺口,需由司法机关去推定和补充。

第三,由于单边冲突规范的范围部分常受条件限制,因而其范围大多是不周延、不完整的,仅涉及涉外民商事关系的某一方面或某一情形。如上述冲突规范的范围部分就仅涉及在中华人民共和国境内履行的三类合同的情形。

相关链接

单边冲突规范在立法中的历史演变

在早期的国际私法立法中,单边冲突规范的数量较多,且大多指向内国法的适用。一方面,反映了当时的国际民商事交往与合作不甚密切,国际民商事关系不甚发达,立法者的立法思想还相对保守;另一方面,则反映了当时的国际私法在立法技术上也相对落后。现代国际私法立法虽已越来越少地采用单边冲突规范,但对一些关乎内国重大利益,需要从严掌握的法律关系仍会以此类冲突规范加以控制。因此,单边冲突规范仍有存在的价值,仍是冲突规范中一种不可缺少的形式。

(二)双边冲突规范(bilateral conflict rules, all-sides conflict rules)

双边冲突规范,是指其系属并不直接规定适用内国法或外国法,而是只规定一个可推定的系属,并据此结合涉外民商事关系的实际情况推定出应适用的法律的冲突规范。

双边冲突规范具有以下特征:

第一,双边冲突规范是针对某一类涉外民商事关系的本质特征而对其法律适用作出的一种普遍性的规定。

第二,双边冲突规范中的连结点也只有一个,但这是一个待推定的连结点,即究竟应适用内国法还是外国法,需结合具体的法律事实才能确定。例如,在"合同方式依合同缔结地法"这一冲突规范中,"依合同缔结地法"就是一个待推定的系属,要确定合同方式应适用何国法,还需明确合同是在何国缔结的。合同如果是在内国缔结的,就适用内国法,在外国缔结的,就适用外国法。

第三,双边冲突规范的范围部分是关于某一类涉外民商事关系的周延完整的规定,这一点不同于单边冲突规范。而且,从这个意义上看,任何一个双边冲突规范都可以分解为两个相对立的单边冲突规范,如"合同方式依合同缔结地法"就可以分解为"在内国缔结合同的方式,依内国法"和"在外国缔结合同的方式,依该外国法"两个单边冲突规范。反之,一个单边冲突规范,经有权机关的推导和解释,也可以扩展为双边冲突规范。

第四,双边冲突规范的系属既可指向内国法,也可指向外国法,因而在法律适用上体现了平等对待内、外国法的态度。现代国际私法立法中主要采用的就是此类冲突规范。

(三)重叠性冲突规范(double rules for regulating the conflict of law)

重叠性冲突规范,是指其系属中所包含的两个或两个以上的连结点所指引的法律须同时适用于某一涉外民商事关系的冲突规范。例如,1902 年海牙《关于离婚及别居的法律冲突和管辖权冲突公约》第 2 条规定:"离婚之请求,非依夫妇本国法及法院地法均有离婚理由的,不得为之。"这表明,离婚问题必须同时适用夫妇之本国法和法院地法,只有两者均认为有离婚原因,才准许当事人离婚。而《中华人民共和国涉外民事关系法律适用法》第 28 条规定:"收养的条件和手续,适用收养人和被收养人经常居所地法律。"它也是明确主张,收养关系的成立,须同时符合收养人和被收养人经常居所地法中的规定。

重叠性冲突规范具有以下特征:

第一,与单边冲突规范和双边冲突规范不同的是,重叠性冲突规范中的连结点是复数的,即有两个或两个以上,且这两个或两个以上的连结点所指引的法律须同时得到适用,涉外民商事关系才能有效成立或解除。

第二,重叠性冲突规范指定须同时得到适用的法律中,通常有一个是法院地法,这体现了维护法院地国家的重大利益或公序良俗免遭损害的立法意图。

第三,重叠性冲突规范的采用,反映了各国在某些涉外民商事领域仍存在尖锐的利益冲突和立法分歧;而作为一种不得已的妥协,各国只能依重叠性冲突规范将各存在冲突的有关法律同时适用于同一涉外民商事关系之上,以求得彼此之间的利益平衡。

(四)选择性冲突规范(choice rules for regulating the conflict of law)

选择性冲突规范,是指在其系属所包含的两个或两个以上的连结点中选择其中之一所指引的法律适用于涉外民商事关系的冲突规范。根据选择的方式,选择性冲突规范又可分为无条件的选择性冲突规范和有条件的选择性冲突规范。

1. 无条件的选择性冲突规范

无条件的选择性冲突规范也称任意的选择性冲突规范。根据此类规范,对于其系属中若干连结点指引的法律可以任意或无条件地选择其一适用于涉外民商事关系。例如,《中华人民共和国涉外民事关系法律适用法》第22条规定:“结婚手续,符合婚姻缔结地法律、一方当事人经常居所地法律或者国籍国法律的,均为有效。”根据该条冲突规范,当事人结婚的形式要件,只要符合上述连结点中任何一个连结点所指向的法律即为有效。换言之,婚姻缔结地法、当事人的经常居所地法和国籍国法在确定当事人结婚形式的有效性上具有同等价值,没有先后主次之分,也没有任何的条件限制。无条件的选择性冲突规范的采用,反映了各国对某些涉外民商事关系的规制从宽掌握的一种宽松、灵活的立法态度,也是“与其使之无效,不如使之有效”这一精神和理念在现代国际私法立法中的体现。

2. 有条件的选择性冲突规范

有条件的选择性冲突规范也称有序选择性冲突规范。根据此类规范,对于其系属中若干连结点指引的法律只能依顺序或按条件选择其一适用于涉外民商事关系。例如,《中华人民共和国涉外民事关系法律适用法》第26条规定:“协议离婚,当事人可以协议选择适用一方当事人经常居所地法律或者国籍国法律。当事人没有选择的,适用共同经常居所地法律;没有共同经常居所地的,适用共同国籍国法律;没有共同国籍的,适用办理离婚手续机构所在地法律。”这之所以是一条有条件的选择性冲突规范,在于其在确定法律适用时设有选择条件的限制,即诸多可供选择适用的法律之间有先后主次之分,只有在上一顺序的法律不存在或不能适用时,才能选择适用下一顺序的法律。

选择性冲突规范具有以下特征:

第一,选择性冲突规范中的连结点也是复数的,但与重叠性冲突规范不同的是,其系属中若干连结点指引的法律不是同时适用于涉外民商事关系,而是选择其一适用于涉外民商事关系。

第二,选择性冲突规范的范围部分所涉及的涉外民商事关系大多是属于一国非强制性法律调整的范畴,因而在法律适用上可以从宽掌握。

从上述四类冲突规范来看,双边冲突规范和选择性冲突规范在确定法律适用问题上较为宽松、灵活,单边冲突规范和重叠性冲突规范则要谨慎、严格一些。国际私法立法中究竟采用何种类型的冲突规范,当然须取决于冲突规范所要调整的涉外民商事关系自身的种类和性质,但更须取决于一国的具体国情(包括其所要维护和实现的利益、所要推行的对内对外政策等)及国际民商事实践发展的需要。

相关链接

冲突规范类型的比较

项目		含义	连结点的数量
单边冲突规范		直接规定适用内国法或某一外国法的冲突规范	单向的连结点
双边冲突规范		规定一个可推定的系属,再根据此系属,结合实际情况去寻找应适用某一法律的冲突规范	待推定的单数连结点
重叠性冲突规范		系属中有两个或两个以上的连结点,且各连结点指向的准据法应同时得到适用的冲突规范	同时适用的复数连结点
选择性冲突规范	无条件的选择性冲突规范	可以任意选择系属中的若干连结点中的一个确定准据法的冲突规范	任选的复数连结点
	有条件的选择性冲突规范	必须依顺序或条件选择系属中的连结点来确定准据法的冲突规范	有次序的复数连结点

课堂讨论案例

某甲在美国建造了一些船舶,经过登记注册,他把这些船舶抵押给自己的债权人某乙,在船舶国籍证上背书注明了该项抵押,并把船舶送到中国出卖。后因背书有碍船舶在中国出卖,甲与乙商定将不再背书签注抵押。随后一条新船建造出来,经登记注册后,甲将它抵押给乙,并送往中国,按照美国法,乙取得了有效的权利。该船在中国被甲卖给了丙。乙在中国法院提起诉讼,主张该船转让给丙无效。

[问] (1)本案应适用何国法律?为什么?

(2)本案所适用的法律主要涉及哪几类冲突规范?

第二节　冲突规范的结构

一、冲突规范的构成

冲突规范由范围和系属两部分组成。所谓范围，又称连结对象（object of connection），是指冲突规范所要调整的涉外民商事关系或所要解决的法律问题。通过冲突规范的范围，可以判断该规范用于调整哪一类涉外民商事关系。所谓系属，是对范围所应适用的法律的指引，其语词结构常表现为"……适用……法律"或"……依……法律"。在事例4.1中，就"法定继承，适用被继承人死亡时经常居所地法律，但不动产法定继承，适用不动产所在地法律"这条冲突规范而言，"法定继承"或"不动产法定继承"就是范围，"适用被继承人死亡时经常居所地法律"或"适用不动产所在地法律"就是系属。

二、连结点

在冲突规范的系属中，有一个很重要的部分，即所谓的连结点（point of contact），或称连结因素（connecting factor），也称为连结根据（connecting ground），是冲突规范借以确定涉外民商事关系应适用什么法律的根据。在事例4.1中，就"法定继承，适用被继承人死亡时经常居所地法律，但不动产法定继承，适用不动产所在地法律"这条冲突规范而言，"经常居所地"及"不动产所在地"就是连结点。

（一）连结点的意义

作为确定法律适用的根据，连结点有着十分重要的意义。

首先，从形式上看，连结点是把冲突规范中"范围"部分所指的某一涉外民商事关系与一定地域的法律联系起来的一种纽带或媒介。冲突规范作为一种间接规范，正是通过连结点对一定地域的法律的指引或连接来实现对涉外民商事关系的调整，并使当事人的实体权利义务关系得以确定的。

其次，从实质上看，这种纽带或媒介反映了范围中涉外民商事关系与一定地域的法律之间存在内在的、实质的联系或隶属关系。因此，连结点的确立不是任意的，更不是虚构的，必须在客观上能确实体现这种内在的联系。

（二）连结点的划分

根据不同的标准，可对连结点作出不同种类的划分。

1. 客观连结点和主观连结点

客观连结点是以客观实在的标志为依据的一种连结点，如国籍、住所、居所、物之所在地、法院地等。主观连结点则是以人的主观意志为依据的一种连结点，主要包括意思自治和最密切联系，前者是指当事人之间经过协商达成的合意，后者是指法官根据最密切联系原则对最密切联系地所作出的判断。

2. 静态连结点和动态连结点

静态连结点是不可变的连结点，主要指不动产所在地及涉及过去的行为或事件的连结点,如婚姻缔结地、合同缔结地、法人登记地、侵权行为地等。动态连结点就是可变的连结点,如国籍、住所、居所、所在地、法人的管理中心地等。动态连结点的存在,一方面增强了冲突规范的灵活性,另一方面也为当事人规避法律提供了可能。此外,动态连结点常导致一个涉外民商事关系与连结点在不同时间阶段发生变化而指向的不同法律相联系,从而形成法律适用上的冲突。为此,冲突规范就有对连结点作出时间限定的必要。例如,在"动产继承,适用被继承人死亡时的住所地法"这条冲突规范中,住所地这个连结点就被限定在被继承人"死亡时"这个时间点,以避免出现由于被继承人在生前的不同时间阶段变更住所地所引起的法律适用冲突。

3. 单纯事实上的连结点和法律概念上的连结点

单纯事实上的连结点,是指连结点所依据的是一种单纯的事实,如物之所在地、法院地等。法律概念上的连结点,是指连结点所依据的不是单纯的事实,而是法律上的概念,如国籍、住所、法律行为所在地等。

此外,欧美一些学者还将连结点分为开放性的(open-ended)连结点和硬性的(black-letter)连结点,以对传统冲突规范进行软化处理。

相关链接

连结点种类的比较

种类	划分标准	含义	举例
客观连结点	是否以人的主观意志为依据	一种客观实在的标志	物之所在地、法院地
主观连结点		根据当事人或法官的意思决定的标志	当事人的合意选择、最密切联系地
静态连结点	能否变更	不可变的连结点	不动产所在地、行为地
动态连结点		可变的连结点	住所、国籍
单纯事实上的连结点	是否由法律规定	单纯依据事实就能确定的连结点	物之所在地、法院地
法律概念上的连结点		依据法律的规定才能确定的连结点	国籍、住所、法律行为所在地
开放性连结点	连结点指向的地域或场所是否确定	指向的地域或场所不确定的连结点	最密切联系地
硬性连结点		指向的地域或场所确定的连结点	侵权行为地、住所

(三)连结点的确立与发展

1. 连结点的确立

连结点反映范围与所适用的法律之间内在的、实质的联系，因此，其确立必须慎重、切合实际并因时而变，同时还需考虑政治、经济条件以及国际民商事交往与合作实践的发展。[①] 冲突规范的不断发展与完善、法律选择的日趋公平与合理，在很大程度上都直接取决于连结点的不断改良和优化。

2. 连结点的发展

在冲突规范漫长的发展历程中，连结点呈现由简单到复杂、由僵硬到灵活的发展规律和演进轨迹。

早期冲突规范中的连结点不仅数量单一，而且设计简单、模式固定、缺乏弹性。这一方面是由于早期立法技术的相对落后，另一方面则是由于早期的涉外民商事关系尚不够发达。但是，随着各国对外民商事交往与合作的日益频繁和密切，涉外民商事关系日益纷繁复杂。[②] 同时，由于立法技术的不断提高和新的法律理念[③]的提出与确立，冲突规范中的连结点出现了由单数向复数、[④]由简单向复杂、[⑤]由僵硬向灵活方向发展的趋势，主要表现为连结点数量的增多和复数连结点类型[⑥]的增加，以及开放性、灵活

---

① 参见韩德培主编：《国际私法》(第 2 版)，高等教育出版社、北京大学出版社 2007 年版，第 99 ~ 102 页。

② 例如，在侵权领域，除一般的侵权行为之外，还出现了有关产品责任、交通事故、环境污染、国际欺诈、诽谤、不正当竞争等多种特殊的侵权行为，使侵权关系日趋多样化、复杂化。

③ 例如，尽量尊重和满足当事人的意愿、尽量便利法律关系的有效成立和解除、保证法律适用的公平合理、促进国际民商事交往与合作的发展、维护国际社会的和谐有序等。

④ 例如，在冲突规范中规定两个或两个以上可供选择的连结点，以扩大法律的选择范围，增强法律适用的灵活性和适当性。

⑤ 例如，对同类法律关系依不同性质进行区分，为之分别规定不同的连结点；对同一法律关系的不同方面进行分割，对不同的部分或方面分别规定不同的连结点，以提高法律适用的针对性、合理性。

⑥ 如结合性连结点和互补性连结点的创立和运用。结合性连结点之所以被提出，是由于某些法律关系本身过于复杂而无法仅依单一的连结点所指引的法律实现有效的调整，因而将两个以上的连结点所指引的法律结合起来适用，以达到合理调整的效果。1973 年海牙国际私法会议签订的《产品责任法律适用公约》中的冲突规范就采用了此类新型的连结点。该公约第 4 条规定："适用的法律应为侵害地国家的国内法，如果该国同时又是：(一)直接遭受损害的人的惯常居所地；或(二)被请求承担责任的人的主营业地；或(三)直接遭受损害的人取得产品的地方。"第 5 条规定："尽管有第四条的规定，适用的法律仍应为直接遭受损害的人的惯常所在地国家的国内法，如果该国同时又是：(一)被请求承担责任的人的主营业地；(二)直接遭受损害的人取得产品的地方。"从这两条规定可以看出，对于产品责任损害赔偿的法律适用来说，侵害地国家和直接遭受损害的人的惯常居所地国家可以作为两个基本的连结点。但前者必须与直接遭受损害的人的惯常居所地，或被请求承担责任的人的主营业地，或直接遭受损害的人取得产品地这三个连结点中的一个结合，后者必须与被请求承担责任的人的主营业地，或直接遭受损害的人取得产品地这两个连结点中的一个结合，才能决定应该适用的法律。互补性连结点之所以被提出，则是由于对某一法律关系只确定一个连结点往往无法满足法律关系发展的需要，于是人们对同一类法律关系确定几个连结点，依次适用各连结点所指定的法律，各连结点相互补充，共同调整好某一类法律关系。采用此类连结点的冲突规范在第二次世界大战后日渐增多，如 1979 年《匈牙利国际私法》第 39 条规定，夫妻身份和财产关系，包括夫妻使用的姓名、扶养和夫妻财产制，适用起诉时夫妻共同的属人法；如果夫妻在起诉时的属人法不同，适用其最后的共同属人法；若没有最后的共同属人法，则适用夫妻最后的共同住所地法；如果夫妻没有共同住所，适用法院地法或其他机构地法。

性连结点①的大量采用。这就使冲突规范能够更好地实现其调整涉外民商事关系以保障和促进各国对外民商事交往与合作健康发展的功能。

三、系属公式

(一)系属公式的含义

系属公式(formula of attribution),是指将双边冲突规范中的系属部分固定下来,使之公式化、原则化,形成用于解决同类涉外民商事关系法律适用问题的一般性规则。系属公式的形成,无疑是人们长期和反复实践的结果。在长期的国际民商事实践中,人们经过反复运用、检验和推敲,从双边冲突规范的系属中抽象和归纳出许多用于指导同类涉外民商事关系法律适用的一般性原则或规则,即所谓的系属公式。

(二)几种常见的系属公式

常见的系属公式有属人法、物之所在地法、行为地法、法院地法、旗国法、当事人合意选择的法律、最密切联系地法等。

1. 属人法

属人法(*Lex Personalis*),即以当事人的国籍、住所或惯常居所为连结点的系属公式。属人法一般用来解决人的身份、能力及亲属、继承关系等方面的法律适用问题。属人法还可分为自然人属人法和法人属人法。

2. 物之所在地法

物之所在地法(*Lex Rei Sitae*,*Lex Situs*),即以涉外民商事关系客体所指的标的物之所在地为连结点的系属公式,常用来解决物权尤其是不动产物权关系的法律适用问题。

3. 行为地法

行为地法(*Lex Loci Actus*),即以法律行为发生地为连结点的系属公式,起源于"场所支配行为"(*Locus Regit Actum*)这一古老的法律谚语,主要用来解决法律行为有关方面的法律适用问题。由于法律行为的多样性,这一系属公式又派生出了以下一些系属公式:

(1)合同缔结地法(*Lex Loci Contractus*)。一般用来解决合同的成立、合同内容的合法性、合同的方式等方面的法律适用问题。

(2)合同履行地法(*Lex Loci Solutionis*)。一般用来解决合同履行方面的法律适用问题,有时也可用来解决有关合同内容及其有效性方面的法律适用问题。

(3)婚姻缔结地法(*Lex Loci Celebrationis*)。一般用来解决涉外婚姻关系,尤其是结婚方式、婚姻效力方面的法律适用问题。

(4)侵权行为地法(*Lex Loci Delicti*)。一般用来解决涉外侵权行为之债的法律适用问题。在适用该系属公式时,如果当事人是隔地实施某一法律行为,或侵权行为的实施地和损害结果发生地不一致,还需解决行为地的识别或认定问题。

---

① 如意思自治原则和最密切联系原则的确立和运用。

(5)遗嘱订立地法。一般用来解决遗嘱的成立、遗嘱的方式等方面的法律适用问题。

4. 法院地法

法院地法(*Lex Fori*),即以审理涉外民商事案件的法院所在地为连结点的系属公式,一般用来解决涉外民商事诉讼程序方面的法律适用问题。对于其他有关问题如识别冲突的解决,也多以法院地法为依据。冲突规范指引的外国法违反法院地国的公共秩序以及作为准据法的外国法无法查明时,法院地法也常常得到适用。

5. 旗国法

旗国法(law of the flag),即以旗帜所属国为连结点的系属公式,一般用来解决船舶、航空器等运输工具的物权关系及其在运输过程中产生的纠纷的法律适用问题。

6. 当事人合意选择的法律

当事人合意选择的法律(*Lex Voluntatis*),即以双方当事人的合意为连结点的系属公式。这一系属公式的采用,表明法律承认双方当事人有共同协商选择法律的自主权,故又称为意思自治原则。这一系属公式主要用来解决涉外合同的法律适用问题。

7. 最密切联系地法

最密切联系地法(law of the place of the most significant relationship),即以最密切联系为连结点的系属公式。一般认为,该系属公式起源于萨维尼的"法律关系本座说",但真正得到确立和发展却是近几十年内的事情。目前,它既是一项有关法律选择的指导原则,又作为一个系属公式大量出现在冲突规范中,用于解决各种不同性质的涉外民商事关系,尤其是涉外合同关系的法律适用问题。

相关链接

主要系属公式的比较

项目	含义	适用范围
属人法	法律关系主体的国籍、住所或惯常居所地法,包括自然人属人法(本国法、住所地法、惯常居所地法)和法人属人法	身份、能力及亲属、继承等
物之所在地法	涉外民商事关系客体所指标的物之所在地的法律	物权尤其是不动产物权
行为地法	法律行为发生地所属法域的法律,有合同缔结地法、合同履行地法、婚姻缔结地法、侵权行为地法和遗嘱订立地法	主要是法律行为的形式
法院地法	审理涉外民商事案件的法院所在地的法律	程序问题

续表

项目	含义	适用范围
旗国法	旗帜所属国的法律	船舶、航空器等运输工具的物权关系及其在运输过程中产生的纠纷
当事人合意选择的法律	双方当事人协商选择的法律	主要是合同
最密切联系地法	与涉外民商事关系有最密切联系的地方的法律	合同、侵权等

理论争鸣

有关属人法的理论与实践分歧

一直以来,国际上对属人法存在两种不同的理解,即本国法(*Lex Patriae*)和住所地法(*Lex Domicilii*),并在属人法上形成了两大派别。其实,自巴托鲁斯创立法则区别说以后的几百年间,欧洲各国一直都是以住所地为属人法的连结点。这一方面,是由于在当时尚未有现代意义上的主权国家形成,国籍概念尚未提出;另一方面,则是由于当时欧洲各国尚处于封建割据状态,内部各地区之间的法律极不统一,只能以住所地法解决有关人的身份、能力等方面的法律冲突问题。但是,到了17世纪末18世纪初,欧洲的资产阶级民族国家已基本建立完成,国籍已成为国家行使属人管辖权的基本依据。而且,这一时期,欧洲各国内部的法律已逐步实现了统一,并出现了大量涌向国外的移民,这就需要从法律上继续控制和保护这些移民。由此,采用国籍代替住所作为确定属人法的连结点不仅可能而且必要。1804年《法国民法典》就率先采用了国籍作为属人法的连结点,加之孟西尼的国籍法说在其后进一步地鼓吹和推崇,属人法上的本国法主义终于在欧洲大陆确立下来。

但是,同为欧洲国家的英国及其追随者美国和其他普通法系国家,却始终恪守古训,坚持以住所为属人法的连结点,从而形成了属人法上的住所地法主义。其原因有三:第一,普通法系国家始终坚持的是其自身的判例法传统,没有像欧洲大陆各国那样走制定法、法典化的道路,因而没有受到《法国民法典》采用国籍连结点的影响,也没有接受孟西尼学说关于本国法主义的灌输。第二,迄今为止,普通法系国家一直存在内部法律不统一的状况,如英国、美国、加拿大、澳大利亚等,无不是存在区(州)际法律冲突的多法域国家,而这些国家对国际法律冲突和区际法律冲突又多是采用同一套冲突法规则进行解决。由此,只有采用住所作为属人法的连结点,才能使这些国家的国际法律冲突和区际法律冲突均得到妥善圆满的解决,因为国籍这个连结点对于解决区际法律冲突是毫无意义的。第三,自19世纪以来,普通法系国家就开始不断接受大量的外来移民。为了方便外来移民在其住所地国家的正常生活并加强对他们的管理,以及扩大内国法的适用范围和增强内国法的属地效力，坚持以住所为属人法的连结点，便成为这些国家一种明智而务实的选择。

不过，随着资本主义经济在全球的扩张，资产阶级追逐利润的活动遍及全世界，在这种客观形势下，如果一个人无论走到哪里、实施何种法律行为，始终要受其本国法的支配，显然不利于跨国经贸活动的顺利开展。而且，从最密切联系的角度分析，一个人早已远离其祖国到其他国家居住和生活，涉及其身份、能力的一些法律关系显然与其住所地国以及住所地国的法律联系更紧密，因而适用其住所地法当然要比适用其本国法更适当、更合理。何况，一个人当初离开其祖国可能是基于某种特殊的原因，如为了避难或摆脱某种迫害，这种情况下若仍要求其必须遵照和适用其本国法，无疑是不公平的。采用国籍为属人法的连结点虽然较住所更稳定，也更易于确定，[①]但当一个人的国籍发生冲突时，如一个人在同一时间拥有许多国家的国籍或不拥有任何国家的国籍，对本国法的确定和适用就会变得十分困难，此时采用住所这个连结点虽也不免有各种问题存在，但住所可以通过个人的行为加以变更，显然更符合个人自由的原则。

基于上述种种原因，国际上一度又出现了对本国法主义的批判。特别是第二次世界大战之后，欧洲出现了一种恢复以住所为属人法连结点的趋势。这种趋势在1955年订立于海牙的《解决本国法与住所地法冲突公约》中得到了体现。该公约第1条规定："如果当事人的住所地国规定适用当事人本国法，而其本国法规定适用住所地法，各缔约国均应适用住所地法的规定。"而且，公约还在此基础上进一步提出了一个新的概念——惯常居所(habitual residence)。[②] 目前，越来越多的国内立法和国际立法不仅放弃了本国法，而且接受并采用惯常居所地法代替住所地法。与住所相比，惯常居所的一个重要特点就在于其更易于依外部表现作出客观的认定，而住所却部分地需要对当事人的主观心理状态进行分析。而且，当事人及其法律关系与惯常居所地之间的联系，比与住所地之间的联系显然更进一步。[③] 因此，以惯常居所为属人法的连结点更实际、更便利、更合理。当然，对属人法连结点的确定和选择，还须受到各国具体政治、经济状况的制约。

---

① 一个人的国籍在没有得到一国依其国籍法作出确定之前是不可能轻易发生改变的。

② 该公约在第5条将住所定义为"个人的惯常居所"。

③ 因为住所可能仅是当事人在法律上或形式上的居住地，而惯常居所却是当事人实际的经常居住地。

第三节 准据法的确定

事例4.2

甲国A公司与乙国B公司在甲国签订一项买卖合同,货物由A公司在甲国生产制造,双方约定在甲国交货,发生合同争议依丙国法解决。后因A公司不能按时交货,双方发生争议,B公司向甲国法院起诉A公司违约并要求A公司赔偿损失。受诉法院首先依双方约定适用丙国合同法,但发现其相关规定有违甲国强制性法律规定,决定不予适用,而依最密切联系原则确定合同准据法,经分析认定合同与甲国有最密切联系,并最终依甲国合同法中的相关规定作出判决。

一、准据法的概念

准据法(applicable law, *Lex Causae*),是国际私法中一个特有的概念,是指经冲突规范指引用来确定涉外民商事关系当事人权利义务关系的特定的实体法规范。这里所称的实体法,不仅包括经冲突规范指引的某一主权国家的实体法或某一主权国家内具有独特法律制度的法域的实体法,还包括经冲突规范指引的某一国际条约或国际惯例中的统一实体法规定。总的来看,准据法具有以下特征:

(一)准据法是能够确定当事人实体权利义务关系的实体法

一般而言,可将法律分为程序法、冲突法和实体法。其中,只有能确定当事人实体权利义务关系的实体法才可以成为准据法。因为冲突规范援引准据法,就是要通过它来确定涉外民商事关系当事人的实体权利和义务。因此,在承认反致、转致的情况下,内国冲突规范所援引的外国冲突法,就不是准据法。

理论争鸣

准据法与实体法的关系

无论是国内实体法(包括内国实体法和外国实体法),还是国际统一实体法(包括实体性的国际条约和国际惯例),都可以成为准据法。就实体性的国际条约而言,如果它是未经冲突规范援引而直接适用于缔约国及其自然人和法人,就不能称为准据法。但在下列情况下,实体性的国际条约属于准据法:第一,非条约缔约国的公民或法人选择某一国际条约作为调整其权利义务关系的准据法;第二,如果冲突规范援引某一缔约国的国内实体法为准据法,而该国国内实体法缺乏相应的规定或与其参加的国际条约相抵触,可将该缔约国参加的某一条约视同其国内法而作为准据法来适用。对此,1980年《联合国国际货物销售合同公约》是持肯定态度的。该公约第1条第1款第2项规定,如果国际私法规则导致适用某一缔约国的法律,也可以适用该公约。

就实体性的国际惯例而言,由于目前仍以任意性惯例为主,只有在当事人依意思自治原则选择它们作为准据法时,它们才对当事人有约束力。因此,实体性的国际惯例在下列情况下也可以成为准据法:第一,当事人选择国际惯例作为准据法;第二,根据有些国家的法律规定,若冲突规范援引某国国内实体法为准据法,而该国国内实体法或该国参加的国际条约中均无相应的规定,也可以适用有关国际惯例中的规定,如《中华人民共和国民用航空法》(2021 年修正)第 184 条第 2 款规定:“中华人民共和国法律和中华人民共和国缔结或者参加的国际条约没有规定的,可以适用国际惯例。”已废止的《中华人民共和国民法通则》第 142 条第 3 款亦曾作如是规定。

(二)准据法是经冲突规范援引的实体法

某一实体法之所以能成为准据法,就在于其得到了冲突规范的援引。凡未经冲突规范援引的实体法,无论是国内实体法还是国际统一实体法,虽适用于涉外民商事关系并用以确定当事人的实体权利义务,仍不能称为准据法。由此,那些无须冲突规范援引,而可直接适用于涉外民商事关系的“直接适用的法”,就不是准据法。因为直接适用的法之所以适用于某一涉外民商事关系,是由其自身的性质及适用范围决定的,而不是受冲突规范援引的结果。

(三)准据法不是冲突规范逻辑结构的组成部分,而是特定的实体法

准据法是经冲突规范援引得来的实体法,它并不存在于冲突规范的逻辑结构中。对它的确定,必须结合涉外民商事关系的具体情况并通过冲突规范系属中的连结点的指引。例如,在“不动产物权关系,适用不动产所在地法”这条冲突规范中,“适用不动产所在地法”就是系属,要确定有关不动产物权关系的准据法,还必须将系属中的连结点“不动产所在地”与该不动产物权关系的具体情况结合起来考察:如果该不动产位于中国境内,中国法中的有关规定就是该不动产物权关系的准据法;如果该不动产位于某外国境内,则该外国法中的有关规定就是该不动产物权关系的准据法。因此,如果认为准据法已包含在冲突规范的逻辑结构中,显然是将系属和准据法错误地混淆在了一起,虽然冲突规范的系属部分也常被称为“准据法原则”。

准据法是特定的实体法,即准据法不是笼统的法律制度或法律体系,而是某一法律制度或某一法律体系下的某一项具体的法律规则或法律规定。因此,当冲突规范指明某一涉外民商事关系应适用某国法或某一国际条约或国际惯例时,准据法并不能被认为已经确定,因为准据法必须最终落实到该国法或该国际条约或国际惯例中的某一具体的法律规范或法律条文。其实,国际私法中的许多制度都是基于准据法乃某一实体法中的具体规定而设立的。例如,公共秩序保留制度指向的是某一实体法中的具体规定,而非该实体法体系;外国法内容的查明也是要查明该外国法中的具体规定,无具体规定或具体规定无法查明时,大多数国家则以其内国法中的具体规定作为准据法;法律规避所涉及的被规避的法律,也是指经冲突规范援引本应得到适用的具体的法律规定。[①] 在事例 4.2 中,受诉法院无论是最初适用丙国法还是最终适用甲国法,都是适

① 参见韩德培主编:《国际私法》(第 2 版),高等教育出版社、北京大学出版社 2007 年版,第 109 ~ 110 页。

用该国合同法中的具体规定。

二、准据法的选择方法

准据法的选择方法，就是在相冲突的民商事法律中选择适用于涉外民商事关系的方法。准据法的选择方法，因法律适用理论的不同和各国司法实践的不同而有所不同。研究准据法的选择方法，不仅有利于指导立法者制定出科学、合理的冲突规范，而且有利于帮助法官正确运用冲突规范，选择适当的准据法以实现对涉外民商事案件公平合理的处理。

在不同的历史时期，不同法系、不同国家以及不同学者提出了诸多不同的法律适用理论和准据法的选择方法。常见的准据法选择方法有：依法律的性质选择准据法、依法律关系的性质选择准据法、依最密切联系原则选择准据法、依规则选择方法选择准据法、依当事人的合意选择准据法、依政府利益分析选择准据法、依有利于判决在国外得到承认和执行选择准据法、依分割方法选择准据法等。

准据法的选择方法是多种多样的，但又不是彼此孤立、互不相干的，而是互相补充、重叠运用的。立法者制定冲突规范时，常常是综合考虑多种选择准据法的方法；法院在处理涉外民商事案件的实践中，也常常是综合运用多种选择准据法的方法。在事例4.2中，法院即先后依当事人的合意、最密切联系原则对合同准据法进行了选择。国际私法的历史已经证明，由于涉外民商事关系纷繁复杂，且处于不断的发展变化之中，任何意图设计出一种能够适用于国际私法所有领域和能够解决国际私法中一切法律适用问题的准据法选择方法的尝试，都只是一种徒劳。因此，面对错综复杂、变动不居的涉外民商事关系的调整，必须综合考虑多方面的因素，灵活运用多种准据法的选择方法。只有这样，才能保证最适当的准据法得到选择和适用，进而实现对涉外民商事关系合理、有效的调整。

相关链接

准据法的选择方法比较

项目	含义	适用范围
依法律的性质选择准据法的方法	根据法律规则本身的性质来确定其在域内、域外的适用效力	普遍适用
依法律关系的性质选择准据法的方法	在分析法律关系性质的基础上决定其法律适用	普遍适用
依最密切联系原则选择准据法的方法	在分析、确定与涉外民商事关系有最密切联系的基础上决定其法律适用	合同、侵权等领域
依实体规则或实体结果选择准据法的方法	在分析、比较相关国家实体规则的内容或适用结果的基础上选择准据法	美国部分州

续表

项目	含义	适用范围
依政府利益分析选择准据法的方法	通过分析相关政府在适用其法律上所存在的利益决定准据法	美国部分州
依当事人的合意选择准据法的方法	由双方当事人协商选择准据法	合同、侵权等领域
依有利于判决在国外得到承认和执行选择准据法的方法	根据判决能在有关外国获得承认与执行选择准据法	广泛适用
依分割方法选择准据法的方法	对一涉外民商事案件中的不同问题或方面进行区分，并依其特性分别确定准据法	普遍适用

准据法选择方法的界定

1. 依法律的性质选择准据法

这是一种最古老的准据法的选择方法，起源于意大利的法则区别说。当初，巴托鲁斯就主张根据法律规则本身的性质来确定其在域内、域外的适用效力。此后，这种方法就一直为国际私法的理论和实践所承认。直到今天，在面对涉外民商事关系的调整时，首先考虑该涉外民商事关系所涉及的内国法和外国法的性质——究竟属于强行法还是任意法，①属地法还是属人法，②然后再进一步决定选择适用哪一法律，仍是一种很重要、很有价值的方法。

2. 依法律关系的性质选择准据法

这是萨维尼在其“法律关系本座说”中创立的一种准据法的选择方法。这种方法摆脱了法则区别说在选择准据法的方法论上的束缚，将法则区别说选择准据法的程序颠倒过来，即不是从分析法律本身的性质入手，然后套用具体的法律关系；而是从分析法律关系的性质入手，然后依此确定应适用于该法律关系的法律。这种方法的提出，对以后的国际私法理论和立法均产生了重大影响。直到今天，各国都是依此方法制定其冲突规范的。

---

① 具有强制性的法律一般须绝对适用于涉外民商事关系，不允许当事人双方协议或任何一方任意变更或规避；对于任意性的法律，则可以允许当事人在法定的范围内自行协商确定其相互间的权利义务关系，自行协商选择可适用的法律。

② 具有属地性的法律通常是侧重于保护或约束域内的对象，如有关不动产的法律即属此类，因而对于涉及不动产的法律关系就应适用其所在地法；具有属人性的法律则是侧重于保护或约束自己在域内、外的公民，如有关人的身份和能力的法律即属此类，因而对于涉及人的身份和能力的法律关系就应适用当事人的属人法。

3. 依最密切联系原则选择准据法

这是一种要求选择与涉外民商事关系有最密切联系的法律[①]作为准据法的方法。这种方法被认为是对“法律关系本座说”中确立的准据法选择方法的继承和发展。两者之间最重要的区别就在于，最密切联系原则克服了根据一个固定的“本座”来确定准据法所导致的机械性和僵硬性。这种方法虽主张保留冲突规范的形式，但同时强调须开列多种连结点，供法院依最密切联系原则找出与法律关系有最密切联系的法律来作为准据法。依最密切联系原则制定的冲突规范，是一种开放的、灵活的冲突规范，它一般不硬性规定哪里的法律或什么法律是所谓最密切联系的法律，而只提供一些可供选择的连结点或根本不提供，让法官结合涉外民商事关系的具体情况去确定可作为准据法的最密切联系的法律。因此，依这种方法选择准据法，显然可以大大增强法律适用的灵活性和适当性。但是，这种方法同时也赋予了法官极大的自由裁量权，为法官将法院地法认定为最密切联系的法律、从而不适当地扩大法院地法的适用提供了机会。

4. 依规则选择方法选择准据法

这是由美国学者卡弗斯提出来的一种准据法的选择方法，也称为结果选择（result-xelecting）方法。卡弗斯认为传统的准据法的选择方法是一种管辖权选择方法（jurisdiction-selecting），即只指定一个管辖权，接下来法官的任务就是顺着这个指定去寻找应适用的实体法规则，至于这个实体法规则是否存在、具体内容如何、适用后能否产生公平合理的结果，法官都无从知晓也无须知晓。因此，这显然是一种消极、被动、盲目的选择方法，无法保证符合案件实际情况的适当的法律得到适用。所以，卡弗斯提出以规则选择方法代替管辖权选择方法，主张直接去了解有关实体法规则的内容，然后从中比较选择出更好的、更能保证案件得到公平合理解决的实体法规则作为准据法。

这种选择方法，对于彼此较为熟悉的国家之间的法律冲突的解决和一个国家内部的区际法律冲突的解决，有一定的价值和意义，因为法官有可能了解和知悉有关外国或外法域的实体法。但是，在当今日益复杂的国际民商事交往与合作中，这种方法的实际意义并不大，因为任何法官都不可能了解和知悉各个国家的民商事法律制度，因

---

① 对于依最密切联系原则所确定的法律，是指与涉外民商事关系有最密切联系的某一地域（包括某一国家或某一法域）的法律，还是指与涉外民商事关系有最密切联系的某一法律，国际上存在不同的理解。一种理解强调与地域之间的联系，美国、英国、中国等国即持该理解；另一种理解则强调与法律之间的联系，瑞士、奥地利等国即持该理解。应该说，两种理解之间的区别其实并不大，只是各自的侧重点不同。强调与地域之间的联系者更注重于对一些空间连结因素，如国籍、住所、行为地、物之所在地等的考察，而强调与法律之间的联系者则更注重于法律的具体内容及法律的适用结果。本书认为第二种理解更恰当，更切合最密切联系原则的本质。因为，最密切联系原则的运用，不仅限于对涉及有关地域的连结点数量的统计，而更应注重于对各连结点的质量和重要性的分析和评估，即对各有关法律的具体内容及其所体现和承载的政策、目的或利益进行深入的了解和考察。虽然，在实践中，对最密切联系的法律的确定往往依赖于对最密切联系的地域的首先确定，但在实现从地域向法律过渡的过程中，无论如何不能忽视两者之间可能出现的脱节。只有真正保证得到适用的法律是与法律关系有最密切联系的法律——无论其是否属于与法律关系有最密切联系的地域的法律——才能使最密切联系原则真正得到贯彻和实施。

而也就很难去进行“规则选择”。

5. 依政府利益分析选择准据法

这是由美国学者柯里提出来的一种准据法的选择方法，其显著特点就是主张揭开法律冲突的面纱，去了解和分析隐藏在背后的利益冲突，并根据利益冲突的情况来确定法律的适用。这种方法的实质就是要抛开传统冲突规范中的地域性连结点，而以政府利益的有无、大小来作为选择准据法的标准。

6. 依当事人的合意选择准据法

这是由当事人根据意思自治原则共同协商选择适用于他们之间法律关系的准据法的方法。这种方法产生于合同领域并已成为选择合同准据法的首要原则，现已扩展到侵权、婚姻家庭、继承等诸多领域，成为国际私法上一个越来越重要的准据法的选择方法或原则。

7. 依有利于判决在国外得到承认和执行选择准据法

一项判决作出后如果不能得到执行，就会沦为一纸空文，为作出该项判决所经过的诉讼审理程序就会全盘落空，成为一种无谓的浪费。在涉外民商事案件中，有关的判决常常需要到国外去承认和执行。因此，在选择准据法时，依是否有利于判决在国外得到承认与执行作出判断，也是一个十分重要的方法。而且，这种方法的采用，有利于维护涉外民商事关系的稳定性和实现国际私法所追求的判决结果一致性的目标。

8. 依分割方法选择准据法

分割方法(dépecage)，是指对同一涉外民商事关系的不同方面进行分割，并对各部分或各方面根据其特点分别确定准据法。例如，对同一涉外婚姻关系，往往将婚姻的形式要件和实质要件进行区分，对前者选择适用婚姻缔结地法，对后者则选择适用当事人的属人法。这种方法早在法则区别说时期就已出现，并一直为国际私法的理论和实践所接受和肯定，而且随着涉外民商事关系的日益复杂化而越来越受到重视。

三、准据法确定的特殊性

在选择准据法的过程中，难免会遇到一些特殊、复杂的问题需要解决，从而进一步提出准据法的确定问题。

(一) 区际法律冲突与准据法的确定

当冲突规范指定适用某一外国法，但该外国是一个法制不统一的多法域或复合法域国家，内部存在区际法律冲突时，应以该外国哪一法域的法律为准据法呢？对此，实践中存在三种不同的解决方式：

1. 直接依据冲突规范中的连结点确定准据法。如果冲突规范中的连结点，如住所、居所、行为地或物之所在地等，直接指向多法域国家的某一法域，即可直接依此进一步确定应该得到适用的准据法。这种方法简便易行，且与冲突规范的旨意不相违背。

2. 根据多法域国家的区际私法确定准据法。如果有关的多法域国家存在用来解决区际法律冲突的区际私法，则可根据其区际私法中的有关规定来进一步确定所要适用的准据法。

3. 依最密切联系原则确定准据法。如果既不能根据冲突规范中的连结点确定准据法,而有关的多法域国家又没有区际私法,或其区际私法中缺乏相应的规定,则只能通过其他方式来补救。从各国的立法和实践来看,采用得较多的是依最密切联系原则来确定准据法。

《中华人民共和国涉外民事关系法律适用法》第6条规定:"涉外民事关系适用外国法律,该国不同区域实施不同法律的,适用与该涉外民事关系有最密切联系区域的法律。"可见,我国在早前的司法实践中采取的是将上述第二种和第三种方法结合起来使用的做法,而《中华人民共和国涉外民事关系法律适用法》则要求直接采用第三种方法,即依最密切联系原则确定准据法。

(二)人际法律冲突与准据法的确定

人际法律冲突,是指一国内适用于不同民族、种族、宗教团体(包括不同的教派)、部落或阶级成员的民商事法律之间在效力上的冲突,或者说是适用于不同成员集团的民商事法律之间的冲突。人际冲突法或人际私法,即是用来解决一国内适用于不同民族、种族、宗教团体、部落或阶级成员的民商事法律之间冲突的法律。当冲突规范指定适用某外国法,而该外国法制却不统一,存在人际法律冲突时,应以该外国的哪一法律为准据法呢?对此,已在理论上和实践中得到认可的一般解决办法就是,依该外国的人际冲突法或人际私法来确定;如果该外国没有人际冲突法,则适用与案件或当事人有最密切联系的法律。有的国家的有关规定既适用于区际法律冲突情形,也适用于人际法律冲突情形。

对于人际法律冲突情形下准据法的进一步确定,我国立法及司法解释中均未作出规定。但根据《中华人民共和国涉外民事关系法律适用法》第2条第2款的规定:"本法和其他法律对涉外民事关系法律适用没有规定的,适用与该涉外民事关系有最密切联系的法律。"当法院地国的冲突规范指向一个存在人际法律冲突的国家的法律时,可直接依最密切联系原则确定有关涉外民商事关系应适用的法律。

(三)时际法律冲突与准据法的确定

时际法律冲突,是指涉及同一社会关系的新法与旧法、先法与后法之间的冲突。因此,时际法律冲突并不是国际私法中的特有现象。在任何法律部门或法律领域,只要发生了法律的废、立、改,出现了法律的新旧交替,就有可能产生时际法律冲突。

实践中,国际私法上的时际法律冲突主要基于以下三种情况产生:

第一,法院地的冲突规范在涉外民商事关系确立后发生了改变。这主要是指冲突规范中采用的连结点发生了改变,如原先采用的连结点是当事人的国籍,后改为当事人的住所。在这种情况下,就产生了究竟应以何时的冲突规范作为指引准据法的依据的问题。

第二,法院地的冲突规范未变,但其所指定的实体法发生了改变。例如,所指定的实体法中原先规定的结婚年龄是18周岁,后改为20周岁。在这种情况下,就产生了究竟应以何时的实体法作为可以适用于涉外民商事关系的准据法的问题。

第三,法院地的冲突规范及其所指定的实体法均未发生改变,但连结点的连结事实发生了改变。这是指冲突规范中所采用的连结点虽然没有发生改变,但由于连结点的连结事实发生了改变,导致连结点指引准据法的方向发生了改变。例如,冲突规范未将其所采用的连结点由当事人的国籍改为住所,但当事人的国籍却发生了由甲国变为乙国的连结事实上的改变,连结点指引准据法的方向也由甲国法转向了乙国法。在这种情况下,就产生了究竟应以连结点何时的连结事实作为确定准据法的依据的问题。

严格地说,上述第一种、第二种情况下的法律冲突才是真正的时际法律冲突,因为只有它们的产生是由法律的改变导致的。第三种情况下的法律冲突则不是严格意义上的时际法律冲突,因为它的产生并非基于法律的改变,而是基于连结点的连结事实的改变。这种情况下的法律冲突是国际私法中的特有现象,在国际私法的理论上被称为“动态冲突”(conflicts mobiles)。无论是何种情况下的法律冲突,都须依一定的原则或方法加以妥善解决,否则,准据法将无法进一步得到确定。

对于第一种、第二种情况下的法律冲突,各国一般是根据以下原则或方法加以解决的:第一,后法或新法优先原则。例如,1979 年《匈牙利国际私法》第 75 条第 2 款规定:“本法令的规定也适用于在本法令生效前发生而未经确定判决的有关法律关系的争议。”第二,新法无溯及力原则。例如,1978 年《奥地利联邦国际私法法规》第 7 条规定:“对选择特定法律有决定意义的必要条件,后来如果发生变化,对已完成的事实不发生影响。”第三,过渡性的变通原则。即对新法是否优先、是否有溯及力以及溯及的范围和条件,作过渡性的变通规定。例如,1987 年《瑞士联邦国际私法典》第 196 条第 2 款规定:“以往发生的法律事实和行为,现在仍然具有法律效力的,在本法生效之前得适用旧法律,但是在本法生效后即应适用本法的规定。”在我国,2020 年修正的最高人民法院《关于适用〈中华人民共和国涉外民事关系法律适用法〉若干问题的解释(一)》[①]第 2 条也作出了类似的规定:“涉外民事关系法律适用法实施以前发生的涉外民事关系,人民法院应当根据该涉外民事关系发生时的有关法律规定确定应当适用的法律;当时法律没有规定的,可以参照涉外民事关系法律适用法的规定确定。”

对于第三种情况下的法律冲突亦即动态冲突的解决,各国则一般是根据不同涉外民商事关系的性质,从有利于案件公平合理的角度出发,分别采取可变原则和不可变原则两种做法。所谓可变原则,是指允许以连结点发生改变以后的连结事实作为确定某些涉外民商事关系准据法的依据。所谓不可变原则,是指不允许以连结点发生改变以后的连结事实作为确定某些涉外民商事关系准据法的依据。

其实,对于在何种情况下就哪些涉外民商事关系准据法的确定采用可变原则或不可变原则,是很难在立法上明确区分的,因为实践中的具体情况往往是复杂而特殊的,究竟应基于何种目的而采取何种原则,在很大程度上还需取决于法官的客观分析和判断。一般而言,连结点的连结事实发生改变,可能是基于当事人的主观故意甚至恶意,

---

① 法释〔2020〕18 号,2020 年 12 月 23 日最高人民法院审判委员会第 1823 次会议通过。

但也可能是基于当事人主观意志以外的原因。因此,采取可变原则,应着重于承认和保护涉外民商事关系因连结事实客观、善意的改变而发生的合理变化,以维护交易安全,方便当事人的生活。采用不可变原则,则应着重于维护涉外民商事关系的稳定性,防止当事人通过恶意改变连结事实规避法律。

此外,为避免动态冲突的产生,一些国家还在国际私法立法中采取了对冲突规范中的连结点设置时间限制以固定连结事实的方法。例如,1982 年《土耳其国际私法和国际诉讼程序法》第 3 条规定:“除法律另有规定外,当需要依据国籍、住所或居所来决定法律适用时,则以审理案件时的国籍、住所或居所为准。”《中华人民共和国涉外民事关系法律适用法》第 37 条也规定,当事人没有选择动产物权适用的法律的,适用法律事实发生时动产所在地法。

理论争鸣

1. 意思自治原则的运用与准据法的确定

当事人双方根据意思自治原则合意选择了某国法作为他们之间合同的准据法,但此后该国法发生了变化,这种情况下是应以当事人选择法律时该国法中的规定还是选择法律后又发生了改变的该国法中的规定为合同的准据法?对此,各国之间并未达成共识,目前主要有两种不同的观点:一种观点认为应适用当事人选择法律之时被选国家法律中的规定。理由是:一方面,当事人之所以选择某国法,完全是根据涉外合同关系当时的情形并基于他们对该国法当时规定的了解和信任,如果要求适用其后发生改变了的法律规定,显然有违当事人选择该国法的初衷,也不利于维护法律关系的稳定性;另一方面,当事人一旦选定了某国法并将其订入合同,它就成为合同中的一项具体条件,不能随该国法其后的改变而改变,否则就等于改变了当事人之间的权利义务关系。另一种观点则认为应适用当事人选择法律后被选国家法律中发生改变了的规定。理由是:既然当事人已经选定某国法为其涉外合同关系的准据法,就表明他们已决定将其合同置于该国整个法律制度的支配之下,其合同与该国法之间就发生全面的联系,合同的命运也将随该国法的改变而发生改变。而且,无论是法律理论还是法律制度或具体的法律规定,都是在不断朝完善、成熟、公平和进步的方向发展的,因此适用发生改变了的新的法律规定,不仅有利于实现对涉外合同关系更为合理有效的调整,更符合社会进步和法律发展的方向。

2. 外交承认与准据法的确定

一国法院在处理涉外民商事案件时,如果根据本国冲突规范的指引应以某外国法为准据法,但该外国国家或政府尚未得到本国政府的承认,这种情况下应否以该外国法为准据法?对此,各国在理论上和实践中均有分歧,主要有两种不同主张:一种主张是持否定态度,即拒绝以该外国法为准据法,理由是司法机关的立场应同本国外交政策保持一致。另一种主张则是持肯定态度,即应以该外国法为准据法,理由是冲突规范调整的涉外民商事关系属私法关系,不同于国家之间公法领域的政治和外交关系,这种情况下适用外国法有利于国际民商事交往与合作。

课堂讨论案例

威尔金斯和泽利乔乌斯基都在新泽西州设有住所,他们意欲结婚而未达该州规定的婚龄,于是前往印第安纳州结婚,婚后即回新泽西州居住。后因丈夫泽利乔乌斯基偷窃判罪,妻子威尔金斯要求新泽西州法院宣告其婚姻无效,州法院适用婚姻缔结地法驳回了原告威尔金斯的请求。新泽西州最高法院认为本案与印第安纳州无利害关系,唯一有利害关系的是新泽西州,如果承认这一婚姻有效会危害新泽西州的公共秩序,最后适用了新泽西州实体法支持了原告的请求。

[问] 新泽西州最高法院确定准据法主要采用了哪一种方法?为什么?

法律职业资格考试真题

1. 中国甲公司与英国乙公司签订一份商事合同，约定合同纠纷适用英国法。合同纠纷发生4年后，乙公司将甲公司诉至某人民法院。英国关于合同纠纷的诉讼时效为6年。关于本案的法律适用，下列哪些选项是正确的？（2017年试题）

A. 本案的诉讼时效应适用中国法

B. 本案的实体问题应适用英国法

C. 本案的诉讼时效与实体问题均应适用英国法

D. 本案的诉讼时效应适用中国法，实体问题应适用英国法

2. 在某合同纠纷中，中国当事方与甲国当事方协议选择适用乙国法，并诉至中国法院。关于该合同纠纷，下列哪些选项是正确的？（2015年试题）

A. 当事人选择的乙国法，仅指该国的实体法，既不包括其冲突法，也不包括其程序法

B. 如乙国不同州实施不同的法律，人民法院应适用该国首都所在地的法律

C. 在庭审中，中国当事方以乙国与该纠纷无实际联系为由主张法律选择无效，人民法院不应支持

D. 当事人在一审法庭辩论即将结束时决定将选择的法律变更为甲国法，人民法院不应支持

3. 在涉外民事关系中，依《涉外民事关系法律适用法》和司法解释，关于当事人意思自治原则，下列表述中正确的是：（2013年试题）

A. 当事人选择的法律应与所争议的民事关系有实际联系

B. 当事人仅可在具有合同性质的涉外民事关系中选择法律

C. 在一审法庭辩论终结前，当事人有权协议选择或变更选择适用的法律

D. 各方当事人援引相同国家的法律且未提出法律适用异议的，法院可以认定当事人已经就涉外民事关系适用的法律作出了选择

4.《涉外民事关系法律适用法》规定，结婚条件，适用当事人共同经常居所地法律；没有共同经常居所地的，适用共同国籍国法律；没有共同国籍，在一方当事人经常居所地或者国籍国缔结婚姻的，适用婚姻缔结地法律。该规定属于下列哪一种冲突规范？（2011年试题）

A. 单边冲突规范

B. 重叠适用的冲突规范

C. 无条件选择适用的冲突规范

D. 有条件选择适用的冲突规范

5. 中国某法院受理一涉外民事案件后，依案情确定应当适用甲国法。但在查找甲国法时发现甲国不同州实施不同的法律。关于本案，法院应当采取下列哪一做法？（2011 年试题）

A. 根据意思自治原则，由当事人协议决定适用甲国哪个州的法律

B. 直接适用甲国与该涉外民事关系有最密切联系的州法律

C. 首先适用甲国区际冲突法确定准据法，如甲国没有区际冲突法，适用中国法律

D. 首先适用甲国区际冲突法确定准据法，如甲国没有区际冲突法，适用与案件有最密切联系的州法律

6. 关于冲突规范和准据法，下列哪一判断是错误的？（2010 年试题）

A. 冲突规范与实体规范相似

B. 当事人的属人法包括当事人的本国法和住所地法

C. 当事人的本国法指的是当事人国籍所属国的法律

D. 准据法是经冲突规范指引、能够具体确定国际民事法律关系当事人权利义务的实体法

7. 下列选项哪些属于冲突规范中静态的连结点？（2002 年试题）

A. 不动产所在地

B. 婚姻举行地

C. 合同缔结地

D. 动产所在地

8. 在国际私法上，准据法的特点有哪些？（2002 年试题）

A. 准据法必须是通过冲突规范所指定的法律

B. 准据法是能够具体确定当事人权利义务的实体法

C. 准据法可以是国际统一实体规范

D. 准据法一般是依据冲突规范中的系属并结合国际民商事案件的具体情况来确定的

9. 根据国际私法的理论，下列哪些选项可以作为当事人属人法的连结点？（1999 年试题）

A. 国籍

B. 住所

C. 经常居住地

D. 行为地

10. 根据国际私法理论，下列选项哪些可被认为是行为地法？（1999 年试题）

A. 婚姻举行地法

B. 侵权行为地法

C. 当事人选择的法律

D. 法院地法

第五章　冲突规范适用的辅助制度

[知识结构图]

- 冲突规范适用的辅助制度
  - 识别
    - 识别的概念
    - 识别冲突的解决办法
    - 我国关于识别的规定与实践
  - 先决问题
    - 先决问题的概念
    - 先决问题的构成要件
    - 先决问题准据法的确定
    - 我国关于先决问题的规定
  - 反致
    - 反致的概念
    - 反致产生的条件
    - 关于反致的理论分歧
    - 我国关于反致的规定与实践
  - 外国法的查明
    - 外国法查明的概念
    - 外国法的查明方法
    - 外国法无法查明时的解决办法
    - 外国法的错误适用及救济
    - 我国关于外国法查明的规定与实践
  - 公共秩序保留
    - 公共秩序保留的概念
    - 公共秩序保留的作用
    - 公共秩序保留的立法方式
    - 公共秩序保留的运用及合理限制
    - 我国关于公共秩序保留的规定与实践
  - 法律规避
    - 法律规避的概念
    - 法律规避的构成要件
    - 法律规避的效力
    - 我国关于法律规避的规定与实践

[内容导读]

识别冲突,是指由于不同国家的法律观念对同一事实构成作出的定性或分类不同,或者对冲突规范中的同一法律术语作出的解释不同,从而导致援引不同冲突规范和适用不同准据法的法律现象。解决识别冲突的诸学说(法院地法说、准据法说等)各有不足。先决问题的解决直接影响民商事争议的解决,其准据法的确定有两种主张——依主要问题准据法所属国的冲突规范确定和依法院地国的冲突规范来确定。采用反致能够保证国际私法传统目标的实现,而且符合现代国际私法的价值取向。一国是否采用以及在何种程度上采用反致,需根据其本国的实际情况及国际社会总的发展趋势来作出选择。外国法的查明主要依当事人举证证明、法官依职权查明等方法。外国法无法查明时,有以内国法替代、驳回当事人的诉讼请求或抗辩、适用同本应适用的外国法相近似或类似的法律、适用一般法理等处理方式。公共秩序保留制度虽为世界各国所接受和采纳,但限制公共秩序保留制度的适用已成为越来越多国家的共识。大多数国家在立法上明确否定当事人规避内国法的效力,而对当事人规避外国法的效力则不作规定。

[法律职业资格考试要点]

本章在考试中所涉及的要点有:识别的概念及其法律意义、识别的依据、中国有关识别的规定;反致的概念和类型、反致问题的产生、关于反致的实践、中国有关反致的态度;外国法的查明的概念、外国法的查明方法、无法查明外国法时的解决办法、外国法的错误适用(适用内国冲突规范的错误、适用外国法本身的错误)、外国法的解释、中国关于外国法的查明的规定;公共秩序保留的概念及其法律意义、关于公共秩序保留的实践、公共秩序保留与“直接适用的法”、中国关于公共秩序保留的规定;法律规避的概念、法律规避的效力、法律规避的对象、中国关于法律规避的规定。

第一节　识　　别

事例 5.1

就读于清华大学的新加坡留学生马丽在北京某商场购买了上海某化妆品公司生产的增白润肤露，带回新加坡使用后出现面部红肿、脱皮等不良反应，入院治疗 1 周后痊愈，但留有轻微疤痕。经检验确认为该增白润肤露含铅量超标所致。1 个月后，马丽返校后即向北京市某区人民法院起诉该商场，要求赔偿其医疗费及身体和精神所遭受的伤害。

一、识别的概念

识别（characterization），又称定性（qualification）或归类（classification），是指在适用冲突规范时，依据一定的法律观念，对有关的事实构成作出定性或分类，将其归入一定的法律范畴，并对有关的冲突规范进行解释，从而确定应援用哪一种冲突规范的认识过程。

从识别的上述定义不难看出，识别作为一个法律认识过程，包括以下两个重要方面：首先，识别是对涉外民商事关系所涉及的事实或问题进行定性或分类，然后将其纳入特定的法律范畴，因为在确定应适用于涉外民商事关系的冲突规范时，需先明确所涉及的有关事实或问题是属于什么法律范畴，如是属于合同问题还是属于侵权问题；是属于结婚能力问题还是属于结婚形式问题；是属于实质问题还是属于程序问题等。只有明确了这一点，才能进一步确定应根据何种冲突规范的指引去寻找准据法。其次，识别还涉及对冲突规范本身的识别，即对冲突规范的范围或系属中采用的法律术语进行解释。

在事例 5.1 中，法院受理马丽提起的诉讼后，首先须认定该案系违约之诉还是侵权之诉，若为侵权之诉，还须认定何处为侵权行为地，是北京还是新加坡。

二、识别冲突的解决办法

（一）识别冲突的产生

识别冲突，是指由于不同国家的法律观念对同一事实构成作出的定性或分类不同，或者对冲突规范中的同一法律术语作出的解释不同，从而导致援引不同冲突规范和适用不同准据法的法律现象。

识别冲突问题，最早是由德国学者康恩（Franz Kahn）和法国学者巴丹（Bartin）相继于 1891 年和 1897 年提出来的。其后，劳伦森（Lorenzen）和贝克特（Beckett）又分别于 1903 年和 1934 年将之介绍到美国法学界和英国法学界。自此，识别冲突问题开始得到世界各国的广泛关注，并逐步成为国际私法中的一个基本问题。

理论争鸣

识别冲突产生的原因

识别冲突因何产生，学者们存在不同理解，但一般认为主要有以下几种原因：第一，不同国家的法律对同一事实构成作出了不同的定性，从而导致援引不同的冲突规范和适用不同的准据法。第二，不同国家往往将具有相同内容的法律问题归入不同的法律部门。第三，不同国家对同一冲突规范中采用的法律术语作出了不同的解释，从而导致适用不同的准据法。

（二）识别冲突的解决方式

应如何解决识别冲突，是国际私法学界讨论了100多年的问题。各国学者展开了深入而广泛的探究，先后提出了各种不同学说，众说纷纭、观点各异。归纳起来主要包括：第一，法院地法说，主张以法院地国家的实体法作为识别依据；第二，准据法说，主张以争讼问题的准据法对争论问题的性质进行识别；第三，分析法学与比较法说，主张以比较法研究形成的一般法律原则进行识别；第四，个案识别说，主张根据每个案件的具体情况分别以法院地法或准据法进行识别；第五，两级识别说，主张一级识别依法院地法，二级识别依准据法进行；第六，功能定性说，主张以法律制度在社会生活中的功能进行识别。

上述学说各有优劣。法院地法说、准据法说的缺陷在于，它们都试图以一种方式或一种固定的模式来解决形形色色的识别冲突问题，萨瑟称之为教条主义式的解决方法，是一种僵化的方式。个案识别说具有相当的灵活性，但弹性过大，使识别标准变得捉摸不透、游移不定。其实，解决识别冲突的正确方法恰恰在这两个极端之间，因为识别是援引冲突规范以确定准据法的必经步骤，对于究竟应依什么法律来进行识别，不可一概而论。一国法院在处理涉外民商事案件时，应从有利于促进国际民商事交往与合作、维护国际民商事关系的稳定性、保障当事人的合法权益、便利案件处理的角度出发，来确定识别标准。具体而言，各国法院在一般情况下都主要依法院地法对与案件有关的事实或问题进行识别，但又不能将此作为一种固定不变的模式。在某些情况下，还应适当考虑依与案件有一定联系的有关法律制度进行识别。首先，如果本应依法院地法进行识别，但法院地法中缺乏关于识别对象的相应法律概念，即应依有关的外国法（如准据法）来进行识别；其次，如果有关的国际条约或协定中制定了统一的识别规则，即应以该条约或协定中的规定作为识别的依据；最后，对于某些特殊的事实应依特定国家的法律来进行识别，如对于一项财产是动产还是不动产，各国一般都是依财产所在地国家的法律来进行识别的。

相关链接

解决识别冲突的主要学说观点的比较

项目	主张理由	优点	缺点	地位
法院地法说	(1)冲突规范是国内法; (2)符合国家主权原则; (3)法官最熟悉本国法律概念; (4)避免陷于循环论之谬误	简便、确定;可保证法院地国际私法和实体法之间的一致性	有武断、狭隘之嫌;在法院地法中缺乏关于识别对象的相应概念或制度时无法操作	各国普遍采用的识别理论与实践,但在必要时应以其他理论作为补充或调节
准据法说	每一法律规则都应依其所属的法律体系来识别,否则就无法保证有关外国法真正得到适用	可排除法院地法说固化、专断之流弊;可保证对有关外国法的准确理解和适用	在逻辑上存在矛盾和混乱,容易陷入循环论的困境	少数说。 但可防止和矫正法院地法说之武断
分析法学与比较法说	(1)冲突规则与实体规则的概念并不必然相同; (2)冲突规则涉及不同国家的法律,故在比较法的基础上形成一般法律原则	富于理想,极具吸引力,鼓励法官研究;有利于促进国际私法的协调统一	分析法学、比较法学理念和方法比较难于操作和实现,导致法官司法负担大大加重	极少数说。 可补充、调节或改变法院地法概念
个案识别说	(1)识别冲突问题的解决并无可以依照的统一规则; (2)识别在本质上是一个关于冲突规范解释的问题	考虑到了识别问题的复杂性,有一定的合理性	相对主义、不可知论;使识别标准成为游移不定的东西	极少数说。 实践中有一定的影响
两级识别说	(1)识别可分为一级识别和二级识别两个阶段; (2)一级识别的目的是把问题归到适当的法律范畴; (3)二级识别是给准据法定界或决定其适用范围; (4)一级识别依法院地法,二级识别依准据法	考虑了识别不同阶段的特点,有一定的合理性	人为地分割识别的不同阶段;二级识别实质上是准据法内容的查明问题	少数说。 目前的影响不大

续表

项目	主张理由	优点	缺点	地位
功能定性说	(1)上述各种方法都是从“法律结构上的定性”来解决识别依据问题,都存在不足; (2)若以“功能定性”取代“结构定性”,即“依各项制度在法律生活中的功能来定性”,则可较好地解决问题	考察法律制度的目的、社会功能,有一定的合理性	标准模糊	极少数说。 实践中极少被采用

三、我国关于识别的规定与实践

对于识别问题,《中华人民共和国涉外民事关系法律适用法》第 8 条规定:“涉外民事关系的定性,适用法院地法律。”这就明确要求应依法院地法进行识别。从满足实践需要的角度来看,该规定显然过于简单和僵硬,有待于进一步修改和完善。

我国学者推出的《中华人民共和国国际私法示范法》就对识别问题作了较具体的规定,值得在完善相关立法与司法实践时予以参考。例如,《中华人民共和国国际私法示范法》第 9 条规定:“对国际民商事关系的定性,适用法院地法。但如果依法院地法不能适当解决的,可以参照可能被选择适用的法律来解决。”第 10 条规定:“对连结点的认定,除自然人的国籍外,适用法院地法。”应该说,这是为适应识别问题本身的特殊性和复杂性而作出的一种原则性和灵活性相结合的规定,即首先确定了依法院地法进行识别的一般原则,然后又确立了在必要时可依其他可能被选择适用的法律来进行识别的弹性机制,为法官的自由裁量留下了一定的空间。此外,《中华人民共和国国际私法示范法》还在第 11 条对准据法确定之后准据法的解释问题作出了规定:“对准据法的解释,适用其所属国家的法律及其解释规则。”虽然识别冲突的解决与准据法的确定之间有着密不可分的联系——解决识别冲突、确定识别依据或标准就是为了准确援引冲突规范和准据法,但准据法的解释显然已超出了识别的范畴,因而不能以法院地法为依据,而应以准据法所属国的法律为依据。

第二节　先决问题

事例 5.2

一位住所在希腊的希腊公民未留遗嘱而死亡，留下一笔动产在英国，其“妻子”主张继承该笔动产。本来，无论依英国有关涉外动产继承的冲突规范——“动产继承依死者住所地法”，还是依希腊的相关冲突规范——“动产继承依死者的本国法”，对这笔动产继承的处理都应适用希腊的继承法，即把该笔动产的一部分交由死者的“妻子”继承。但在处理该笔动产的继承问题之前，还需首先解决或明确另一问题，即以“妻子”身份提出继承主张的妇女究竟是否死者的合法妻子，他们之间是否存在合法有效的婚姻关系的问题。

一、先决问题的概念

先决问题（preliminary question），又称附带问题（incidental problem），与主要问题相对应，是指一项涉外民商事争议的解决，须以另一问题的先行解决为条件，该须解决的涉外民商事争议即为主要问题，而该须先行解决的另一问题就是先决问题。

在事例 5.2 中，法院须处理的主要问题是配偶间的涉外动产继承案件，须先行解决的先决问题是这位妇女与被继承人之间的婚姻有效性问题。在该案中，这位妇女与被继承人当初是在英国按照民事方式而不是希腊法中所要求的宗教方式结婚的，如依法院地国有关涉外结婚的冲突规范“婚姻方式依婚姻缔结地法”所指定的准据法——英国法，他们之间的婚姻就是有效的，这位妇女就有权继承该笔动产；如依主要问题——动产继承问题的准据法所属国——希腊的相关冲突规范“婚姻方式依当事人的本国法”指定的准据法——希腊法，他们之间的婚姻就是无效的，她就无权继承该笔动产。可见，先决问题的解决，直接影响着对主要问题的解决。

二、先决问题的构成要件

从上述分析来看，构成先决问题须具备以下三个条件：

第一，主要问题依法院地国冲突规范的指引必须是以外国法为准据法。在事例 5.2 中，根据法院地国——英国的冲突规范的指引，主要问题——动产继承问题就是以外国法——希腊法为准据法的。

第二，须先行解决的问题具有相对的独立性，可以作为一个单独的争讼问题向法院提起，并且有自己的冲突规范可供援引。在事例 5.2 中，婚姻有效性问题就构成一个可以单独向法院提起的争讼问题。而且，对于该问题，无论是法院地国——英国，还是主要问题的准据法所属国——希腊，都存在可供其援引的冲突规范。

第三，对先决问题准据法的确定，由于可供援引的法院地国的冲突规范及其指引的准据法，和主要问题准据法所属国的冲突规范及其指引的准据法均不相同，因而会导致对先决问题和主要问题均作出不同的判决结果。在事例 5.2 中，对于先决问题，如果依法院地国的冲突规范为其指引准据法，就会导致英国法得到适用，从而得出婚姻关系有效及当事人有继承权的判决结果；而如果依主要问题准据法所属国的冲突规范为其指引准据法，就会导致希腊法得到适用，从而得出婚姻关系无效及当事人无继承权的判决结果。正是有了这第三项条件，才使先决问题准据法的确定成为一个需要专门加以讨论和解决的问题。

三、先决问题准据法的确定

自20世纪30年代提出先决问题以来，学者一直对先决问题准据法的确定争论不休，并逐渐形成了两派对立的意见。一派以梅尔希奥、汪格尔、罗伯逊、沃尔夫等为代表，主张应依主要问题准据法所属国的冲突规范来为先决问题确定准据法。在司法实践中，许多国家对先决问题准据法的确定都是采此方法，如英国、加拿大、澳大利亚和美国等。另一派以拉贝尔、努斯鲍姆、科麦克等为代表，主张应依法院地国的冲突规范来为先决问题确定准据法。1979年美洲国家国际私法特别会议通过的《关于国际私法一般规则的公约》第8条即采此方法。

目前，随着整个国际私法理论朝现实主义方向的发展，任何一派都避免站在片面的立场上坚持采用固定划一的解决方法，而是谋求采用灵活的个案解决方法，即看某一先决问题究竟是同法院地法还是同主要问题准据法关系更为密切。换言之，就是看该先决问题的重心偏向哪一方，并依此决定是援引法院地国还是主要问题准据法所属国的冲突规范为之确定准据法。正如莫里斯所指出的，对先决问题不可能采用一个机械的方法去解决，每个案件都可以依其所涉及的特定因素来进行处理。①

四、我国关于先决问题的规定

对于先决问题，我国立法尚未作出规定，但是最高人民法院《关于适用〈中华人民共和国涉外民事关系法律适用法〉若干问题的解释（一）》（2020年修正）第10条作出了规定："涉外民事争议的解决须以另一涉外民事关系的确认为前提时，人民法院应当根据该先决问题自身的性质确定其应当适用的法律。"从该规定来看，是要将先决问题作为一个独立的问题对待，对其准据法应根据先决问题所涉及的涉外民商事关系本身的性质依法院地国的冲突规范的指引加以确定。

理论争鸣

确定先决问题准据法不同主张的理由

关于先决问题准据法的确定，国际上一直存在两种不同的主张，一种是主张先决问题的准据法应依主要问题准据法所属国的冲突规范来确定，理由是先决问题相对于主要问题而言虽然具有一定的独立性，但它是基于主要问题的解决而提出来的，两者之间的密切联系不容否认，先决问题的准据法只有依主要问题准据法所属国的冲突规范来确定，才能保证对两者的处理和判决协调一致。另一种是主张先决问题的准据法

① 参见韩德培主编：《国际私法》，高等教育出版社、北京大学出版社2000年版，第132页。

应依处理主要问题的法院地国的冲突规范来确定,理由是既然先决问题是一个相对独立的问题,可以作为一个单独的争讼问题向法院提起,就应与主要问题一样,依法院地国的冲突规范来确定准据法,而且由于先决问题的解决终将影响主要问题的解决结果,法院地国为扩大其本国法的适用范围,也乐于依其本国的冲突规范为先决问题确定准据法。

第三节 反　　致

一、反致的概念

反致(renvoi)有广义和狭义之分。广义的反致包括狭义的反致(remission)、转致(transmission)、间接反致(indirect remission)。①

(一)狭义的反致

事例 5.3

福尔果是1801年出生在巴伐利亚的非婚生子,5岁时随其母前往法国定居,直至1869年死亡。福尔果未立遗嘱,留下一笔动产在法国。福尔果无子女,其母亲和妻子都已死亡,其母亲的旁系血亲要求继承。依巴伐利亚法律,他们可以作为继承人。法国法院根据其本国冲突规范的指引,本应适用巴伐利亚法律,但根据巴伐利亚冲突规范的指引,却应适用死者事实上的住所地法——法国法。

狭义的反致,又称一级反致,是指对于某一涉外民商事案件,法院依其本国冲突规范的指引本应适用某外国法,而依该外国法中的冲突规范的指引却要适用法院地法,结果法院就适用了法院地国自己的实体法。在事例5.3中,法国法院最终依巴伐利亚冲突规范的指引适用了法国法,将福尔果留下的动产视为无人继承财产收归国库,即属于一级反致的情形。

(二)转致

事例 5.4

特鲁福特是瑞士公民,在法国有住所,在英国有动产,育有一独生子。特鲁福特在法国去世后留下遗嘱,将其在英国的全部财产交由其妻继承,其独生子则在英国法院起诉要求继承这笔遗产。英国冲突法规定,动产继承适用被继承人住所地法——法国法,法国冲突规范却规定动产继承依被继承人本国法——瑞士法。

转致,又称二级反致,是指对于某一涉外民商事案件,甲国法院依其本国冲突现范的指引本应适用乙国法,而依乙国冲突规范的指引却要适用丙国法,结果甲国法院就适用了丙国的实体法。在事例5.4中,英国法院最终依瑞士实体法的规定作出了判决,即属于转致的情形。

---

① 广义的反致还包括一种情形——完全反致(total renvoi),也称双重反致(double renvoi)。它是英国冲突法中一项特有的制度,是指英国法官在处理特定范围的涉外民商事案件时,如果依英国冲突规范的指引应适用某一外国法,英国法官即假设自己身处该外国进行审判,并依该外国法对反致所持的态度,决定最终应加以适用的准据法。由于完全反致强调本国法院应像外国法院那样处理反致问题,因而又被称为外国法院理论(foreign court theory)。这种反致制度是英国法院1926年审理安妮斯勒案时确立的。

(三)间接反致

事例 5.5

一阿根廷公民在英国有住所并在英国去世，留有一处房产在日本，其继承人因该房产继承纠纷在日本法院起诉。依《日本法例》第 25 条的规定——“继承依被继承人本国法”本应适用阿根廷法，但依阿根廷的冲突规范应适用被继承人的最后住所地法——英国法，而依英国的冲突规范却应适用不动产所在地法——日本法。

间接反致，是指对于某一涉外民商事案件，甲国法院依其本国冲突规范的指引本应适用乙国法，而依乙国冲突规范的指引却要适用丙国法，而依丙国冲突规范的指引又要适用甲国法，结果甲国法院就适用了甲国自己的实体法。在事例 5.5 中，如果日本法院最终依日本法作出判决，即属于间接反致的情形。

二、反致产生的条件

反致问题之所以产生，主要是基于以下三个相互关联的原因和条件：

第一，根据审理案件的法院地国的理解，依其冲突规范的指引应予适用的某外国法，既指该外国的实体法，也指该外国的冲突法。如果法院地国将其本国冲突规范指引的某外国法仅理解为该外国的实体法，那么依该实体法就可以确定双方当事人的权利义务，反致问题就不会产生。因此，认为本国冲突规范所指引的外国法是指包括该外国的实体法和冲突法在内的该外国的全部法律制度，是导致反致产生的主观条件。

第二，相关国家的冲突规范不一致，彼此也存在冲突。换言之，不同国家就同一涉外民商事关系或法律问题采用的冲突规范的连结点不同，或在连结点表面相同的情况下，各自对连结点作出的解释不同。如果仅仅是法院地国认为其冲突规范所指引的某外国法还包括该外国的冲突法，而相关国家冲突规范的规定完全相同，反致仍然不会产生。因此，相关国家冲突规范之间存在冲突，是导致反致产生的法律条件。

第三，致送关系的存在，是导致反致产生的客观条件。即使相关国家都认为其本国冲突规范指引的某外国法还包括该外国的冲突法，且在同一问题上本国采用的冲突规范与该外国采用的冲突规范不同，但如果根据它们各自冲突规范的指引并不会导致在它们之间产生致送关系，反致也仍然无从产生。

总之，反致的产生，须同时具备上述三个条件，缺少其中的任何一个，反致都将无从产生。

三、关于反致的理论分歧

围绕反致问题，学者提出了许多不同的理论见解，并主要形成了赞成反致和反对反致两大对立的观点和意见。其实，反致作为国际私法中的一项制度，既存在可以利用的优点，也存在有待克服的缺点，赞成者和反对者由于只抓住了该制度的某一个方面而各执一词，因而形成了对立的观点。然而，对一项制度究竟应否予以采用，还要结合有关的实际情况作科学的利弊分析，既不能因其存在优点而不加批判、不加选择地盲目采用，也不能因其存在缺点而全盘否定、弃之不用。应该说，从反致的作用和价值来看，其不失为一项有用的制度，虽然也不乏这样或那样的缺点，但并不妨碍其作用的发挥和价值的实现。

首先,采用反致有利于传统国际私法所追求的判决结果一致性目标的实现。追求判决结果的一致性,是自萨维尼以后的国际私法学家们的共同梦想。但由于各国的冲突规范并不一致,同一涉外民商事案件在不同国家的法院被提起诉讼时,就会依不同国家的不同冲突规范的指引而以不同的实体法规范为准据法,进而得出不同的判决结果。这就需要一种制度在各国相互冲突的冲突规范之间折中调和,以求得对同一涉外民商事案件,无论其在哪个国家的法院被提起,都能保证同一实体法规范作为准据法得到指定和适用,从而得出同一判决结果。显然,反致就是这样一种制度。

其次,采用反致有利于现代国际私法所追求的法律适用结果公平合理的目标的实现。要保证法律适用结果的公平合理,必须克服传统法律适用的机械性和僵硬性,增强法律适用的灵活性,扩大法律的选择范围,以使法官对多个法律有比较选择的机会,从而保证最适当的法律能得到适用。采用反致,能有效增强法律适用的灵活性和适当性,因为当一国法院依其冲突规范的指引应适用某外国法时,若考虑该外国的冲突规范就会至少增多一种法律选择的可能,即依该外国冲突规范的指引可供适用的该外国自己的实体法或法院地国的实体法或第三国的实体法。这实际上就使法律选择的范围扩大了,有利于法官从中比较选择更适当的法律加以适用,为涉外民商事案件公平合理的解决提供了保证。反之,法院如果机械地依其本国冲突规范的指引直接去适用某外国的实体法,则不仅可能导致一个与案件联系不大或不符合案件实际情况的不适当的法律得到适用,还可能导致违背该外国法律的意旨去适用在同样场合下该外国自己都不愿或不能适用的该外国的实体法,这显然无法保证法律适用的公平合理,也无法保证涉外民商事案件妥善圆满的解决。

总之,反致是一项有用且有利的制度,在国际私法中有着不容忽视和不可替代的作用。采用反致,不仅能够保证国际私法传统目标的实现,而且符合现代国际私法的价值取向。当然,一国是否采用以及在何种程度上采用反致,还需由一国根据其本国的实际情况及国际社会总的发展趋势来作出明智的判断和选择。

理论争鸣

赞成反致与反对反致的争论点和理由

赞成反致与反对反致的争论焦点是:是否有损于国家主权;是否有利于维护判决结果的一致性;是否有利于维护外国法律体系的完整性;是否有利于保证法律适用的稳定性;实际操作是否方便。针对以上问题,赞成反致者认为,采用反致无损于本国主权,且表现出对外国主权的尊重和礼让;在一定条件下有利于实现判决结果的一致性;一国法律中的冲突规范和实体规范不可分,有利于保证外国法律体系的完整性;可增强法律适用的灵活性和适当性,有利于获得更公平合理的判决;采用反致和间接反致的结果是导致内国实体法的适用,可减轻法院的司法负担,实际操作并无不便。反对反致者则认为,采用反致有损于内国主权,有违本国冲突规范的意旨;易于导致法律适用的循环指定,并不能保证判决结果的一致性;一国冲突规范和实体规范分属不同的法律规范,不应混同;会导致法律适用复杂化,有损法律适用的明确性和稳定性;承认反致意味着要求法官考察和适用外国冲突规范,加重了司法负担,实际操作麻烦和困难。

四、我国关于反致的规定与实践

对于反致的规定,我国立法经历了一个从无到有的过程。早在1986年《中华人民共和国民法通则》起草的过程中,就曾有人主张在该法中采纳反致和转致,但遭到了一些学者的反对,理由是反致不符合冲突法的宗旨,最终导致关于反致问题的立法空白。《中华人民共和国涉外民事关系法律适用法》终于在第9条对反致问题作出了规定:"涉外民事关系适用的外国法律,不包括该国的法律适用法。"即完全否定和排除反致,这似乎有违当今的国际立法潮流。其实,正如主张在我国采用反致制度的学者们指出的那样,反致从冲突规范的消极冲突中产生,又是解决这种冲突的有效手段;它能本着协商精神通过折中和调和促进各国判决一致,并能增强法律适用的灵活性和适当性,有利于涉外民商事案件的妥善解决。[①] 因此,结合我国的实际情况,适当采用反致,更有利于我国涉外民商事关系的有效调整。

---

① 参见李双元、徐国建主编:《国际民商新秩序的理论建构》,武汉大学出版社1998年版,第247~248页。

第四节 外国法的查明

事例 5.6

甲国 A 公司与乙国 B 公司在丙国签订买卖合同,约定若发生争议就依丁国法解决。合同履行中,因 A 公司提供的货品质量、数量均不符合合同约定,双方发生争议,B 公司在丙国法院起诉 A 公司违约并要求赔偿损失。丙国法院受理案件后,即通过外交途径查明丁国法的相关规定,并提请双方当事人协助提供关于丁国法的证明资料。

一、外国法查明的概念

外国法的查明(ascertainment of foreign law),又称外国法内容的确定,英美普通法系国家也称之为外国法的证明(proof of foreign law),是指一国法院在审理涉外民商事案件时,依其本国冲突规范的指引应适用某一外国实体法,因而对该外国实体法的存在和具体内容所作的查找和证明。由于世界各国的法律千差万别、纷繁复杂,任何法官都不可能通晓世界各国的法律。因此,当一国法院在审理涉外民商事案件时,如依其本国冲突规范的指引应适用某外国法,就必须采用一定的方法、通过一定的途径来查明该外国法中有关规定的存在及内容。在事例 5.6 中,丙国法院要依当事人的约定适用丁国法,就须首先通过适当途径查明该国法中的具体规定。

二、外国法的查明方法

由于各国对外国法的性质有不同理解,即外国法究竟是"法律"还是"事实",抑或介于"法律"和"事实"之间,使各国对外国法的查明也持不同主张,并采不同方法。总的来看,各国对外国法的查明采取的方法主要有三种:

(1)当事人举证证明。英、美等国家和部分拉丁美洲国家都采取这种做法。它们不把外国法看作法院主动适用的法律,而是视为当事人引用来主张自己权利的事实。外国法中有无相关规定及其内容如何,须由当事人举证证明,法官无依职权查明的义务。证明的方法可以是由当事人在诉状中引证该外国法,或请有关专家提供证言。双方当事人对该外国法的内容有争议时,由法院来认定哪一方的主张是正确的。在英国的司法实践中,法院依照英国证据法的规定来评定当事人的引证或专家证言,但法院可以不受这些证据的约束。如果法官已经知道该外国法,也可以直接认定。

(2)法官依职权查明,无须当事人举证。欧洲大陆一些国家如意大利、奥地利等,把外国法看作法律,并根据"法官知法",认为法官应该知道法律,因而主张应由法官对有关外国法负责调查认定,无须当事人举证证明。例如,1978 年《奥地利联邦国际私法法规》第 4 条第 1 款规定:"外国法应由法官依职权查明。可以允许的辅助方法有:有关的人的参加,联邦司法部提供的资料以及专家的意见。"

(3)法官依职权查明,但当事人亦负有协助的义务。采取这种做法的国家如德国、瑞士、土耳其、秘鲁等，均主张对外国法内容的查明，既不同于查明内国法律的程序，也不同于查明事实的程序，原则上应由法官负责调查，当事人也应负协助的责任。这种做法更强调和重视法官的调查，至于当事人提供的证据，既可以确认，也可以限制或拒绝。例如，1987 年《瑞士联邦国际私法典》第 16 条第 1 款规定："法官负责查明外国法的内容。法官可以要求当事人予以合作。"

理论争鸣

关于外国法的性质

国际上对于外国法性质的理解尚存在较大分歧，大致有三种主张：一是事实说，为英美普通法系国家的学者所倡导，主张对于法院地国来说，依本国冲突规范而适用的外国法并非法律，只是一个单纯的事实；二是法律说，为意大利等大陆法系国家的学者所主张，认为内国法院根据法律关系的"本座"适用外国法时，由于内外国法律完全平等，因而本国法官适用外国法同适用内国法一样，没有什么区别，同时，法院适用于案件的只能是法律而不应是事实，否则便毫无意义；三是折中说，为德国等国的学者所主张，认为外国法既非单纯的事实，也非绝对的法律，而是依本国冲突规范的指定应适用的外国法律。

三、外国法无法查明时的解决办法

对于应予适用的外国法，法官虽用尽各种方法仍无法查明，当事人也不能举证加以证明，或该外国法中根本不存在相关规定时，各国立法和实践中采取的解决办法各有不同。

相关链接

外国法无法查明时解决办法的比较

项目	理由	采取该方法的国家
以内国法替代	(1)可推定外国法与内国法相同；(2)当事人可视为已放弃适用外国法的权利，并对适用内国法表示了默许；(3)内国法是唯一可以适用的法律，也是法官最熟悉的法律；(4)适用内国法比简单驳回当事人的请求更妥当一些	大多数国家
驳回当事人的诉讼请求或抗辩	(1)适用某一外国法是内国冲突规范指引的结果，若以其他法律替代即构成对内国冲突规范意旨的违反；(2)外国法无法查明如同当事人不能证明其请求依据或抗辩事由一样	德国、美国等

续表

项目	理由	采取该方法的国家
适用同本应适用的外国法相近似或类似的法律	比适用法院地法更正确、妥当	德国、日本等
适用一般法理	具体法律规定不明时依法理裁判	日本等

四、外国法的错误适用及救济

法院依其本国冲突规范的指引适用外国法时可能会发生的错误主要有两种：一是适用内国冲突规范时发生了错误并造成了外国法的错误适用；二是适用外国法本身的错误。对于第一种法律适用错误的救济，各国的态度和做法基本是一致的，即允许当事人提起上诉。但对于第二种法律适用错误的救济，各国的态度和做法则有较大的分歧。

相关链接

外国法错误适用的不同情形及不同救济措施

项目	适用内国冲突规范的错误	适用外国法本身的错误	
具体表现	依冲突规范本应适用某一外国法，却适用了另一外国法或内国法，或者本应适用内国法，却适用了外国法	法官在依内国冲突规范适用某一外国法时，对该外国法的内容作出了错误的解释，或者本应适用该外国法的甲法而适用了该外国法的乙法，并据此作出错误判决的情形	
救济措施	允许上诉	不允许上诉	允许上诉
理由	与错误适用内国其他法律没有区别	一些国家将外国法看作“事实”，且其诉讼制度中存在“法律审”和“事实审”之分；一些国家虽将外国法看作法律，但其法院不负责保证外国法的正确解释和适用	一些国家认为错误适用外国法其实是对指定适用外国法的内国冲突规范的错误运用；一些国家虽将外国法看作“事实”，但其诉讼制度中不存在“法律审”和“事实审”之分

五、我国关于外国法查明的规定与实践

对于外国法的查明方法，我国立法、司法解释及相关条约中均作了相应规定。早在 1987 年，最高人民法院《关于适用〈涉外经济合同法〉若干问题的解答》第二部分第 11 条第 1 款曾对此作出了较为详明的规定，即应适用的法律为外国法律时，人民法院如果不能确定其内容，可以通过下列途径查明：(1) 由当事人提供；(2) 由我国驻该国使、领馆提供；(3) 由该国驻我国使、领馆提供；(4) 由中外法律专家提供。其后，1988

年最高人民法院《关于贯彻执行〈中华人民共和国民法通则〉若干问题的意见(试行)》第193条又增加了一条查明外国法的途径:由与我国订立司法协助协定的缔约对方的中央机关提供。1988年2月8日生效的《中华人民共和国和法兰西共和国关于民事、商事司法协助的协定》第28条也规定:“有关缔约一方的法律、法规、习惯法和司法实践的证明,可以由本国的外交或领事代表机关或者其它有资格的机关或个人以出具证明书的方式提交给缔约另一方法院。”对我国查明外国法的上述方法和途径予以了全面确认。2007年最高人民法院《关于审理涉外民事或商事合同纠纷案件法律适用若干问题的规定》[①](以下简称《涉外合同法律适用若干规定》)第9条第1款和第2款则进一步就涉外合同准据法的查明方法作了以下规定:“当事人选择或者变更选择合同争议应适用的法律为外国法律时,由当事人提供或者证明该外国法律的相关内容。人民法院根据最密切联系原则确定合同争议应适用的法律为外国法律时,可以依职权查明该外国法律,亦可以要求当事人提供或者证明该外国法律的内容。”《中华人民共和国涉外民事关系法律适用法》第10条第1款规定:“涉外民事关系适用的外国法律,由人民法院、仲裁机构或者行政机关查明。当事人选择适用外国法律的,应当提供该国法律。”根据最高人民法院《关于适用〈中华人民共和国涉外民事关系法律适用法〉若干问题的解释(一)》(2020年修正)第15条第1款的规定,有关外国法须由人民法院查明时,可以采用的途径包括由当事人提供、已对中华人民共和国生效的国际条约规定的途径、中外法律专家提供等,基本肯定并延续了多年来我国司法实践中所采用的查明外国法的方法。

对于外国法无法查明或缺乏相关规定时应以何种方法加以解决,我国立法及司法解释先后作出了一致的规定。最早,1987年最高人民法院《关于适用〈涉外经济合同法〉若干问题的解答》第二部分第11条第2款即规定“可以参照我国相应的法律处理”。其后,1988年最高人民法院《关于贯彻执行〈中华人民共和国民法通则〉若干问题的意见(试行)》第193条也规定“适用中华人民共和国法律”。2007年《涉外合同法律适用若干规定》第9条第3款同样规定,当事人和人民法院通过适当的途径均不能查明外国法律的内容的,人民法院可以适用我国法律。《中华人民共和国涉外民事关系法律适用法》第10条第2款则规定:“不能查明外国法律或者该国法律没有规定的,适用中华人民共和国法律。”最高人民法院《关于适用〈中华人民共和国涉外民事关系法律适用法〉若干问题的解释(一)》(2020年修正)第15条进一步明确了可以认定为不能查明外国法的两种情形:其一,外国法由人民法院查明的,人民法院通过由当事人提供、已对中华人民共和国生效的国际条约规定的途径、中外法律专家提供等合理途径仍不能获得外国法的;其二,外国法应由当事人提供的,当事人在人民法院指定的合

---

① 该规定虽已由最高人民法院按照最高人民法院《关于废止1997年7月1日至2011年12月31日期间发布的部分司法解释和司法解释性质文件(第十批)的决定》于2013年4月8日废止,但在新的司法解释出台之前,该规定仍有一定的实践参考价值,对于考察我国涉外合同法律适用制度的发展完善亦有学术讨论价值。

理期限内无正当理由未提供该外国法的。可见,我国一直采取的是以内国法替代适用的解决方法。不过,从学者的意见来看,似乎并不主张简单地以内国法替代,而还应考虑其他可以适用的更适当的法律。例如,《中华人民共和国国际私法示范法》第12条即规定:“不能查明或者经查明不存在有关法律规定的,适用与该外国法律类似的法律或者中华人民共和国相应的法律。”

此外,我国对民商事案件实行两审终审制,且历来不存在“法律审”和“事实审”之分。因此,根据“有错必纠”的原则,对于我国法院审理涉外民商事案件适用法律时发生的任何错误,无论是适用内国冲突规范的错误,还是适用有关外国法本身的错误,都是允许当事人提起上诉的。某些情况下,甚至还可以启动审判监督程序对有关的错误加以纠正。这样,无疑更有利于维护内外当事人的合法权益,保障和促进我国对外民商事交往与合作的顺利开展。

第五节　公共秩序保留

事例 5.7

依照伊斯兰法，一名男子最多可以娶四位妻子。一穆斯林男子在娶一位妻子之后拟在甲国再行结婚，甲国关于涉外结婚的冲突规则规定婚姻的实质要件依当事人本国法，即该男子可依其本国法娶第二位妻子，但这会违反甲国婚姻法上关于一夫一妻的基本制度，甲国法院便以适用该男子本国法会损害甲国公共秩序为由拒绝适用该法，不准许该男子结婚。

一、公共秩序保留的概念

公共秩序（public order），在英美法中又称为公共政策（public policy），是指一个国家或社会的重大利益、基本政策、道德的基本观念或法律的基本原则。公共秩序保留（reservation of public order），就是指一国法院依其本国冲突规范的指引本应适用某外国法，却因适用该外国法会与法院地国的公共秩序相抵触，因而排除其适用的一种保留制度。在事例 5.7 中，甲国就是援引公共秩序保留制度拒绝适用当事人的本国法——伊斯兰法的。

二、公共秩序保留的作用

公共秩序保留制度之所以能为世界各国所接受和采用，在于其具有维护内国重大利益、基本政策、道德观念和法律基本原则的作用，即具有维护内国公序良俗的作用。这种作用主要通过两种方式或途径体现和发挥：其一，限制或排除有关外国法的适用，以防止内国的公共秩序遭到损害；其二，直接适用内国法中的有关强制性规范，以确保内国的公共秩序得到尊重和维护。

此外，随着人类社会的日益进步和公平正义理念的不断提升，公共秩序保留制度也不断发展完善，并日益超出内国这个狭隘的范畴，成为建构新的更加和谐有序的人类社会和维护全人类的公共秩序及整体利益的重要手段和支撑。因此，当依内国冲突规范本应适用外国法，而该外国法的适用会违反国际法的强行规则、内国所承担的条约义务或国际社会普遍遵行的正义原则、公平理念时，亦可启动公共秩序保留制度拒绝或排除该外国法的适用，以维护国际的公共秩序。

三、公共秩序保留的立法方式

各国在其国际私法中对公共秩序保留主要采取了直接限制、间接限制、合并限制三种不同的立法方式。

相关链接

公共秩序保留不同立法方式比较

项目	含义	立法例
直接限制	规定外国法的适用不得违反内国公共秩序，否则该外国法不得适用	1896年《德国民法施行法》第30条规定："外国法的适用，如违背善良风俗或德国法之目的，则不予适用。"
间接限制	规定内国法中的某些法律具有绝对强行性或必须直接适用，从而排除了外国法适用的可能性	1804年《法国民法典》第3条第1款规定："凡居住在法国领土上的居民应遵守有关警察与公共治安的法律。"
合并限制	在同一法典中兼采间接限制与直接限制两种方式	1978年《意大利民法典》第28条规定："刑法、警察法和公共安全法，拘束所有在意大利领土上的人。"第31条规定："外国的法律和法规、任何机构和实体的章程和规定或私人间的规定和协议，如果违反公共政策或道德，在意大利领土上均无效力。"

四、公共秩序保留的运用及合理限制

对于何为公共秩序，应在何种情况下援引公共秩序保留，各国无论是在理论上还是在立法上，抑或是在实践中，均未达成一致。对此，很多学者指出，公共秩序本身就是一个含糊的概念，没有确定的内涵；而公共秩序保留本身也是一个抽象、弹性的制度，对其适用向来缺乏统一和固定的标准。这就使法官在解释和运用公共秩序保留时拥有相当广泛的自由裁量权，并为其滥用公共秩序保留、任意限制或排除外国法的适用提供了极大的便利，公共秩序保留被滥用也因此成为国际私法中的一种普遍现象。

公共秩序保留制度被滥用的直接后果，就是使国际私法在协调各国法律冲突中的价值大大降低，进而使国际民商事交往与合作的顺利进行和正常发展遭到破坏，而这不仅与公共秩序保留制度确立的初衷相悖，更与国际私法本身的价值取向，尤其是与当今世界政治、经济一体化发展的大趋势背道而驰。不过，值得欣慰的是，国际社会毕竟是一个以互利和共益为基础的社会，任何一个国家过分利己的行为都会受到来自国际社会的整体压力。而且，一个国家即使仅为本国利益着想，也不愿将此种行为放纵至为所欲为的地步。现在，对公共秩序保留制度的适用加以限制已成为国际社会的普遍要求。①

① 参见沈涓：《冲突法及其价值导向》，中国政法大学出版社2002年版，第182页。

理论争鸣

运用公共秩序保留应注意的问题

1. 须将国内民法上的公共秩序与国际私法上的公共秩序予以区别。

公共秩序保留制度之所以容易被滥用，关键在于各国对公共秩序的内涵缺乏清楚的认识和明确的界定，导致法官在实践中可以随意解释，任意扩大公共秩序的范围。由此，明确界定公共秩序的内涵，严格限定公共秩序的范围，便成为有效防止公共秩序保留制度被滥用的一个基本切入点。在此方面，国内及国际立法采取的做法是，区分国内民法上的公共秩序和国际私法上的公共秩序，将公共秩序保留制度的适用限定在违反国际私法上的公共秩序的范围内。

2. 限制内国法在依公共秩序保留制度排除外国法的适用之后的替代适用。

现在，对于援引公共秩序保留制度排除有关外国法的适用之后，一律代之以内国法或法院地法的做法，已逐渐遭到摒弃。原因很简单，如果这种做法不受到任何限制的话，势必会误导甚至鼓励法官去滥用公共秩序保留，因为凡外国法被排除后即以内国法替代，就会大大刺激法官援引公共秩序保留制度的积极性，毕竟各国法官都对内国法的适用有着一种难以割舍的情结，这种法律适用上向内的惯性是极易受到启发和诱导的。况且，从有效调整涉外民商事关系的实际出发，在有关外国法被排除后，不加分析地一概适用内国法并不一定合理。这是因为，既然依内国冲突规范的指引，应以某外国法为准据法，就表明有关的涉外民商事关系与该外国法之间的联系更紧密，适用该外国法更适当、更合理，若以内国法替代，不仅难以保证法律适用结果的公平合理，对内国冲突规范的意旨其实也构成某种意义上的违反。

不过，对于依公共秩序保留制度排除有关外国法的适用之后若不直接代之以内国法，又应如何处理，各国的主张和做法并不完全一致：有的主张根据为同一涉外民商事关系设定的其他可供选择的连结点确定准据法；①有的主张采取分割法或剔除法予以解决，即把作为准据法的外国法中与内国公共秩序相抵触的部分分割出去或剔除出去，保留不与内国公共秩序相抵触的部分加以适用；②有的主张可选择该外国法中最相似而又不与内国公共秩序相抵触的规定类推适用或依该外国法的一般法理来处理；③有的则主张直接根据最密切联系原则为涉外民商事关系确定应予适用的法律；还有的主张应拒绝审判，理由是既然内国冲突规范指定应适用外国法，即表明它不允许以其他法律替代，因此，当该外国法被排除后，即可视同外国法的内容不能证明，作拒绝审判应属恰当。

3. 严格公共秩序保留制度的适用标准和条件。

从各国的立法和实践来看，已经有越来越多的国家接受并采用公共秩序保留制度

---

① 参见1995年《意大利国际私法改革法》第16条第2款。

② 参见[德]马丁·沃尔夫：《国际私法》，李浩培、汤宗舜译，法律出版社1988年版，第269页。

③ 参见[苏]隆茨：《国际私法》，袁振民、刘若文译，中国金融出版社1987年版，第63页。

适用标准上的客观说或结果说，主张公共秩序保留制度的启动或援引，不能仅仅因为有关外国法的内容与内国公共秩序相抵触，还应考察该外国法的适用最终是否会产生损害内国公共秩序的结果。

为更有效地限制公共秩序保留制度的适用，各国在采用结果说适用标准的基础上，还纷纷试图确立更加严格的适用条件。例如，1987 年《瑞士联邦国际私法典》第 17 条规定，适用外国法律明显违背瑞士公共秩序的，则拒绝适用。根据 1985 年海牙《国际货物销售合同法律适用公约》第 18 条规定，根据本公约指引的法律，只有在其适用会与公共秩序明显抵触时，才可拒绝适用。从上述两项规定来看，均无不强调公共秩序保留制度的适用还须满足一项严格的条件，即适用外国法会产生“明显违背”内国公共秩序的结果。

4. 援引公共秩序保留不应与他国主权行为相抵触。

一些西方国家的法院，过去常常援引公共秩序保留来拒绝承认他国国有化法令的域外效力，这显然是不尊重他国主权的行为。因为，一国根据本国社会公共利益的需要发布国有化法令以实行国有化，完全属于一国的主权行为，只要不违反国际法，即应得到他国的尊重和承认。如果他国法院援引公共秩序保留予以否认和拒绝，即构成对公共秩序保留的滥用。

对于依本国冲突规范的指引应予适用的是一个尚未得到本国承认的国家或政府的法律，可否援引公共秩序保留排除其适用的问题，国际上存在两种不同的主张。一种主张认为，国际私法的目的在于实现对涉外民商事关系公平合理的调整，而有关国家或政府的承认问题则属于应由国际公法来调整的国家之间公法关系的范畴。而且，对国家或政府的承认只具有宣告的性质，即一个国家或政府的存在或成立并不以他国的承认为条件。[1] 因此，不应以该外国国家或政府未得到本国的承认作为援引公共秩序保留排除其法律适用的根据。另一种主张则认为，一国在调整涉外民商事关系或处理涉外民商事案件时，不应将其政治、外交方面的问题，与其涉外民商事领域的立法管辖权与司法管辖权等问题截然分开，而应尽量在两方面保持一致的立场。因此，在有关外国或政府未被本国承认的情况下，内国法院可以援引公共秩序保留来排除其法律的适用。

对此问题的解决，亦应从有利于尊重国家主权及公平合理地调整涉外民商事关系以维护和发展正常的国际民商事交往与合作的原则出发。既然一国或政府的存在或成立不以他国的承认为前提，那么以外国国家或政府未被承认为由援引公共秩序保留排除其法律的适用，不仅对该外国的主权有失尊重，而且不利于本国对外民商事交往

① 有关国家或政府的承认的性质，存在两种不同的理论，即“构成说”和“宣告说”。构成说主张承认具有构造国际法主体的作用，这在理论上显然是不能成立的，因为新国家一经产生即客观存在，即具有国际法主体资格；宣告说则主张承认只是既存国家对新国家存在的事实的确认或宣告而已，并不具有创造国际人格的作用，新国家的国际法主体资格取决于其成为国家的事实。宣告说所阐明的立场和观点是应予肯定的，现已获得多数学者的支持。参见邵津主编：《国际法》，北京大学出版社、高等教育出版社 2000 年版，第 48 ~ 49 页。

与合作的开展，因此应避免采此做法。

5. 援引公共秩序保留不应与外国公法的排除混为一谈。

一国公法包括刑法、行政法、财政法等，是不能超越本国的领土界限到另一国去得到承认和适用的。理由很简单，首先，公法所体现和维护的是一国的主权、安全和公共利益，具有严格的属地性，不具有域外效力，因而也就不可能在域外得到适用。对此，戚希尔曾指出，一国在其管辖范围内实施其刑法，是该国主权的表现，但它的这种刑法管辖权不能在别国的主权范围内实施，行政法、财政法等亦如此。其次，国际私法的目的是执行私法的而不是公法的权利要求，而刑法、行政法和财政法等正是执行国家的公法权利。[①] 由此，一国否认和排除外国公法的适用，完全是基于国家主权的要求，是建立在公法具有严格属地性的理论基础之上的，并非援引公共秩序保留制度的结果。而且，这种情况下，也根本没有援引公共秩序保留制度的必要，因为既然外国公法根本不可能在内国得到适用，当然也就不可能发生基于其适用而产生危害内国公共秩序的结果的情形。换言之，外国公法适用的排除与公共秩序保留制度的援引根本就是不可混为一谈的两个问题，后者的作用对象从来都是外国私法在内国的适用。

6. 援引公共秩序保留与国际条约中统一冲突规范的排除适用问题。

根据传统实践，对于国际条约中的统一冲突规范，除非条约成员国在缔结或参加该条约时作了保留，否则一般不能在条约生效后又援引公共秩序保留来限制其效力。但是，第二次世界大战后出现了一种新的趋势，即几乎所有关于冲突规范的国际条约或称冲突法条约中都订立了公共秩序保留条款，允许缔约国在认为根据条约中规定的统一冲突规范的指引适用某外国法会与其本国的公共秩序相抵触时，援引这种保留条款来排除条约中的该项冲突规范及其指定的外国法的适用。这种趋势的出现，无非是为了促使各缔约国在不危及其本国强行法效力的前提下较快达成协议，在较广范围内签订各种冲突法条约。因此，只要条约中订有公共秩序保留条款，缔约国就可以援引它来限制或排除条约中某些规定的适用。

不过，对于早先签订但没有明确包含公共秩序保留条款的冲突法条约，各缔约国是否亦可以援引公共秩序保留限制其效力，目前仍存在争议。但是，越来越多的人则认为，此类条约中也暗含了公共秩序保留条款。

五、我国关于公共秩序保留的规定与实践

对于公共秩序保留，我国立法和司法解释一直都有明确规定。1986 年《中华人民共和国民法通则》第 150 条规定："依照本章规定适用外国法律或者国际惯例的，不得违背中华人民共和国的社会公共利益。"《中华人民共和国涉外民事关系法律适用法》第 4 条规定："中华人民共和国法律对涉外民事关系有强制性规定的，直接适用该强制性规定。"第 5 条规定："外国法律的适用将损害中华人民共和国社会公共利益的，适用

① 参见韩德培主编：《国际私法》（第 2 版），高等教育出版社、北京大学出版社 2007 年版，第 148 页。

中华人民共和国法律。”2007 年《涉外合同法律适用若干规定》第 7 条规定：“适用外国法律违反中华人民共和国社会公共利益的，该外国法律不予适用，而应当适用中华人民共和国法律。”最高人民法院《关于适用〈中华人民共和国涉外民事关系法律适用法〉若干问题的解释（一）》（2020 年修正）第 7 条还规定：“当事人在合同中援引尚未对中华人民共和国生效的国际条约的，人民法院可以根据该国际条约的内容确定当事人之间的权利义务，但违反中华人民共和国社会公共利益或中华人民共和国法律、行政法规强制性规定的除外。”

总的来看，我国关于公共秩序保留的现行规定具有以下特点：第一，就立法方式而言，主要采取了直接限制的立法方式，《中华人民共和国涉外民事关系法律适用法》第 4 条关于直接适用的法的规定采取了间接限制的立法方式。第二，就立法标准而言，采取的是“结果说”。这与大多数国家的国际私法理论、立法与实践显然都是一致的，也符合我国国际私法的立法宗旨和精神，而且有利于限制我国对公共秩序保留制度的滥用。第三，就作用对象而言，不仅针对有关外国法的适用，而且针对国际惯例和尚未对我国生效的国际条约的适用。

对比国际上的普遍做法，我国上述规定尚存在以下不足，有待进一步完善：

其一，关于公共秩序的立法名称尚不统一。我国不同法律法规中对公共秩序分别采取了“社会公共利益”“法律的基本原则”“国家主权、安全、社会公共利益”等立法表述，这些用语虽然法律内涵差异不大且立法意旨完全相同，但关于同一法律概念或制度的表述不统一性难免产生歧义，司法实践中也常常难以操作和把握。为此，建议在立法中统一采用“公共秩序”这一立法名称。

其二，以公共秩序保留排除外国法的适用后直接适用我国法律。这种规定虽然简便易行，但容易导致公共秩序保留制度被滥用。对此，应参照国际上的普遍做法作出合理规定，尤其应避免直接规定以内国法替代，以防止公共秩序保留制度的滥用。

其三，以公共秩序保留排除国际惯例的适用有失妥当。以公共秩序保留制度排除国际惯例的适用，始于《中华人民共和国民法通则》第 150 条的规定，其后相关单行法纷纷跟进，作出了类似的规定。例如，《中华人民共和国民用航空法》第 190 条规定：“依照本章规定适用外国法律或者国际惯例，不得违背中华人民共和国的社会公共利益。”对此，学者们褒贬不一，存在较大的意见分歧。褒者认为，作出这样的规定是我国的独创，是我国公共秩序保留制度的独特之处；[①]贬者则认为，作出这种国际上罕见的规定，不利于我国投资环境的完善，也不利于我国对外民商事交往与合作的开展。[②] 按照立法的规定，法院在我国国内法和缔结或参加的国际条约没有规定的情况下“可以适用国际惯例”，已经蕴含了法院对是否适用国际惯例以及适用国际惯例是否会违反公共秩序享有自由裁量权，无须再以公共秩序保留作为控制。值得注意的是，随着《中

① 参见刘卫翔等：《中国国际私法立法理论与实践》，武汉大学出版社 1995 年版，第 102 页。

② 参见李双元、徐国建主编：《国际民商新秩序的理论建构》，武汉大学出版社 1998 年版，第 261 ~ 266 页。

华人民共和国民法典》的生效实施,《中华人民共和国民法通则》已被废止,而其中第150条的规定并未被纳入《中华人民共和国民法典》,这是否意味着我国立法在此问题上的松动或转变,有待观察。

其四,援引公共秩序保留的条件有待进一步严格。为防止公共秩序保留被滥用,我国立法已采取“结果说”的立法标准,但还可增加诸如“明显违反我国公共秩序”之类的限制性措辞,以表明我国审慎克制的立法态度。

第六节 法律规避

事例5.8

鲍富莱蒙王妃原为比利时人，因与鲍富莱蒙王子结婚而取得法国国籍，后欲离婚与一罗马尼亚人结婚，但法国当时（1884年以前）的法律是不允许离婚的，她便只身移居德国并归化为德国人，随即在德国获得离婚判决，然后在柏林与罗马尼亚的比贝斯哥王子结婚。鲍富莱蒙遂申请法院宣告其妻加入德国国籍及离婚、再婚均属无效。法国最高法院判决认为，依照法国法，离婚虽应适用当事人的本国法，但鲍富莱蒙王妃取得德国国籍的动机显然是为了逃避法国法律禁止离婚的规定，因而构成了法律规避，所以应认定她在德国的离婚和再婚均属无效。

一、法律规避的概念

法律规避（evasion of law），又称法律欺诈或窃法作弊，是指涉外民商事关系当事人利用冲突规范的特点，故意制造或改变某种连结点中的连结事实，以避开本应对其适用的法律，而使另外对其有利的法律得以适用的一种逃法或脱法行为。由于涉外民商事关系准据法的确定有赖于冲突规范中连结点的指引，而其中有些连结点，如国籍、住所、居所、所在地等，所包含的连结事实，又是可以基于当事人的意思发生改变的，这便为当事人规避法律提供了机会。在事例5.8中，鲍富莱蒙王妃就是通过改变国籍这一连结点中的连结事实而规避对其不利的法国法，并使对其有利的德国法得到适用的。

二、法律规避的构成要件

一般认为，构成法律规避须具备的要件如表1所示。

表1 法律规避的构成要件

构成要件	具体情形
行为主体	当事人自身的行为所致
主观动机	当事人主观上有故意逃避某种法律的动机和目的
被规避的对象	法院地国冲突规范指引的本应适用的强制性法律规定
行为方式	当事人通过制造或改变连结点的构成事实
客观结果	当事人的规避行为已完成，若按当事人愿望行事，对当事人有利的法律将得到适用

关于法律规避是一个独立的问题还是附属于公共秩序保留的一个问题，虽然存在不同主张，但两者的区别是明显的。

相关链接

法律规避与公共秩序保留的区别

项目	法律规避	公共秩序保留
起因	当事人故意改变或制造连结点中连结事实的行为造成的	适用冲突规范所指引的外国法的内容或适用结果与冲突规范所属国的公共秩序相抵触而引起的
着眼点	着眼于当事人逃避本应适用的法律的行为	着眼于冲突规范指定的本应适用的外国法的内容及适用结果对法院地国公共秩序的危害性
行为性质	私人行为	国家的司法行为
保护对象	内国法或外国法中的强制性规定	本国法中的基本原则、基本精神
发生的法律层面	发生在冲突法层面	发生在实体法层面
发生的时间	发生在实体法选择之前	发生在实体法选择之后
所产生的后果	当事人意图适用某一外国法的目的不能达到，还可能要承担相应的法律责任	一国法院只要运用得当，就是正当合法的

三、法律规避的效力

在某一国家内，当事人基于某种目的，也经常故意规避一种实体法而适用另一种实体法，这即是国内民法上的脱法行为，有时也被称为法律规避。对于这种损害内国法权威的欺诈行为，各国法律都不予承认，且要相应地施以惩戒。相比之下，国际私法上的法律规避及其效力的认定则要复杂得多，它既涉及被规避的法律，又涉及行为人故意制造或改变连结点中连结事实的行为及因此而成立的法律关系；被规避的法律既可能是内国法，也可能是外国法。因此，在认定有关的法律规避行为的效力问题上，各国的理论、立法和实践均存在较大分歧。

理论争鸣

肯定法律规避效力与否定法律规避效力的理论分歧

关于法律规避是否有效的问题，存在肯定与否定两种不同的理论和观点。肯定说认为国际私法上的法律规避并不是一种无效行为，理由是：(1)应尊重个人自由，且凡法律未加禁止的行为不违法；(2)法律规避的存在有利于人们抵制那些不公正、落后的法律，有利于社会的进步。否定说则进一步区分为持绝对无效和相对无效两种不同观点。前一种观点认为法律规避行为绝对无效，理由是：(1)法律是严肃的、神圣的，任何人都不得以欺诈或取巧的方式来解释和应用法律；(2)法律规避虽非直接的违法行为，但当事人从主观动机到客观结果都意图违背和已经违背了本应得到适用的法律,这与直接违法并无本质区别。后一种观点则认为法律规避行为是否有效,还应具体情况具体分析,不可一概而论,主要应区分以下两种情况:(1)当事人直接规避法律的行为损害了被规避法律的权威,应属无效,但当事人规避法律时实施的附带的法律行为应为有效;(2)当事人规避法院地国强制性法律规定损害了内国公共秩序或重大利益,规避外国法则可不予禁止或否认。

四、我国关于法律规避的规定与实践

对于法律规避问题,我国立法虽然未予规定,但司法解释中有明确规定。1988 年最高人民法院印发《关于贯彻执行〈中华人民共和国民法通则〉若干问题的意见(试行)》第 194 条规定:"当事人规避我国强制性或者禁止性法律规范的行为,不发生适用外国法律的效力。"2007 年《涉外合同法律适用若干规定》第 6 条规定:"当事人规避中华人民共和国法律、行政法规的强制性规定的行为,不发生适用外国法律的效力,该合同争议应当适用中华人民共和国法律。"最高人民法院《关于适用〈中华人民共和国涉外民事关系法律适用法〉若干问题的解释(一)》(2020 年修正)第 9 条也规定:"一方当事人故意制造涉外民事关系的连结点,规避中华人民共和国法律、行政法规的强制性规定的,人民法院应认定为不发生适用外国法律的效力。"显然,我国对法律规避行为是持否定态度的,但上述规定中都仅涉及了当事人规避内国法即我国法律的效力问题,而对当事人规避外国法的效力问题,以及当事人为规避法律而实施的附带的法律行为的效力问题,则付诸阙如。

根据我国多数学者的意见,由于国际私法所调整的涉外民商事关系不仅涉及内国和某外国两个国家的法律,有时还涉及三个、四个或更多国家的法律,当事人可能希望规避内国法而适用外国法,也可能希望规避甲外国法而适用乙外国法。因此,国际私法中的法律规避应既包括规避内国法,也包括规避外国法。至于法律规避的行为是否有效,则应视情况而定。首先,与大多数国家的法律一样,规定当事人规避内国法一律无效,即如果当事人规避内国法则不发生适用某外国法的效力,或者说当事人不能通过规避内国法而达到适用某一对其有利的外国法以实现其某一不合理或不正当目的的效果。其次,对当事人规避外国法的情况需具体分析、区别对待:如果当事人规避的是外国法中正当的、合理的规定,即应认定其规避行为无效;反之,如果当事人规避的是外国法中反常的、落后的规定,如有关种族歧视、性别歧视的规定,则应认定其规避行为有效。[①] 此外,其他国家在实践中采取的一些做法也是值得借鉴和采纳的。例如,一些国家对当事人规避友好国家的法律,以及严重危害法院地国及国际社会公共利益的规避外国法的行为,也认定为无效。这样做,一方面,可维护内国与该外国之间的友好关系;另一方面,则可在维护该外国法律的严肃性、权威性的同时,维护内国及国际

① 须指出的是,对外国法中的规定何为正当、合理,何为反常、落后的认定,不能狭隘地仅以内国法为评判标准,否则即可能对他国的主权造成侵犯,违反国际法上尊重国家主权、主权平等的基本原则。

社会的公共利益免遭损害，并有利于维护内国的国际形象及提高内国的国际声誉。

对于当事人为规避法律而实施的附带的法律行为的效力问题，参考其他各国的立法规定，确实不宜也不必在立法中作出规定，而可以留给法官在实践中根据实际情况灵活掌握和认定。

课堂讨论案例

1. 原告威尔顿是美国阿肯色州居民，在沙特阿拉伯短暂停留时所驾驶的汽车与被告沙特阿拉伯美国石油公司拥有的由被告雇员驾驶的卡车相撞，原告身受重伤。原告回到美国向纽约州法院提起诉讼，要求阿拉伯石油公司给予损害赔偿。法院要求威尔顿提供侵权行为地——沙特阿拉伯王国的有关法律，威尔顿提供不了。法院继而要求威尔顿在1年内提供有关法律后再行审理，威尔顿仍无法提供，因为沙特阿拉伯王国当时没有此类法律。

［问］　(1)本案涉及国际私法上的哪一基本问题？

(2)依照普通法系的惯常做法，本案应如何判决？

(3)我国法律对这一问题是如何规定的？

2. 霍尔泽是犹太血统德国籍人，受雇于辛克尔公司。1931年年底，辛克尔公司并入德国帝国铁路局，霍尔泽被任命为该局总管。1933年，德国帝国铁路局总经理免去霍尔泽的总管职务，理由是根据德国议会关于非雅利安人的立法，犹太人不得担任领导或总管职务，已担任的必须解除。霍尔泽是犹太人，所以必须被解职。霍尔泽在被解职后，鉴于德国帝国铁路局在美国纽约的银行有存款账户，即前往美国向纽约的法院对德国帝国铁路局提起诉讼。审理案件的法官柯林斯认为，根据霍尔泽与帝国铁路局之间的雇佣契约是在德国订立并在德国履行的事实，按美国的冲突规范，本案本应适用德国法，但最终还是没有适用德国法，理由是：如果德国法表现为与美国的司法、自由和道德的精神相违背的话，国际礼让不要求我们适用德国法，被告以血统的理由解除原告职务的行为虽然在德国是合法的，在美国却是为公共政策所不允许的，如果承认这种种族歧视行为的合法性，无异于违背美国的传统和否定美国宪法及各州的法律。

［问］　纽约州法院因何拒绝适用德国法？我国法律在该问题上是如何规定的？

3. 居住在美国某州的一对表兄妹为逃避该州法律禁止近亲结婚的有关规定，前往另一州结婚，婚后仍返回该州居住。后来，男方在该州执行公务时死亡，女方即以死者妻子的身份在被告所在州依据《联邦雇主责任法》对男方的雇主提起赔偿诉讼。被告所在州法院没有适用“在婚姻缔结地有效的婚姻到各地都有效”的规则，而是以当事人规避法律为由拒绝承认当事人婚姻的效力，因而驳回诉讼。

［问］　被告所在州法院因何不承认本案当事人的婚姻效力？应如何把握法律规避的定义与法律效力？

法律职业资格考试真题

1. 墨西哥公民汉斯有民事纠纷在某人民法院审理，依据中国法律应适用墨西哥法，依墨西哥法应适用中国法。根据《涉外民事关系法律适用法》，下面哪一选项是正确的？（2019 年试题）

A. 应适用墨西哥实体法

B. 根据最密切联系原则选择适用法律

C. 适用中国实体法

D. 适用中国法和墨西哥法

2. 波兰甲公司与中国乙公司签订买卖合同，合同约定争议适用波兰法。后双方发生纠纷，中国乙公司在中国某法院起诉，根据《涉外民事关系法律适用法》及相关司法解释，下列哪些判断是正确的？（2019 年试题）

A. 甲乙公司应查明并提供波兰法

B. 若甲乙公司对查明的法律表示异议，应由法院审查认定

C. 双方可以在开庭审理前变更适用德国法

D. 若波兰甲公司认为本案由波兰法院管辖更为方便，中国法院可裁定驳回起诉

3. 甲国游客杰克于 2015 年 6 月在北京旅游时因过失导致北京居民孙某受重伤。现孙某在北京以杰克为被告提起侵权之诉。关于该侵权纠纷的法律适用，下列哪一选项是正确的？（2015 年试题）

A. 因侵权行为发生在中国，应直接适用中国法

B. 如当事人在开庭前协议选择适用乙国法，应予支持，但当事人应向法院提供乙国法的内容

C. 因本案仅与中国、甲国有实际联系，当事人只能在中国法与甲国法中进行选择

D. 应在中国法与甲国法中选择适用更有利于孙某的法律

4. 沙特某公司在华招聘一名中国籍雇员张某。为规避中国法律关于劳动者权益保护的强制性规定，劳动合同约定排他性地适用菲律宾法。后因劳动合同产生纠纷，张某向中国法院提起诉讼。关于该劳动合同的法律适用，下列哪一选项是正确的？（2015 年试题）

A. 适用沙特法

B. 因涉及劳动者权益保护，直接适用中国的强制性规定

C. 在沙特法、中国法与菲律宾法中选择适用对张某最有利的法律

D. 适用菲律宾法

5. 根据我国法律和司法解释，关于涉外民事关系适用的外国法律，下列说法正确的是：(2014 年试题)

A. 不能查明外国法律，适用中国法律

B. 如果中国法有强制性规定，直接适用该强制性规定

C. 外国法律的适用将损害中方当事人利益的，适用中国法

D. 外国法包括该国法律适用法

6. 根据《涉外民事关系法律适用法》和司法解释，关于外国法律的查明问题，下列哪一表述是正确的？(2013 年试题)

A. 行政机关无查明外国法律的义务

B. 查明过程中，法院应当听取各方当事人对应当适用的外国法律的内容及其理解与适用的意见

C. 无法通过中外法律专家提供的方式获得外国法律的，法院应认定为不能查明

D. 不能查明的，应视为相关当事人的诉讼请求无法律依据

7. 中国甲公司与德国乙公司进行一项商事交易，约定适用英国法律。后双方发生争议，甲公司在中国法院提起诉讼。关于该案的法律适用问题，下列哪一选项是错误的？(2013 年试题)

A. 如案件涉及食品安全问题，该问题应适用中国法

B. 如案件涉及外汇管制问题，该问题应适用中国法

C. 应直接适用的法律限于民事性质的实体法

D. 法院在确定应当直接适用的中国法律时，无需再通过冲突规范的指引

8. 在某涉外合同纠纷案件审判中，中国法院确定应当适用甲国法律。关于甲国法的查明和适用，下列哪一说法是正确的？(2011 年试题)

A. 当事人选择适用甲国法律的，法院应当协助当事人查明该国法律

B. 该案适用的甲国法包括该国的法律适用法

C. 不能查明甲国法的，适用中华人民共和国法律

D. 不能查明甲国法的，驳回当事人的诉讼请求

9. 根据我国相关法律规定，关于合同法律适用问题上的法律规避，下列哪些选项是正确的？(2010 年试题)

A. 当事人规避中国法律强制性规定的，应当驳回起诉

B. 当事人规避中国法律强制性规定的，不发生适用外国法律的效力

C. 如果当事人采用明示约定的方式，则其规避中国法律强制性规定的行为将为法院所认可

D. 当事人在合同关系中规避中国法律强制性规定的行为无效，该合同应适用中国法

10. 我国“协航”号轮船与甲国“瑟皇”号轮船在乙国领海发生碰撞。“协航”号轮船返回中国后,“瑟皇”号轮船的所有人在我国法院对“协航”号轮船所属的船舶公司提起侵权损害赔偿之诉。在庭审过程中,双方均依据乙国法律提出请求或进行抗辩。根据这一事实,下列哪一选项是正确的?(2008 年试题)

A. 因双方均依据乙国法律提出请求或进行抗辩,故应由当事人负责证明乙国法律,法院无须查明

B. 法院应依职权查明乙国法律,双方当事人无须证明

C. 法院应依职权查明乙国法律,也可要求当事人证明乙国法律的内容

D. 应由双方当事人负责证明乙国法律,在其无法证明时,才由法院依职权查明

11. 世界各国都将公共秩序保留作为捍卫本国根本利益的一项重要法律制度。关于这一制度,下列哪项判断是错误的?(2006 年试题)

A. 我国的公共秩序保留制度仅在适用外国法律将违反我国社会公共利益的情况下才可以适用,其结果为排除相关外国法律的适用

B. 在英美普通法系国家中,“公共秩序”的概念一般表述为“公共政策”

C. 公共秩序保留制度已经为国际条约所规定

D. 我国法律中常常采用“社会公共利益”来表述“公共秩序”的概念

12. 中国公民王某在甲国逗留期间,驾车正常行驶时被该国某公司雇员驾驶的卡车撞翻,身受重伤。王某回国后,向该公司在中国的分支机构所在地法院起诉,要求该公司赔偿其损失。我国《民法通则》规定,侵权行为的损害赔偿适用侵权行为地法。依此,关于如何查明应当适用的甲国法,下列哪些选项是正确的?(2006 年试题)

A. 可由中外法律专家向法院提供甲国有关交通肇事损害赔偿方面的法律规定

B. 只有我国驻甲国使领馆才能提供甲国有关交通肇事损害赔偿方面的法律规定

C. 王某自己可以向法院提供甲国有关交通肇事损害赔偿方面的法律规定

D. 经各种途径仍不能查明甲国有关法律时,法院应当依照公平原则裁判

13. 人民法院处理涉外民商事案件会碰到依据我国法律中冲突规范的规定应当适用外国法的情况。对于应当适用的外国法律,人民法院可以通过下列哪些途径查明?(2003 年试题)

A. 由当事人提供

B. 由该国驻我国使馆提供

C. 由我国驻该外国使领馆提供

D. 由中外法律专家提供

14. 塞纳具有甲国国籍,住所在乙国,于 1988 年死亡。塞纳的亲属要求继承其遗留在丙国的不动产并诉至丙国法院。丙国法院按照本国的冲突规范应适用塞纳的本国

法即甲国法;但依甲国冲突规范规定又应适用塞纳的住所地法即乙国法;而乙国冲突规范规定应适用不动产所在地法律即丙国法律。此时,丙国法院适用自己本国法律的行为属于下列哪一选项?(2002 年试题)

A. 直接反致　　B. 间接反致

C. 转致　　D. 双重反致

15. 下列关于法律规避的说法中哪些是正确的?(2002 年试题)

A. 当事人有规避法律的故意

B. 当事人是通过变更静态连结点而实现规避法律的

C. 当事人规避我国强行法的行为无效

D. 国际私法上的法律规避是当事人滥用冲突规范的结果

16. 一对夫妇,夫为泰国人,妻为英国人。丈夫在中国逝世后,妻子要求中国法院判决丈夫在中国的遗产归其所有。判断妻子对其夫财产的权利是基于夫妻财产关系的权利还是妻子对丈夫的继承权利的问题在国际私法上被称为什么?(2002 年试题)

A. 二级识别　　B. 识别

C. 法律适用　　D. 先决问题

17. 住所在英国的一阿根廷公民死于英国,在日本遗有不动产,因该不动产的继承在日本法院涉讼。日本冲突规范规定继承适用被继承人死亡时的属人法,即阿根廷法;阿根廷冲突规范则规定继承适用死者最后住所地法,即英国法;英国冲突规范又规定,不动产继承适用不动产所在地法,即日本法。采用国际私法中的何种制度可以达到适用日本实体法的结果?(2000 年试题)

A. 直接反致　　B. 转致

C. 间接反致　　D. 完全反致

18. 当冲突规范所援引的外国法的内容依照法律规定的方法仍不能查明时,我国法院通常的做法是什么?(1999 年试题)

A. 驳回起诉

B. 适用我国法律

C. 适用同本应适用的外国法相近似或类似的其他国家的法律

D. 适用一般法理

19. 甲国公民 A(男)与乙国公民 B(女)在乙国结婚,因工作关系移居丙国,数年后,A 在丙国死亡,其前妻之子女在丙国法院提起了要求继承 A 在丙国的遗产的诉讼,并认为 A 与 B 之间的夫妻关系不成立,否认 B 的继承权。关于 A 与 B 之间夫妻关系的成立,依丙国国际私法的规定应适用乙国法律,但是依乙国法律应适用丈夫本国法

的甲国法律，根据国际私法的理论，丙国法院适用甲国法的行为属于下列哪一选项？（1999 年试题）

A. 反致　　B. 间接反致

C. 转致　　D. 双重反致

20. 在下列各项中，被国际私法称为先决问题的是哪几项？（1999 年试题）

A. 在涉外离婚案件中，判断夫妻关系是否有效成立的问题

B. 在涉外债权案件中，判断是合同之债还是侵权行为之债的问题

C. 在涉外继承案件中，判断继承人与被继承人之间继承关系是否有效成立的问题

D. 在确定婚姻关系是否有效成立的案件中，判断再婚者与前夫或前妻是否已离婚的问题

第六章　涉外法律行为与代理的法律适用

[知识结构图]

- 涉外法律行为与代理的法律适用
  - 涉外法律行为的法律适用
    - 法律行为的定义
    - 涉外法律行为的法律冲突与解决办法
    - 我国关于涉外法律行为的规定
  - 涉外不当得利和无因管理的法律适用
    - 涉外不当得利的法律适用
    - 涉外无因管理的法律适用
    - 我国关于涉外不当得利和无因管理行为的规定与实践
  - 涉外代理的法律适用
    - 涉外代理的定义
    - 被代理人与代理人关系的准据法
    - 被代理人与第三人关系的准据法
    - 代理人与第三人关系的准据法
    - 《代理法律适用公约》的主要内容
    - 我国关于涉外代理法律适用的规定与实践

[内容导读]

涉外法律行为法律适用分为实质要件问题和形式要件问题的法律适用，本章仅涉及法律行为形式要件的法律适用问题。对于法律行为形式要件的法律适用问题，应该掌握法律行为法律冲突的解决方法及中国的有关规定。了解国外和地区有关涉外不当得利和无因管理法律适用的基本原则，掌握我国有关规定和实践。代理的法律适用分为代理内部关系的法律适用和代理外部关系的法律适用，其中代理外部关系的法律适用比较复杂应该重点掌握。海牙国际私法会议制定的《代理法律适用公约》是一个很有特色的关于代理法律适用的国际公约，应该有所了解。掌握我国涉外代理法律适用的适用范围和具体规则。

[法律职业资格考试要点]

本章在考试中所涉及的要点有：涉外法律行为的法律适用、涉外代理内部关系和外部关系法律适用的不同规则，中国有关涉外代理法律适用的规定与实践，涉外不当得利与无因管理的法律适用。

第一节 涉外法律行为的法律适用

一、法律行为的定义

法律行为,又称民事法律行为,是指民事主体以设立、变更或终止民事权利义务为目的,以意思表示为要素,依法产生民事法律效果的行为。法律行为的成立及生效通常需要具备实质与形式两方面的要件:实质要件一般包括行为人须具有相应的民事行为能力、意思表示须真实和标的须合法、确定、可能;形式要件是指民事法律行为须符合一定的表示形式如书面形式、口头形式或履行特定的程序如公证、登记。

法律行为属于法律事实的一种,法律事实是引起民事法律关系发生、变更和消灭的种种客观现象的总称。以是否与人的意志有关可将法律事实分为法律行为和事实行为,其中法律行为是引起民事法律关系的发生、变更或终止的最普遍、最重要的法律事实,当然这对涉外民商事法律关系也不例外。

二、涉外法律行为的法律冲突与解决办法

事例 6.1

2021 年,甲国 19 岁的公民汤姆在我国境内购买了一件民间工艺品,价值 1500 元,现汤姆以其本国法上 20 岁为成年才具有行为能力为由,要求解除合同。

(一)涉外法律行为的法律冲突

尽管各国法律都规定法律行为的成立及生效通常需要具备实质与形式两方面的要件,但是,由于在具体条件的规定上存在一定差异,这将必然导致涉外法律行为法律冲突的产生。

1. 实质要件方面

第一,关于行为人行为能力的法律冲突。各国法律对自然人享有何种行为能力的年龄限制的规定有差异,对某些行为能力的主体范围的规定也有所不同,如各国对结婚年龄的不同规定。事例 6.1 中由于我国和甲国就自然人具备完全行为能力的年龄限制的规定有差异,倘若依合同订立地法即我国法则甲国公民汤姆具备完全行为能力,合同有效;若依甲国法,则汤姆不具备完全行为能力,进而可能导致合同无效。

第二,关于意思表示的法律冲突。世界各国法律虽然对意思表示都作了规定,但这些规定之间存在法律冲突。一方面,各国就意思表示的规定存在意思主义、表示主义和折中主义的区别;另一方面,各国就意思表示的效力也存在发信主义(投邮生效)和到达主义(到达生效)的区别。前者为英美法系所采用,后者为大陆法系和《联合国国际货物销售合同公约》所采用。此外,各国就意思表示错误的后果的规定也不尽相同,存在无效和可撤销之分。

第三,关于行为标的的法律冲突。各国都规定法律行为的标的应当合法、可能和确定,但是各国在认定某一具体法律行为的标的是否合法时不仅所采用的标准不一,

而且还要受自身利益的影响,如各国对法律行为不能违反的法律强行性规定和公序良俗就存在不同的含义和规定,这将必然产生法律冲突。

2. 形式要件方面

各国在法律行为形式要件立法上的差异也有多种表现。一方面,各国对于要式法律行为与不要式法律行为的范围有不同的划分。有些法律行为在一国被要求采用特定形式,而在另一国很可能完全是由当事人自主决定。即便各国对某一法律行为都要求采用特定形式,各国对该特定形式的要求也可能互不相同。如各国虽然都规定结婚应以特定形式,但是有些国家如英国既承认宗教仪式方式又承认民事登记方式;有些国家要么只承认民事登记方式,要么只承认宗教方式。另一方面,各国对不符合法定形式的民事法律行为的效力也有不同的规定。一般都规定此种法律行为无效,但是有的国家规定其对于任何人无效,有的则规定仅对某些特定人无效。

(二)涉外法律行为法律冲突的解决办法

事例6.2

范·格鲁坦诉迪格比案中原告范·格鲁坦是一个住所在法国的法国男子,他与住所在英国、居住在法国的英国女子夏洛特·哈特利在法国结婚,并打算把其婚姻住所地设在法国。婚前,他们在法国订立了一项合同,旨在安排夏洛特·哈特利享有的一笔英国动产。该合同规定:这笔动产由夏洛特·哈特利终身独立使用,在其死后由范·格鲁坦使用,范·格鲁坦死后如果有剩余,则归他们双方的婚生子女使用。合同是按英国法要求的形式订立的,但因为没有按订立地的要求进行公证和登记,所以不符合法国法的形式要求。结婚一段时间之后,范·格鲁坦在英国法院起诉,请求法院依法国法宣布上述合同无效,并主张其按法国法关于夫妻财产共有制的规定应对该动产享有财产权。

由于涉外法律行为法律冲突中实质要件法律冲突和形式要件法律冲突在性质和特征上并不完全相同,因此,相当部分国家的国际私法将两者的法律适用加以区别,分别予以规定。

1. 法律行为实质要件的法律适用

关于法律行为实质要件的法律适用,各国通常是根据民事关系的不同性质和种类,以及调整民事关系的规范的不同特点,分别规定不同的法律适用规则。如合同行为适用当事人自主选择的法律、结婚适用当事人本国法、物权行为适用物之所在地法等。各国国际私法对物权、债权、亲权等不同法律行为实质要件规定了不同的法律适用规范,由此可以看出,法律行为实质要件准据法的确定并无统一冲突法规则可以遵循。本节着重研究法律行为形式要件准据法的确定,至于其实质要件准据法的确定,则在物权、债权、亲权等章节中具体讨论。

2. 法律行为形式要件的法律适用

综观各国国际私法立法和实践,法律行为形式要件的法律适用主要有如下几种原则。

(1)根据“场所支配行为”原则主张适用行为地法。“场所支配行为”原则是法则区别说时期创立的一项古老原则,沿用至今,已为各国学说和立法所承认和采纳,各国立法也大多规定法律行为形式要件适用行为地法。故此,学者认为,它是“各国普遍承认的习惯法”或“不存在争执的原则”。尽管如此,各国对其性质还是有不同的看法。普遍主义者认为它是国际习惯法,是具有强制性质的规范,必须绝对适用,即法律行为形式要件只适用行为地法,如阿根廷、智利、古巴、哥伦比亚、洪都拉斯等中南美洲国家及荷兰、西班牙等国即采此做法。另一种主张认为,它是任意性质的规范,允许选择适用其他法律,如德国、瑞士、比利时、意大利、波兰、瑞典、日本等国。从当今国际私法的立法实践来看,各国倾向于认为“场所支配行为”原则是任意性规范,因而多采选择适用主义。

理论争鸣

法律行为形式要件之所以要适用行为地法,大致有如下几种理由:一是以法则区别为由,认为法律关系可分为属人、属物、属行为三种,各受其所属法律的支配。其中,属行为的法律关系依行为地法。二是以主权说为由,认为法律是一国行使主权的具体表现,故在行为地为法律行为不可不服从该地的主权,法律行为方式亦不得不依行为地法确定。三是以意思服从为由,认为当事人在行为地为法律行为,即说明当事人有服从行为地法的意思,故法律行为方式应依行为地法。四是以国际习惯为由,认为法律行为方式依行为地法已成为国际默认的原则,故凡依行为地法所为的法律行为,各国无不承认其效力。五是以证明便利为由,认为法律行为方式是为了确定当事人的意思表示,为日后证明当事人的意思表示方便起见,法律行为方式应依行为地法。六是以便利为由,认为当今国际社会内外国人往来频繁,彼国人在此国或此国人在彼国为法律行为的情形日益增多,因此,为求便利,各国对法律行为方式应以行为地法为准据法。例如,1978 年《奥地利联邦国际私法法规》第 8 条规定:“法律行为的方式,应依支配该法律行为本身的同一法律;但符合该法律行为发生地国对方式的要求者亦可。”1966 年《波兰国际私法》第 12 条规定:“法律行为的方式,依支配法律行为实质的法律,但如遵守行为地国家法律所规定之方式,亦为有效。”

(2)选择适用法律行为本身的准据法与行为地法。采取这种原则的国家实际上是把法律行为实质要件的准据法同时兼做法律行为形式要件的准据法。这一立法原则在有关国家的立法实践中又表现为两种形式:第一种形式是以法律行为实质要件的准据法为主而以行为地法为辅,即把法律行为实质要件的准据法同时兼作形式要件的第一准据法,把行为地法作为第二准据法而供选择适用。德国、奥地利、匈牙利、挪威、日本、波兰、瑞典和瑞士等许多国家的国际私法均采取这种原则。① 第二种形式是以适用

① 1978 年《奥地利联邦国际私法法规》第 8 条规定:“法律行为的方式,应依支配该法律行为本身的同一法律;但符合该法律行为发生地国对方式的要求者亦可。”1966 年《波兰国际私法》第 12 条规定:“法律行为的方式,依支配法律行为实质的法律,但如遵守行为地国家法律所规定之方式,亦为有效。”

行为地法为主,兼采适用法律行为本身的准据法的原则。例如,1982 年《土耳其国际私法和国际诉讼程序法》第 6 条规定:“法律行为的方式适用行为完成地的法律,也可以适用调整行为效力的法律。”

需要指出的是,这两种方式对法律行为本身的准据法与行为地法的适用往往并无主次之分,即这两种准据法之间的关系是选择适用的关系,而非累进适用的关系。法律行为方式只需符合其中任何一个法律对形式要件的要求即告有效。①

(3)采用多种连结点,依尽量使之有效的原则,选择适用多种冲突规范,以确定法律行为方式的准据法。20 世纪 30 年代以来,因受国际上简式主义政策、意思自治原则的影响,大多数国家为了使某些法律行为尽可能有效成立,普遍采取了放宽形式要件的要求的做法,在法律行为方式的法律适用上,出现了对冲突规范进行软化处理或规定复数连结点以增加可选性的立法趋势,这类冲突规范规定的可供选择的准据法通常是:实质要件所适用的准据法、行为地法、属人法、法院地法、法律关系成立地法等。②在事例 6.2 中,英国法院在认定范·格鲁坦与夏洛特·哈特利之间合同的形式要件的准据法时,审理本案的英国法官认为,虽然早先英国法院确认合同的形式有效性仅以合同订立地法为准,但是合同订立地法不应是唯一应考虑适用的法律。在该案中,合同的标的物在英国,与英国有利害关系,并且按合同规定由英国的受托人进行管理,对当事人来说,订立合同的正当期待就是要让合同发生效力,如果适用法国法则会使这一正当期望落空或受挫,因此支配合同的准据法是英国法。这样,合同在形式上虽然不符合订立地法国的法律要求,但符合准据法即英国法的规定,所以,可以认为合同有效。最后,英国法院认为应依英国法确认合同有效,驳回了原告的起诉。

(4)例外规定。按通常的理解,法律行为方式的准据法本应适用于所有种类的法律关系,但在实践中,由于对形式要件性质的认识不一致,对“场所支配行为”原则的内容范围和适用程度的主张不尽相同,因而产生了法律行为方式的准据法的例外。这些例外情况主要出现在物权、债权、登记、票据支付等领域,具体如下:一是涉及物权特别是不动产物权的法律行为,适用物之所在地法。1896 年德国《民法施行法》第 11 条规定的例外情况是“物权或处分物权的法律行为适用物之所在地法”。在下述亚当斯诉克拉特巴克案中,英格兰法院认为合同形式的有效性一般依合同订立地法律或合同准据法确定,但是不动产权益应该适用不动产所在地法律,最终英格兰法院依苏格兰法律宣布,未经盖印的土地涉猎权转让协议仍为有效。二是对契约作特殊的例外规定。例如,1964 年捷克斯洛伐克《国际私法及国际民事诉讼法》第 4 条规定,法律行为的方式,除支配该契约的法律规定书面形式是行为的要件外,依意思表示地法。三是登记行为的方式不适用一般行为方式的准据法,只能适用登记地法。登记关系多属一个国

---

① 参见李双元等编著:《中国国际私法通论》,法律出版社 1996 年版,第 217 页。

② 例如,1946 年《希腊民法典》第 11 条规定:“法律行为的方式如果符合决定行为内容的法律,或者符合行为地法,或者符合全体当事人的本国法,就认为有效。”1942 年《意大利民法典》第 26 条第 1 款规定:“生前赠与行为或最后遗嘱行为,其方式适用各该行为完成地的法律,或适用支配行为实质要件的法律,或适用行为人的本国法,或在双方当事人有共同国籍时适用双方的本国法。”

家的具有专属管辖权的关系，一国法院处理这类关系是很难适用外国法的，如进行知识产权登记、婚姻登记等。1898年《日本法例》第8条规定，设定或处分物权及其他应登记之权利的法律行为是法律行为方式准据法的例外。

三、我国关于涉外法律行为的规定

《中华人民共和国民法典》第135条明文规定在我国民事法律行为可以采取书面形式、口头形式或者其他形式。但是包括《中华人民共和国涉外民事关系法律适用法》在内的我国法律并没有就法律行为的形式要件作出一般规定，而是适用法律行为本身的准据法，如依照《中华人民共和国涉外民事关系法律适用法》第36条规定，“不动产物权，适用不动产所在地法律”。这条冲突规范所指引的准据法不仅用来规范不动产的取得、处分、抵押等行为的实质要件，而且也决定着上述行为的形式要件。不过值得注意的是，《中华人民共和国涉外民事关系法律适用法》对结婚、遗嘱、收养行为的形式要件的法律适用作了特别规定。

课堂讨论案例

亚当斯诉克拉特巴克案中原被告双方当事人都在英格兰设有住所，其中一方将其在苏格兰的土地涉猎权转让给另一方，转让关系以双方在英格兰订立的书面协议为证。由于该协议未经盖印，因其形式的有效性引起争讼，交由英格兰法院裁决。按照该国法律，转让土地涉猎权的书面协议必须盖印，这是此类协议生效的形式要件，而苏格兰法律没有这种要求。

[问] 该合同的形式应该适用何国法律？

第二节　涉外不当得利和无因管理的法律适用

因不当得利(unjust enrichment)和无因管理(negotiorum gestio, voluntary agency)而发生的债,又称准合同之债(quasi-contractual obligations),它包括那些既不是由于合同,也不是由于侵权,而是依法律应在特定人之间产生的具有债的特征的法律关系。

一、涉外不当得利的法律适用

事例6.3

2019年2月,原告(美国石药集团德丰有限公司)与案外人杭州奕安济世生物医药公司(以下简称奕安公司)约定由奕安公司向原告提供从细胞系列开发到GMP制造的开发和制造服务,合同总金额3,792,280美元(后调整为3,053,943美元),原告需向奕安公司支付首付款610,789美元。2019年2月25日,原告收到被告(宁波福鑫进出口有限公司)XXX@justbochchina.com发来的主题为"回复:JDM902预计付款计划和首次付款认证紧急"的邮件,邮件中要求原告将金额610,787.60美元的款项支付到被告宁波银行的银行账户,故原告将上述款项支付到被告名下账户。后来,原告发现了该汇款存疑,并立即要求被告返还上述款项。经原告多次催告,被告以各种理由拒绝返还。原告于2019年10月23日向浙江省宁波市奉化区人民法院提起诉讼,要求被告返还不当得利及其利息,并承担诉讼费、财产保全担保费、保全费等费用。

不当得利,是指没有法律上的原因取得利益,致他人受损害的事实。作为债的发生原因,不当得利发端于罗马法上的"个别诉权"(condicto),经过漫长的演变,时至近代,开始发展成为一般的规定。一般来说,在大陆法中,不当得利的构成要件有:一方受益、致他方受到损害和无法律上的原因。而在英美法中,其构成要件为:被告受有利益、致原告受损和被告保有该利益具有"不正当"性。

如今,随着国际交往的频繁和范围的扩大,具有国际因素的不当得利之债与日俱增。比如,一方在A国取得不当之利益,而致他人损害的事实可能发生在B国;又如,不当得利之债的当事人具有不同的国籍,或住所分处不同的国家等。值得注意的是,尽管不当得利在现代国家的法律中大多有所规定,但其内容不仅在大陆法系与英美法系之间存在重大差异,而且在属于相同法系的不同国家之间亦有显著不同。因此,一国司法机关在受理了涉外不当得利之债的诉讼后,必然面临选择适用何国法律来确定当事人权利义务的问题,而适用不同国家的法律可能导致结果迥异的判决。这不仅有损判决结果的一致性和可预见性,与国际私法的传统价值取向背道而驰,而且势必导致"挑选法院"(forum shopping)现象的大量发生,从而给国际民商事交往造成安全隐患。所以,在国际交往空前频繁的全球化时代,不当得利的法律冲突问题已日益突出、亟待解决。

理论争鸣

各国对不当得利的法律适用的主张

第一,适用原因事实发生地法(不当得利发生地法)。持这一观点的国家认为,不当得利涉及不当得利发生地国的公共秩序、社会道德风尚和法律观念,因而应适用原因事实发生地法。例如,《日本法例》规定,因无因管理、不当得利或不法行为而产生的债权成立及效力,依其原因事实发生地法。匈牙利、秘鲁以及1995年意大利国际私法都有类似规定。

第二,适用支配原法律义务或关系的法律。如1978年《奥地利联邦国际私法法规》第46条规定,如果不当得利是在履行法律义务的过程中发生的,应适用支配原法律义务或关系的法律。1982年《南斯拉夫国际冲突法》第27条也规定,不当得利适用产生或预料会产生或假设会产生该项权利等法律关系的准据法。依据以上规定,如果依原来的合同关系甲国卖主已将货物交付乙国的买主,后因合同无效,卖主若依不当得利请求买主承担返还义务则应受原合同的准据法支配。

第三,适用当事人本国法。1965年《波兰国际私法》第31条规定,在当事人有同一国籍且在该国有住所时,应适用他们的共同本国法。美洲国家的《布斯塔曼特法典》第221条规定,不当得利依各当事人的共同属人法,如无共同属人法,则依给付地的法律。

第四,选择适用多种法律。《瑞士联邦国际私法典》第128条规定,不当得利之诉,首先应适用支配不当得利得以产生的实际的或假想的法律关系的法律;在无此种法律关系时,适用不当得利发生地国家的法律,但当事人也可以协议选择适用法院地的法律。这样,在不当得利的领域内,也引进了意思自治原则。

值得一提的是,最密切联系原则也在涉外不当得利法律适用中出现,这以美国为代表。美国《冲突法重述(第二次)》第221条第1款规定:"当事人在恢复原状诉讼中有关该特定问题的权利义务,依在该特定问题上,按照第6条规定的原则,与该事件及当事人有最重要联系的那个州的本地法。"①该条第2款列举了决定最密切联系地的参考因素,如当事人之间联系集中地、收受或给予利益地、行为完成地、住所、国籍、公司成立地或营业地、物之所在地等。

此外,晚近以来一些西方学者开始倡导不当得利仅适用法院地法。他们认为,不当得利有关公共秩序规则,应排除一切外国法的适用。而且,不当得利制度的本质在于依正义的理念来救济不公正的结果发生,而法院本身所理解的正义之理念,当然应作为判断的标准。

在事例6.3中,原告认为本案是涉外不当得利纠纷,主张应该根据《中华人民共和国涉外民事关系法律适用法》有关不当得利的法律适用规定适用中国法;被告主张本案属于国际贸易中的第三方转账支付而不属于不当得利纠纷。即使属于不当得利纠

---

① 在英美法律中,返还法是调整不当得利的法律依据之一。

纷,也需法院审查确定,如适用中国法律,那么有关本案的基本事实、权属关系及法律关系等均应当适用中国法律。最终,法院认为本案属于涉外不当得利纠纷,原告、被告对本案准据法的适用存在争议,双方未协议适用法律,也无共同经常居所地,应适用不当得利发生地法律,而本案不当得利发生地为中国,故根据《中华人民共和国涉外民事关系法律适用法》有关不当得利法律适用的规定,适用中华人民共和国法律审理本案,并支持了原告的主要主张。

二、涉外无因管理的法律适用

事例6.4

毛里求斯人逢喜神在德国经营一家纸浆原材料进出口公司,并在德国科隆购买了一套别墅且常年居住在德国。他因业务需要前往毛里求斯,准备一个月就返回德国,后因诉讼在毛里求斯待了近半年。在逢喜神到毛里求斯的第二个月的一天,其饲养的德国良种犬逃出了逢喜神的别墅,在科隆的大街小巷到处乱窜并咬伤了一个小孩。逢喜神在德国科隆的邻居汉得普知道后便把那条德国良种犬牵回自己家的小杂屋关好并每天喂养食物。得知逢喜神因诉讼在毛里求斯尚未回德国,汉得普又出钱为被狗咬伤了的小孩治疗。半年后,逢喜神从毛里求斯回到德国,汉得普将那条德国良种犬送回逢喜神家,并告诉他已为被狗咬伤的小孩付了医疗费,要求逢喜神支付相关费用。可逢喜神不仅不感谢汉得普,而且说自己未委托汉得普管理,更不用说支付相关费用了。为此,汉得普将逢喜神告上了德国法院。

无因管理,是指没有法定或者约定义务,为避免造成损失(损失既包括自己也包括他人,或者仅为他人),主动管理他人事务或为他人提供服务的行为。从事无因管理事务的人称为管理人,因无因管理而获得利益的人称为受益人。无因管理性质上属于事实行为,管理人与受益人之间形成了一种债的法律关系。

无因管理作为一项古老的法律制度,一直不为英美法所承认,故英美法根本没有无因管理的概念,因此也没有独立的无因管理制度。就大陆法系而言,虽然大陆法系国家普遍承认无因管理制度,将无因管理、合同、侵权以及不当得利并列为债之发生原因,但是各国民法中对此的具体规定却存在较大差异。例如,有的国家将无因管理视为准契约,有的国家则将其作为一项独立的制度加以规定。另外,各国在认定管理人管理行为的合理性及无因管理的法律后果等诸多问题上的规定也不尽一致。因此,有必要对无因管理的法律适用加以规定。

根据各国有关无因管理法律适用的规定,可将其法律适用原则归纳为以下几种:

第一,参照类似的法律制度予以适用。这主要为国内没有独立的无因管理制度的部分国家所采用。例如,在瑞士民法中并没有一套独立的无因管理制度,无因管理在瑞士的债务法中被规定于第二编“各种合同”中,被视为类似于委任合同的一种合同。因此,《瑞士联邦国际私法典》也没有规定无因管理的法律适用规则。《瑞士联邦国际私法典》规定,如遇有涉外无因管理案件,应将其定性为委任合同案件,准用委任合同之准据法。① 匈牙利、土耳其以及德国也做了类似规定。这些国家虽然没有无因管理的有关规定,但有完善的不当得利制度,在发生无因管理的法律冲突时也可比照不当得利制度,以同一原则来确定准据法。在事例 6.4 中,由于德国没有规定专门无因管理的法律适用规则,准用委任合同的准据法。在该案中,受任人的住所、国籍以及代理行为地法均在德国,唯一的涉外因素是委任人的国籍具有涉外因素,加之,无因管理在构成要件中有必须为他人谋利益的意思,是一种值得提倡和鼓励的行为,与行为地的公共秩序有密切关系。因此适用德国法是毋庸置疑的。根据德国法,汉得普的诉讼请求肯定能得到法院的支持。逢喜神不仅要支付给汉得普为被狗咬伤了的那个小孩付出的医疗费,而且要赔偿汉得普因无因管理所支付的有关费用。

第二,事实发生地法。这是当前大多数国家所采用的法律适用原则,如法国、西班牙、日本、泰国、意大利、阿根廷、加拿大、罗马尼亚等。根据该原则,无因管理应适用管理行为发生地的法律。例如,《日本法例》规定,因无因管理而产生的债权成立及效力,依其原因事实发生地法;《加蓬民法典》规定,支付不应给付之钱款及无因管理,依发生地法。

第三,当事人属人法。根据确定属人法的依据不同,该原则又分为三种情况,即共同属人法主义、本人或管理人的属人法主义、本人和管理人的属人法主义。共同属人法主义要求双方具有相同国籍,共同属人法应优先于行为地法适用。本人或管理人的属人法主义只要求依据当事人一方的属人法决定准据法。本人和管理人的属人法主义则是并行适用当事人的属人法,认为无因管理实际上包含了本人对于管理人与管理人对本人的请求关系,所以应依照债的不同主体,分别适用各该债务人的属人法,就管理人与本人的义务,分别适用各自的属人法。

第四,作为无因管理之债起因的法律关系的准据法。在实践中,无因管理的当事人之间往往曾经存在某种法律关系,有时候也正是该法律关系诱发了无因管理之债。因此不少国家在新近立法中采用无因管理起因法律关系之准据法,作为同样也支配无因管理之债的法律。例如,2001 年《韩国国际私法》第 30 条(无因管理)规定,“事务管理适用管理实行地的法律。但在事务管理依据当事者之间法律关系的情况下,事务管理应适用该法律关系的准据法”。

第五,最密切联系原则。即根据与无因管理有最密切联系的另一个法律关系来确定无因管理的准据法。该原则一般只作为一种补充手段来确定无因管理的准据法。例如,《奥地利联邦国际私法法规》规定,无因管理依此种管理行为完成地的法律,但是,如与另一法律义务或关系有密切联系,类推适用第 45 条关于附从的法律行为的规定,依支配该义务或关系的国家的法律。

而在没有无因管理制度的美国则彻底抛弃了传统的法律适用规则。美国《冲突法

① 参见陈荣传:《国际私法各论集》,台北,五南图书出版股份有限公司 1998 年版,第 129 页。

重述(第二次)》主张在确定返还请求权的准据法①时,采用"个案分析法"。法官被赋予较大的自由裁量权,在处理案件时可以根据每个案件的实际情况,综合分析与案件有关的各种因素,遵守国际私法的基本目标,来推断出与返还请求权有最密切联系的法律,作为准据法予以适用。

三、我国关于涉外不当得利和无因管理行为的规定与实践

《中华人民共和国涉外民事关系法律适用法》并没有将不当得利的法律适用规范和无因管理的法律适用规范予以区分,而是在其第47条对二者的法律适用作了统一规定,即"不当得利、无因管理,适用当事人协议选择适用的法律。当事人没有选择的,适用当事人共同经常居所地法律;没有共同经常居所地的,适用不当得利、无因管理发生地法律"。这就表明,我国将意思自治原则引入不当得利和无因管理,并作为首要选择;在当事人没有选择的情况下,若当事人有共同经常居所地,则适用共同经常居所地法律,否则适用不当得利、无因管理发生地法律。其中不当得利发生地一般应理解为利益取得地,若不当得利同时发生在多个国家或地区,且这些利益均属于同一不当得利人,则可认定不当得利人的经常居所地为不当得利发生地;至于无因管理发生地一般就是具体无因管理行为的实施地,但是在无因管理行为涉及多个国家或通过网络等虚拟方式跨国提供时,则应当以本人的经常居所地作为无因管理发生地,这一方面有利于维护本人所在地的社会道德风俗、伦理观念和公平正义的价值理念,另一方面也能够使本人对不可预见的无因管理行为不致承担其所不能预知的域外法的风险。②

课堂讨论案例

中国公民甲和日本国民乙是中国某大学好友,二人结伴去韩国自助游,甲在攀登韩国智异山时被摔成重伤,乙将甲送至当地最好的医院进行治疗,并为其购置了很多名贵医药。甲终于很快好转,回到中国后,乙向甲请求返还其为甲治疗所支付的有关费用,甲拒绝返还。乙就向中国某法院提起诉讼,要求甲返还以上有关费用。

[问]　该案应该适用何国法律?

---

① 英美等国没有无因管理制度,因此将无因管理人要求本人偿还其为管理事务所支出费用的请求权,纳入返还请求权中。所以在冲突法上也认为无因管理应适用返还请求权的法律适用规则。

② 参见万鄂湘主编:《〈中华人民共和国涉外民事关系法律适用法〉条文理解与适用》,中国法制出版社2011年版,第341页。

第三节 涉外代理的法律适用

事例6.5

佟某2011年3月6日与瑞典斯堪的纳维亚公司签订《委托代理服务合同》一份，该合同约定：佟某委托斯堪的纳维亚公司作为其代理人协助其以在瑞典设立公司的方式申请工作签证，服务费用为人民币77,000元。同时，佟某需另行支付在瑞典设立公司的注册资本50,000元。上述两笔费用存入佟某与瑞典斯堪的纳维亚公司的代理人艾克哈玛·约翰·约瑟夫·尤金共同开立的联名账户。合同订立后，斯堪的纳维亚公司始终拖延履行合同义务。佟某在多次主张未果的情况下于2015年向天津市第一中级人民法院提起诉讼，要求解除其与斯堪的纳维亚公司签订的《委托代理服务合同》并返还合同项下的款项及其利息。

一、涉外代理的定义

代理，是指代理人在代理权限范围内，以被代理人的名义独立与第三人为民事法律行为，由此产生的法律效果直接归属于被代理人的一种法律制度。

国际私法所调整的代理关系是具有涉外因素的代理关系，即代理人与本人、代理人与第三人具有不同的国籍或者住所在不同的国家，或者代理人根据被代理人的委托，在另一国家或地区实施代理行为等。涉外代理与国内代理有着明显的区别，因为涉外代理的成立，往往既要符合本人所属国家的法律规定，又要符合代理权行使地国家的法律规定，否则就会出现本人不能委托、授权或委托、授权无效或者代理权不能依法行使的情形。

由于各国社会经济条件和法律传统的差异，所以，有关代理制度及其相关规定存在较大差异，主要表现在代理关系的成立、当事人的权利义务、代理人无权代理及其法律后果和代理权的终止等方面，这就必然发生涉外代理的法律适用问题。鉴于代理关系由被代理人与代理人之间的内部关系和被代理人与第三人、代理人与第三人之间的外部关系这两个部分三个方面构成，因此，在解决涉外代理的法律适用问题时，一般将代理关系分割为代理内部关系和代理外部关系，分别确定应适用的准据法。

相关链接

在代理关系中，代为他人实施民事法律行为的人称为代理人；由他人代为自己实施民事法律行为的人称为被代理人或本人；与代理人实施民事法律行为的人称为第三人或相对人。在大陆法系国家，代理有法定代理和委托代理之分，其中委托代理是建立在严格的区别论（区分代理的内部关系和外部关系）基础之上的，也就是将代理权和它的基础关系（委托行为）严格区分开来。大陆法系认为代理关系包括三方面的关系：被代理人与代理人之间基于委托授权或法律规定而形成的代理权关系、代理人依据代理权与第三人之间的代理行为的关系和被代理人与第三人之间存在的代理行为的法律后果承受关系。其中,前一种关系为代理的内部关系,后两种关系为代理的外部关系。代理的这种内外部关系是有机联系、不可分割的。代理的内部关系是外部关系得以产生和存在的前提,而代理的外部关系则是内部关系的目的和归宿。而在英美法系中,传统上并不将代理中的委托和代理权进行区分,只作显名代理和隐名代理的区分,其代理一般仅指委托代理,很少涉及法定代理,因为其法定代理问题由家庭法律制度和信托制度解决。①

二、被代理人与代理人关系的准据法

涉外代理中被代理人与代理人之间的关系通常建立在合同的基础上,属于委托合同关系,故各国学者一致认为,被代理人与代理人之间的权利义务通常受其代理合同准据法的支配。它主要适用于诸如确定代理关系的成立、代理人的权限、代理关系的变更或终止、代理人取得佣金的权利和数额以及无权代理时代理人应负之责任等事项。

由于在合同关系的法律适用问题上,各国多以意思自治原则作为确定准据法的首要原则,这一原则同样也被多数国家有关代理内部关系的法律适用规范所采纳,即根据当事人明示或默示的合意选择的法律作为支配本人与代理人关系的准据法。这在1978年海牙《代理法律适用公约》第5条中有具体规定。不仅如此,英国、法国、美国、德国、瑞士、波兰、匈牙利等国法律也都有类似规定。

相关链接

当事人未选择法律的情况下如何确定涉外代理的准据法

在当事人未选择代理合同的准据法时,对代理内部关系应适用何种法律问题,因侧重点不同,各国立法颇为不一,判例与学说也有极大分歧。归纳起来,主要有以下几种做法和主张。

(一)适用代理人为代理行为地法

采用这一做法的国家以奥地利为代表,1978年《奥地利联邦国际私法法规》第49条规定,就委托人和代理人的关系而言,“如果适用的法律未予制定,则依代理人按委托人为第三者明显可见的意旨而在其中行事的国家的法律;如果代理人受委托为几种行为,则依代理人在通常情况下按委托人为第三者明显可见的意旨而在其中行事的国家的法律;如果依前款规定仍不能作出法律的选择,依代理人在其中为代理行为的国家的法律”。

(二)适用代理人营业地法或住所地法

1966年《波兰国际私法》第27条第1款第2项规定,在当事人未合意选择法律时,

---

① 参见佟柔主编:《中国民法学·民法总则》,中国人民公安大学出版社1990年版,第259页。

代理合同应适用合同订立时代理人的住所地法。其他国家的法律如1979年《匈牙利国际私法》(第25条)、1982年《南斯拉夫国际冲突法》(第20条)也有类似规定。

(三)采用"有限的连结点"并结合"最密切联系地"或"重心地"原则来确定准据法

这一做法将代理关系成立地法、代理行为地法、代理人住所地法或营业所所在地法结合起来加以规定,有助于实现法律适用结果的确定与灵活性的统一。1971年美国《冲突法重述(第二次)》第291条规定,被代理人与代理人间的权利义务"依与当事人及交易有最重要联系的州的本地法确定",往往是指代理合同订立地法或代理人为代理行为地法。英国判例法主张在代理合同当事人未选择法律时,原则上应适用代理合同成立地法;但当本人与代理人居住在不同国家时,许多判例主张此时应主要适用被代理人从事经营活动的国家的法律;此外,也有判例显示,如果合同与别的法律有更密切的联系,则应适用别的法律。①

依德国多数学者的观点和判例,如果当事人没有作出法律选择,则适用"当事人的假设意图"所指定的法律,即代理合同的重心地法。该重心地,既可能是代理人营业地,也可能不是。德国最高法院曾在一个案件中指出,重心地通常存在于代理人营业地,尤其是代理人在该地为代理行为时,而有时代理人的营业地仅为考虑重心地的一个因素,且非主要因素。

三、被代理人与第三人关系的准据法

被代理人与第三人的关系,即效果关系,通常包括代理人是否有代理权、代理权能否撤销以及是否有效撤回的问题,实际上就是代理人与第三人所为的法律行为是否拘束被代理人的问题,直接涉及各方当事人的利益。因此,从保护不同当事人的利益出发,各国建立了一些不同的法律适用规则,主要有以下几个方面。

(一)适用被代理人住所地法或代理内部关系的准据法

这是一种最古老的做法,在19世纪末期为各国普遍采用。其着眼点显然在于保护被代理人的权益,对被代理人最为有利。一些学者认为,既然代理的作用在于扩张和补充人的法律行为能力,而行为能力适用当事人的属人法,代理关系自然也应适用被代理人的属人法,尤其是其住所地法。在实践中,卢森堡最高法院还采用被许多学者所赞成的调整代理内部关系的准据法来支配被代理人与第三人间的关系。

(二)适用主合同准据法

主合同即代理人与第三人所缔结的合同。一般而言,主合同的准据法,或为代理人与第三人合意选择的法律,或为合同缔结地法,或为合同履行地法,都是第三人能事先预料的,因此,其着眼点在于保护第三人利益。此外,也有学者主张,代理人是否有权拘束被代理人应视为主要问题(代理人与第三人缔结的合同)的附随问题,二者应受同一法律调整。② 实践中,英国、法国即采这一做法,1889年《蒙得维的亚国际民法公

① 参见郑自文:《国际代理法研究》,法律出版社1998年版,第162~163页。

② 参见李双元主编:《国际私法学》,北京大学出版社2000年版,第279页。

约》第36条和1940年订立的同名公约第41条也采用此原则。

(三)适用代理行为地法

代理行为地法就是代理人与第三人缔结合同的合同缔结地法。由于行为地与代理的实质联系最多,容易为第三方了解和接受,有利于保护第三人的利益,且对被代理人来说,也不失公平。对此,1978年《奥地利联邦国际私法法规》第49条作了详细规定:"一、双方同意的代理的要件与效力,就委托人和代理人与第三人的关系而言,依该委托人与第三人明显可见的方式所指定的法律;二、如适用的法律未予指定,则依代理人按委托人为第三人明显可见的意旨而在其中行事的国家的法律;如果代理人受委托为几种行为,则依代理人在通常情况下按委托人为第三人是明显可见的意旨而在其中行事的国家的法律;三、如果第二款规定仍不能作出法律的选择,依代理人在其中为代理行为的国家的法律。"根据1971年美国《冲突法重述(第二次)》第292条第2款之规定,如果被代理人曾授权代理人在某地为代理行为,或导致第三人有理由相信代理人有此授权,则一般也适用代理人为代理行为地法来判定被代理人是否应对代理行为负责。

值得指出的是,在代理的法律适用中,还存在一些特殊问题和特殊类型的代理如代理人为代理的范围、复代理、表见代理、常设代理、有关土地的代理行为、船长代理、不公开本人的代理等所产生的问题,通常需要单独加以考虑。如代理人为代理行为的范围一般适用主合同的准据法、船长的行为是否约束船主和在某些情况下约束货主通常适用船旗国法、常设代理一般适用代理人的属人法或常设营业所所在地法来支配被代理人与第三人之间的关系。

四、代理人与第三人关系的准据法

一般情况下,代理人在代理权限内以被代理人的名义所为代理行为的法律后果由被代理人承担,代理人不负责任,所以,代理人与第三人的关系也通常适用被代理人与第三人关系的准据法。如果代理人的行为构成对第三人的侵权,则应依照侵权行为的准据法来确定代理人的责任。

但在代理人无权代理或越权代理,且依据支配被代理人与第三人关系的准据法被代理人对第三人不负任何责任的情况下,仍会发生适用哪国法来调整无权代理人或越权代理人与第三人的关系问题。对此,存在不同的主张。有学者认为应适用代理人行为地法,也有学者主张采纳主要合同的准据法,还有学者主张适用支配被代理人与第三人关系的准据法,甚至还有学者认为应适用代理人的属人法。

五、《代理法律适用公约》的主要内容

为解决代理的法律冲突问题,第13届海牙国际私法会议于1978年3月14日通过了《代理法律适用公约》,并于1992年5月1日生效。① 该公约共5章、28条,分别为"公约的适用范围""本人与代理人之间的关系""本人与第三人之间的关系""一般条

---

① 目前,该公约只有阿根廷、荷兰、法国和葡萄牙四个缔约国,载 http://www.hcch.net/index_en.php?act=conventions.publications&dtid=2&cid=69,accessed on 28 June,2022。

款”“最后条款”。

(一)公约的适用范围

《代理法律适用公约》第一章(第1~4条)规定了公约的适用范围。《代理法律适用公约》主要适用于具有国际性质的商行为代理,即代理人代表本人与第三人进行或打算进行交易,但也不排除适用于代理人负责以他人名义接收和传达意思表示(假代理),或者与第三人进行谈判(代理谈判)等场合。并且,无论是显名代理或隐名代理,还是常设代理或临时代理,该公约规定均应适用。但对以船长身份从事的代理、诉讼代理、家庭法、夫妻财产制和继承法中的代理,该公约明文规定不予适用。同时,该公约也不适用于代理关系中当事人的行为能力以及形式方面的要求。

(二)本人和代理人之间的关系

《代理法律适用公约》规定,本人与代理人之间的关系,适用当事人按照双方共同的意思表示所选择的某国国内法。此种选择必须是明示的,或是从当事人间的协议以及案件的事实中合理而必然地可以推定的。如果当事人未作选择,则适用代理关系成立时代理人的营业所所在地法;假如代理人没有营业所,则改为适用其惯常居所地法。但如果本人在代理人为代理行为国家内有营业所或惯常居所,则应适用代理人为代理行为地法。在本人或代理人有一个以上的营业所时,上述所谓的营业所则是指与代理关系有最密切联系的营业所。但在代理关系是基于雇佣合同而产生的场合,《代理法律适用公约》则规定本人与代理人之间的关系的准据法的确定,不适用该公约的上述规定。

《代理法律适用公约》第8条规定了本人与代理人之间的关系的准据法的适用范围,即代理关系的成立及其效力、双方当事人的义务、履行的条件、不履行的后果以及此项义务的消灭,并且强调本人与代理人之间的关系的准据法特别适用于下列事项:(1)代理权的存在和范围,变更或终止,代理人逾越权限或滥用代理权的后果;(2)代理人指定替补代理人、分代理人或增设代理人的权利;(3)在代理人和本人之间存在潜在的利益冲突的场合,代理人以本人名义订立合同的权利;(4)非竞争性营业的条款和信用担保条款;(5)在顾客中树立的信誉的补偿;(6)可以获得赔偿的损害的种类。

(三)本人和第三人之间的关系

如前所述,在国际私法上,由于对代理关系保护的着眼点不同,各国常采用不同的法律适用原则。如何协调好外部关系各方当事人的利益是制定公约过程中所面对的最棘手的问题。《代理法律适用公约》最终采用了折中的方法:《代理法律适用公约》第11条第1款规定,在本人与第三人关系中,代理权的存在与范围以及代理人行使或意图行使代理权所产生的效力,应适用代理人为有关行为时其营业所所在地法。为保护第三人的利益,第2款又规定,有下列情形之一的,则改为适用代理人为代理行为地法:(1)本人在代理人为有关代理行为地国家内设有营业所,或虽无营业所,但有惯常居住所,并且代理人正以本人名义进行活动的;(2)第三人在代理人为代理行为地国家内设有营业所,或虽无营业所但设有惯常居所;(3)代理人在交易所或拍卖行为代理行为的;(4)代理人无营业所。该公约还指出,在当事人一方有数个营业所的场合,该条所指的营业所,系指与代理人所为的有关行为有最密切联系的营业所。《代理法律适用公约》第 12 条还规定,根据代理人与本人之间的雇佣合同而进行活动的代理人,如果没有营业所,则视本人的营业所为代理人的营业所,从而适用本人的营业所所在地法来支配本人与第三人之间的关系。

《代理法律适用公约》第 13 条第 2 款规定了适用代理人为代理行为地法的例外。如果代理人与第三人在不同国家通过信件、电报、电传、电话或其他类似手段进行通信联系的,则应视为在其营业所所在地从事此类代理活动,不适用代理人为代理行为地法,改为适用代理人营业所所在地法;无营业所的,则适用代理人惯常居所所在地法。该项例外规定,当然是基于在此种情形下代理行为地与交易无内在联系的考虑而做出的。

《代理法律适用公约》还规定,如果本人或第三人已就第 11 条涉及的问题的法律适用作了书面约定,并且此项约定已为另一方当事人所接受时,则该约定的法律应适用于此类问题。显然,就本人与第三人间关系的法律适用,该公约也是允许按照意思自治原则由当事人合意选择的。

此外,《代理法律适用公约》还就代理人与第三人关系的准据法做出了规定,规定支配本人与第三人关系的准据法也应支配代理人与第三人之间因代理人行使其代理权、超越代理权或无权代理所产生的关系。

(四)一般条款和最后条款

《代理法律适用公约》第 4 章(第 16 ~ 22 条)规定了与公约适用有关的一些基本问题。为防止当事人规避有关强制性规范,该公约规定,在适用公约时,如根据与案件有重大联系的任何国家的法律,该国强制性规范必须适用,则该项强制性规范可以予以实施,而不管该国国际私法规则规定的是应适用何种法律。为了有利于吸引更多的国家参加《代理法律适用公约》,《代理法律适用公约》还规定了公共秩序保留条款。但为了尽量使公共秩序保留条款对《代理法律适用公约》的效力的限制减少到最低限度,《代理法律适用公约》采取了严格的态度,规定:“本公约规定应适用的法律只有在其适用会明显地与公共政策相抵触时才可拒绝适用。”

基于保持《代理法律适用公约》适用的普遍性的考虑,《代理法律适用公约》规定,除在银行交易中,为银行或银行团进行的代理、保险业务中的代理,以及在行使职权时替私人从事这类代理活动的公职人员的行为,缔约国有权保留不适用本公约外,不得允许再提出其他保留。最后,《代理法律适用公约》倾向于实体法指定说,不接受反致、转致和间接反致。如内国法强制性规定的优先适用、公共秩序保留条款、公约的保留等。

六、我国关于涉外代理法律适用的规定与实践

《中华人民共和国民法典》第七章以专章的形式规定了我国代理制度。尽管《中华人民共和国民法典》吸收英美法中的隐名代理制度和未披露本人的代理制度,但这并没有改变我国代理立法与实践主要承袭了大陆法系的代理制度的特征,代理权的独立性原则仍然是我国代理制度的核心。不过值得注意的是,《中华人民共和国民法典》改变了《中华人民共和国民法通则》将代理分为委托代理、法定代理和指定代理的做法,

将代理分为委托代理和法定代理。《中华人民共和国涉外民事关系法律适用法》首次对代理的法律适用进行了明确规定。该法第16条规定："代理适用代理行为地法律，但被代理人与代理人的民事关系，适用代理关系发生地法律。当事人可以协议选择委托代理适用的法律。"从该规定来看，至少包括如下内容：(1)该条所调整的代理不仅包括被代理人与代理人之间的民事关系，而且也包括代理所涉及的种种其他问题，如代理权、代理行为、代理人或被代理人与第三人的关系等。(2)法定代理适用代理行为地法，但是被代理人与代理人的民事关系适用代理关系发生地法。(3)委托代理当事人可以协议选择委托代理适用的法律，否则，委托代理适用代理行为地法，但是被代理人与代理人的民事关系适用代理关系发生地法。值得注意的是，委托代理中选择委托代理法律适用的当事人不应限于被代理人和代理人，从理论上至少还包括代理人与第三人、第三人与被代理人之间就委托代理权限等问题选择适用的法律，当然这应当将委托代理权限等问题与代理人在被代理人授权代其与第三人产生的民事法律关系相区分。

在事例6.5中，法院认为斯堪的纳维亚公司为注册在瑞典的公司，被告艾克哈玛·约翰·约瑟夫·尤金为瑞典国籍，本案系涉外委托合同纠纷。被告斯堪的纳维亚公司受原告委托，在瑞典代理原告申请工作签证。双方在天津签订《委托代理服务合同》，从而建立代理关系，故代理关系发生地在中华人民共和国境内。最终，法院依照《中华人民共和国涉外民事关系法律适用法》第16条的规定适用我国法律支持了原告的主张。

课堂讨论案例

1. 我国澳门特别行政区尼珈多次地产公司与澳大利亚昆士兰房地产公司签订了一份代理协议，由尼珈多次地产公司作为昆士兰房地产公司的代理人，在中国澳门特别行政区和东南亚寻找买主购买位于澳大利亚昆士兰州的土地。双方在代理协议中约定该协议适用中国澳门特别行政区法律。后来，尼珈多次地产公司因其收取佣金的要求得不到满足，就在澳大利亚的法院对昆士兰房地产公司提起诉讼。被告主张原告不能取得代理佣金的理由是，原告并未按昆士兰州法律的要求获得充当不动产代理人的许可证，而且，代理协议规定的佣金额已超过昆士兰州法律所允许的最高限额，不遵守该法的规定是要被处以罚款的。

[问] 该案应该如何确定准据法？现代国际社会对代理的法律适用的主要理论与实践？

2. 李查蒂为墨西哥一名22岁的青年，在法国巴黎香榭丽舍大道的著名珠宝店看中一款举世无双的钻石皇冠，标价30万美元。李查蒂反复琢磨后签发一张期票，向巴黎商人购买该珠宝。其后被诉请付款时，竟以他依其属人法（墨西哥法）为未成年人而无行为能力（墨西哥规定23岁为成年）为由主张契约无效。法国最高法院确认事实审法院的判决，责令被告李查蒂应为给付。

[问] 李查蒂在法国巴黎购买珠宝的行为能力应依何种准据法来认定？为什么？我国对涉外法律行为法律冲突的解决是如何处理的？

法律职业资格考试真题

1. 大卫是甲国人，同时具有乙国国籍，其住处在甲国，其惯常居所在乙国。后因在丙国为票据行为所引起的票据纠纷在我国涉诉。为了确定大卫之票据行为的效力，我国法院首先要确定他是否具有民事行为能力。按照我国《票据法》的规定，票据债务人的民事行为能力适用其本国法。大卫同时具有甲国国籍和乙国国籍，我国法院应如何确定其本国法？（2004 年试题）

A. 以大卫有住所的甲国法律为其本国法

B. 以票据行为地丙国的法律为其本国法

C. 以大卫有惯常居所的乙国法律为其本国法

D. 以与大卫有最密切联系的国家的法律为其本国法

2. 在中国法院审理的某票据纠纷中，与该票据相关的法律行为发生在中国，该票据付款人为甲国某州居民里斯。关于里斯行为能力的法律适用，根据我国相关法律规定，下列哪一判断是正确的？（2010 年试题）

A. 应适用与该票据纠纷有最密切联系的法律

B. 应适用里斯住所地的法律

C. 如依据中国法里斯具有完全行为能力，则应认定其具有完全行为能力

D. 如关于里斯行为能力的准据法无法查明，则应驳回起诉

3. 下列选项哪个是各国立法和司法实践一般主张的有关涉外无因管理的准据法？（2000 年试题）

A. 财产所在地法　　　　B. 管理人住所地法

C. 受管理人住所在法　　D. 无因管理行为实施地法

4. 英国公民苏珊来华短期旅游，因疏忽多付房费 1000 元，苏珊要求旅店返还遭拒后，将其诉至中国某法院。关于该纠纷的法律适用，下列哪一选项是正确的？（2016 年试题）

A. 因与苏珊发生争议的旅店位于中国，因此只能适用中国法

B. 当事人可协议选择适用瑞士法

C. 应适用中国法和英国法

D. 应在英国法与中国法中选择适用对苏珊有利的法律

5. 中国人王某在韩国旅游期间生病晕倒，在韩国出差的日本人桥本太郎将王某送入医院并垫付了医药费，王某未向桥本太郎返还医药费，伤好出院回国。桥本太郎向

上海某法院起诉王某,要求其偿还医药费。已知王某和桥本太郎都定居上海,且双方没有选择法律,法院解决本案争端应适用哪国法?(2019年试题)

A. 中国法　　B. 日本法

C. 韩国法　　D. 最密切联系地法

6. 经常居住地在巴黎的法国人玛丽在广州工作,2020年圣诞节玛丽回国后,其饲养的宠物猫从阳台跃入邻居李某家被后者收留和饲养。玛丽回广州后,李某归还并要求支付饲养费用,玛丽拒绝。李某向中国某法院起诉,下列选项正确的是哪个?(2021年试题)

A. 若李某和玛丽未选择法律,法院应在中国法和法国法中择一适用

B. 若李某和玛丽协议选择德国法,法院应支持

C. 应适用中国法

D. 李某和玛丽只能在中国法和法国法中选择其中之一适用

第七章　涉外物权关系的法律适用

[知识结构图]

- 涉外物权关系的法律适用
  - 物之所在地法原则
    - 涉外物权法律冲突的特征
    - 物之所在地法原则的适用与例外
    - 我国关于物权法律适用的规定与实践
  - 国有化的国际私法问题
    - 国有化及其域外效力
    - 国有化的补偿问题
    - 我国关于国有化及补偿问题的规定与实践
  - 国际破产的法律适用
    - 国际破产的管辖权
    - 国际破产的法律适用
    - 破产宣告的域外效力
    - 我国关于国际破产的规定与实践
  - 国际信托的法律适用
    - 国际信托的法律冲突
    - 国际信托的法律适用
    - 《关于信托的法律适用及其承认的公约》的主要内容
    - 我国关于信托法律适用的规定与实践

[内容导读]

在国际民商事关系中,涉外物权关系占有十分重要的地位。目前,涉外物权关系的法律适用主要包括如下问题:物之所在地法原则的内涵、适用范围与例外,国有化法令的域外效力与补偿标准,国际破产的内涵、相关管辖权问题、法律适用、破产宣告的域外效力,国际信托的法律适用及相关国际立法现状。通过本章内容的学习,有助于我们在处理国际民商事案件时,正确地选择物之所在地法原则来解决一般物权的法律适用问题,妥善地解决国有化法令的域外效力和补偿标准问题,准确地确定国际破产案件的管辖权、法律适用以解决国际破产案件的国际冲突问题,适当地处理国际信托的法律适用问题。

本章的重点和难点问题有:物之所在地法的适用范围及例外、破产宣告的法律适用与域外效力。学习时应结合相关案例准确把握涉外物权关系、国际破产案件的法律适用规则。

[法律职业资格考试要点]

本章在考试中所涉及的要点有:物之所在地法原则(物之所在地法原则的内涵、物之所在地法的适用范围、物之所在地法适用的例外)、涉外物权法律关系的适用、中国有关物权法律适用的规定,国有化法令的域外效力,国际破产的管辖权与法律适用,国际信托的法律适用。

第一节　物之所在地法原则

事例 7.1

中国公民甲与美国公民乙在北京签订一房屋买卖合同,约定甲以 50 万美元的价格购买乙位于纽约的一套公寓。后发生争议,甲诉诸美国纽约法院。

[问]　此案应适用何国法律来进行处理?

一、涉外物权法律冲突的特征

物权是一个基本的法律范畴,是指权利人对特定的物所享有的直接支配、利用和管领,并排除他人干预的排他性的权利。涉外物权是指含有涉外因素的物权,如主体、客体、内容含有涉外因素,即为涉外物权。

在涉外物权关系中,由于各国有关物权的主体、客体、内容、变动、取得、保护等问题的法律规定不同,难以避免地会发生法律适用上的冲突,需要解决法律选择的问题。对此,各国立法的规定是不尽相同的,但通常都确定应适用物之所在地法来确定物权关系中当事人的权利与义务。

在事例 7.1 中,甲与乙之间的物权关系具有涉外因素,涉及中国和美国的法律,由于中、美有关物权的法律制度存在冲突,就需要解决其法律适用问题。一般情况下,适用物之所在地法也即美国法来解决本案纠纷。

相关链接

涉外物权法律冲突的形态

由于世界各国政治经济体制不同,法律传统与文化各异,其有关物权方面的立法往往存在歧异、矛盾和冲突。这些法律冲突主要体现在以下几个方面。

(一)物权主体的法律冲突

一般来说,自然人(包括内国人和外国人)、法人、国家、国际组织等均可以作为平等的法律主体取得和拥有物权。但也有些国家基于法律与政策的选择,对于不同主体的物权取得能力从立法上给予了一定的限制。如按照我国法律的规定,只有国家和集体组织才能取得土地所有权,一般的自然人、法人和社会组织不能取得土地所有权。但为了弥补制度上的缺陷,法律规定自然人、法人可依法取得土地使用权。

(二)物权客体的法律冲突

综观世界各国的立法现状,多数国家把物权的客体分为动产和不动产,并确定了不同的法律规则。如德国的法律对于不动产的规定是限制性的,仅限于土地和固定在土地上的物,日本也沿袭德国法的这一规定,而法国则认为土地和地上设施的收益以及固定附着物均为不动产。此外,对于物权客体的分类,也有些国家分为有体物和无体物，甚至把权利财产也纳入物权的客体范围，如英美的立法。但德国对诸如股票、债券、票据等权利，一律归于债权范畴。

（三）物权种类和内容的法律冲突

各国物权的种类和内容，由于政治、经济体制和法律传统的不同，均存在一定的差异。如德国有关法定他物权包括地上权、地役权、先买权、抵押权、动产质权和不动产质权等，而法国有关法定他物权则包括地役权、优先权、抵押权、质权等。在我国，现行民法典规定的用益物权包括土地承包经营权、建设用地使用权、宅基地使用权、地役权、居住权等。

（四）物权取得的法律冲突

世界各国的法律对于物权的取得，特别是物权的原始取得确定了不同的规则。如我国法律规定的加工、添附、善意取得等，日本法律规定的先占、遗失物拾得、埋藏物发现、财产附合、加工、添附、取得时效等。

（五）物权变动的法律冲突

由于世界各国的立法体制不同，关于物权变动的规则各有不同。如德国民法规定，动产以交付为变动要件，不动产以登记为变动要件。法国与日本民法则规定，动产和不动产均以当事人意思表示为变动要件，交付和登记仅为对抗第三人的要件。英美国家的法律甚至还规定有“所有权保留条款”，允许财产在约定交付和占有后仍保留所有权。

（六）物权保护的法律冲突

从世界各国的立法来看，对于物权的保护方法，也各自有不同的规定。如德国民法对各种物权提供了极为详尽的保护方法，包括公力救济、私力救济、占有保护、本权保护以及债权保护方法等。我国民法典延续了物权法的物权平等保护原则，在此基础上形成了综合性的保护方法，尤其是物权请求权制度的确定，标志着我国物权保护制度已经日益完善。

二、物之所在地法原则的适用与例外

（一）物之所在地法的产生与发展

物之所在地法（*lex rei sitae*，*lex situs*），是指物权客体所在地的法律。物之所在地法是意大利著名法学家巴托鲁斯首先提出来的。他主张把物权区分为动产和不动产，不动产适用物之所在地法（“物法”），动产适用当事人属人法（“人法”）。后来，随着社会的发展，对动产、不动产统一适用物之所在地法逐渐被国际社会所认同。现在，适用物之所在地法来解决物权的法律冲突问题已成为一个基本的准据法选择方法和原则。

（二）物之所在地的确定

在涉外物权关系中，以物之所在地法来确定涉外物权关系的法律适用，首先就需要确定物之所在地。如何确定物之所在地，原则上应由法院地法来确定。一般来说，确定不动产或有体物的物之所在地，相对比较容易，而确定无体物的物之所在地则较难。需要注意的是,因为动产的所在地是不固定的、偶然的、可以移动的,因而往往也存在一定的困难。在实践中,物之所在地的确定方法可以归纳为如下几个方面:

1. 对不动产和有体动产,物之所在地应为它们物理上的所在地。

2. 对于处在运输途中的有体动产,一般不以物之所在地来确定其应适用的法律,而是采取下面两种办法来确定:(1)始发地;(2)目的地。

3. 对于无体动产,以该项财产能被追索或执行的地方来确定适用的法律。

(三)物之所在地法的适用范围

事例7.2

英国甲公司同美国的代理商乙公司签署一代理买卖合同,约定乙公司将货物按FOB方式在纽约港提交给甲指定的船舶。在该船离开纽约港之前,甲公司破产。那么,乙公司是否有权扣留该批货物问题应如何适用法律?

综观世界各国的立法与实践,物之所在地法的适用范围主要包括以下几个方面。

1. 动产或不动产的识别

对于动产与不动产的识别,各国法律规定不同。如有些国家的法律规定,房屋上的固定附着物、池塘里的鱼、森林中的走兽属于不动产,不动产所有人为使用经营该不动产而设置的物,诸如耕畜、农具、鸡舍中的鸡、蜂巢中的蜂群等,按其用途皆应视为不动产。按照传统的识别规则,应依法院地法来进行识别,但考虑物权的性质和特征,如果不依物之所在地法来识别动产或不动产,可能导致适用非物之所在地的法律,从而使其判决得不到物之所在地法院的承认与执行,不利于保护权利人的合法权益。

由于动产所有权的转移以及就动产设定的抵押,均与不动产不同,尤其在继承制度中,许多国家采分割制,对动产与不动产继承适用不同的准据法。因此,对动产与不动产的识别,在国际私法上具有重要的意义。

2. 物权客体的范围

各国法律对于物权客体的范围问题,其规定都是不尽相同的。如在一国境内,哪些财产可以成为外国自然人、法人或外国国家所有权的客体等问题,必须由物之所在地法来决定。

3. 物权的内容和行使

各国物权法对物权的种类、内容以及物权的行使等的法律规定不同,因而就需要在涉外物权关系中,确定相应问题的准据法。目前对于这一问题,国际社会的普遍立法实践是,物权的内容和行使,由物之所在地法来决定,但关于留置权,因有些国家认为是一种债权,物之所在地法的适用就会受到某些限制。此外,关于运输途中物品的法律适用,也容易发生争执。

4. 物权的取得与变动

在涉外物权关系中,物权的取得、变更与消灭也常常发生法律冲突。因而需要确定准据法,对此,各国的普遍实践基本一致,即适用物之所在地法来确定。

相关链接

需要注意的是，对于物权的行为能力问题，有些国家适用当事人属人法，如日本、德国则兼采行为地法。而英美国家则区分动产、不动产，分别确定行为能力问题，对不动产，行为能力一律依物之所在地法；对动产行为能力，美国冲突法主张依物之所在地法，英国冲突法则倾向于适用转让时动产所在地国家的法律。

对于物权行为方式，如物权登记，一般主张应适用行为地法。但也有主张依行为究竟属物权行为或债权行为来分别确定其法律适用的。

对于物权灭失的风险，由于各国均认为应由所有权人承担，因而所有权转移的时间问题最为重要。对此，一般依物之所在地法确定。但1958年订于海牙的《国际有体动产买卖所有权移转法律适用公约》第2条规定，出卖人对出卖物风险负担的终止应该由买卖合同准据法来确定。

5. 物权的保护方法

物权的保护方法一般也适用物之所在地法。如所有权人对无权占有或侵占其财物者的返还请求权；妨碍所有权行使的排除侵害请求权等。

由于某些物权的特殊性，往往使适用“物之所在地法”成为不可能或不合理，因而在各国实践中，这个原则也存在一些例外情况。

（四）物之所在地法适用的例外

由于涉外物权关系具有一定的特殊性，物之所在地法作为解决物权问题的准据法尚存在一些例外情形。

1. 运输物品的物权关系

运输途中的物品，其物之所在地是很难确定的，而且可能处于任何国家的法律管辖之外，如途经公海上的物品。因此，对于运输途中的物品，其准据法的确定不能一概适用物之所在地法来解决。在实践中，运输物品的物权关系之准据法的确定可以考虑如下方法：(1)适用送达地法。(2) 适用始发地法。(3)适用所有人属人法。需要注意的是，运输途中的物品并不是绝对不能适用物之所在地法的。在某些情况下，如因特殊原因导致运输停止，该物品的买卖和抵押即可适用该物之所在地法。

2. 运输工具的物权关系

由于汽车、船舶、飞行器等运输工具处于运动之中，难以确定其所在地，而且有时可能处于任何法律管辖之外，因此，有关船舶、飞行器等运输工具的物权关系一概适用物之所在地法是不恰当的。综观国际社会的立法与实践，多主张运输工具的物权关系适用注册登记地法或者旗国法。例如，《中华人民共和国民用航空法》第186条规定：“民用航空器抵押权适用民用航空器国籍登记国法律。”值得注意的是，上述主张也不能完全排除所有权人或其债权人适用物之所在地法。

3. 外国法人终止或解散时的物权关系

外国法人在自行终止或被其所属国解散时，其财产的清理和清理后的归属问题不应适用物之所在地法，而一般应适用其注册登记地法来解决。但需要注意的是，外国法人在内国因违反内国法律而被内国撤销时，该外国法人的财产处置就应适用内国法。

4. 与人身关系密切的物权关系

与人身关系密切的涉外物权关系，可以适用物之所在地法来确定其准据法，但在有些国家，存在一些例外的情形。如在涉外遗产继承问题上，有些国家对遗产不区分动产与不动产，一概依据被继承人的属人法处理，排斥物之所在地法的适用。如日本继承法规定，继承依被继承人的本国法。而有些国家则将遗产区分为动产和不动产，分别适用不同的准据法，即动产适用被继承人死亡时的住所地法，不动产适用遗产所在地法。又如夫妻财产制中的动产，亲子关系中产生的抚养费等动产物权，许多国家的法律规定适用有关当事人的属人法。

5. 无主土地上的物权关系

当某物处在诸如地球的南极、公海或月球的外层空间等不受任何国家主权与法律管辖的场所，则无物之所在地法可言，一般主张依占有者属人法处理。

6. 国家财产

根据国际法基本原则，国家及其财产在国际交往中享有司法豁免权，因而涉及国家财产所有权问题时，一般应依财产所属国家的法律，而排除物之所在地法的适用，但对于不动产，有些国家法律规定亦得符合物之所在地法的规定。

在事例 7.2 中，乙公司是否有权扣留该批货物的问题应由物之所在地法确定，即适用美国纽约地区的法律来确定。

三、我国关于物权法律适用的规定与实践

我国关于物权法律适用的规定散见于不同的法律之中。内容主要涉及不动产的所有权、遗产的法定继承，以及船舶、航空器的所有权、抵押权、优先权等几个方面。

《中华人民共和国涉外民事关系法律适用法》及其司法解释规定，对不动产的所有权、买卖、租赁、抵押、使用等涉外物权关系，应适用物之所在地法。而在动产继承关系方面，《中华人民共和国涉外民事关系法律适用法》明确规定不动产法定继承适用物之所在地法，动产继承适用被继承人死亡之时的经常居所地法，似表明仍坚持按财产的性质分别适用不同的法律。

此外，《中华人民共和国海商法》第 270 条、第 271 条和第 272 条规定："船舶所有权的取得、转让和消灭，适用船旗国法律。" "船舶抵押权适用船旗国法律。船舶在光船租赁以前或者光船租赁期间，设立船舶抵押权的，适用原船舶登记国的法律。""船舶优先权，适用受理案件的法院所在地法律。"《中华人民共和国民用航空法》第 185 条、第 186 条和第 187 条规定："民用航空器所有权的取得、转让和消灭，适用民用航空器国籍登记国法律。""民用航空器抵押权适用民用航空器国籍登记国法律。""民用航空器优先权适用受理案件的法院所在地法律。"

理论争鸣

对于物之所在地法原则的根据,国际私法学界历来颇有争议。主要观点大体可以分为下面几种:(1)主权说。主张物权适用物之所在地法是所在地国家主权的需要。(2)法律关系本座说。此说为萨维尼提出。他认为物权关系的"本座"应是标的物之所在地法,有关物权的取得、占有、使用或处分,均应适用物之所在地。(3)利益需要说或实际需要说。认为法律是为集体利益制定的,物权关系适用物之所在地法是维护社会的需要。此说还认为:物权是具有"对世效力"的,因而从公共利益和实际需要出发,应适用物之所在地法。(4)方便说和控制说。认为有关不动产的所有权适用不动产所在地法是基于便利和适宜的考虑。

我们认为,涉外物权关系适用物之所在地法,是由物权关系的本性决定的。首先,物权关系是一种最基本的法律关系,各国基于国家主权的考虑,希望用自己的法律来控制位于其境内的物权关系;其次,权利人要实现物权,谋求利益,也只有适用物之所在地法最为妥当;再次,物之所在地法也是物权保护最适宜的法律;最后,对于物权客体来说,适用外国法,在技术上也存在诸多困难。但需要注意的是,对于动产,有时候需要考虑个案的具体情况,灵活确定应适用的准据法,如当事人属人法等。

第二节 国有化的国际私法问题

事例 7.3

美国 A 公司在武汉投资设立一独资 B 公司，后因防洪需要，需要对 B 公司进行整体征收。

[问] 此案应如何处理？

一、国有化及其域外效力

国有化(nationalization)，是指国家通过有关法令对原属私人(包括内外国自然人和法人)所有的财产，进行征用、征收或没收等其他类似方式收归国家使用或所有的一种强制性法律措施。

根据国家主权原则，任何国家都有权依照法定程序采取国有化措施，而不受他国干涉。因此，一般来说，国有化法令，对被国有化的内国人位于境内的财产，是具有绝对的效力的。但对位于境内的外国人的财产，以及位于境外的内国人的财产，其效力在国际私法上却存在分歧。

(一)国有化法令对本国人在外国的财产的效力

对此，一般区分两种不同的情况：(1)给予了一定补偿的征收、征用。此类国有化法令具有民事法律行为的性质，他国应当承认其域外效力。(2)不给予补偿的没收。此类国有化法令因具有刑罚性质，对位于国内的财产具有效力，但对位于外国的财产则不发生效力。

(二)国有化法令对外国人在内国的财产的效力

对于国有化法令对外国人在内国财产上的效力问题，历史上各国多依据习惯国际法规则拒绝予以承认。但随着现代国际法的发展，国际社会开始倾向于承认外国国有化法令的效力。但各国在承认该效力的同时，通常要求所在国给予一定的补偿。

我们认为，国有化法令作为一种主权行为，当然具有域内效力。不管该财产是属于内国人还是属于外国人。而对于内国人位于域外的财产，根据国家主权原则，也应当具有域外效力，各国应在尊重国家主权原则和不影响公共秩序的基础上，相互承认彼此国家的国有化法令的域外效力。

理论争鸣

对于国有化法令的域外效力问题，学者提出了不同的主张：(1)认为对私人财产实行国有化与私有财产神圣不可侵犯原则相矛盾，从而与西方国家的公共秩序相抵触，故应否定其域外效力。(2)认为只有已被实行国有化的国家事实上掌握的财产，才能被视为已国有化了的财产，而在实行国有化国家域外的财产是该国所不能掌握的财产，则应依物之所在地法，来决定该财产的命运，若该国承认国有化法令的域外效力，该国有化法令则有效,否则即无效。需要注意的是,西方国家虽然提出了种种否定国有化法令域外效力的理由,但在实践中,它们基于自己的对外政策和实际利益的需要,又在一定程度上承认国有化法令的域外效力。

二、国有化的补偿问题

对于国有化法令所涉及的财产是否应予以补偿,世界各国在立法与实践上一直存在分歧,主要有如下三种主张:

1. 不予补偿。这种观点认为,一国对其领域内的任何人和物所为的行为,都是该国的主权行为,一国的国有化措施,理应受到各国的尊重。外国人必须无条件地接受所在国的管辖,自觉地服从和遵守所在国的法律规定,如果实行国有化的国家对其本国人不予补偿,则对外国人也可以不给予补偿。

2. 给以"充分、有效、及时"的补偿。这是西方发达国家的主张。这些国家多为资本输出国,其目的在于保护本国海外投资者利益。这里所谓"充分",是指对被国有化的财产予以全额补偿;"有效",是指补偿的计价和支付的必须是可自由兑换或者对方接受的世界流通货币;"及时",是指立即兑现。

3. 给予"适当、合理"的补偿。这是为国际社会普遍接受的。一般通过国际条约规定,原则上不对对方投资采取国有化措施,特殊情况下确有必要时,应给予适当的、合理的补偿。

三、我国关于国有化及补偿问题的规定与实践

我国基于国家主权原则与具体国情,同世界上许多国家签订了大量的双边投资保护协定,并制定了相关的国内立法,在国有化及补偿问题上确定了如下基本规则:

1. 原则上对外资企业、合营企业和外国投资者的财产不实行国有化和征收,只有在特殊情况下,根据公共利益的需要,按照严格的法律程序,在非歧视原则的条件下,才能对外国投资者的财产采取征收和国有化措施。

2. 给予适当的、合理的补偿。该补偿在价值上应与采取国有化措施时的被征收财产的实际价值相当,并应该是及时的、能自由兑换和转移的。

3. 对投资的保护和补偿发生争议,可由双方协商解决。协商不成,可提交仲裁解决。

在事例7.3中,可以依照我国有关法律的规定,给予被征收的企业以合理的、适当的补偿。

第三节 国际破产的法律适用

事例7.4

美国甲公司在中国上海设立外商独资企业乙公司,该公司于2002年以该公司的厂房作抵押向美国花旗银行贷款4000万美元。后因经营不善,除这笔债务以外,尚有其他债务共计约2100万美元,已经资不抵债。

[问] 本案乙公司的财产应如何处理?

一、国际破产的管辖权

破产,是指债务人的全部财产不足以清偿债务,法院依照债权人或本人的申请宣告债务人破产还债的法律制度。国际破产(international bankruptcy),也称“跨国破产”(cross-border insolvency),是指包含涉外因素(国际因素)的破产。其中的涉外因素包括:(1)债权人和债务人分属不同的国家;(2)破产财团中的财产分散于不同的国家;(3)破产债权是受外国法支配的一项交易而产生;等等。在国际私法中,国际破产问题素来被认为十分复杂,因为它既涉及各国法院的管辖权,也涉及物权法及债权法,其中主要包括单一破产制(unity bankruptcies)和复合破产制(plurality bankruptcies)的问题,以及国际破产的域外效力问题。

国际破产法在法源上主要包括国内渊源和国际渊源。国内法渊源大致有三种表现形式:(1)在国内破产法中规定国际破产法律规范。(2)在本国国际私法法典中规定国际破产制度。(3)普通法系国家国内法院的判例。国际法渊源目前主要为国际条约,包括双边条约、国际私法公约中关于国际破产的规定,以及专门性的国际破产公约。此外,国际破产法的渊源还包括国际破产法示范法。①

国际破产管辖权,是指一国法院受理国际破产案件的依据,这对于国际破产案件的审理具有十分重要的意义。综观世界各国的立法与实践,国际破产案件管辖权的确定主要考虑以下因素。

1. 住所地

各国一般以住所地原则来确定对破产案件的管辖权。在住所不明的情况下,一些国家也倾向于以居所或惯常居所代替住所。如1987年《瑞士联邦国际私法典》的规定即如此。

2. 主营业所所在地

以债务人的主营业所所在地来确定国际破产案件的管辖权,是国际社会新发展起来的一种管辖依据,现已得到世界各国的普遍认同。这是因为:(1)债务人的债权债务多发生于其主营业所,由营业所所在地来确定法院管辖权,便于查清债权债务关系;

---

① 参见石静遐:《跨国破产的法律问题研究》,武汉大学出版社1999年版,第328~349页。

(2)债务人的财产、账册等多在其主营业所保存,故由主营业所所在地法院管辖也便于及时由破产管理人接收有关材料,清理债务人资产。

3. 财产所在地

在实践中,债务人或破产人的主要财产所在地,在实践中是确定国际破产案件管辖权的次要连结因素。要注意的是,这一方法仅适用于大陆法系的一些国家和极少数的英美法系国家,且只作为确定法院管辖权的补充原则,即在债务人或破产人无营业所或住所时,对其破产才由其主要财产所在地的地方法院管辖。

4. 国籍国

这是极少数国家的立法,即依据有关当事人的国籍来确定法院的管辖权。但这一做法并不具有普遍意义。

由于各国对国际破产案件管辖标准的规定或者解释不同,因此不可避免地会发生国际破产案件管辖权的冲突。对此,国际社会主要采取如下两种途径来解决:(1)通过国内立法或判例来确定一定的规则,以适当限制内国法院的管辖权。如由先受理破产申请的法院管辖;债务人若没有财产在内国时,放弃行使管辖权。(2)通过国际条约或协调的方法来减少或避免管辖权的冲突。

二、国际破产的法律适用

国际破产案件涉及法律问题复杂,因此各国对其法律适用问题大多采取分割制,分别适用不同的法律。大体来说,可分为破产程序、破产债权、破产财团、破产管理等几个主要方面。

(一)国际破产程序的法律适用

破产程序是法院处理破产案件时,法院、当事人以及其他破产程序的参与人所应遵循的程序,以破产宣告为界,一般可分为破产宣告前的程序和破产宣告后的程序,前者指破产申请程序,后者指破产清算程序。整个破产程序可以分为三个阶段,即破产申请、破产宣告和破产清算。在国际私法中,一般认为程序问题依法院地法,故破产程序的法律适用也应依法院地法,也就是破产宣告国法。

(二)国际破产债权的法律适用

所谓国际破产债权,是指基于破产宣告前的原因成立的,依破产程序申请并经确认,能够从破产财团中受到清偿的债权,值得注意的是,该债权必须为无财产担保债权和放弃优先受偿的有财产担保债权及其他债权。由于各国破产法对破产债权的范围以及清偿顺序等问题规定不同,法律适用上主要有两种主张:(1)适用破产宣告国法;(2)适用破产宣告时的财产所在地法。

(三)国际破产财团的法律适用

国际破产财团,是指在国际破产程序中,为清偿破产债务而组织管理起来的破产人的全部财产。由于各国对破产财团的范围、破产财团有关的否认权、别除权、取回权等方面的规定不同,从而可能产生法律冲突。一般来说,关于破产财团的范围问题,适用破产宣告国法;关于债权人对破产财团的物权,如别除权、取回权等,应适用物之所在地法,而债务人对抗债权人的抵消权和否认权等,各国一致认为应依破产宣告国法。

(四)国际破产管理的法律适用

国际破产管理主要包括对破产管理人的任命、申报债权的方式、债权人会议对破产财产的清查、估价、变卖和分配等。破产管理既涉及程序问题,也涉及实体问题,其法律适用,多主张适用管理地法,即破产宣告国法。

三、破产宣告的域外效力

由于国际破产案件含有涉外因素,如债权人分布于不同的国家、破产财产位于不同的国家等,破产宣告必然涉及域外效力问题。所谓破产宣告的域外效力,是指债务人在一国被宣告破产时,能否把其位于外国的财产归入破产财团的问题。对此,有必要先介绍单一破产制和复合破产制。

所谓单一破产制,是指某一债务人在一国宣告破产后,就无须在其他国家宣告破产,该破产宣告的效力及于债务人位于各国的财产,依破产程序发布的命令或做出的处分在各国均有效。单一破产制为债权人和债务人提供了方便快捷的破产模式。目前采用这一模式的有比利时、法国、荷兰、挪威等国。这一方式一般需要通过国际条约才能实行。

所谓复合破产制,是指一国法院对某一债务人宣告破产的事实,只在该国有效,并不能排除另一国法院再对同一债务人宣告破产。对该债务人位于其他国家的财产应由当事人在他国另行提出破产申请。采用复合破产制的国家如日本、美国等。

理论争鸣

与单一破产制和复合破产制直接关联的一个问题是,一国的破产宣告究竟只具有地域的效力,还是具有普及的效力?对此,学界存在三种不同的理论。

1. 普及破产主义

该说认为,一国的破产宣告具有域外效力。当债务人在一国被宣告破产,则该债务人的财产不管位于哪一个国家或地区,均应归入破产财团。该说源于“破产之上无破产”的法谚,其理论基础主要是债务人财产的统一性与债权人的平等性。从理论上看,该说方便快捷,债权人只需提出一次破产申请,同时也防止了对破产宣告国以外的财产的个别扣押或欺诈性转让,是比较理想的一种破产模式。目前已经得到国际社会的普遍认同,逐渐成为主流趋势。但从实际情况来看,让外国的债权人参与内国的破产程序,或者让内国的债权人参与外国的破产程序,而不允许他们通过扣押或通过当地破产程序从债务人位于当地的财产中得到弥补,也可能出现不公正的现象。债权人可能对已经发生的外国或内国的破产并不知情。而且,将当地财产交给外国破产财团,可能因法律制度的差别,而导致债权人的利益无法得到充分的保障。

2. 地域破产主义

该说认为,一国法院所作的破产宣告,其效力仅及于破产人在该国领域内的财产,对破产人在其他国家的财产不发生效力。该说主要为采用复合破产制的国家所主张。该说的理论依据在于,破产属于一种强制执行程序,与一国公共秩序相关。如日本、韩国等均采地域主义。该说有利于实现破产程序的简单、有效和稳定,但它也有缺点,主要表现在它可能导致不同国家的债权人待遇不平等等。

3. 折中主义

所谓折中主义，顾名思义，即兼采普及破产主义和地域破产主义。目前，奥地利、英国、瑞士采取这种主张。实际上，有些国家主张内国的破产宣告具有普及效力，但外国的破产宣告对内国来说只具有地域的效力，从而体现国家保护主义的色彩。但现在，开始有国家有条件地承认外国破产程序在本国的效力。如有些国家区别不同的财产，主张对属于债务人的动产，无论其位于国内或国外，均归属破产财团，承认破产宣告的普及效力；如属于不动产，则该破产宣告仅具有地域效力。联合国国际贸易法委员会通过的《跨国界破产示范法》也采取了折中主义。

四、我国关于国际破产的规定与实践

我国有关破产问题的法律规定之前主要有：1986 年颁行的《中华人民共和国企业破产法（试行）》，1991 年《中华人民共和国民事诉讼法》第十九章“企业法人破产还债程序”，最高人民法院《关于贯彻执行〈中华人民共和国企业破产法（试行）〉若干问题的意见》及类似司法解释。随着上述规定的失效，目前适用的是 2006 年《中华人民共和国企业破产法》和相关司法解释，以及《中华人民共和国公司法》第十章“公司解散和清算”的有关规定。但是，上述破产法律主要针对国内破产，对于国际破产，或根本没有涉及，或仅作简略规定。

（一）国际破产案件的管辖权

根据《中华人民共和国企业破产法》以及最高人民法院有关司法解释的规定，企业破产案件由债务人住所地法院管辖。债务人的住所地主要是指债务人的主要办事机构所在地，无主要办事机构的，为债务人的注册登记地。这一规定可以适用于国际破产案件。

（二）国际破产的法律适用

对于这一问题，我国目前立法中尚没有规定。可以按照国际通行做法结合我国的实际情况来确定应当适用的准据法。一般情况下，应适用破产宣告国法，即法院地法。

（三）破产宣告的域外效力

对此，我国法律及相关司法解释作出了明确的规定。2002 年最高人民法院《关于审理企业破产案件若干问题的规定》规定，“破产企业在境外的财产，由清算组予以收回”，“债务人对外投资形成的股权及其收益应当予以追收”。这就明确了破产宣告的效力及于国外，即采取普遍破产主义。2006 年《中华人民共和国企业破产法》进一步规定，“依照本法开始的破产程序，对债务人在中华人民共和国域外的财产发生效力”，同时规定，“对外国法院作出的发生法律效力的破产案件的判决、裁定，涉及债务人在中华人民共和国领域内的财产，申请或者请求人民法院承认和执行的，人民法院依照中华人民共和国缔结或者参加的国际条约，或者按照互惠原则进行审查，认为不违反中华人民共和国法律的基本原则，不损害国家主权、安全和社会公共利益，不损害中华人民共和国领域内债权人的合法权益的，裁定承认和执行”。可见，我国采取一种互惠基础上的普遍破产主义。

在事例7.4中,涉及国际破产中复合破产主义、单一破产主义等问题,也涉及国际破产案件的管辖权和法律适用问题,乙公司的财产是否属于破产财团范围内的财产等,应由物之所在地法来确定。

第四节 国际信托的法律适用

一、国际信托的法律冲突

信托(trust),是指委托人将自己的财产委托给受托人,使其按照自己的希望和要求,进行管理和运用,并使信托受益人享有信托财产收益或收益请求权的法律制度。国际信托是指含有涉外因素的信托。信托主要包含三种不同的法律关系:(1)委托人与受托人之间的关系;(2)受托人与受益人之间的关系;(3)受托人和第三人的关系。信托的财产可能是动产,也可能是不动产,或二者兼有。由于各国有关信托的法律制度不同,不可避免地会发生法律冲突。

二、国际信托的法律适用

在历史上,早期的信托大多是有关土地财产的信托,因此,通常适用物之所在地法来解决国际信托法律关系。随着国际商事关系的发展,第二次世界大战以后各国开始采用更灵活的连结点来确定国际信托的准据法,进而提出了信托自体法理论。所谓信托自体法,是指根据当事人意思自治原则来确定其准据法,若当事人没有选择应适用的法律,则适用与信托关系有最密切联系的法律。

在国际立法与实践中,对国际信托的准据法选择,大多数学者认为应采取分割制,根据信托的不同性质和方面,分别适用不同的法律。

(一)信托的效力问题

信托的效力可分为形式效力和实质效力。形式效力指信托成立方式的有效性。决定信托形式效力的准据法为信托自体法、信托成立地法。如果是遗嘱信托,可以适用当事人属人法或决定遗嘱有效的准据法,如遗嘱人最后居所地法。对于信托的实质效力问题,一般情况下也可适用信托形式效力的准据法,如果委托人已经明确选择了支配信托实质效力的法律,则不予适用。

需要注意的是,设定信托的当事人的能力问题,对信托效力影响也至关重要。如果信托当事人不具备行为能力,则该项信托同样不能有效成立。而对此各国的法律规定不尽相同,实践中多适用当事人属人法,或者信托自体法。

(二)信托的管理问题

信托管理事项很多,主要涉及:受托人的权利义务、受托人违约的责任、信托资本与收益、受托人的委任、受托人的权利等。对于信托管理的法律适用问题,世界各国的立法与实践历来是不确定的。这是因为:(1)信托管理事项和信托效力事项之间的界限颇为模糊;(2)有关信托管理的准据法选择方法有争议;(3)即使管理地法得以适用,对如何确定管理地也有争议。

实际上,目前国际社会对于信托管理的法律适用问题,已经普遍接受如下的准据法选择规则:首先适用当事人经意思自治原则所选择的法律,即信托自体法,当事人的这种选择通常体现在信托合同或遗嘱之中。如果当事人没有选择应当适用的法律,则适用与信托关系有最密切联系的法律,通常是信托管理地法。然而,对于采用信托管理地法作为准据法也并非毫无争议。有学者认为,适用信托管理地法来解决信托管理冲突可能存在两个问题:(1)当信托的效力由信托自体法支配时,依照管理地法该信托关系可能不具备法律效力,或者该管理地不存在信托制度。(2)如何确定信托管理地也存在问题,并可能发生冲突。如遗嘱信托中的信托财产位于两个以上的国家并分别加以管理时,该特定信托的管理就涉及两个以上国家的法律,其准据法的确定就可能发生问题,这种情况下,可考虑适用法院地法。

(三)信托的构成与解释问题

信托的构成,是指构成一项有效的信托所必须具备的基本要素。其中既包括客观要素,如信托财产、受益人和受托人,也包括主观要素,如信托意图。实践中,对信托的客观要素,一般少有争议;而对主观要素,因涉及确定受托信托财产权的具体范围和行使方式,解释时往往会发生争议。一般来说,信托意图往往体现在信托合同的条款中,其中包括法律适用条款。在当事人没有明确的法律选择意思时,法院应对当事人的信托意图进行推断,推断时应考虑如下因素:原始文件或行为的实施地、信托财产所在地、信托公司的登记地、信托的管理地等。若推断不能,则应适用信托自体法。即在生前信托时,适用与信托有最密切联系的法律;在遗嘱信托时,适用遗嘱人设立遗嘱时的住所地法。

三、《关于信托的法律适用及其承认的公约》的主要内容

在国际私法上,为解决信托的法律冲突问题,海牙国际私法会议制定了《关于信托的法律适用及其承认的公约》。该公约于 1985 年 7 月 1 日通过,1992 年 1 月 1 日生效。[①] 该公约共 5 章、32 条,主要内容如下。

(一)公约的适用范围

《关于信托的法律适用及其承认的公约》第 1 条规定,本公约适用于信托准据法的确定及其承认。《关于信托的法律适用及其承认的公约》规定它不仅适用于普通法系国家和地区的信托关系,也适用于符合本公约第 2 条规定标准的其他法系的类似制度,如卢森堡、波兰、日本、埃及等国的信托制度。《关于信托的法律适用及其承认的公约》适用于当事人自愿设立的信托,同时也允许成员把法定信托纳入本公约的适用范围。

(二)信托的准据法

在国际信托关系中,其准据法的确定是一个比较复杂的问题。对此,《关于信托的法律适用及其承认的公约》规定,首先适用当事人意思自治原则。但需要注意的是,若当事人所选择的国家或地区没有信托制度,则该选择无效。如果当事人没有选择应适

---

① 截至 2022 年 6 月 27 日,已有美国、英国、加拿大、法国、意大利、澳大利亚、荷兰等 15 个成员签署、加入或批准了该公约,生效实施的有 13 个国家和地区。美国尚未批准实施。另有列支敦士登、马耳他、摩纳哥、巴拿马、圣马力诺 5 个非成员加入并实施该公约,载 http://treaties. un. org/pages/showDetails. aspx? objid =08000002800bb1198cclang = _en。

用的法律，或者当事人的选择无效，则应适用与信托有最密切联系的法律。确定最密切联系地的法律需要考虑如下几种因素：信托管理地、信托财产所在地、受托人居所或营业所、信托目的实现地。

对于信托准据法的适用范围问题，《关于信托的法律适用及其承认的公约》规定，信托的有效性、解释、效力及其管理受信托准据法支配，并规定对于上述事项，可以采取分割制，适用不同的准据法。

（三）信托的承认

由于信托制度在一些国家的立法中尚付阙如，信托的承认问题就成为成员与成员之间、成员与非成员之间必须面对的问题。对此，《关于信托的法律适用及其承认的公约》规定了承认信托的基本原则，即根据该公约第二章中关于信托准据法的规定所产生的信托，应予以承认。《关于信托的法律适用及其承认的公约》还进一步规定了信托承认的内容，即受托人个人的债权人不得请求以受托财产清偿债务，也不构成受托人破产还债的清算财产等。同时，《关于信托的法律适用及其承认的公约》规定，若信托关系的准据法国家没有信托制度，则对这种信托可不予承认。此外，该公约还规定了公共秩序保留、排除反致等特殊事项。

四、我国关于信托法律适用的规定与实践

对于信托问题的立法，我国于 2001 年 4 月制定了《中华人民共和国信托法》，该法规定，委托人、受托人、受益人在中华人民共和国境内进行信托活动，适用本法。实际上，把这一规定理解为单一冲突规范是错误的。这一规定并不表明我国的涉外信托关系一律适用中国法律。而在 2010 年通过的《中华人民共和国涉外民事关系法律适用法》第 17 条规定："当事人可以协议选择信托适用的法律。当事人没有选择的，适用信托财产所在地法律和信托关系发生地法律。"从我国的立法与实践来看，有关国际信托的准据法选择，已经同国际社会的普遍实践保持一致，即首先适用当事人经意思自治选择的法律，若当事人没有选择或当事人选择的法律没有规定信托制度的，适用与国际信托关系有最密切联系的法律。而且我国对适用与国际信托关系有最密切联系的法律进行了较明确的说明和解释。

课堂讨论案例

法国甲公司同美国乙公司签订一房屋买卖合同，约定按 2 万美元/平方米购买位于纽约的 1000 平方米写字楼，之后甲与中国丙公司签订信托合同，约定该写字楼作为信托财产交给丙经营管理，丙接手后发现房屋有瑕疵，遂要求更改契约。

［问］　(1)该房屋瑕疵问题该怎么处理？其准据法如何？

(2)该信托关系如何确定准据法？

分析：该案涉及两种不同的法律关系。一种是甲乙之间的房屋买卖合同关系，另一种是甲丙之间的信托关系。因此，(1)对于房屋瑕疵问题，丙应如实向甲报告，由甲向乙索赔。甲乙之间的房屋买卖合同纠纷应适用物之所在地法，即美国纽约地区的法律。(2)信托关系的准据法可以适用信托管理地法或者信托财产所在地法。

法律职业资格考试真题

1. 中国南方某航运公司将其所有的一艘悬挂巴拿马国旗的远洋货轮转让给印度一家航运公司，该船舶所有权的转让应适用下列哪一国法律？（2003 年试题）

A. 中国法律　　　　B. 巴拿马法律

C. 印度法律　　　　D. 船舶所在地国法律

2. 甲国公司与乙国航运公司订立海上运输合同，由丙国籍船舶"德洋"号运输一批货物，有关"德洋"号的争议现在中国法院审理。根据我国相关法律规定，下列哪一选项是正确的？（2010 年试题）

A. 该海上运输合同应适用船旗国法律

B. 有关"德洋"号抵押权的受偿顺序应适用法院地法律

C. 有关"德洋"号船舶优先权的争议应适用丙国法律

D. 除法律另有规定外，甲国公司与乙国航运公司可选择适用于海上运输合同的法律

3. 王某系已取得美国国籍且在纽约有住所的华人，1996 年 2 月回中国探亲期间病故于上海，未留遗嘱。王某在上海遗有 1 栋别墅和 200 万元人民币的存款，在美国纽约遗有 1 套公寓房、2 家商店、3 辆汽车、若干存款。王某在纽约没有亲属，其在上海的亲属因继承王某遗产发生争议，诉至上海某人民法院。根据国际私法规则，我国法院应适用下列哪些法律审理这一案件？（2003 年试题）

A. 在纽约州的财产适用纽约州法律　B. 在上海的财产适用中国法律

C. 遗产中的动产适用纽约州法律　　D. 遗产中的不动产适用不动产所在地法律

4. 中国人甲与法国人乙在瑞士结婚并定居在瑞士。婚后因感情不和，甲回中国提起离婚诉讼。依据《最高人民法院关于贯彻执行〈中华人民共和国民法通则〉若干问题的意见（试行）》，关于该案涉及的离婚以及因离婚而引起的财产分割的法律适用问题，下列哪些选项是正确的？（2005 年试题）

A. 该婚姻的有效性应适用法国法律

B. 该案涉及的离婚条件适用中国法律

C. 财产分割动产适用瑞士法，不动产适用不动产所在地法

D. 涉及该案的财产分割应适用中国法律

5. 李某（具有中国国籍）长期居住在甲国，一年前移居乙国并取得当地住所。现李某去世而未立遗嘱。李某生前在中国有投资股权和银行存款。乙国关于法定继承的

冲突规范规定,法定继承适用被继承人本国法律。现李某的丙国籍的儿子和女儿为继承李某在华的股权和存款发生争议,并诉诸中国法院。依照我国相关法律及司法解释,下列关于本案的法律适用哪项是正确的?(2006年试题)

A. 应适用乙国法律,因为李某去世时居住在乙国

B. 应适用甲国法律,因为李某长期居住在甲国

C. 应适用丙国法律,因为李某的儿子和女儿均具有丙国国籍

D. 应适用中国法律,因为李某具有中国国籍,且争议的遗产位于中国

6. 中国人李某定居甲国,后移居乙国,数年后死于癌症,未留遗嘱。李某在中国、乙国分别有住房和存款,李某养子和李某妻子的遗产之争在中国法院审理。关于该遗产继承案的法律适用,下列哪些选项是正确的?(2010年试题)

A. 李某动产的继承应适用甲国法

B. 李某动产的继承应适用乙国法

C. 李某动产的继承应适用中国法

D. 李某所购房屋的继承应适用房屋所在国的法律

7. 依我国《民用航空法》的规定,民用航空器的转让、抵押,应当适用哪国法律?(2004年试题)

A. 民用航空器转让、抵押地国法律　B. 民用航空器所在地国法律

C. 民用航空器国籍登记国法律　D. 受理案件的法院所在地国法律

8. 根据我国《海商法》关于船舶物权问题的规定,下列表述哪些是正确的?(2004年试题)

A. 船舶抵押权适用抵押地法律

B. 船舶优先权适用受理案件的法院所在地法律

C. 船舶所有权的取得、转让和消灭适用行为地法律

D. 船舶在光船租赁期间设立船舶抵押权的,适用原船舶登记国法律

9. 关于物权关系的法律适用,根据我国现行法律中的冲突法规则,下列哪些选项是正确的?(2008年四川试题)

A. 不动产的所有权适用不动产所在地法律

B. 船舶所有权的取得适用船旗国法律

C. 船舶优先权适用受理案件的法院所在地的法律

D. 民用航空器的所有权和抵押权适用民用航空器国籍登记国法律

10. 经常居住在天津的德国公民托马斯家中失窃,名画丢失,该画后被中国公民李伟在韩国艺术品市场购得,得知李伟将画带回中国并委托拍卖公司在天津拍卖后,托

马斯欲通过诉讼途径索回该画作。根据我国《法律适用法》,关于本案下列哪一说法是正确的?(2018 年试题)

A. 托马斯的诉讼行为能力应适用德国法来判断

B. 关于该画作的物权问题,当事双方应当在与案件有实际联系的德国法、中国法以及韩国法中进行选择

C. 关于该画作的物权问题,当事双方不能就准据法的选择达成一致时,应适用韩国法

D. 关于该画作的物权问题,当事双方不能就准据法的选择达成一致时,应适用法院地法中国法

11. 新加坡公民王颖与顺捷国际信托公司在北京签订协议,将其在中国的财产交由该公司管理,并指定受益人为其幼子李力。在管理信托财产的过程中,王颖与顺捷公司发生纠纷,并诉至某人民法院。关于该信托纠纷的法律适用,下列哪些选项是正确的?(2017 年试题)

A. 双方可协议选择适用瑞士法

B. 双方可协议选择适用新加坡法

C. 如双方未选择法律,法院应适用中国法

D. 如双方未选择法律,法院应在中国法与新加坡法中选择适用有利于保护李力利益的法律

12. 中国公民王某将甲国公民米勒诉至某人民法院,请求判决两人离婚、分割夫妻财产并将幼子的监护权判决给她。王某与米勒的经常居所及主要财产均在上海,其幼子为甲国籍。关于本案的法律适用,下列哪些选项是正确的?(2017 年试题)

A. 离婚事项,应适用中国法

B. 夫妻财产的分割,王某与米勒可选择适用中国法或甲国法

C. 监护权事项,在甲国法与中国法中选择适用有利于保护幼子利益的法律

D. 夫妻财产的分割与监护权事项均应适用中国法

13. 经常居所在上海的瑞士公民怀特未留遗嘱死亡,怀特在上海银行存有 100 万元人民币,在苏黎世银行存有 10 万欧元,且在上海与巴黎各有一套房产。现其继承人因遗产分割纠纷诉至上海某法院。依中国法律规定,下列哪些选项是正确的?(2016 年试题)

A. 100 万元人民币存款应适用中国法

B. 10 万欧元存款应适用中国法

C. 上海的房产应适用中国法

D. 巴黎的房产应适用法国法

第八章　涉外知识产权关系的法律适用

[知识结构图]

- 涉外知识产权关系的法律适用
  - 知识产权的法律冲突与解决途径
    - 知识产权的法律冲突原因与外在表现
    - 知识产权关系的法律适用
  - 知识产权的国际法律保护规则
    - 保护知识产权的国际条约
    - 保护知识产权的国际组织
  - 我国关于知识产权国际保护的立法与司法实践
    - 我国关于知识产权国际保护的立法
    - 我国关于知识产权国际保护的司法实践

[内容导读]

随着涉外知识产权关系大量涌现,为解决知识产权的法律冲突,各国一方面制定涉外知识产权的法律适用规则,另一方面参加或缔结知识产权的国际公约以及参加为保证公约实施而成立国际组织。我国目前已经参加或缔结了多个知识产权国际公约并成为多个知识产权国际保护组织的成员。同时,建立了符合国际通行规则、门类齐全的知识产权国际保护制度,有关知识产权国际保护的司法实践得到进一步完善。

本章的重点是各国有关涉外知识产权法律适用的立法实践、重要知识产权国际公约的主要内容以及我国的知识产权国际保护的立法和司法实践。在学习重要知识产权国际公约时,应该注意不同公约之间的共性和个性的比较。

[法律职业资格考试要点]

本章在考试中所涉及的要点有:知识产权归属的法律适用、知识产权转让的法律适用、知识产权侵权的法律适用,我国有关知识产权的法律适用规范、世界主要知识产权公约的基本原则、主要内容以及异同。

第一节 知识产权的法律冲突与解决途径

事例8.1

某德国画家甲创作的油画被某美国人乙在美国某拍卖行拍得收藏，后乙又将其在德国进行拍卖并获利10万美元。甲得知这一情况后，在德国法院提起诉讼，主张其对该作品享有追续权而要求在乙拍卖行为的获利中得到提成。

知识产权(intellectual property)，是指基于智力的创造性活动而产生的权利，又称为无形财产权、智慧产权。它是个人或组织对其在科学、技术、文学艺术等领域内创造的精神财富或智力成果享有的专有权或独占权。知识产权作为一种无形财产权，具有无形性、专有性、时间性、地域性、可复制性的特点。① 知识产权有广义和狭义之分，本章主要讨论狭义的知识产权即著作权、专利权、商标权的法律适用。

一、知识产权的法律冲突原因与外在表现

从理论上讲，知识产权的严格地域性决定了根据一国法律取得的知识产权只能在该国有效，原则上不具有域外效力。缘于此，传统的国际私法通常不会涉及知识产权的法律适用问题。但是，随着国际经济技术交流的大规模发展，贸易活动的范围也从货物贸易领域扩大到服务贸易和知识产权领域，各种双边、多边、地区性以及世界性的有关知识产权保护的条约大量出现，使知识产权逐步突破了传统的地域性，从而使知识产权的法律冲突问题逐渐显现出来。目前，知识产权的法律适用问题已经成为现代国际私法的研究重点之一。

(一)知识产权法律冲突的成因

1. 各国有关知识产权的法律对各种知识产权的取得、行使、保护范围和保护期限等方面作了不同规定。如在专利申请程序方面，一些国家以“发明时间为准”，一些国家则以“登记时间为准”；在对版权的保护期限方面，一些国家规定为自作品完成时起至作者死后25年，而一些国家则规定为50年。

2. 内外国赋予对方公民或法人在知识产权方面的“有限制的国民待遇”。一般情况下，各国相互给予对方公民或法人的都是“有限制的国民待遇”，即使是受国际知识产权条约约束的国家，在权利的原始国法律与被请求给予属地保护的国家的法律之间，也会因各自的法律规定不同而发生法律冲突。

3. 内国承认外国知识产权的域外效力。有关保护知识产权的国际条约一般都规定，缔约国之间应相互承认对方国家法律所赋予的知识产权，即承认对方国家知识产权的域外效力，这就使知识产权的法律冲突有可能转化为现实。

---

① 参见郑成思：《知识产权法》，法律出版社2003年版，第9~19页。

4. 有关知识产权的国际条约本身存在局限性。虽然在调整涉外民商事关系的国际条约中有关知识产权的国际条约数量较多，但是迄今为止，有关知识产权的国际条约只是对某些知识产权问题作了粗线条的统一规定，具体的制度尚有赖各国国内法的进一步补充。此外，一些国际条约本身也存在不同文本，甚至不同条约就同一问题做出不同的规定。例如，在对录音制品的保护方面，《保护文学艺术和作品伯尔尼公约》（以下简称《伯尔尼公约》）第 18 条规定，对于在作品来源国尚处于专有领域的作品，新参加公约的成员国应给予追溯保护。而《保护录音制品制作者防止未经许可复制其制品公约》第 7 条则规定，新参加公约的成员，可以对其原先未加保护的录音制品仍旧不予保护，即使该制品在其来源国尚处于专有领域。如此一来，必然产生法律冲突。

理论争鸣

有关知识产权法律冲突的争议

知识产权法学界大多过于强调和注重知识产权的地域性而持否定态度；国际私法学界则以全球化进程的拓展为背景，主张知识产权领域存在法律冲突并有大力发展的趋势。

（二）知识产权法律冲突的外在表现

总体而言，知识产权法律冲突从形式上看表现为国际知识产权条约之间的法律冲突、国际知识产权条约与国内知识产权之间的法律冲突以及不同国家之间知识产权的法律冲突，在此我们着重讨论不同国家之间知识产权的法律冲突。从内容上看，目前各国之间知识产权的法律冲突主要表现在如下几个方面。

1. 知识产权的客体范围不同

知识产权的客体，是指知识产权所保护的对象，即知识产权主体的权利和义务所指向的对象。目前，各国就知识产权客体范围的规定不尽相同。例如，虽然各国专利法都将发明作为专利权的客体，但就专利法的保护范围仍有很大差异：首先，对于实用新型是否可以成为专利法的保护对象这一问题，我国明确规定实用新型是专利的一种，与发明、外观设计共同构成专利法的保护对象。但是有些国家则不将实用新型列入专利法的保护范围内。其次，各国在哪些事项可以被授予专利这一问题上的规定也各不相同。就拿药品来说，美国和英国都认为可以被授予专利，而日本则认为只有药品的制造方法才能被授予专利。又如，各国法律关于著作权客体的规定也存在较大差异，这主要表现为各国著作权法对于著作权客体范围的规定有所不同。如我国著作权法保护的范围较广，包括文字作品；口述作品；音乐、戏剧、曲艺、舞蹈、杂技艺术作品；美术、建筑作品；摄影作品；视听作品；工程设计图、产品设计图、地图、示意图等图形作品和模型作品；计算机软件以及符合作品特征的其他智力成果。而有的国家将计算机软件另外列入商业秘密法、合同法、专利法加以保护，或者采用专门立法来保护。大多数国家规定官方文件不属于著作权保护的范围，但英国、加拿大、澳大利亚等国的著作权法却规定对官方文件给以著作权保护。此外，各国对于各类著作权客体所包含的具体内容的规定有所不同。

2. 授予知识产权的条件不同

就专利而言，各国专利法虽然通常规定，新颖性、创造性和实用性是授予专利的发明与实用新型所必须具备的三个条件，但是各国对这三个条件的认定标准存在较为明显的差异。如在判断是否具备新颖性的问题上，就有时间标准和地域标准之分。同时，对于专利申请原则各国也存在先申请原则和先发明原则两个不同的原则。就商标而言，各国商标法虽然对商标权的注册均有明确规定，但如果两个或两个以上的申请人就同一种或类似的商品，以相同或类似的商标申请注册时，商标权应授予哪一个申请人，各国对此规定并不一致，主要有注册在先原则、使用在先原则和"使用与注册互补"原则，并且各国就同一原则的规定也存在差异。就著作权取得而言，有的国家采用"创作主义"，作品无论是否发表，均享有著作权，著作权的取得不需要任何手续；有的国家采用"注册主义"，作品必须经过注册登记并具有版权标记才能受著作权保护。

3. 赋予知识产权权利人的专有权利不同

各国法律规定著作权的权利内容包括人身权和财产权两个方面，但在就二者之中的具体权利诸如追续权、①更改权以及保护精神权利等的规定存在差异。如对于追续权，大多数国家持肯定态度，将之视为著作权的财产权利，但是，在美国、英国、日本等国家，该项权利却得不到承认，不受法律保护。在事例 8.1 中，对于甲是否享有该作品的追续权的关键是适应何国法律。如果适用其权利主张地法或作者本国法或最初发表地法，在本案中即为德国法，则认定其在该拍卖行为中享有追续权，乙应支付其应得的提成。若适用作品的取得地法即美国法，则该项权利却得不到承认，不受美国法律保护。

4. 审查知识产权制度的不同

这主要表现在专利审查上，专利机关在受理专利申请之后如何进行审查和批准，各国专利法对此规定不同，大致有三种制度：(1)形式审查制，即专利主管机关对专利申请技术的内容是否符合专利条件不予审查，只要该项申请在程序上符合法定手续，即给予登记并授予专利的制度。比利时、卢森堡、西班牙等国即采用这种制度。(2)实质审查制，即专利主管机关不仅对专利申请作程序上的审查，而且对其技术内容是否符合专利条件进行审查的制度。目前，世界上大多数国家采用这一制度。(3)早期公开、延迟审查制，是指某一项专利申请提交后，专利主管机关先进行形式审查，认为合格后，在一定期限内予以公布，这就是早期公开。在早期公开的一定期限内，根据申请人的请求或专利主管机关国家需要，再对该申请进行实质性审查。英国、德国、日本和我国的专利法都规定了早期公开、延迟审查制度，但在具体时间的规定上存在差异。

5. 知识产权的效力不同

知识产权的效力涉及知识产权的有效期限、知识产权效力的限制、知识产权效力的终止等问题，对此，各国的规定存在较大差异。各国有关知识产权效力的差异体现在以下几个方面：(1)在专利权方面。各国专利法对于专利权的有效期限规定不同，从 3 年半到 20 年长短不等。(2)在商标权方面。各国商标法对于商标专用权的有效期限

---

① 追续权，是指艺术品的原件被再次出售时，原作者仍有权从出售的利润中获得一定比例的版税。

规定从5年到20年长短不等,包括我国在内的世界半数以上国家规定为10年。同时,各国关于保护期限的起算也不尽相同,有的国家规定从申请日起计算,有的国家规定从核准日起计算。此外,各国对注册商标的使用也存在差异。注册商标的使用分两种情况,一是实际使用,即注册人或经注册人许可的人将商标使用在商品之上;二是商业使用,除了实际使用之外,将商标用于广告或展览。少数国家只承认第一种使用,大多数国家将两种情况都视为使用。至于在商标获准后多长时间内必须使用,各国商标法规定也有差异。(3)在著作权方面。各国著作权法最明显的差异体现在著作权保护期限的长短不一和起算期不同。

二、知识产权关系的法律适用

事例8.2

德国维特根有限公司(以下简称维特根公司)2011年12月2日向我国知识产权局申请名称为"刀架以及具有刀架和基础部件的刀架系统"的发明专利并于2014年9月7日获得授权。维特根公司认为马鞍山奥天机械科技有限公司(以下简称奥天公司)在其公司官网上展示、宣传和销售"维特根HT22"刀座产品侵犯其专利权,于2019年1月向合肥市中级人民法院提起诉讼,要求奥天公司停止侵权并赔偿损失。

(一)知识产权法律适用的一般规则

近年来,随着跨国知识产权纠纷频发和知识产权的重要性日益显现,知识产权的冲突法不仅成为国内外理论界研究的热点问题,而且也被不少国家列入立法日程。从学者理论和已有的知识产权冲突法的立法实践来看,有着不同的适用规则。

相关链接

知识产权法律适用的一般规则比较

项目	含义	优势
原始国法律说	对知识产权的保护,适用该权利登记地国的法律。知识产权输入国一般不愿采用这种做法	有利于确保同一知识产权在不同国家的同等待遇
被请求保护国法律说	这种做法适合于著作权的保护,但对专利这种采取申请、审查、批准制度的权利,一概适用这种做法有时不当	国际公约和各国立法采用较多,比较适合于著作权保护
行为地法律说	对于知识产权的创立、内容和消灭,适用使用行为或侵权行为发生地国家的法律	符合知识产权地域性的本性,商标权适用较多
分割适用法律说	根据涉及知识产权的不同问题,分别适用不同的冲突规范以确定适当的准据法。这种做法目前比较普遍	可较好地解决来源国法主义与权利主张地法主义的矛盾

(二)我国有关知识产权的法律冲突的规定

《中华人民共和国涉外民事关系法律适用法》第七章(知识产权)首次对我国知识产权的法律适用进行了规定。该法采用国际通行的分割适用的立法指导思想,坚持不对著作权、商标权和专利权等的法律适用规范进行区分的原则,而是明确了知识产权的权利归属和内容、知识产权的转让和许可、知识产权的侵权责任的准据法。

1. 知识产权的归属和内容的准据法。首先要指出的是,作为《中华人民共和国涉外民事关系法律适用法》第七章中有关知识产权冲突规范的"范围"的知识产权应该是包括著作权、商标权、专利权、集成电路布图设计专有权等在内的所有知识产权。该法第 48 条规定:"知识产权的归属和内容,适用被请求保护地法律。"其中,知识产权的"归属和内容"是指知识产权归谁所有以及知识产权取得、效力、范围、期限、终止等问题。"被请求保护地"并不等同于法院地或提起保护请求地,而应该是"被请求保护的权利地"。由于知识产权中既有自动产生的权利,又有需要登记或者注册的权利,该两类知识产权的被请求保护地存在某些差别。对于自动产生的权利如著作权和邻接权而言,被请求保护地法律是指该被请求保护的权利地法律;对于非自动产生的权利如专利权、商标权、植物新品种、集成电路布图设计等而言,则是指该权利的注册地或者登记地法律。①

2. 知识产权的转让和许可的准据法。知识产权的转让和许可作为实现知识产权本身价值的一种最重要途径,其重要性是不言而喻的。《中华人民共和国涉外民事关系法律适用法》第 49 条规定:"当事人可以协议选择知识产权转让和许可使用适用的法律。当事人没有选择的,适用本法对合同的有关规定。"根据该条规定,知识产权的转让和许可首先适用知识产权的转让和许可合同当事人自己选择的法律,不过,当事人选择的法律仅限于知识产权的转让和许可合同本身如合同的成立、合同义务、合同解释、支付方式、违约责任等问题的法律,不能涉及有关该知识产权本身如该知识产权取得、效力、范围、期限、终止等问题。在当事人没有选择的情况下,适用《中华人民共和国涉外民事关系法律适用法》有关合同法律适用的规定,即该法第 41 条所规定的,适用履行义务最能体现该合同特征的一方当事人经常居所地法律或者其他与该合同有最密切联系的法律。一般来说,转让人或者许可人的履行行为更能体现该合同的本质特征,因此,在当事人没有选择知识产权转让和许可的准据法时,通常适用转让人或者许可人经常居所地法律。

3. 知识产权的侵权责任的准据法。《中华人民共和国涉外民事关系法律适用法》第 50 条规定:"知识产权的侵权责任,适用被请求保护地法律,当事人也可以在侵权行为发生后协议选择适用法院地法律。"此处的"被请求保护地"同样不等同于法院地或提起保护请求地,而应该是"被请求保护的权利地"。基于知识产权的地域性和保护独立原则,通常情况下,知识产权被请求保护地就是侵权行为地,但是知识产权被请求保

---

① 参见吴文灵、朱理:《涉外知识产权关系的法律适用——以涉外民事关系法律适用法第七章为中心》,载《人民司法》2012 年第 9 期。

护地与侵权行为地不一致的情况也时常发生，如原告到被告所在国起诉其在原告所在国或第三国的知识产权的侵权行为或原告在本国起诉被告在第三国的知识产权侵权行为等。加之侵权行为存在侵权行为实施地和侵权行为结果地分属不同法域情形，适用被请求保护地法更具准确性和确定性。值得一提的是，在知识产权侵权行为发生后，当事人也可以通过协议选择适用法院地法以排除被请求保护地法。《中华人民共和国涉外民事关系法律适用法》将“意思自治原则”引入知识产权侵权责任，并将当事人选择法律的范围限于“发源地法”，其目的使当事人之间的法律关系更加清晰，有助于知识产权的保护和纠纷的解决，提高审理效率。不过，这在各国知识产权法律适用法中并不多见。

在事例 8.2 中，法院认为，本案系涉外知识产权侵权纠纷，《中华人民共和国涉外民事关系法律适用法》第 50 条规定，知识产权的侵权责任，适用被请求保护地法律，当事人也可以在侵权行为发生后协议选择适用法院地法律。由于本案被请求保护地及法院地均在我国，因此，法院最终依据我国法律判定奥天公司停止侵权行为并赔偿维特根公司的损失。

课堂讨论案例

“袋鼠”服装商标是澳大利亚 A 公司于 1988 年在澳大利亚获得的注册商标，该公司 2001 年就该商标向我国商标局申请注册并获得批准。2015 年 2 月，A 公司代理人发现我国多家企业非法生产、组装、销售冒牌“袋鼠”服装，有的甚至销售到了印度等国。A 公司代理人受其公司委托在中国提起诉讼，要求追究这些企业非法生产、组装、销售冒牌“袋鼠”服装的责任。

[问]　该案中法院应如何适用法律?

第二节 知识产权的国际法律保护规则

事例 8.3

福克斯公司(Fox)在美国拍摄了一部名为《铁幕》的电影。在未获得作者同意的情况下,福克斯公司在该片中采用了4位苏联作曲家的音乐片段。后来,福克斯—美国和福克斯—欧洲公司在法国放映了该影片,世界音乐协会(Le Chant du Monde)以上述音乐的受让人身份将福克斯公司起诉到法国法院,请求查封该影片并赔偿损失。

一、保护知识产权的国际条约

由于知识产权具有严格的地域性,即按照一国法律获得承认和保护的知识产权,其效力只及于该国境内,在其他国家不产生效力。知识产权的严格地域性会给其国家保护带来两方面的问题,即一国的知识产权如何在外国取得保护的问题和一国知识产权在外国得到承认之后的实际保护水平问题。这两个方面的问题解决与否直接关系到国家间技术、商品以及作品的交流和传播是否顺畅,而要解决知识产权国际保护的这些问题,只有通过缔结国际公约才能实现。

从19世纪末起,国际社会就开始关注知识产权的国际保护问题,1883年诞生了世界上第一个保护知识产权的国际公约——《保护工业产权巴黎公约》(以下简称《巴黎公约》),随后又陆续签订了大量的有关知识产权保护的国际公约。此外,知识产权保护领域还存在许多地区性条约,这些地区性公约和双边协定对促进知识产权制度的国际协调也起到了重要作用。

相关链接

现行的主要知识产权国际公约

目前,属于世界性的国际公约主要有:1883年《巴黎公约》、1886年《伯尔尼公约》、1891年《商标国际注册马德里协定》(以下简称《马德里协定》)、1925年《工业品外观设计国际注册海牙协定》、1952年《世界版权公约》、1957年《保护原产地名称及其国际注册里斯本协定》、1961年《保护植物新品种国际公约》、1970年《专利合作条约》、1971年《国际专利分类斯特拉斯堡协定》、1973年《商标注册条约》和《建立国际商标图形要素国际分类的维也纳协定》等。

(一)有关专利权保护的公约

关于专利权的世界性国际公约主要有1883年《巴黎公约》和1970年《专利合作条约》。

1.《巴黎公约》

《巴黎公约》于1883年在法国巴黎签订,1884年7月6日生效。根据该公约成立了"保护工业产权联盟"(简称巴黎联盟)。我国于1984年参加了《巴黎公约》。[①]《巴黎公约》是世界上第一个保护工业产权的综合性公约,其保护范围涉及发明、实用新型、外观设计、商标、服务商标、商号、原产地标记或原产地名称以及制止不正当竞争。它是工业产权领域的基本公约,其他绝大多数工业产权公约都将一国参加《巴黎公约》作为接受其为成员国的前提条件。

《巴黎公约》确立了诸多知识产权保护的基本原则,主要包括国民待遇原则、优先权原则、专利和商标独立原则、强制许可原则和临时保护原则。

2.《专利合作条约》

《巴黎公约》解决了专利权的国际保护,但是没有对专利权的国际申请和审查程序做出统一规定。为了简化专利申请和审批手续,加强国际的专利合作,1970年6月在华盛顿召开的外交会议上签订了《专利合作条约》。该公约于1978年1月生效,此后经历3次修订,最新的修正本是2001年推出的。我国于1994年正式参加了《专利合作条约》,中国专利局已成为该条约的受理局、国际检索单位和国际初步审查单位。[②]

《专利合作条约》是在《巴黎公约》的原则指导下产生的一个关于专利申请程序的公约,其内容只是对专利申请案的接受及审查程序规定某种国际性统一规则,而不涉及专利的批准问题,它大大简化了在成员国范围内申请专利的手续,使原先必须在各国分别、重复履行的申请程序变为提交一份格式申请案一次完成。[③] 这既方便了申请人在两个以上国家提出专利申请,又减轻了各成员国专利局的工作量。

相关链接

《专利合作条约》的主要内容

《专利合作条约》的主要内容可分为第1章程序和第2章程序两个部分。

(1)第1章程序。该章程序包括国际申请、国际检索和国际公布3个环节。首先,国际申请。成员国的国民或居民均可向任何一个成员国(一般是本国)的专利局递交

---

① 至2022年6月28日,《巴黎公约》的缔约方已有179个。《巴黎公约》经过7次修订,形成了不同的文本,各成员国可以选择其中一个文本参加,最新的是1980年2月在日内瓦修订的文本,但采用最多的是1967年的斯德哥尔摩文本。中国1984年12月19日加入《巴黎公约》,1985年3月19日实施,适用1967年斯德哥尔摩文本。中国在参加《巴黎公约》时作了保留声明,即如果中国在《巴黎公约》的解释问题或适用问题上与其他国家发生争议,中国将不按照《国际法院规约》将争议提交国际法院解决,载 http://www.wipo.int/,accessed on 28 June,2022。

② 到2022年6月28日,该公约的缔约方已有156个。中国已于1993年10月1日加入《专利合作条约》,1994年1月1日实施生效,载 http://www.wipo.int/,accessed on 28 June,2022。

③ 为确保《专利合作条约》的实施还专门成立了专利合作公约联盟,联盟设有大会负责修正根据该公约制定的《专利合作条约实施细则》,还在1970年推出了《专利合作条约实施细则》,新修订的细则于2015年7月1日生效,载 http://www.wipo.int/,accessed on 28 June,2022。

申请，并至少指定一个其希望获得专利权的成员国(指定国)。受理局接受申请并进行形式审查，如为合格，即确定国际申请日。自该申请日起，国际申请在每一个指定国便具有正式的国内申请的效力。然后，受理局再将申请案分别递送世界知识产权组织国际局和国际检索单位。其次，国际检索。国际检索单位收到各受理局转来的申请案之后，便对申请案进行新颖性检索。目前，国际检索单位共8个，即美国、俄罗斯、澳大利亚、日本、奥地利、瑞典、中国的专利局和欧洲专利局。国际检索单位对申请案进行检索后须提出国际检索报告，并应尽快将报告分别送交申请人和国际局。最后，国际公布。自国际申请日(或优先权日)起满19个月后，国际局应当公布国际申请案和检索报告，并将该申请案连同检索报告送交指定国专利局。自国际申请日(或优先权日)起满20个月之后，国际申请便进入国内阶段，就是进入各指定国的审批程序，由指定国专利局依照本国法律对该申请进行审批。

(2)第2章程序。该章程序主要是国际初步审查。这里的国际初步审查是实质性审查，审查目的是对发明的新颖性、创造性和工业实用性提出意见。国际初步审查单位提出的审查报告对指定国的专利局虽无法律上的拘束力，但因其具有相当的权威性，事实上都将受到各国专利局的普遍尊重。初步审查程序只是选择性的，每个成员国可以声明不使用该程序。如果申请人是承认第2章程序的成员国的国民或居民，他可以请求国际初步审查单位对其发明进行国际初步审查。申请人如使用第2章程序，则国际申请自国际申请日(或优先权日)起满30个月之后，才进入国内阶段。

(二)有关商标权保护的公约

关于商标权的世界性国际公约主要有1883年《巴黎公约》、1891年《马德里协定》和1973年《商标注册条约》。

1.《马德里协定》

由于《巴黎公约》对商标权的国际注册未作规定，这使商标所有人要在不同国家获得注册与保护就必须分别在每一个国家履行注册手续。为了简化手续，根据《巴黎公约》规定，[①]1891年缔结了程序性的国际商标注册公约——《马德里协定》。[②] 该公约的主要作用是简化申请人在成员国范围内申请商标权的手续，降低在多国申请注册的费用。我国于1989年正式加入该公约。

---

① 《巴黎公约》规定，成员国有权在不与公约相抵触的前提下，进一步缔结保护工业产权的专门规定。

② 该协定于1892年生效，而后又经6次修订，最后修订的文本称为斯德哥尔摩文本，该文本于1979年9月28日再经修正。而经修订的《国际商标注册马德里协定及该协定有关议定书的共同实施细则》于2019年2月1日生效。至2022年6月21日，《马德里协定》的缔约方已达55个。中国于1989年7月4日决定加入该协定，适用1967年修订并于1979年修改的斯德哥尔摩文本，载 http://www.wipo.int/, accessed on 28 June, 2022。

相关链接

《马德里协定》的主要内容

（1）商标国际注册程序。一成员国的国民或居民在本国注册商标之后，可以向本国主管商标的机关提交商标国际注册申请，并缴纳有关费用。经本国主管机关审查核实，确定国际申请中的商标与申请人在国内已获得注册的商标完全一致，便将申请案转呈世界知识产权组织国际局。国际局对该申请案进行形式审查认为符合要求的，就给予公告，并通知申请人所指定的请求保护的成员国。各指定国如果在1年内不向国际局提出驳回在该国注册的声明，即被视为该商标已在这些国家核准注册。

（2）国际注册效力及有效期。申请案通过国际局审查之日起，就等于直接到指定保护的成员国进行注册申请，如果这些申请未遭到指定国驳回，即视为直接得到这些国家的注册保护。经国际注册的商标均享有《巴黎公约》所规定的优先权。经国际局注册的商标，其有效期为20年，续展有效期也是20年。这个规定不受任何成员国商标法所定期限的影响。在有效期届满前6个月，国际局应发送非正式通知，提醒商标权人或代理人注意届满日期。对于期满未及时续展的，可给予6个月的宽展期。

（3）国际注册与国内注册的关系。从获准国际注册之日起5年内，如该商标在其所属国已全部或者部分不再享有法律保护，则该商标的国际注册也随之全部或部分无效。但是，从获得国际注册之日起满5年以后，国际注册与商标权人在其所属国的国内注册便脱离关系，不受该国内注册变化的任何影响而独立。

（4）国际注册商标的转让和撤销。国际注册的商标转让给权利人本国以外的成员国国民或居民时，转让方国家主管机关应将该转让通知国际局，国际局就此应进行登记。如果转让是在国际注册之日起5年内进行的，国际局应征得新权利人所属国主管机关的同意。如果将国际注册的商标转让给无权申请注册的人（非成员国国民或居民），则国际局将不予注册。在国际注册的商标进行转让时，如果权利人所属国未予批准或转让给无权申请国际注册的人，则原权利人本国主管机关有权要求国际局撤销该商标。

（5）国际注册的变更。国际注册的商标的权利人可以向国际局要求扩大其指定保护国家的范围，但其条件是该商标不被此类指定国驳回。取得了国际注册的商标，如需改变商标的文字、图案或扩大使用范围的，应当重新提出申请。

2.《商标注册条约》

为弥补《马德里协定》的缺陷，由英、美等国家发起，在1973年6月维也纳召开的外交大会通过了《商标注册条约》，并于1980年8月生效。按照规定，《商标注册条约》的成员国必须是《巴黎公约》的成员国，但是，迄今为止，只有少数几个国家参加该条约，就是作为发起国的英、美等国家也没有参加，我国也未参加。

《商标注册条约》的不少规定与《马德里协定》基本相同，它们之间的主要差别表现在：商标注册程序不完全同一、决定是否给予保护的期限不同、商标注册的有效期和申请案文本亦不同。该条约在简化商标的国际注册方面,比《马德里协定》又前进了一步。

(三)有关著作权保护的公约

1.《伯尔尼公约》

1886年签订的《伯尔尼公约》是世界上第一个保护文学、艺术和科学作品的国际公约,也是最重要的、影响最大的保护版权的国际公约。该公约于1887年12月5日生效。为了保证《伯尔尼公约》的实施,国际社会根据该公约成立了"保护文学和艺术作品国际联盟"(简称伯尔尼联盟)。该联盟于1970年归世界知识产权组织管理。《伯尔尼公约》签订之后,为适应作品创作方式和使用方式的不断变化发展以及各国版权保护水平的逐渐提高,该公约进行了6次修订,最后推出的是1971年巴黎文本且于1979年9月28日修正。截至2022年6月,该公约共有181个缔约方。我国于1992年7月1日正式批准加入《伯尔尼公约》(巴黎文本)。

《伯尔尼公约》的主要内容如下:(1)基本原则。公约确定了著作权保护的四项基本原则:第一,国民待遇原则。《伯尔尼公约》采用双国籍国民待遇原则,即"作者国籍"和"作品国籍"。前者是指只要是一成员国的国民,无论其作品是否出版,在其他成员国均享有相同于该国作者的待遇;后者是指,作者虽非成员国国民,但其作品是首次在一成员国出版,则在其他成员国也应获得与该成员国作者相同的待遇。此外,《伯尔尼公约》还规定,虽非成员国国民,但在一成员国有惯常居所的,应视为等同于该成员国作者,在所有成员国均享有国民待遇;电影作品的作者,只要其作品的制片人的总部或惯常居所在一成员国,则他在所有成员国均享有国民待遇;建筑作品的作者,只要其作品建造于一成员国境内,或其艺术作品构成位于一成员国境内,则他也在所有成员国享有国民待遇。第二,自动保护原则。根据《伯尔尼公约》的规定,享有国民待遇的作者取得及行使有关版权时,不需要履行任何手续。根据这一原则,凡该公约成员国国民和在成员国有经常居所的非成员国国民,只要作品在缔约国出版,就自动享有版权。但是,《伯尔尼公约》要求作品必须具有一定的固定形式,这就将口头作品等排除在该公约的保护范围之外。第三,独立保护原则。根据《伯尔尼公约》的规定,享有国民待遇的作者取得及行使有关版权时,不需要履行任何手续。根据这一原则,凡该公约成员国国民和在成员国有经常居所的非成员国国民,只要其作品在缔约国出版,就自动享有版权。不过在一成员国规定的作品保护期比《伯尔尼公约》所规定的要更长时,如该作品在来源国的保护期已届满,则该成员国可不再给这一作品以保护。第四,最低限度保护原则。为了使外国作者和作品在各国得到充分的保护,《伯尔尼公约》对保护的作品、权利内容、保护期限等领域的保护水平规定了最低限度的保护要求,各成员国版权法的保护水平不得低于该公约规定的限度。

(2)公约的保留。《伯尔尼公约》允许成员国对该公约中的某些规定进行保留。第一,专门规定的保留,包括对翻译权只有10年保护期的保留;对争端解决途径的保留,即各成员国可以将对该公约的解释及适用的争议,提交国际法院解决,我国在加入该公约时对此做了保留;允许各成员国使用该公约旧有文本中的实体条款。第二,互惠保留。各成员国在下列情形下可以互惠原则取代国民待遇原则：一是对于实用艺术作品不实行保护的成员国，其作者的此类作品也得不到其他成员国的保护；二是对于精神权利不给予永久保护的成员国，其他成员国对该成员国作者的此类权利也可不实行相应的保护；三是对于不保护作品延续权的成员国，其作者的此类权利也将不在其他成员国法律的保护之列；四是对于非成员国作者的作品，虽然初版发表在成员国时可以受到保护，但基于对等原则，其保护水平可低于成员国作者所得到的保护。

(3)发展中国家的优惠规定。为了使发展中国家在不过分增加经济负担的情况下获得对外国作品的合法使用，《伯尔尼公约》(1971年巴黎文本)在其附件中规定了对按照联合国大会惯例被认为是发展中国家的国家，应给予有限的特殊待遇的条款，即在受公约严格约束的条件下(诸如翻译和复制的作品不得出口，以国际可兑换货币支付版税等)，在作者拒绝发放翻译许可证时，发展中国家可以向发展中国家的国民颁发翻译或复制受保护作品的强制许可证，但此种许可证的颁发只限于发展中国家的学校进行教学或研究之用。而且，依强制许可证翻译或复制之后，仍要按国际标准向版权人付酬。此外，《伯尔尼公约》还对广播特许权也做了规定，但其条件比上述两种强制许可更为复杂。

2.《世界版权公约》

《世界版权公约》于1952年9月6日在日内瓦签订，故又称《日内瓦公约》。该公约1955年9月16日生效，是继《伯尔尼公约》之后出现的又一重要的国际版权公约，该公约曾于1971年7月24日在巴黎作过一次修订。我国于1992年正式加入该公约。[①]《世界版权公约》的日常事务由联合国教科文组织管理。

相关链接

《世界版权公约》的产生缘由

在《伯尔尼公约》缔结后不久，未参与《伯尔尼公约》的美国和一些美洲国家签订了《泛美版权公约》。由于当时美国及这些美洲国家出版业不如欧洲国家发达，因此，《泛美版权公约》对版权的保护水平要低于《伯尔尼公约》，同时这也成了这些国家一直拒绝加入《伯尔尼公约》的主要障碍。第二次世界大战之后，随着美国经济和文化的发展，开始希望其作品在欧洲得到有效的保护，但因美国不是《伯尔尼公约》的成员国，其愿望自然受到限制。在这种情况下，美国开始策动缔结新公约来保护它在海外的作品。与此同时，战后新兴的一些发展中国家也认为《伯尔尼公约》对版权的保护水平太高，不利于它们引进外国作品，同样倾向于缔结一个保护水平相对较低的国际版权新

---

① 《世界版权公约》1955年9月16日生效，1971年于巴黎修订过一次，此次修订还通过了两个附件，即《关于本公约适用于无国籍人士和流亡人士作品的附件》和《关于本公约适用于某些国际组织作品的附件》。1992年7月1日中国递交加入书，巴黎文本于1992年10月30日对中国生效，载http://portal.unesco.org/la/convention.asp/, accessed on 01 September,2015。

公约。于是,在联合国教科文组织的主持下,在协调、平衡《伯尔尼公约》与《泛美版权公约》的基础上,签订了《世界版权公约》。但是《世界版权公约》并没有取代《伯尔尼公约》,其原因是一部分《伯尔尼公约》的成员国仍希望维持高水平的国际版权保护。因此,这两个公约是相互独立的,一国可以选择参加其一,也可以同时参加。但原先参加《伯尔尼公约》的成员国,不能退出原公约而只参加《世界版权公约》,即他们不能降低对版权已有的国际保护水平。

与《伯尔尼公约》相比,《世界版权公约》的显著特点是条文简短,各项规定大多是原则性的,并在许多方面与《伯尔尼公约》类似,但其对版权的保护水平要稍低于《伯尔尼公约》。其主要原则有:(1)双国籍国民待遇原则。这一原则与《伯尔尼公约》一样。两个公约对国民待遇原则和独立保护原则都作了规定。(2)附条件的自动保护原则。《伯尔尼公约》对版权实行自动保护原则,而泛美版权公约则采用非自动保护原则。作为两者的折中,《世界版权公约》虽然也实行非自动保护原则,但要求作者履行的手续比较简单,它没有规定以登记、交费或完成其他程序作为获得版权的前提,只是要求作品在首次发表时,所有复制件应在适当位置上印有表示保留版权的标记,并注明作者的姓名和首次出版的年份。(3)独立保护原则。这一规定也与《伯尔尼公约》的规定一样。(4)最低限度保护原则。公约对各成员国提出了以下保护版权的最低要求:一是受保护的主体除了作者以外,还应包括"其他版权所有人"。这就包括了如作者的雇主、委托作品的委托人、电影制片人等原始所有人。由此可见,公约保护的版权人既包括自然人,也包括法人,而《伯尔尼公约》却回避了这个问题。二是受保护的客体必须包括文学、科学及艺术作品,含文字作品、音乐作品、戏剧作品、电影作品、绘画作品、雕刻作品和雕塑作品。三是受保护的权利只包括经济权利,不包括精神权利。至于经济权利,《世界版权公约》的规定也很概括,只是指出包括复制权、表演权、广播权和演绎权。这是《世界版权公约》保护的权利与《伯尔尼公约》保护的权利的最大区别。四是作品的保护期不得少于作者有生之年加其死后 25 年,如果从作品发表日起算,则不少于 25 年。对于摄影作品和实用艺术作品,其保护期不少于 10 年。保护期根据情况从作品首次出版前的登记之日起算。这与《伯尔尼公约》的规定存在很大的不同。

此外,鉴于《世界版权公约》对版权的保护水平较低,因此不允许各成员国再对该公约作出保留。至于在对发展中国家的优惠待遇上,《世界版权公约》作出了与《伯尔尼公约》类似的规定,即有翻译和复制两项强制许可权。但对于强制许可翻译,《世界版权公约》规定,必须在作品出版后满 7 年,作者本人没有,同时也未授权他人将该作品以一成员国的通用语言翻译出版的,则该成员国的任何国民均可获得翻译该作品的独占许可证。

相关链接

《伯尔尼公约》与《世界版权公约》主要不同点的比较

项目	《伯尔尼公约》	《世界版权公约》
权利主体	作者本人	作者及其他版权所有人
权利保护期限	作者死后50年	作者死后25年(摄影作品和实用艺术品的保护期不少于10年)
权利保护 内容与范围	既保护作者的财产权(或称经济权利),又保护作者的精神权利	只明确规定保护作者的财产权;未明确规定保护作者人身权;并不保护作者精神权利
权利保护的条件	自动保护原则:自动产生版权原则	非自动保护原则,即附条件的版权保护原则:必须在出版作品上标明版权符号
受保护作品类型	具体规定了受保护作品的种类	概括式规定了受保护的作品范围
追溯效力	对缔约国过去、现在和将来的版权均给予保护	无溯及力原则
版权标记	无具体规定	作品在首次发表时,每一件复制品均需注明著作权标记符号©、著作权人姓名、首次出版时间
公约的保留	允许保留	不允许保留

二、保护知识产权的国际组织

(一)世界知识产权组织

世界知识产权组织(World Intellectual Property Organization,WIPO)是根据1967年7月14日在瑞典斯德哥尔摩签订《建立世界知识产权组织公约》(1970年4月正式生效)成立的国际组织。该组织于1974年成为联合国的专门机构之一,总部设在日内瓦。截至2015年9月,WIPO公约的缔约方已达188个。我国于1980年6月3日正式接受该公约,并成为WIPO的成员。①

---

① 在世界知识产权组织管理下的26项公约中,中国签署、加入或批准的公约还有:《保护录音制品制作者防止未经许可复制录音制品公约》(1971年10月29日缔结,1973年4月18日生效),中国1992年11月7日加入,1993年4月30日生效实施;《商标法条约》(1994年10月27日缔结,1996年8月1日生效),中国1994年10月28日签署但尚未批准实施;《世界知识产权组织版权条约》(1996年12月20日缔结,2002年3月6日生效),中国2007年3月9日加入,2007年6月9日生效实施;《世界知识产权组织表演和录音制品条约》(1996年12月20日缔结,2002年5月20日生效)中国2007年3月9日加入,2007年6月9日生效实施;《视听表演北京条约》(2012年6月24日缔结,2020年4月28日生效),中国2012年6月26日签署,2014年7月9日批准;《关于为盲人视力障碍者或其他印刷品阅读障碍者获得已出版作品提供便利的马拉喀什条约》(2013年6月27日缔结)中国2013年6月28日签署,2022年2月15日批准,2022年5月5日生效;等等。载http://www.wipo.int/,accessed on 01 September,2015。

WIPO是当今国际上最重要的世界性保护知识产权的组织。世界知识产权组织的宗旨是通过国与国之间的合作,并与其他国际组织合作,促进世界范围内对知识产权的尊重、保护和使用,以及保证知识产权联盟各国间的行政合作。该组织的具体任务是:鼓励缔结新的国际条约,协调各国立法,给发展中国家以法律、技术援助,收集情报和传播情报,以及办理国际注册或成员国之间的其他行政合作事宜等。对发展中国家的法律、技术援助包括:就技术转让、起草知识产权方面的立法给发展中国家予以援助,帮助发展中国家建立专利和专利文献机构并为其培养专业工作人员等。

相关链接

《建立世界知识产权组织公约》的主要内容

1. 宗旨和职权

WIPO的宗旨是通过国家与国家之间的合作,促进世界范围内对知识产权的保护以及保证各联盟的行政合作。

《建立世界知识产权组织公约》规定了该组织的主要职权是鼓励缔结新的国际条约,协调各国立法,以促进全世界对知识产权的有效保护;承担或参与其他知识产权的有效保护;承担或参与其他知识产权国际协定的行政管理;与要求在知识产权领域给予法律、技术援助的国家尤其是发展中国家开展合作;提供有助于知识产权保护的服务;收集并传播有关知识产权的情报,等等。

2. 组织机构

WIPO的组织机构包括:(1)大会。它是WIPO的最高权力机构,由成员国中参加巴黎联盟或伯尔尼联盟的国家组成,其主要职权是任命总干事、审查该组织的工作报告、审批财政预算、确定观察员等。(2)成员国会议。它由全体成员国组成,实际上也是权力机构,其主要任务是讨论知识产权领域各国共同感兴趣的问题,制定法律、技术计划及该计划的财政预算等。(3)协调委员会。由担任巴黎联盟或伯尔尼联盟执行委员会的成员国组成,是一切有关行政财务等问题的咨询机构,同时又是大会和成员国会议的执行机构,负责拟定大会议程草案,提出总干事人选名单等。(4)国际局。它是WIPO各机构和各联盟共同的秘书处,即常设办事机构,设总干事1人和副总干事若干人。该局主要负责组织有关会议,准备有关文件和报告,收集向各国提供的有关知识产权的情报,出版有关刊物,办理商标的国际注册等。

3. 知识产权的保护范围

按照《建立世界知识产权组织公约》所下的定义,知识产权包括:(1)关于文学、艺术和科学作品的权利,这主要是指版权(著作权);(2)关于表演艺术家的表演、录音和广播的权利,这主要是指邻接权;(3)关于人类努力在一切领域内的发明的权利,这主要是指专利发明、实用新型及非专利发明享有的权利;(4)关于科学发现的权利;(5)关于工业品外观设计的权利;(6)关于商品商标、服务商标、厂商名称和标记的权利;(7)关于制止不正当竞争的权利;(8)在工业、科学、文学或艺术领域里一切其他来自知识活动的权利。

（二）世界贸易组织

世界贸易组织（World Trade Organization，WTO）是在《关税及贸易总协定》基础上建立起来，于1995年1月正式成立，目前已有164个成员。[①] 世界贸易组织规制知识产权的主要依据是1994年达成的《与贸易（包括假冒商品贸易在内）有关的知识产权协定》（Agreement on Trade-related Aspects of Intellectual Property Rights, Including Trade In Counterfeit Goods，TRIPs）。《建立世界贸易组织协定》第4条明确规定设立一个"与贸易有关的知识产权理事会"（以下简称TRIPs理事会），但该协定只是规定了TRIPs理事会应在总理事会指导下开展工作。TRIPs理事会的各项具体职能，均规定在TRIPs（《建立世界贸易组织协定》的附件1. C.）中。随着新技术革命，无形的知识产权贸易以及有形商品贸易中的知识产权问题越来越受到国际社会的重视，知识产权的国际保护也已成为世界贸易组织的一项重要议程。

相关链接

TRIPs的特点

TRIRs是一个内容涉及知识产权各个领域的综合性国际条约，其对知识产权的保护范围和水平超过了以往的国际条约，主要体现在以下几个方面：

1. 基于知识产权与有形商品贸易的紧密联系，TRIPs把关贸总协定关于商品贸易的基本原则和一些具体规定引入知识产权的国际保护领域。

2. 由于通过"一揽子"方式参加WTO，使该组织的所有成员方均得接受TRIPs。

3. TRIPs几乎把所有的知识产权形式（包括未披露的信息、地理标志等）都纳入保护的范围，使保护的范围有所扩大。此外，TRIPs还增加了新的保护客体。如在专利方面，将可授予专利的范围扩及食品、医药、化学品、植物品种及其生产工序；在版权方面，将集成电路的布图设计（拓扑图）作为保护的对象，并首次引进了版权的出租权；在商标方面，规定给予贸易和服务商标以与商品商标同样的保护。

4. 延长了知识产权的保护期限。TRIPs规定，版权的保护期限为作者有生之年加上死后50年；商标的保护期限至少7年，且允许无限制地展期；工业品外观设计的保护期限不得少于10年；专利权的保护期限不得少于20年。

5. 知识产权的保护措施更加有效。TRIPs的一个显著特点是，详细规定了知识产权的法律保护程序，如规定了行政、民事、刑事以及边境措施和临时措施。此外，它还规定了有关知识产权争端解决办法，即统一适用WTO争端解决机制，还允许使用"交叉报复"手段，这些措施对知识产权的保护更加有效。

---

① 参见世界贸易组织官网，http://www.wto.org，accessed on 01 September，2015。

第三节 我国关于知识产权国际保护的立法与司法实践

事例 8.4

1985 年 12 月,美国发明人威廉通过我国专利代理机构在我国申请有关 G—H—F 型机器的发明。同时我国专利局正在审查一项同类机器的发明,该发明为中国发明人李某于 1985 年 8 月提出申请的。专利局经调查得知,美国发明人曾在 1985 年 1 月在美国专利局申请并获得专利权。

一、我国关于知识产权国际保护的立法

应承兑我国入世所作的承诺的外在需要和提高我国自主创新能力等的内在需要,我国自 1999 年以来对知识产权法律进行大规模的废、改、立的活动。目前,我国符合入世要求的知识产权国际保护的法律体系已经形成。从我国目前有关知识产权国际保护的立法来看,主要有如下趋势。

(一)积极参加有关知识产权国际保护的国际公约,全面参与知识产权保护的国际合作

我国已先后加入了一系列重要的国际知识产权保护公约:1980 年加入《建立世界知识产权组织公约》,1984 年加入《巴黎公约》,1989 年加入《马德里协定》及其议定书,1992 年分别加入《伯尔尼公约》《保护录音制品制作者防止未经许可复制其录音制品公约》《世界版权公约》,1993 年加入《专利合作条约》,2000 年加入 TRIPs 协定等。同时,中国还与许多国家签订了涉及知识产权内容的双边协定。此外,我国还全面参与有关知识产权保护的国际组织和地区组织的活动,全面提高我国知识产权国际保护的水平。

(二)建立健全了符合国际通行规则、门类比较齐全的知识产权法律体系

1. 在专利权方面。我国涉及专利权方面的法律、法规主要有:《中华人民共和国专利法》(1984 年制定并于 1992 年、2000 年、2008 年、2020 年修正)、《中华人民共和国专利法实施细则》(1992 年制定并于 2001 年、2002 年、2010 年修订)、《专利代理条例》(1991 年制定并于 2018 年修订)和《专利代理管理办法》(2019 年制定)等。

2. 在商标权方面。我国调整涉外商标权关系的现行的法律、法规主要有:《中华人民共和国商标法》(1982 年制定并于 1993 年、2001 年、2013 年、2019 年修正)、《中华人民共和国商标法实施条例》(2002 年制定并于 2014 年修订)、《集体商标、证明商标注册和管理办法》(2003 年制定)和《规范商标申请注册行为若干规定》(2019 年制定)等。

3. 在著作权方面。我国现行的有关涉外著作权的法律、法规主要有:《中华人民共和国著作权法》(1990 年制定并于 2001 年、2010 年、2020 年修正)、《中华人民共和国著作权法实施条例》(1991 年制定并于 2002 年、2011 年、2013 年修订)、《实施国际著作权条约的规定》(1992 年制定并于 2020 年修订)、《计算机软件保护条例》(2001 年制定并于 2011 年、2013 年修订)等。

此外，我国颁布实施了《世界博览会标志保护条例》《中华人民共和国知识产权海关保护条例》《奥林匹克标志保护条例》《集成电路布图设计保护条例》《中华人民共和国植物新品种保护条例》《特殊标志管理条例》《中华人民共和国反不正当竞争法》等有关知识产权方面的法律法规，积极履行保护知识产权的国际义务。

二、我国关于知识产权国际保护的司法实践

事例 8.5

中国公民李某、张某与韩国人金某合著一本有关内科的医学著作，由中国某科技出版社用中文出版，合署了 3 人的姓名。后来，张某与李某将该书译成英文，由中国某出版社转让给英国某出版社在英国出版。张某、李某在将书稿交给中国某出版社时，在书稿上未署韩国作者金某的姓名，出版社由于疏忽也未提出异议就在英国出版发行。该书英文版在英国出版以后，被韩国作者金某发现，并找到英国出版社，英国出版社称此稿系中国某出版社转让，署名中没有韩国金某的名字。金某遂来中国状告中国某科技出版社侵权。

根据以上我国参加的有关知识产权条约和国内有关知识产权立法的规定，我国知识产权主要从以下几个方面提供国际保护。

（一）专利权

1. 赋予外国专利申请有条件国民待遇。在我国没有经常居所或者营业所的外国人、外国企业或外国其他组织在我国申请专利的，按照其所属国同我国签订的协议或共同参加的国际条约，或者按照互惠原则，根据我国专利法办理。外国人的一切专利事务应当委托我国国务院指定的专利代理机构，向我国专利局提出有关申请，专利局依我国法律审查批准和授予专利权。

2. 赋予外国专利申请有条件优先权。外国申请人就同一发明或实用新型在外国提出申请之日起 12 个月内，或者就同一外观设计在外国第一次提出申请之日起 6 个月内，又向我国提出申请的，依照其所属国同我国签订的协议或者共同参加的国际条约，或者依照相互承认优先权的原则，可以享有优先权。

3. 赋予港澳地区专利申请的特殊待遇。港澳地区的法人向国家知识产权局申请专利时，应当委托国务院指定的或者授权国家知识产权局指定的专利代理机构办理。港澳地区居民向国家知识产权局申请专利时，除可以委托上述专利代理机构外，还可以通过其在内地的亲友委托国内专利代理机构办理。

同时，我国还规定了我国专利向外国申请的特别程序。按照规定，我国单位或者个人将其在国内完成的发明创造向外国申请专利的，应当首先向国家知识产权局申请专利，并经国务院有关主管部门同意后，委托国务院指定的专利代理机构办理。我国境内的外资企业、中外合资企业的工作人员的发明创造，分职务发明和非职务发明两类。职务发明创造的专利申请权属于企业，非职务发明创造的专利申请权属于发明人和设计人。申请批准后，专利权归申请的企业或个人。

在事例 8.4 中，我国专利局应批准美国申请人威廉的申请。因为我国与美国都是

《巴黎公约》的成员国，根据《巴黎公约》中的优先权原则，申请人在首次向缔约国之一提出正式申请基础上，可以在一定期限内（发明、实用新型为12个月，外观设计为6个月），向所有其他缔约国申请保护，而以第一次申请的日期作为以后提出申请的日期。本案中美国发明人的条件符合《巴黎公约》的规定，虽然其申请是在1985年12月，却应被视作第一次申请日，即1985年1月，因此早于我国发明申请人李某在1985年8月提出的申请，故我国专利局应批准美国发明人的申请，同时驳回中国发明人的申请。同时，根据《巴黎公约》的有关规定，在巴黎联盟各成员国内，为同一发明授予的专利权是彼此独立的。故美国专利申请人在中国获得专利权，并不意味着在第三国自动获得专利权。我国申请人仍有权在其他第三国申请专利权，但只有在该第三国并非《巴黎公约》的缔约国，或美国专利申请人在该第三国没有提出申请的条件下方可提出申请。

（二）商标权

1. 赋予外国注册商标申请有条件国民待遇。外国人或外国企业在我国申请注册商标的，应按其所属国和我国签订的协议或者共同参加的国际公约办理或者按照对等原则办理。在具体程序上，外国人在我国申请注册商标或办理其他商标事宜，应当委托国务院指定的中国国际贸易促进委员会商标代理部或中国专利代理（香港）有限公司进行代理，并应当使用中文，外文书件应附中文译文。提交的代理委托书应办理有关公证、认证手续。

2. 赋予外国注册商标申请有条件优先权。外国人在我国注册商标所享受的优先权问题，根据我国参加的《巴黎公约》的原则，我国政府规定，凡是《巴黎公约》成员国国民，已向《巴黎公约》的任何一个成员国提出了商标注册申请之后，又在我国就同一商标在相同商品上提出注册申请的，可以从第一次申请后6个月内要求享受优先权。凡要求享受优先权的，应当提交书面声明以及在其他成员国第一次申请的副本和其他有关证明文件。

此外，我国对我国商标在外国注册的程序作了特别规定。按照规定，我国商标需要在国外注册的，首先应在我国工商行政管理机关注册，然后按照我国参加的《巴黎公约》和《马德里协定》或根据对等原则以及对方国家规定的无条件国民待遇原则，并委托中国国际贸易促进委员会商标代理部在外国申请商标注册。到国外申请商标注册的，申请者应先到所在地县、市工商行政管理局登记，并且必须是申请者自己的商标。

（三）著作权

1. 赋予涉外著作权双国籍国民待遇。我国对于涉外著作权的保护采取“双国籍国民待遇原则”，即我国公民、法人或非法人单位的作品无论其在境内或境外发表，均作为我国作品，受我国著作权法保护；外国人的作品，首先在我国境内发表的，也视为我国作品，受我国著作权法保护。如果外国人的作品在我国境外首先发表，30日内在我国境内发表的，也视为在我国境内首先发表，受我国著作权法的保护。

2. 外国人已在我国境内发表的作品，应根据其所属国同我国签订的协议或共同参加的国际条约，受我国著作权法保护。

3. 我国公民、法人或非法人单位的作品，要想在外国受到法律保护，可以根据我国已参加的国际公约的规定，在公约某一成员国首次发表，在其他成员国也同时得到保护；或者首次在我国发表后30日内也在《伯尔尼公约》中的成员国发表，也被视为同时发表，受到所有成员国的法律保护。

在事例8.5中，韩国金某参加了作品的创作，并在作品的中文版中署名，而且该作品首先在中国境内发表，根据《中华人民共和国著作权法》第2条、第11条的规定，其享有著作权。根据《伯尔尼公约》第3条第1款规定的"双国籍国民待遇原则"，只要作者具有伯尔尼公约成员国国籍或作品首先在公约成员国境内发表，即受成员国的保护。本案中，即使假定韩国不是公约的成员国，但金某的作品首先在中国境内发表，我国也应给其国民待遇，这和公约的规定并不矛盾。该案如果发生在《中华人民共和国涉外民事关系法律适用法》生效之后，至少有三个问题涉及法律适用问题，即韩国金某是否取得著作权？韩国金某的著作权内容是否包括署名权？韩国金某的著作权在英国是否受到侵犯？前两个问题属于知识产权的归属和内容，依据《中华人民共和国涉外民事关系法律适用法》适用被请求保护地法即中国法，由于中国和韩国都是《伯尔尼公约》的缔约国，因此适用《伯尔尼公约》。第三个问题属于知识产权侵权责任，依据《中华人民共和国涉外民事关系法律适用法》适用被请求保护地法即英国法。

此外，我国还就计算机软件、集成电路布图设计以及奥林匹克标志保护等的国际保护也做了相应的规定。

课堂讨论案例

1. 西班牙某公司（以下简称西班牙公司）在西班牙拥有NIKE商标（未在中国注册），注册类别是第25类（运动服装）。2000年3月至5月，西班牙公司委托浙江一进出口公司（以下简称浙江进出口公司）和嘉兴市一服装厂（以下简称嘉兴服装厂）生产耐克男滑雪衣，由西班牙公司提供原材料、商标吊牌等。浙江进出口公司负责原材料的进口和服装的报关，嘉兴服装厂负责加工。美国耐克公司（其NIKE商标已在中国注册）于2000年8月19日向深圳海关申请扣留浙江进出口公司通过深圳海关报关的这批服装，之后美国耐克公司向深圳市中级人民法院起诉，要求西班牙公司、浙江进出口公司、嘉兴服装厂停止侵权，并赔偿损失。

［问］　深圳市中级人民法院审理此案时应该适用何国法律？为什么？根据有关条约，我国是否应该保护西班牙公司拥有的NIKE商标？为什么？

2. 美国人杰克系中美A合资公司外籍员工，在A公司下属研究机构工作。2012年5月杰克在工作过程中研制出一种新型仪器，可用于某机械生产。同年7月杰克以个人名义向美国专利机关就该仪器申请专利，并获批准。2013年1月A公司生产的该仪器出口到美国，现在杰克以A公司生产的、在美国销售的仪器侵犯其专利权为由在中国法院起诉A公司，要求其停止在美国销售该仪器并赔偿其损失。

［问］　请问该案的关键是什么？该关键问题的解决应该适用何国法？请问中国法院在审理该案时应该适用何国法律？为什么？

法律职业资格考试真题

1. 下列对《保护工业产权巴黎公约》中的“工业产权”的理解正确的是哪项?(2005年试题)

A. 仅适用于工商业本身

B. 适用于工商业和采掘工业

C. 不适用于农业及一切天然产品

D. 不仅适用于工商业本身,而且也同样适用于农业和采掘工业以及一切制成品或天然产品

2. 法国发明家克利特于1990年10月20日就一项发明在法国申请了专利。1991年9月30日,克利特又就该发明向中国专利局提出了申请,并申请优先权。后克利特该发明在法国和中国分别于1992年12月31日、1993年8月5日被授予专利权。据《专利法》其在中国的申请日以及专利权有效期截止于下列哪些日期?(2005年试题)

A. 1990年10月20日　　B. 1991年9月30日

C. 2010年10月20日　　D. 2012年12月31日

3. 中美两国都是世界贸易组织成员。《保护工业产权巴黎公约》、《保护文学艺术作品伯尔尼公约》和《与贸易有关的知识产权协定》对中美两国均适用。据此,下列哪一选项是正确的?(2007年试题)

A. 中国人在中国首次发表的作品,在美国受美国法律保护

B. 美国人在美国注册但未在中国注册的非驰名商标,受中国法律保护

C. 美国人仅在美国取得的专利权,受中国法律的保护

D. 中美两国均应向对方国家的权利人提供司法救济,但以民事程序为限

4. 美国某公司于2004年12月1日在美国就某口服药品提出专利申请并被受理,2005年5月9日就同一药品向中国专利局提出专利申请,要求享有优先权并及时提交了相关证明文件。中国专利局于2008年4月1日授予其专利。关于该中国专利,下列哪一选项是正确的?(2008年试题)

A. 保护期从2004年12月1日起计算

B. 保护期从2005年5月9日起计算

C. 保护期从2008年4月1日起计算

D. 该专利的保护期是10年

5. 根据保护知识产权的《巴黎公约》,下列哪种说法是正确的?(2006年试题)

A.《巴黎公约》的优先权原则适用于一切工业产权

B.《巴黎公约》关于驰名商标的特殊保护是对成员国商标权保护的最高要求

C.《巴黎公约》的国民待遇原则不适用于在我国海南省设有住所的非该公约缔约国国民

D. 对于在北京农展馆举行的农业产品国际博览会上展出的产品中可以取得专利的发明，我国给予临时保护

6. 根据《保护工业产权巴黎公约》的国民待遇原则，若该公约某成员国国民的发明在其本国获得了专利保护，关于该发明在其他成员国的待遇，下列哪一选项是正确的？(2008 年四川试题)

A. 该发明在其他成员国也获得专利保护

B. 该发明在其他成员国也获得版权保护

C. 该发明应按其他成员国的法律规定来确定是否获得专利保护

D. 其他成员国对该发明应给予发明者本国所给予的相同水平的保护

7. 2011 年 4 月 6 日，张某在广交会上展示了其新发明的产品，4 月 15 日，张某在中国就其产品申请发明专利(后获得批准)。6 月 8 日，张某在向《巴黎公约》成员国甲国申请专利时，得知甲国公民已在 6 月 6 日向甲国就同样产品申请专利。下列哪一说法是正确的？(2013 年试题)

A. 如张某提出优先权申请并加以证明，其在甲国的申请日至少可以提前至 2011 年 4 月 15 日

B. 2011 年 4 月 6 日这一时间点对张某在甲国以及《巴黎公约》其他成员国申请专利没有任何影响

C. 张某在中国申请专利已获得批准，甲国也应当批准他的专利申请

D. 甲国不得要求张某必须委派甲国本地代理人代为申请专利

8. 德国甲公司与中国乙公司签订许可使用合同，授权乙公司在英国使用甲公司在英国获批的某项专利。后因相关纠纷诉诸中国法院。关于该案的法律适用，下列哪些选项是正确的？(2014 年试题)

A. 关于本案的定性，应适用中国法

B. 关于专利权归属的争议，应适用德国法

C. 关于专利权内容的争议，应适用英国法

D. 关于专利权侵权的争议，双方可以协议选择法律，不能达成协议，应适用与纠纷有最密切联系的法律

9. 甲国 A 公司向乙国 B 公司出口一批货物，双方约定适用 2010 年《国际贸易术语解释通则》中 CIF 术语。该批货物由丙国 C 公司“乐安”号商船承运，运输途中船舶搁

浅,为起浮抛弃了部分货物。船舶起浮后继续航行中又因恶劣天气,部分货物被海浪打入海中。到目的港后发现还有部分货物因固有缺陷而损失。现A公司与B公司就该批货物在中国境内的商标权产生争议,双方诉至中国某法院。关于该商标权有关争议的法律适用,下列选项正确的是:(2012年试题)

A. 归属争议应适用中国法

B. 归属争议应适用甲国法

C. 转让争议应适用甲国法

D. 转让争议当事人可以协议选择法律

10. 甲国人柯里在甲国出版的小说流传到乙国后出现了利用其作品的情形,柯里认为侵犯了其版权,并诉诸乙国法院。尽管甲乙两国均为《伯尔尼公约》的缔约国,但依甲国法,此种利用作品不构成侵权,另外,甲国法要求作品要履行一定的手续才能获得保护。根据相关规则,下列哪一选项是正确的?(2014年试题)

A. 柯里须履行甲国法要求的手续才能在乙国得到版权保护

B. 乙国法院可不受理该案,因作品来源国的法律不认为该行为是侵权

C. 如该小说在甲国因宗教原因被封杀,乙国仍可予以保护

D. 依国民待遇原则,乙国只能给予该作品与甲国相同水平的版权保护

11. 韩国甲公司为其产品在中韩两国注册了商标。中国乙公司擅自使用该商标生产了大量仿冒产品并销售至中韩两国。现甲公司将乙公司诉至中国某法院,要求其承担商标侵权责任。关于乙公司在中韩两国侵权责任的法律适用,依中国法律规定,下列哪些选项是正确的?(2016年试题)

A. 双方可协议选择适用中国法

B. 均应适用中国法

C. 双方可协议选择适用韩国法

D. 如双方无法达成一致,则应分别适用中国法与韩国法

12. 挪威甲公司研发了一个计算机软件,中国乙公司未经许可擅自使用了该软件,挪威甲公司向中国某法院起诉乙公司侵犯其在中国的知识产权,但明确表示不同意适用中国法。根据我国相关法律规定,法院在适用法律时的哪项做法是正确的?(2019年试题)

A. 适用挪威法,因为甲公司不同意适用中国法

B. 适用中国法,因为法院地在中国

C. 适用挪威法,因为软件开发地在挪威

D. 适用中国法,因为中国为被请求保护地

13. 日本甲公司与中国乙公司签订技术许可协议(协议约定适用日本法),授权乙

公司在中国范围内销售的手机上安装甲公司开发的某款 APP。而乙公司在销往越南的手机上也安装了该款 APP,后甲公司以乙公司违约并侵犯其在越南获得的知识产权为由,诉至中国某人民法院。关于本案,根据《法律适用法》,下列说法正确的是?(2019 年试题)

A. 该违约和侵权纠纷均应适用中国法

B. 该违约纠纷应适用日本法

C. 该侵权纠纷,双方可在开庭前约定适用中国法

D. 该侵权纠纷应适用越南法

第九章　涉外合同关系的法律适用

[知识结构图]

- 涉外合同关系的法律适用
  - 涉外合同法律适用的理论与方法
    - 涉外合同的概念
    - 合同准据法确立的历史发展
    - 合同准据法确立的基本原则
    - 合同准据法确立的基本方法
  - 国际经贸常用合同的法律适用
    - 国际货物买卖合同的准据法
    - 国际货物运输合同的准据法
    - 国际货物运输保险合同的准据法
    - 国际贸易支付的准据法
    - 国际技术转让合同的准据法
    - 国际劳工合同的准据法
    - 国际消费合同的准据法
    - 国际电子合同的准据法
  - 我国关于涉外合同法律适用的立法与司法实践
    - 意思自治原则的定位
    - 最密切联系原则的补充适用
    - 国际条约和国际惯例的适用条件

[内容导读]

涉外合同的法律适用涉及合同准据法、意思自治原则、最密切联系原则、合同自体法、特征履行说等基本概念,以及确立合同准据法的方法和原则。同时,本章还论述国际经济贸易关系中的几种主要合同,涉及国际货物买卖和与此相联系的国际货物运输及运输保险、国际贸易支付以及国际技术转让、国际劳务合同以及电子合同等的法律适用问题。学习本章时,应着重把握涉外合同法律适用的意思自治原则、最密切联系原则、合同自体法和特征履行说、我国涉外合同法律适用的理论和实践,并了解和把握国际经贸合同的法律适用问题。

[法律职业资格考试要点]

本章在考试中所涉及的要点有:合同准据法的概念、主观论与客观论、当事人意思自治原则、客观标志说、最密切联系原则、特征性履行方法、中国关于合同法律适用的规定、国际经贸合同的法律适用原则。

第一节　涉外合同法律适用的理论与方法

事例 9.1

美国纽约 A 公司同英国伦敦 B 公司于北京签订标的 100 万美元的贸易合同，交货地为美国纽约，并约定适用法国法来处理他们之间将来可能发生的合同争议。后美国纽约 A 公司违约，英国 B 公司向美国纽约法院起诉。

一、涉外合同的概念

涉外合同，亦称国际合同，它是指含有涉外（国际）因素的确定当事人之间权利义务的协议。那么，如何判定一项合同含有"涉外因素"呢？一般来说，我们可以从以下几个方面来确定一项合同是否具有涉外因素：(1)合同的一方或双方当事人的国籍或住所位于国外，或者合同当事人的营业地位于国外；(2)合同的签订或者履行涉及两个或两个以上的国家或者不同法域的地区；(3)合同的标的物位于国外。值得注意的是，仅仅依靠上述方法来确定一项合同是否为涉外合同还是不够的。从根本上说，判断一个合同是否为涉外合同，不可只看合同行为或合同关系中是否含有外国因素，还应看是否因这种因素而涉及适用外国法的问题。也就是说，只要一项合同可能适用外国法，即构成涉外合同。

理论争鸣

关于涉外合同准据法选择的学说

关于涉外合同法律适用的理论主要有两种观点：

一是分割论与统一论。"分割论"是指在涉外合同的法律适用问题上，把涉外合同分成不同的几个方面，分别适用不同国家或地区的法律。这一理论肇始于法则区别说时代。这一理论得到进一步的发展，如对合同当事人的缔约能力，适用当事人属人法；对合同的形式，适用缔约地法；对合同的成立及效力，则适用合同准据法。合同准据法主要依照当事人意思自治原则或者最密切联系原则来进行确定。"统一论"是指在涉外合同的法律适用问题上，不区分合同的不同方面，统一适用一个特定国家或地区的法律。可见，涉外合同法律适用问题上的"分割论"与"统一论"既包括实体法的对立，也包括冲突法的对立，过去那种不区分合同的性质和种类，只适用统一的冲突规范的做法，已经受到了强大的冲击。

二是客观论与主观论。"客观论"主张在涉外合同法律适用上，依据合同客观的连结因素，如当事人的国籍、住所或居所，合同缔约地、合同履行地、标的物所在地、可供扣押的财产所在地等，来确定合同准据法的理论和观点。"主观论"主张适用当事人经协商选择的特定国家或地区的法律。"主观论"的理论基础是"私法自治"原则，认为既然允许当事人自己决定他们之间的法律(合同是当事人之间的法律规则),当然也应当允许他们自主选择这种合同关系所应适用的法律。总之,在涉外合同的法律适用理论问题上,上述这些原本相互对立的理论,随着国际商事合同关系的进一步发展,都存在一个相互交融,互为补充,互相结合的发展历程,从而使涉外合同的法律适用理论,得到了极大的丰富和发展。

二、合同准据法确立的历史发展

所谓合同的准据法,是指在涉外合同关系中,经由冲突规范所指引的适用于涉外合同关系的特定国家或地区的法律。在涉外合同准据法的确定上,历史上主要出现有三个不同的阶段。

第一阶段"客观论"占主流,以缔约地法为主的依照涉外合同的客观连结因素决定合同准据法,可谓"缔约地法"阶段。"缔约地法"反映了中世纪封建属地主义法律观,符合当时的涉外合同法律关系的实际情况,这一阶段直至19世纪上半叶才结束。

第二阶段"主观论"占主流,以"意思自治原则"为主,由涉外合同当事人的主观意志来决定合同准据法。"意思自治原则"由16世纪法国著名学者杜摩兰提出,之后得到了胡伯的支持。在立法上,直到1856年《意大利民法典》才予以明确规定,后来为世界各国立法所接受。这种由依据缔约地法等涉外合同的客观连结因素来确定合同准据法向依据当事人的"意思自治"来确定合同准据法的转变,完全是由当时的社会政治经济条件所决定的。

第三阶段"合同自体法"(proper law of the contract)阶段,这也是主客观相结合的阶段。合同自体法最早由英国学者所提出,是指涉外合同的法律适用首先适用当事人依据"意思自治"原则所确定的法律,若当事人未选择应当适用的法律,则适用与合同有最密切联系的国家或地区的法律。这是一种更为灵活的确定合同准据法的方法。随着市场经济的进一步发展,涉外合同法律关系愈显复杂,因而仅仅根据当事人的自主选择来决定合同的准据法是有缺陷的,应当允许在当事人没有选择合同准据法的场合,能够根据涉外合同关系的种类、内容和性质等客观情况来确定合同的准据法。这一方法符合涉外合同法律选择多样化和灵活性的发展方向。

正是在这种趋势下,合同法律适用问题上的"意思自治""合同自体法""最密切联系""特征履行"等学说,得到了快速的发展,并成为确定合同准据法的主要的理论和方法。

三、合同准据法确立的基本原则

(一)意思自治原则

意思自治原则最早由法国著名学者杜摩兰(Charles Dumoulin)提出,认为在涉外合同关系中,应当适用当事人协商一致选择的法律。杜摩兰的这一思想后来得到许多学者支持,并为国际国内立法所接受。当然,对于这种观点,学界也有许多学者持反对意见。他们认为,当事人之间的选择协议要具有决定合同准据法的效力,首先必须要解决用什么法律来赋予这种协议本身以效力的问题。同时,"意思自治"理论还赋予了私人以立法者的权力。此类反对意见虽有一定道理,但不符合商品经济和市场经济发展的需要。而且从法理上来进行分析,既然自古罗马法以来就确定了"契约自由"原则,赋予了当事人缔结合同的自由,就意味着也应当赋予当事人选择支配他们之间合同关系的法律的自由。这种选择法律的自由,不是因为赋予了当事人立法者的权力,而仅仅是遵守法院地冲突规则的结果。

在立法上,"意思自治"首先在1804年的《法国民法典》中得到体现,到1865年制定的《意大利民法典》,更是明确地把它作为处理合同准据法选择问题的首要原则。后来,这一原则又被引入英美普通法。其中,富有代表意义的是曼斯菲尔德(Lord Mansfield)法官在罗宾逊诉布兰德案(Robinson v. Bland)、马歇尔(Marshall)法官在韦曼诉索特邦德案(Wayman v. Sourtbard)中的引用。至今,意思自治原则已经成为国际社会共同接受的处理涉外合同准据法方面的首要原则。

(二)最密切联系原则

最密切联系原则作为确定涉外合同准据法的一项原则,起源于萨维尼的"法律关系本座说",到20世纪五六十年代,得到美国学者的倡导。最密切联系原则是指当事人未明确选择合同准据法时,选择适用与涉外合同关系有最密切联系的国家或地区的法律作为合同准据法的原则。如合同的缔结地,合同的履行地,合同标的所在地,合同当事人的国籍、住所地、居住地,主事务中心管理地、营业地、法院地等。在实践中,过去多数国家把合同缔结地作为确定合同准据法的最密切联系因素,现在则更倾向于把合同的履行地作为最密切联系因素。立法上如德国、瑞士、意大利、智利、阿根廷及墨西哥等国,都采用合同履行地为最密切联系的因素来确定合同准据法。

相关链接

意思自治原则与最密切联系原则的比较

项目	意思自治原则	最密切联系原则
地位	独立适用	对意思自治原则的补充
意思表示	由当事人自由选择涉外合同的准据法	当事人未明确选择合同准据法而由法院根据与此涉外合同有最密切联系的国家或地区的法律来确定合同准据法
决定者	由合同当事人决定	由法官或仲裁员决定
限制性	适用上有一定的限制	根据涉外合同关系的客观因素来决定

四、合同准据法确立的基本方法

合同准据法的确定方法随着历史的发展,从单纯的依据合同关系的客观因素来确定,发展到根据合同当事人的"意思自治"与"最密切联系"原则来进行确定,进而发展到"合同自体法"时代,即在合同法律适用问题上,主要适用当事人"意思自治"原则,结合“最密切联系”原则与“特征履行说”。同时,也没有完全放弃运用传统的分割方法来确定合同的准据法。

（一）依据当事人意思自治原则来确定合同的准据法

这种方法得到了国际社会的普遍接受,是最主要的合同准据法确立方法。这种方法是指依据合同当事人在缔约时或者发生纠纷后达成的法律选择条款或协议来确定合同准据法的方法。

相关链接

运用意思自治原则确定合同准据法应注意的事项

在运用这种方法来确定合同准据法时,必须注意如下几个方面的问题。

1. 当事人协议选择法律的时间、方式、范围

在涉外合同法律关系中,当事人选择法律的协议应在订立合同到开庭审理之前的期间达成。同时,许多国家的立法还允许当事人对原来的选择进行更改。值得注意的是,当事人在合同订立后选择或变更选择的权利应当受到一定的限制,即不得使合同因当事人的事后选择或变更而归于无效或使第三人的合法利益遭受损害。

当事人选择法律的方式,主要有明示方式与默示方式。明示方式主要是书面方式或其他能够使人感知的电子方式等。这种方式具有确定性和可预见性。目前只承认明示方式的国家有中国、土耳其、秘鲁等。默示方式是指根据涉外合同关系的具体案情推定当事人的选择,允许法官在审理案件时推定当事人的选法意图。如法国、英国、德国、瑞士等,1986 年《国际货物买卖合同法律适用公约》等采取这一主张。此外,也有少数国家如荷兰、美国,只是有限度地承认默示选择。

对于当事人选择法律的范围问题,目前绝大多数国际国内立法规定当事人所选择的法律只能是实体法,而不是所选择法域的冲突法。

2. 对当事人意思自治的限制

在涉外合同法律关系中,当事人经由“意思自治”来选择合同准据法的自由应受到一定的限制。这主要体现在:(1)不得违背本应支配合同的法律中的强行法;(2)不得选择与合同毫无实际联系的法律;(3)当事人的选择必须“善意”“合法”,不得违反公共秩序和善良风俗;(4)当事人的选择不得违背公平、合理原则。鉴于当今社会中一些大的垄断企业利用其优势地位,强制性地在格式合同或“附和合同”(adhesion contract)中约定法律适用条款,并明显地使弱势一方当事人处于不利地位的现实情况,有必要对此进行一定的限制。如 1980 年欧共体《关于合同债务的法律适用公约》规定,在雇佣合同中,当事人的选择不得剥夺法律的强制性规则对受雇人所提供的法律保护。在当事人没有选择法律时,应适用履行合同时受雇人惯常履行其工作的国家的法律。如果他并不惯常在一个国家工作,则适用他受雇的营业所所在地国法。

（二）适用最密切联系原则来确定合同的准据法

在涉外合同法律关系中,若当事人没有达成选择法律的协议或者协议无效时,应

如何确定合同的准据法？对此，国际社会目前普遍接受的立法与实践是按最密切联系原则来确定应适用的法律。所谓最密切联系原则，是指在涉外合同法律关系中，适用与合同有最直接、最真实联系的国家或地区的法律。在实践中，通常由法官或仲裁员根据案件的具体情况，在合同缔结地、合同履行地、合同标的所在地，或当事人的住所、居所、国籍、营业地，受理案件的法院地等客观因素中选择一个来确定合同的准据法。值得注意的是，在立法上，有些国家是把最密切联系原则作为一个独立的原则来规定的，而多数国家则通常把它作为意思自治原则的补充原则来加以规定。

（三）根据“合同自体法”来确定合同的准据法

“合同自体法”（proper law of the contract）学说最先为英国国际私法学者提出，认为合同的法律适用应该体现“主观论”与“客观论”的统一，即认为合同的准据法应当是当事人意欲使合同受其支配的法律，而在当事人无此明示选择且不能依情况推定当事人选择的意向时，应是那个与合同有最密切、最真实联系的法律。合同自体法主要包含三层意思：（1）一般情况下，应当适用当事人明示选择的法律；（2）如果当事人无明示选择，可以由法官或仲裁员根据具体案情推断出他们合意选择的法律，并适用该默示选择的法律；（3）当事人无明示或默示选择时，应当适用与合同有最密切联系的法律。它是一种以意思自治原则为主同时兼采最密切联系原则作为补充的综合方法。“合同自体法”体现了合同领域冲突规则的新发展，反映了在合同法律适用问题上的一种更为务实、灵活与开放的态度，从而推动了国际合同法乃至国际私法的发展。

在确定合同法律适用问题时，为更好地判定哪个国家或地区的法律与合同存在最密切联系，学者们提出了“特征履行说”。特征履行说又称“特征债务说”（doctrine of characteristic obligation），最早由瑞士学者施尼策（Schnitzer）所提出，旨在解决适用意思自治原则时若当事人未选择法律，应怎样确定合同准据法的问题，因而在功能上与最密切联系原则是一样的。甚至有学者认为，它实际上就是关于如何认定最密切联系的根据的学说。其实质是要求法院根据何方的履行最能体现合同的特性来确定合同的准据法。在立法上，把“特征履行”作为指引合同准据法根据的主要有《瑞士联邦国际私法典》《罗马尼亚国际私法》等。

相关链接

依“特征履行说”确定合同法律适用时应注意的事项

实践中，如何适用“特征履行说”来确定合同准据法，需要注意如下两个方面的问题：

（1）合同关系中何方的履行是特征履行？对此，有主张凡非支付金钱、价款、对价的当事人的履行是特征履行，有主张应根据合同的各种情况，综合判定何方的履行最具实质意义，最能体现该合同关系的特征，甚至考虑经济、政治、法律等因素来确定何方的履行是特征履行。我们认为，只要在性质上足以使此种合同区别其他合同的一方当事人的履行即特征履行。

(2)在解决了合同中何方的履行为特征履行之后,应依何种连结因素来指引准据法?对此,有主张以特征履行方的住所地、惯常居所地为连结因素的,有主张以特征履行方的营业所、管理中心等为连结因素的,还有主张以特征履行的行为地为连结因素的,各不相同,应根据合同的具体情况来定。

(四)分割方法在确定合同准据法中的运用

分割方法在涉外合同法律适用中的运用,主要是把合同关系分割成不同的方面,分别适用不同的准据法,这种方法在一些特殊的合同关系中具有十分重要的价值。纵观许多国家的立法和司法实践,常见的便是将合同当事人的缔约能力、合同形式和合同的成立与效力三个方面分割开来,分别适用不同的冲突规范以确定其准据法。实践中,主要是把当事人的缔约能力与合同形式分割出来,分别适用不同的准据法。

1. 缔约能力。在合同法律关系中,当事人是否具备缔约能力是合同是否有效成立的主要构成要素。对此,主要有以下几种不同主张:(1)适用当事人属人法。(2)选择适用属人法与合同缔结地法。(3)适用合同准据法。

需要注意的是,实践中当事人根据其属人法并无缔约能力,却隐瞒这一真实情况签订合同,之后一旦出现于己不利的情况,就以自己无缔约能力为由来主张合同无效或逃避合同义务。法院或仲裁庭就应根据上述冲突规范认定其有缔约能力。

2. 合同形式。对于合同形式的准据法,目前理论与实践上主要有如下三种不同主张:(1)适用缔约地法。从历史的角度来看,合同形式问题一般依据“场所支配行为”原则,采缔约地法。采取这种立法的国家有西班牙、葡萄牙、阿根廷等。(2)选择适用缔约地法或合同准据法。(3)适用合同准据法。值得注意的是,对于有些特殊合同,如不动产合同,许多国家的法律规定有关合同的形式问题应适用不动产所在地法。

事例9.1主要涉及合同的准据法问题。国际社会的普遍实践是首先适用当事人合意选择的法律,即适用法国的法律。但值得注意的是,当事人依照意思自治原则所做的选择必须受到一定的限制,其中就包括不能选择与合同毫无联系的国家的法律。本案中当事人约定选择法国法,与合同没有任何真实的联系,因此可能被法官认定为无效,此时应适用最密切联系原则来确定合同的准据法,或者根据合同自体法中的“特征履行说”来确定合同的准据法,即适用美国纽约法来审理本案。

第二节 国际经贸常用合同的法律适用

事例 9.2

2006 年 1 月 4 日,美国 A 公司向中国 B 公司发来出售鱼粉买盘,要求当日下午 5 时前答复。买盘的主要内容如下:秘鲁鱼粉,重 8000 吨,价格条款 CIF 上海,每吨 483 美元,交货期 2006 年 4 月至 5 月,信用证付款等。中国 B 公司收到买盘以后,于当天做出答复,要求美国 A 公司将每吨 483 美元减至每吨 480 美元,同时对索赔条款提出了修改意见,并指出以上两点如果同意请速告知即可签约。3 月 5 日,美国 A 公司与中国 B 公司直接通过电话协商,中国 B 公司同意接受每吨 483 美元的价格,但坚持修改索赔条款,美国 A 公司最后同意了中国 B 公司的修改意见。3 月 7 日,美国 A 公司在给中国 B 公司的电传中,重申了买盘的主要内容和电话协商的结果。同日,中国 B 公司回电传给美国 A 公司,告知该公司部门经理在广交会期间将直接与美国 A 公司签订合同。3 月 22 日,美国 A 公司人员在广交会上会见了中国 B 公司的部门经理,将美国 A 公司已签字的合同文本交给了该部门经理,该经理表示审阅后再签字。3 月 26 日,当美国 A 公司派人去取合同时,中国 B 公司的部门经理仍未签字。美国 A 公司指使派去的人将中国 B 公司仍未签字的合同索回。4 月 2 日,美国 A 公司诉至上海市中级人民法院。

一、国际货物买卖合同的准据法

国际货物买卖合同是指具有涉外因素的货物买卖合同。国际货物买卖合同涉及许多法律问题,既包括国内冲突法和国际冲突法,也包括国内实体法和统一实体法。

(一)国际货物买卖合同的成立与内容

国际货物买卖合同的成立需要满足四个条件:(1)当事人具备法定行为能力;(2)买卖双方意思表示一致;(3)合同内容合法;(4)合同形式符合法律规定的形式。由于各国的法律传统和法律制度不同,因而在这些问题上难免会产生法律冲突。

相关链接

国际货物买卖合同包含的主要条款

国际货物买卖合同的成立是通过一方提出要约(亦称发价,offer),另一方表示承诺(亦称接受,acceptance)而成立的。主要包括效力、权利义务和争议解决三个部分,具体条款如下:

(1)标的条款。包括商品的名称、规格、数量、质量、包装等。

(2)价格条款。包括价格的计量单位、计价货币、价格条件或确定价格的方法等。

(3)运输条款。主要规定承担交运货物的当事人及其责任、运输方式、装运时间、装货港(站)与目的港(站),以及装运通知等事项。

(4)商检条款。包括检验时间和地点、检验机构和检验证书、检验方法和检验标准等事项。由于商检和索赔有密切联系,有些合同把商检和索赔合为一个条款,称为商检与索赔条款。

(5)保险条款。包括投保人、保险人、保险费、投保险别与保险金额等。

(6)支付条款。包括支付工具、支付时间和支付方式,以及应附单证、支付金额和货币单位等项。

(7)免责条款或不可抗力条款。包括约定免责事由、范围、赔偿责任等项内容。若约定免责的原因是不可抗力时,即构成不可抗力条款。需要注意的是,该条款还需要规定,在发生不可抗力事件时,当事人应及时通知对方,并采取适当措施防止损失扩大等。

(8)法律适用条款。它规定合同的准据法。

(二)国际货物买卖合同方面的国际公约

1.《联合国国际货物销售合同公约》

《联合国国际货物销售合同公约》是在联合国国际贸易法委员会的主持下,将两个"海牙公约"(《国际货物买卖统一法公约》和《国际货物买卖合同成立统一法公约》)合并而成的,1988 年 1 月 1 日起生效。截至 2021 年 1 月,共有包括中国在内的 95 个成员。[①] 该公约已经成为调整国际货物销售合同关系的最具影响的国际公约。

《联合国国际货物销售合同公约》共 101 条,分为:适用范围和总则、合同的订立、货物销售、最后条款四个部分。其宗旨是,以建立新的国际经济秩序为目标,在平等互利的基础上发展国际贸易,减少国际贸易的法律障碍,促进各国间的友好关系。值得注意的是,该公约尚不是一部完整而全面的国际货物买卖的统一法,其目的也不是取代和调和各国的国内法,而是旨在制定一整套满足于国际贸易特殊要求的原则和方法,以弥补国内法和国际惯例的不足。

《联合国国际货物销售合同公约》只适用于缔约国中营业地分处不同国家的当事人之间的货物买卖;或由国际私法规则导致适用某一缔约国法律的货物买卖。但公约不适用如下的货物买卖:(1)股票、债券、票据、货币或其他投资证券的交易;(2)船舶、飞机、气垫船的买卖;(3)电力的买卖;(4)卖方的主要义务在于提供劳务或其他服务的买卖;(5)仅供私人、家人或家庭使用的货物买卖;(6)以拍卖方式进行的销售;(7)根据法律执行令状或其他令状的销售。

---

① See https://uncitral.un.org/zh/texts/salegoods/conventions/sale_of_goods/cisg/status, accessed on 28 June, 2022.

相关链接

中国1981年9月30日签署《联合国国际货物销售合同公约》,并于1986年12月11日向联合国交存核准书。我国在提交核准书时对公约提出了两项保留:(1)适用范围方面的保留。该公约第1条第1款(b)规定,如果国际私法规则导致适用某一缔约国的法律,合同关系适用该公约。(2)书面形式的保留。2013年中国政府向联合国秘书长正式交存撤回对该公约所作"不受公约第十一条及与第十一条内容有关的规定的约束"的声明,即撤回有关合同书面形式的保留。

2.《联合国国际货物销售时效期限公约》

对于国际货物买卖中的时效期限问题,由于各国法律规定不一,彼此之间可能产生冲突,从而碍于国际商事关系的正常发展,为解决这一问题,联合国贸易法委员会主持起草了《联合国国际货物销售时效期限公约》,并于1974年6月14日在联合国外交会议上通过,1988年8月1日生效。① 该公约将时效期限统一规定为4年。该公约还就时效的起算作了详尽的规定:因违约而引起的请求权,其时效应自违约行为发生之日起算;因货物瑕疵或不符合合同规定而引起的请求权,其时效应在货物实际交付或拒绝接受之日起算;因保证而引起的请求权,其时效应从在保证期内买方将事实通知卖方之日起算;因欺诈行为而提出的请求权,其时效应在欺诈行为被发现或应该被发现之日起算;声明终止合同的请求权,其时效应从作出此项声明之日起算。

事例9.2涉及合同应具备什么形式才能有效成立的问题。关于国际货物买卖合同的形式,各国法律有不同的规定:一些国家承认既可以采取书面的形式,又可以采取口头的形式。而另一些国家认为国际货物买卖合同涉及的标的大,关系复杂,必须采取书面形式,我国就是这样规定的。根据我国当时的法律,即使双方达成了合意,如果没有双方的签字,合同仍未有效成立。只有在双方签字以后,合同才能有效成立。据此,该案中的合同也未成立。

(三)国际贸易术语解释通则

事例9.3

深圳甲公司从美国乙公司购进线钢45,000吨,590美元/吨CIF广州。因运输途中发生海啸,为安全起见,承运人于海上抛弃了部分货物。到达目的港后,经检验货物部分缺损、锈蚀,于是深圳甲公司拒收。

在国际贸易中,除了前述国际公约之外,尚存在大量的国际惯例。如《国际贸易术语解释通则》(International Rules for the Interpretation of Trade Terms, Incoterms)、《1932年华沙—牛津规则》、《美国1941年对外贸易定义》、《国际销售示范合同》等。这里主要阐述Incoterms。

---

① 1974年通过的《联合国国际货物销售时效期限公约》文本的缔约方30个,经1980年4月11日议定书修正的公约文本缔约方23个,载http://www.uncitral.org/, accessed on 28 June, 2022。

Incoterms 是调整跨国境的货物销售交付关系的国际商业术语。其目的在于提供一套解释国际贸易中最普遍使用的贸易术语的国际规则,以避免解释不同而可能出现的不确定性。该国际惯例前后经过 1953 年、1967 年、1976 年、1980 年、1990 年、2000 年、2010 年和 2020 年的补充和修改, 2010 年 Incoterms 已经成为调整国际商事关系的主要法律规则之一。

值得注意的是,Incoterms 只限于调整销售合同当事人的权利义务中与已售货物(不包括"无形"货物,如软件)交货有关的事项。

相关链接

国际贸易术语的分类

Incoterms 2020 规则总数依旧是 11 条,但实质性地调整了行文结构,新增了按条款索引解析(article-by-article text of rules)章节,且分别对贸易过程中买卖双方的义务划分为 10 个方面进行阐述。其中,在 A4、A9/B9 条款中增加了安全方面的义务。

Incoterms 2020 主要包括 4 组贸易术语:

E 组。该组只有一个贸易术语 EXW　Ex works(...named place),工厂交货(指定地点)。该贸易术语中卖方的责任是:(1)在其所在地或其他指定地点(工场、工厂或仓库)交货给买方;(2)承担交货前的风险和费用。

买方的责任是:(1)自备运输工具将货物运至预期的目的地;(2)承担卖方交货后的风险和费用;(3)自费办理出口结关手续等。在这一贸易术语中,卖方的责任最小。该贸易术语对运输方式不限。

F 组。该组包括 3 个贸易术语。FAS　Free along-side Ship(...named port of shipment),船边交货(指定装运港);FOB　Free on Board(...named port of shipment),船上交货(指定装运港);FCA　Free carrier(...named place),货交承运人(指定地点)。

在该组贸易术语中,卖方的责任是:(1)在出口国承运人所在地(包括港口)将交货给承运人;(2)自费办理货物的出口报关手续;(3)自费向买方提交与货物有关的单证或相等的电子单证。

买方的责任是:(1)自费办理货物的运输和保险手续并支付费用;(2)自费办理货物的进口报关手续等。

在该组中应注意的是,三种贸易术语的交货地点、风险和费用的划分:FAS 以指定装运港买方指定装货地点的指定船边作为界线;FOB 以装运港货物是否越过船舷作为界线; FCA 以货物交付承运人的时间和地点作为界线。其中,在 FCA 术语中,如卖方在其所在地交货,则当货物在买方指定的承运人提供的运输工具时,即完成交货;在其他情况下,当货物在卖方的车辆上,尚未卸货而交给买方指定的承运人或其他人处置时,即完成交货。此外,在运输方式上,三者也是有所区别的。FAS、FOB 适用于海运和内河航运,而 FCA 可适用于任何运输方式。

C 组。该组包括四个贸易术语。CFR　Cost and Freight(...named port of

destination),成本加运费(指定目的港);CIF　Cost Insurance and Freight(…named port of destination),成本、保险费加运费(指定目的港);CPT　Carriage paid to(…named place of destination),运费付至(指定目的地);CIP　Carriage and Insurance Paid to (…named place of destitation),运费、保险费付至(指定目的地)。

在该组贸易术语中,卖方的责任是:(1)自费办理货物的运输手续并交纳运输费;在CIF和CIP术语中,卖方按伦敦保险业协会货物保险条款险别自费办理投保手续并交纳保险费用;(2)在CFR和CIF术语中,承担货物在装运上船之前的风险和费用;在CPT和CIP术语中,承担货交承运人以前的风险和费用;(3)自费办理货物出口报关手续;(4)向买方提交与货物有关的单据或相应的电子单证。

买方的责任是:(1)在CFR和CPT术语中自费投保并支付保险费;(2)在CFR和CIF术语中,承担货物在装运上船之前的风险和费用;(3)在CPT和CIP术语中,承担货物提交承运人以后的风险和费用;(4)自费办理货物进口报关手续。C组中,CFR和CIF贸易术语适用于海上或内河运输;CPT和CIP可以适用于任何方式的运输。

D组。该组包括3个贸易术语。DAP　Delivered at Place(…named place of destination),意思是指定地点交货;DPU　Delivered at Place Unloaded(…named place),原(Incoterms 2010中的DAT),意思是目的地卸货后交货;DDP　Delivered Duty Paid (…named place of destination),意思是完税后交货(指定目的地)。

在该组贸易术语中,卖方的责任是:(1)将货物运至约定目的地或目的港在运输工具上尚未卸下的货物交给买方;(2)承担货物交货前的全部风险和费用;(3)自费办理出口报关手续、交纳费用,DDP术语中,卖方不但自费办理货物出口报关手续,还要办理货物进口报关手续并交纳进口关税及其他税、费。

买方责任是:(1)承担货物在目的地(港口)交货后的一切风险和费用;(2)除DDP贸易术语外,自费办理进口报关手续。

在D组中,DPU、DAP和DDP可以适用于任何方式的运输。

总之,贸易术语不但明确了买卖合同的交货地点及价格构成,而且确定了买卖双方在交易中的责任与风险界限:如确定商品从启运地到目的地的运输、保险、单证的取得及其他手续问题由谁办理、费用由谁承担、货物风险转移的时间、地点等。可见,作为标准化、规范化的贸易术语,能简化交易程序,节约交易成本和费用,减少贸易纠纷,利于清晰界定各方义务并降低法律纠纷的风险,有助于促进国际贸易的顺利发展。

(四)国际货物买卖合同准据法的确定

对于国际货物买卖合同准据法问题,国际社会的普遍实践是首先适用合同当事人经协商一致选择的法律,若当事人没有选择法律时,则适用最密切联系原则来确定合同的准据法,也可适用合同自体法中的“特征履行说”来确定合同的准据法。在确定国际货物买卖合同的准据法时,我们需要注意《联合国国际货物销售合同公约》以及国际惯例的规定。而《国际货物买卖合同法律适用公约》更是就国际货物买卖合同准据法的确定作出了具体规定。

《国际货物买卖合同法律适用公约》1986年12月22日制定于海牙，该公约充分考虑它与1980年《联合国国际货物销售合同公约》配套和衔接的关系，因而它所适用的国际货物买卖合同亦以当事人的营业地在不同的国家为条件，它所要调整的买卖种类，也基本上与后一公约的规定相同，即不适用于某些具有特殊性质的买卖合同。该公约还规定，对于如下事项，其准据法不由公约决定：(1)因合同当事人的行为能力或当事人无能力而导致合同无效或撤销的后果；(2)代理人能否使委托人受合同约束或某一机关能使某一法人或非法人公司或团体受合同约束；(3)所有权的转移；(4)买卖对当事人以外的任何人的影响；(5)关于仲裁或选择法院的协议，即使此种协议已载入合同。

《国际货物买卖合同法律适用公约》规定，国际货物买卖合同应受当事人选择的法律支配。这种选择必须是明示的或能从合同条款和当事人的行为可以推定的默示方式。合同当事人的法律选择协议得以随时变更(包括准据法本身以及准据法的适用范围)。如果当事人未进行选择，依公约规定，合同应适用卖方营业地的法律，但在下列情况下，应适用买方营业地国法律：(1)合同谈判在该国进行，并由当事人当场签订；(2)合同约定卖方应在该国履行合同义务；(3)合同主要是根据买方提出的条件通过投标而缔结的。除以上各种情况外，合同应适用最密切联系的国家的法律。由于拍卖、展销等方式进行的国际货物买卖的特殊性，《国际货物买卖合同法律适用公约》另行规定，虽仍适用当事人自行选择的法律，但应以该交易进行地国法律不禁止这种选择为条件。对于合同准据法的适用范围，《国际货物买卖合同法律适用公约》规定，合同的准据法适用于：(1)合同的解释；(2)各方的权利和义务及合同的履行；(3)买方对产品、收获物以及源于货物收入的所有权时间；(4)买方对货物承担风险的时刻；(5)对货物保留所有权的条款在各当事人之间的效力和后果；(6)不履行合同的后果，包括可以获得赔偿的损失的种类，但以不妨碍法院地诉讼法的适用为限；(7)消灭义务的各种方式，如时效和诉讼期限；(8)合同无效或撤销的后果。

值得注意的是，由于《国际货物买卖合同法律适用公约》以当事人的营业所所在地为标准来确定合同准据法，因此，如当事人有一个以上的营业地时，应以与合同及合同履行关系最密切的那一个营业地为营业地，但同时应注意合同关系中的具体情况。如当事人无营业所，则以其习惯居所地为营业所所在地。

事例9.3中合同当事人没有约定应适用的准据法，根据最密切联系原则，可以适用中国法(目的港)。本案中的货物损失属于共同海损，由当事人共同承担。

二、国际货物运输合同的准据法

事例9.4

1989年1月11日,远东中国面粉厂有限公司委托一香港公司在美国购买了一批小麦,交由利比里亚美姿船务有限公司所属的,由香港东昌航运有限公司经营的"宏大"轮承运。3月9日,远东中国面粉厂有限公司收到上述货物的两份提单。该提单上载明:"提单有效性依照《1936年美国海上货物运输法》并受其约束。"起航前,船长收到一份远航建议书,提及在"宏大"轮预定的航线附近可能会遇上恶劣气候,3月11日,该轮驶抵中国蛇口港。经有关部门检验证实:该轮货舱舱盖严重锈蚀并有裂缝,舱盖板水密橡胶衬垫老化、损坏、脱开、变质及通风筒损坏。开舱时发现在裂缝处、舱盖边缘、舱盖板接缝下以及通风筒下的货物水湿、发霉、发热、结团、变质。为此,远东中国面粉厂有限公司向广州海事法院起诉,要求船方依照《1936年美国海上货物运输法》赔偿损失。船方辩称:根据《1936年美国海上货物运输法》的规定,承运人不承担因海上灾难而引起的一切责任。

国际货物运输是指采用某种或多种运输方式,把货物从一国运至另一国的运输,主要包括:海上运输、铁路运输、公路运输、航空运输、管道运输以及国际多式联运等。国际货物运输合同是指合同当事人经协商一致而缔结的将货物从一国运至另一国的协议。国际货物运输合同的特征主要有:(1)国际货物运输关系是货物承运人与托运人及收货人之间,因运输货物而发生的一种法律关系,与国际货物买卖关系有很大的区别;(2)调整国际货物运输关系的法律,主要是国际条约和国际惯例;(3)国际货物运输是跨越国境的货物移动。

对于国际货物运输合同的准据法问题,同样适用一般合同准据法确定的基本原则,但不同的国际货物运输合同有其特殊性,因而一旦当事人在运输合同中没有达成选择法律的协议,就需要根据不同国际货物运输合同的特性来确定其最密切联系的法律。

国际海上货物运输合同,是指由承运人以船舶为运输工具,经由海路将货物从装运港运至卸货港,交付收货人,并向发货人或者收货人收取运费的协议。国际海上货物运输合同有两种基本形式:租船合同与班轮运输合同。租船运输,是指托运人租用船舶的全部、部分或指定舱位运送货物的运输方式。班轮运输,是指托运人将一定数量的货物交由承运人,承运人按固定航线,沿线停靠固定港口,按固定船期和固定运费所进行的运输方式。它是海上货物运输中使用最广的一种方式,亦称"提单运输"。

(一)租船合同的法律适用

租船合同是出租人(船方)与承租人(租船方)经协商一致订立的租用船舶运输货

物的合同。依租船方式不同,可分为航次租船合同、定期租船合同和光船租船合同。[①]

在实践中,由于租船合同的条款内容繁杂,一些国家的航运组织或航运公司通常都采用"标准格式"的租船合同。目前,国际上定期租船多采用"波尔太姆"定期租船格式合同,航次租船多采用"金康"(Gencon)航次租船格式合同。我国使用的航次租船格式合同也参照"金康"合同制订。

对于租船合同的法律适用,世界各国的立法及相关国际条约都采用当事人意思自治原则,由合同当事人经协商一致选择适用于租船合同的法律,但合同当事人不能协议排除应强制适用的法律。

(二)提单运输的法律适用

提单(Bill of Lading,L/B),是承运人在接受托运的货物后,签发给托运人并保证在目的港按照提单所载明的条款交付货物的书面协议。[②] 提单一般是由船运公司制定,有固定的格式和内容。提单的主要作用表现在以下四个方面:(1)提单是承运人和托运人之间订有海上货物运输合同的凭证。需要注意的是,提单本身不是运输合同,因为运输合同是双方在托运人交货前已达成的协议,而提单则是承运人收到货物之后单方面签发的。但在双方当事人未缔结协议时,提单也起到运输合同的作用。(2)提单是承运人签发给托运人的货物收据,它表明承运人已收到托运货物。(3)提单是货物所有权的凭证,谁合法持有提单,谁就取得了对货物的所有权。(4)提单是处理双方争议的凭证。

调整提单的国际立法主要是1924年在布鲁塞尔缔结的《统一提单的若干法律规定的国际公约》,又称《海牙规则》。后于1968年、1978年进行了修改,制定了《有关修改海牙规则的议定书》(又称《维斯比规则》)、《联合国海上货物运输公约》(又称《汉堡规则》,目前的缔约方达到了35个)。《海牙规则》所确立的原则,已成为各国有关海运提单立法和各航运组织格式提单的主要内容。我国没有参加《海牙规则》《维斯比规则》《汉堡规则》。但在实践中,我国仍采用了《海牙规则》的规定。

---

① 所谓航次租船合同(voyage charter),是指出租人将船舶出租给承租人,按照约定的航次进行货物运输,由承租人支付约定运费的协议。所谓定期租船合同(time charter),是指出租人在约定的期限内将船舶出租给承租人,承租人按约定的用途使用船舶进行货物运输,并给付租金的协议。值得注意的是,承租人在约定的期限内,既可以运送自己的货物,也可以承运第三方的货物。所谓光船租船合同(bare boat charter),是指船舶所有人保留对船舶的所有权,而将船舶的占有使用权转移给承租人,由承租人雇用船长、船员及管理船舶并给付租金的协议。

② 提单可以根据不同的标准进行分类。如根据货物是否已经装船,可分为已装船提单(shipped B/L, or on board B/L)和备运提单(received for shipping B/L);根据提单上对货物外表状况的记载,可分为清洁提单(clean B/L)和不清洁提单(unclean B/L);根据提单上规定的运输方式,可分为直达提单(direct B/L)、转船提单(transhipment B/L)和联运提单(through B/L);根据提单上对收货人的记载方法,可分为记名提单(straight B/L)、不记名提单(open B/L)和指示提单(order B/L)。

相关链接

《海牙规则》的主要内容

(1)托运人的权利与义务。托运人的权利义务应受提单条款的约束。

(2)承运人的权利与义务。承运人的权利是收取运费,其义务是提供适航的船舶,签发提单,将货物安全运送到目的港并将货物交给收货人。承运人的责任期间是以货物装上船舶之时起,到卸离船舶之时为止,即所谓的"钩到钩"原则。

(3)索赔通知和诉讼时效。收货人在提货之时应检查货物,如发现货物灭失或损害时,即应向承运人提出索赔通知,如损害不显著,则于提货后3日内提出索赔通知。诉讼时效为1年,但托运人与承运人可以达成延长诉讼时效的协议。

为了寻求统一,平衡各方的利益,特别是提升承运人的责任条款和赔偿规限。2008年12月11日联合国大会通过了联合国国际贸易法委员会提交的《联合国全程或部分海上国际货物运输合同公约》,并授权2009年在荷兰鹿特丹举行开放供签署的仪式,同时建议将该公约所体现的规则定为《鹿特丹规则》。这不仅预示着国际货物运输的国际立法统一调整的发展趋势,也说明后"海牙时代"急需为托运人和承运人提供一种有约束力且平衡的普遍制度,以支持可能涉及其他运输方式的海运合同运作。尽管我国保持谨慎的态度并没有签署该规则,但是《鹿特丹规则》顺应了时代的需要,并且展现出复杂且庞大的条款内容和创新制度。美国、法国、挪威等25个国家已签署了《鹿特丹规则》。[①] 从全球航运大环境和未来发展趋势来看,我国有必要抓住有利时机及早签署该规则,兼顾本国港航货各方利益,顺应全球航运发展趋势,牢牢把握航运未来的发展方向。

相关链接

《鹿特丹规则》的主要内容

(1)为适应国际集装箱货物"门到门"运输方式的变革,《鹿特丹规则》调整范围扩大到"门至门"运输;(2)明确规定了电子运输记录,确认其法律效力,并将电子运输记录分为可转让与不可转让电子运输记录;(3)承运人必须在开航前、开航当时和海上航程中恪尽职守使船舶处于且保持适航状态,适航义务扩展到贯穿航程的始终;(4)托运人的义务;(5)海运履约方;(6)批量合同;(7)货物交付;(8)控制权;(9)权利转让;(10)诉讼与仲裁。电子运输单据、批量合同、控制权属于新的内容,还增设了管辖权和仲裁的内容。

关于提单的法律适用问题,一般在提单中都作了具体的约定。若当事人没有选择

---

① 该公约尚未生效,目前只有刚果、西班牙、多哥和喀麦隆四个国家批准了公约,贝宁加入了该公约。载 http://uncitral.un.org/zh/texts/transportgoods/coventions/rotterdom_rules/status, accessed on 28 June, 2002。

应适用的法律,也无法根据运输合同的具体情况进行默示推定时,一般应适用与提单有最密切联系的法律。这些法律一般是运输合同的准据法、装船地法、船舶本国法、目的地法等,目前国际社会比较普遍的实践是适用运输合同的准据法。也有些国家主张分割制,认为应依据提单中的不同关系,分别适用不同的准据法。如关于提单的签发和交付,适用货物始发地法;关于提单的转让,则适用提单所在地法;关于提单的效力,适用缔约地法;对其物权效力则适用提单所在地法;等等。

(三)国际铁路货物运输合同的准据法

国际铁路货物运输合同,是指托运人与承运人之间缔结的约定通过铁路运输方式将货物从一国运至另一国的协议。调整国际铁路货物运输的国际公约主要有两个:(1)《国际铁路货物运输公约》(Convention Concerning International Carriage by Rail, COTIF,以下简称《国际货约》),中国尚未参加该公约;(2)《国际铁路货物联运协定》(Agreement Concerning International Carriage of Goods by Rail, CIM,以下简称《国际货协》),我国是成员国。

对于国际铁路货物运输合同的法律适用问题,各国以及国际条约并没有排除适用当事人意思自治原则。而在当事人未选择应适用的法律时,则应适用与合同有最密切联系的国家的法律。对此,《国际货协》规定:"如本协定、运价规则、办事细则及其他规则内缺少必要的规定,则适用该国法令或国内规章中的规定。"其中"该国"系指货物途经国。《国际货协》其他的冲突规定还有:关于接受货物进行运输的问题,应适用始发站国家的法律;关于交货程序,适用目的地国家的法律;等等。

(四)国际航空货物运输合同准据法的确立

国际航空货物运输合同是指托运人与承运人之间签订的通过航空方式把货物从一国运至另一国的协议。目前调整国际航空货物运输的国际公约有:《统一国际航空运输规则的公约》(简称《华沙公约》)、《修改 1929 年 10 月 12 日在华沙签订的统一国际航空运输某些规则的公约的议定书》(简称《海牙议定书》)、《统一非缔约承运人所办国际航空运输某些规则以补充华沙公约的公约》(简称《瓜达拉哈拉公约》)、《蒙特利尔公约》。其中,《华沙公约》是最基本、最主要的国际公约。

国际航空货物运输合同发生纠纷后,提起诉讼的管辖权问题,依照《华沙公约》规定,原告可选择在缔约国的领土内,向承运人的住所地,签订合同的机构所在地,以及目的地法院起诉。诉讼程序应适用法院所在地法。值得注意的是,当事人不能协议变更公约关于管辖权的规定,但当事人可协议在上述公约规定的有管辖权的法院所在国内进行仲裁。

至于国际航空货物运输合同纠纷的法律适用问题,世界上大多数国家的普遍实践是适用当事人依意思自治原则所选择的法律,合同当事人没有选择的,适用与合同有最密切联系的国家的法律。《中华人民共和国民用航空法》采取这一做法。

相关链接

《华沙公约》的主要内容

(1)国际航空货物运输合同的形式、签订及当事人。国际航空货物运输合同的形式是航空货运单(Air Consignment Note, CAN;或 Air Waybill,AWB)。承运人一般为从事国际运输的航空公司,托运人或收货人一般为出口商或进口商。空运单不同于海运提单,它不是货物所有权的凭证。

(2)托运人和收货人的权利与义务。托运人的基本权利:在起运地或目的地的航空站将货物提回;在中途站要求停止运输;要求在中途站或目的站,把货物交付给非航空货运单上所指定的收货人,或将货物运回起运的航空站。托运人的基本义务:对其在航空货运单上所填写的各项内容的正确性负责;提供货物以及与货物有关的各种单证文件,附于航空货运单,以便在货物交付之前完成海关、税务及公安等手续,否则,如给承运人造成损失,托运人应负赔偿责任;支付运费。收货人在目的地受领货物,既是他的权利,也是他的义务。

(3)承运人的权利与义务。承运人的基本权利是向托运人、收货人收取费用,并可援引《华沙公约》规定的免责事项和责任限额,来减免或限制自己的赔偿责任。承运人的主要义务是负责运送货物,在货物由其保管期间内,不论在航空站内外,承运人都应对货物的毁损或灭失承担赔偿责任。

(4)索赔通知和诉讼时效。在货物遭受损害的情况下,托运人或收货人应于发现后立即向承运人提出异议,最迟应在收货后 7 日内提出异议(《海牙议定书》改为 14 日)。延迟交货时,两个公约规定的期限分别为 14 日和 21 日。异议须为书面形式。只有向承运人提出异议后,方可提起诉讼。有关国际空运的诉讼时效为 2 年,从货物到达之日或货物应到达之日,或从运输终止之日起算。

(五)国际货物多式联运合同准据法的确立

国际货物多式联运(international multimodal transport)是指由多式联运经营人按照多式联运合同,以至少两种不同的运输方式,将货物从一国运至另一国的运输方式。国际货物多式联运的特点主要有:(1)必须是国际的货物运输;(2)必须签发多式联运单据;(3)多式联运经营人对全程运输负责;(4)由两种或两种以上运输方式完成全程运输。由于国际多式联运与以往那种单一的运输方式有许多不同之处,因而产生了一些新的法律问题。为此,在联合国国际贸易法委员会主持下,1980 年 5 月 24 日在日内瓦会议上通过了《联合国国际货物多式联运公约》(至今尚未生效)。至于国际航空货物运输合同纠纷的法律适用问题,世界上大多数国家的普遍实践是适用当事人依意思自治原则所选择的法律,合同当事人没有选择的,适用与合同有最密切联系的国家的法律。《中华人民共和国民用航空法》也采取了这一做法。

三、国际货物运输保险合同的准据法

国际货物运输保险合同,是指被保险人支付保险费,保险人按照约定,对被保险人

遭受保险事故造成保险标的的损失和产生的责任负责赔偿的合同。国际货物运输保险合同成立后，必须由保险人签发保险单。保险单载明双方当事人约定的合同内容。保险合同的内容主要包括：保险人和被保险人的名称，保险的标的、价值、金额，保险责任和除外责任，保险期间，保险费等。海上货物运输保险合同可以由被保险人背书或者其他方式转让，合同的权利义务随之转移。

根据国际货物保险法律规定，被保险人必须对保险标的货物具有可保利益。保险利益是指被保险人对保险货物具有某种合法的利害关系，即他将因该批货物发生灭失或损害而遭受损失，因该批货物安全到达而获得利益。在外贸业务中，被保险人投保时可以对保险标的不具有保险利益，这并不影响保险合同的有效成立。但在保险标的物发生损失时，被保险人必须享有可保利益，否则保险合同无效，被保险人不能向保险人要求赔偿。

对于国际货物运输保险合同的法律适用问题，世界各国大多采用当事人意思自治原则，由当事人通过保险合同中的法律适用条款来选择准据法。但需要注意的是，保险合同的法律适用的选择权通常由保险人一方掌握。这是因为当事人之间产生争议时均以保险单为准，而保险单上的保险条款是保险人根据其所在国的法律制定的。实践中，由于被保险人有权选择向哪个保险人投保，也就意味着同意选择适用该保险人住所所在国的法律。在当事人没有选择合同准据法时，大多数国家主张根据特征履行说和最密切联系原则来确定保险合同的准据法。一般应当考察以下几种连结因素：保险人所在地或所属国、投保人所在地或所属国、受保风险的发生地、保险合同订立地、保险金与赔偿支付地。通常以保险人的属人法为保险合同的准据法，如英国、奥地利、德国、瑞士、比利时、中国等，也有一些国家倾向于适用投保人的属人法，以保护投保人的利益，如法国、美国等。

事例9.4属涉外海上货物运输合同纠纷。该案提单载明适用《1936年美国海上货物运输法》，且美国为该案合同的缔结地、货物起运港所在地，说明美国与该合同存在一定的联系。故法院应尊重当事人的选择。承运人违背了《1936年美国海上货物运输法》和1924年的海牙规则规定的提供适航船舶的义务，应负赔偿之责。

四、国际贸易支付的准据法

事例 9.5

2006年年初，甲国X公司（卖方）与中国Y公司（买方）订立货物买卖合同。Y公司向中国某银行申请开出了不可撤销信用证。在合同履行过程中，Y公司派驻甲国的业务人员了解到，该批货物很可能与合同严重不符且没有价值，于是紧急通知Y公司总部。Y公司随即向有管辖权的中国法院提出申请，要求裁定止付信用证项下的款项。

（一）国际贸易支付的基本方式

在国际贸易关系中，支付是非常重要的一环。国际贸易支付主要是使用货币和票据进行的。货币作为计价单位，同时也是国际贸易支付的标的。实践中，能用于国际贸易支付的货币，一般可以自由兑换，如美元、欧元、英镑、日元、瑞士法郎、港元等。随着国际贸易关系的迅猛发展，现金支付方式逐渐被票据支付方式所取代。所谓票据，是指由出票人签发的，约定由出票人本人或者委托他人，在见票时或者约定的日期，无条件向持票人支付确定金额的有价证券，通常包括汇票、本票和支票三种。票据具有结算作用、信用保证作用、流通作用和融资作用。票据法律关系的基本当事人有三个：出票人（drawer）、受票人（drawee）、受款人（payee）。当票据被背书转让时，还有转让人和受让人，转让人也被称为背书人或者前手，受让人也被称为被背书人或者后手（endorsee），受让人持有票据，成为持票人（bearer）。票据行为，是指票据法律关系得以发生、变更和消灭的法律行为，主要包括出票、背书、提示、承兑四种。

国际贸易的主要支付方式有汇付、托收、信用证及国际保理等。在国际贸易中，当事人可以选择采用某种特定的支付方式来结算。一般来说，汇付和托收属于商业信用的支付方式，即卖方收汇能否实现完全取决于买方的商业信誉。信用证属于银行信用的支付方式。

汇付是指付款人用汇兑的方法，通过第三人（如银行、邮局）把应付款项汇交给指定的收款人的付款方式。汇付方式属于商业信用，操作简便，但费用较高，对于收款人来说具有一定的风险，所以一般仅用于小额货款或其他附属款项的支付。汇付方式主要可分为电汇、信汇和票汇三种。

托收是债权人开具汇票，委托银行凭票向债务人代收款项的支付方式。托收业务的当事人通常有：委托人（principal）、托收行（remitting bank）、代收行（collecting bank）和付款人（drawee）。托收也属于商业信用。银行只是根据委托收款的指示行事，而不承担任何义务和责任。因此，采用这种方式收取货款，对卖方来说有一定风险，但对买方来说，却可以减少一定的费用支出。

信用证是银行应买方的要求，向卖方提供付款保证的支付方式。信用证支付方式属于银行信用，得到了国际社会的普遍认同。信用证可以分为：可撤销信用证（Revocable L/C）和不可撤销信用证（Irrevocable L/C）；即期信用证（Sight L/C）和远期信用证（Usance L/C）；保兑的信用证（Confirmed L/C）和不保兑的信用证（Unconfirmed L/C）、备用信用证（Standby L/C）等。①

由于信用证付款涉及复杂的法律问题，为统一相关规则，国际商会制定了《跟单信用证统一惯例》（UCP500），该惯例前后经过多次修改，目前最新版的《跟单信用证统一

---

① 信用证的支付程序主要有以下几个步骤：（1）买卖双方经协商一致约定采用信用证方式支付货款。（2）买方依合同规定向当地银行申请开出信用证。（3）开证银行根据开证申请书的要求，开出以卖方为受益人的信用证，授权卖方开出以开证银行为付款人的汇票，并将信用证寄交给通知银行。（4）通知银行核实信用证的真实性后，将信用证转交给受益人。（5）受益人即卖方审核信用证的内容与买卖合同是否相符，如果不符，要求买方修改信用证；如果相符，则按照信用证的规定将货物装运，备齐各种货运单据，开出汇票，在信用证的有效期内，凭货运单据向议付银行议付货款。（6）议付银行按照信用证的规定审核单据相符后，把货款垫付给卖方。（7）议付银行将汇票和货运单据一起寄交给付款银行，索偿款项。（8）付款银行审核货运单据与信用证相符后，付款给议付银行。（9）开证银行通知买方付款赎单。（10）买方付款，取得单据。

惯例》(UCP600)于2007年7月1日实施。

相关链接

UCP600与UCP500的比较

项目	UCP600	UCP500
结构	把散落在UCP500各个条款中的解释定义归集在一起	解释性定义比较分散
排序	按照业务环节对条款进行了归结，方便使用者进行业务处理时查找相关条款	内容未按照业务环节编排
新定义	对“议付”“兑付”“相符的交单”进行了重新定义*	对“议付”“兑付”“相符的交单”的定义不够明确合理
新增加内容	融资许可	无“融资许可”的内容
单据的期限	5个工作日	7个工作日
转让信用证	明确了第二受益人的交单必须经过转让行	未明确

*“议付”是对票据及单据的一种买入行为，并且明确是对受益人的融资——预付或承诺预付；“兑付”是指开证行、保兑行、指定行在信用证下除议付以外的一切与支付相关的行为；“相符的交单”则强调要与信用证条款、适用的惯例条款以及国际银行标准实务相符合。

(二)国际贸易支付的法律适用

1.票据行为能力的准据法。英美法主张适用行为地法，而大陆法系各国却认为应适用行为人的本国法。为了协调英美法与大陆法之间在票据能力问题上的冲突，并尽可能使票据行为有效，在日内瓦制定了《解决本票、汇票若干法律冲突公约》和《解决支票若干法律冲突公约》规定：票据当事人的行为能力，依其本国法。如其本国法规定就此事项适用其他法律时，适用其他法律，即允许接受反致。

2.票据行为方式的准据法。票据行为都必须具备法定的方式。其在法律适用问题上，很多国家采取行为地法原则，也有些国家采取行为地法与当事人本国法相结合原则，即原则上适用行为地法，例外适用当事人本国法，还有些国家则采取行为地法与票据行为实质要件准据法相结合的原则。依照上述两个日内瓦公约，首先把行为地法作为票据行为方式的主要准据法，但也允许在一定情况下适用行为人的本国法。

3.票据债务的准据法。实践中，存在两种不同的做法：(1)付款地法，如美国、日本和德国等；(2)缔约地法，如英国。两个日内瓦公约规定票据主债务由付款地法支配。至于从债务，多数主张适用主债务的准据法，也有认为应适用从债务自身准据法的。

4.票据权利取得的准据法。票据权利的取得分原始取得和继受取得。一般适用票据让与时票据所在地法。

5.票据权利的保全与行使行为的准据法。关于票据权利的保全与行使行为,一般适用付款地法或行为地法。

相关链接

我国涉外票据的法律适用

1995年5月10日通过的《中华人民共和国票据法》,对涉外票据的法律适用问题设专章规定,主要内容有以下四个方面:

1.票据行为能力的准据法。票据债务人的民事行为能力,适用其本国法;若依其本国法律为无民事行为能力或者为限制民事行为能力而依行为地法律为完全民事行为能力的,适用行为地法律。

2.出票形式的准据法。汇票、本票出票时的记载事项,适用出票地法律;支票出票时的记载事项,适用出票地法律,经当事人协议,也可以适用付款地法律。

3.票据的背书、承兑、付款和保证行为的准据法。票据的背书、承兑、付款和保证行为,一律适用行为地法律。

4.票据追索权的行使期限的准据法。票据追索权的行使期限适用出票地法律;对于票据的提示期限、有关拒绝证明的方式、出具拒绝证明的期限,则适用付款地法律;对于票据丧失时失票人请求保全票据权利的程序,也适用付款地法律。

事例9.5案涉及信用证欺诈问题,可依最高人民法院《关于审理信用证纠纷案件若干问题的规定》向有管辖权的法院申请停止支付信用证项下的款项。

五、国际技术转让合同的准据法

(一)国际许可协议

国际许可协议,是指许可方授权境外的被许可方使用其专利、商标、专有技术等知识产权,并收取一定许可使用费的一种合同。①

国际许可协议的条款大体可以分为三类:(1)商务条款。它主要包括前言、定义、合同的价格、支付条款、包装和标记条款等。(2)技术条款。它主要包括合同的标的、技术资料的交付、技术服务和人员培训、保证和索赔等内容。(3)法律条款。它主要包括合同的生效、变更和终止、侵权和保密、免责、不可抗力、争议的解决、法律适用等

---

① 按照不同的标准,国际许可协议可以分为:(1)独占许可协议(exclusive license agreement)。这种协议下,被许可人在协议规定的地域和期限内享有独占使用权,即许可方亦不得使用该项技术。(2)排他许可协议(sole license agreement)。这种协议下,被许可人在协议规定的地域和期限内对该技术享有排他使用权,但许可方仍可在同一地域同一时期内使用该技术。(3)普通许可协议(simple license agreement)。这种协议下,许可方和任何其他被许可方在该地域及期限内均可使用该技术。(4)可转让许可协议(sub-license agreement)。这种协议下,被许可方有权将该技术转让给第三人,使第三人也可在同一地域和时期内使用该技术。(5)交叉许可协议(cross license agreement)。这种协议下,许可方与被许可方交换各自拥有的技术的使用权。

内容。

(二)限制性商业条款

限制性商业行为,是指通过滥用或谋取和滥用市场力量上的支配地位,限制进入市场或以其他方式不适当地限制竞争的行为。国际技术转让合同中的限制性商业条款是指在国际技术转让合同中规定的技术转让方对技术受让方所提出的各种不合理限制的条款,如限制销货地区、限制外销数量、限制销售价格、限制技术的使用范围、搭售规定、对研究和改进技术的限制、对改进技术的不对等交换条件,等等。《联合国国际技术转让行动守则草案》列举了 20 种限制性商业条款。TRIPs 协定第 40 条允许成员方对滥用知识产权从而对有关市场的竞争产生负面效应的许可合同或条件通过立法加以防止与控制。目前,各国主要通过国内法措施来管理和控制限制性商业条款。

(三)国际技术转让的法律适用

国际技术转让合同的法律适用问题,同一般合同一样,一般情况下,也应首先适用当事人依意思自治原则选择的法律,如瑞士、匈牙利等国的立法。若当事人未合意选择法律,则根据最密切联系原则来确定应当适用的法律,一般情况下适用转让方或受让方所属国的法律。但也有些国家特别是技术引进国,常常采取种种措施限制或禁止当事人的法律选择。

六、国际劳工合同的准据法

国际劳务合同,是指由劳务输出国的当事人与劳务输入国的当事人就劳务合作问题所签订的协议。劳务输出的一方称为供应方或受聘方,劳务输入的一方称为接受方或聘用方。国际劳务合同的主要内容包括:派遣人员的数量、工种、派遣日期、工作期限、劳动人员的更换和解雇、工作时间和假日、国际旅费及工资、伙食待遇、纳税和社会保险、劳动保护和医疗费用支付等。

国际工程承包合同,是指一国的承包商与另一国的工程项目的业主经协商一致签订的承包国际工程的协议。国际工程承包合同的当事人一方称为承包人(contractor),另一方称为业主(employer,也称发包人)。一般来说,国际工程承包合同多通过招投标方式达成。国际工程承包合同可分为工程设计承包合同、工程施工承包合同和总体承包合同。

实践中,多数国家没有单独规定国际工程承包合同的法律适用,一般按照一般合同的法律适用原则和方法来确定准据法,即首先适用当事人经意思自治所选择的法律,在当事人没有选择时,适用特征履行说或者最密切联系原则来确定合同准据法,鉴于国际工程承包合同的特殊性,一般考虑适用工程承包地法。但也有部分国家对此作了单独规定,1999 年《白俄罗斯民法典》规定,在当事人没有选择法律时,有关企业合作的合同、建筑合同及有关基建工作的其他合同,适用从事该活动地国或合同规定的结果完成地国法。

至于国际劳务合同的法律适用问题,同一般涉外合同的法律适用基本一致,适用当事人意思自治原则,即由劳务合同当事人自主选择应适用的法律。在实践中,由于国际劳务合同往往涉及 3 个国家的法律,即劳务输出国、劳务输入国以及劳务实施地国。但值得注意的是,如果允许合同的每一当事人分别协议选择合同准据法,就可能使受雇于同一雇主的雇员的法律地位可能不同;同时,由于国际劳务合同双方当事人的经济和社会地位是有强弱之分的,因而其意思自治权往往被聘用方控制;而且,调整国际劳务合同关系的还有公法规范,因而当事人经意思自治原则所选择的法律可能违背有关国家的强制性规范而遭到拒绝。可见,国际劳务合同关系中的当事人意思自治原则是有限制的。例如,《中华人民共和国涉外民事关系法律适用法》第 43 条就规定:"劳动合同,适用劳动者工作地法律;难以确定劳动者工作地的,适用用人单位主营业地法律。劳务派遣,可以适用劳务派出地法律。"

七、国际消费合同的准据法

事例 9.6

2006 年 8 月,美国公民 A 在线购买中国 B 公司在互联网上销售的数码商品,价值 50,000 美元。A 汇出货款后于 2006 年 12 月才收到货物,发现货物包装破损,且此时该型号的数码产品价格已经下降到 40,000 美元,遂拒收货物。处理该纠纷的准据法应如何确定?

消费合同,是指基于个人或家庭使用的目的而签订的商品或服务交易的协议。国际消费合同则是指含有国际(涉外)因素的合同。值得注意的是,有些国家,如瑞士,认为只有自然人才能成为消费者。1980 年的海牙《有关消费者买卖法律适用公约》草案规定,买卖必须是为了个人或家庭消费的目的,但自然人和法人均可成为消费者。

国际消费合同的准据法选择同其他合同的准据法选择不同,主要体现在对当事人意思自治的限制适用上。纵观世界各国的立法与实践,虽然都采取当事人意思自治原则来确定国际消费合同的准据法,但特别注重对当事人的这种选择自由进行限制,进而甚至有人主张对国际消费合同不采用适用当事人意思自治原则。其理由是,在消费合同中,消费者往往是弱势的,而处于强势地位的卖方可能滥用自己的优势地位强迫消费者选择有利于自己的法律。应该可以说,对国际消费合同当事人的意思自治给予一定的限制是有必要的。更有些国家对国际消费合同干脆排除当事人意思自治原则的适用,如《瑞士联邦国际私法典》规定"不允许当事人自行选择所适用的法律"。在当事人未作法律选择时,有些国家规定适用消费者惯常居所地法,如德国、奥地利等国。海牙《有关消费者买卖法律适用公约》也规定:"如果当事人未选择准据法,则适用消费者惯常居所地国家的法律。"《中华人民共和国涉外民事关系法律适用法》第 42 条也有类似规定,即"消费者合同,适用消费者经常居所地法律;消费者选择适用商品、服务提供地法律或者经营者在消费者经常居所地没有从事相关经营活动的,适用商品、服务提供地法律"。另有学者提出,在缺乏有效的法律选择时,应适用与消费合同有最密切联系的法律。但一定条件下,得适用内国法中的强制性规则。

事例 9.6 涉外消费合同的法律适用首先适用当事人依"意思自治原则"所选择的法律。该案中当事人没有选择适用于他们之间合同关系的准据法,应根据最密切联系原则决定应适用的法律。由于是通过互联网购买商品,缔约地等不好确定,可以考虑适用有利于保护消费者利益的法律，如美国法律。

八、国际电子合同的准据法

电子合同，是指通过电子方式订立的合同。国际电子合同，是指具有涉外因素的通过电子方式缔结的合同。[①] 所谓电子方式，就是电话、电报、传真、手机短信、电子邮件、在线电子商务等。目前学界所指的狭义的电子合同，亦称电子商务合同，是指通过电子计算机网络系统而缔结的协议。它与传统合同相比，具有如下特征：(1)电子合同的要约和承诺是以数据电文的方式通过计算机互联网进行的。(2)电子合同交易主体的虚拟性和广泛性。(3)电子合同的成立、变更和解除无须采用传统的书面形式，具有电子化的特点。(4)电子合同生效的方式、时间和地点与传统合同不同，无须经过传统的签字。

国际电子合同的法律适用，同其他合同的准据法确定类似，首先适用当事人意思自治原则，在当事人没有选择应适用的法律时，依照最密切联系原则或特征履行说来确定合同的准据法。

目前，对于国际电子合同的法律适用，国际上的趋势是扩大当事人的意思自治，同时注意加强对消费者的保护。如美国《统一计算机信息交易法》(Uniform Computer Information Transactions Act，UCITA)规定意思自治原则要受到以公共秩序和基本政策方面更为严格的审查。

在当事方没有选择法律或者选择无效的情况下，则依照最密切联系原则来确定合同的准据法。如美国《统一计算机信息交易法》规定，最密切联系原则是除意思自治原则外的另一个重要原则。值得注意的是，在没有选择法律的情况下，《统一计算机信息交易法》并不是一律适用最密切联系原则，对访问合同和电子方式交付信息的合同适用许可方所在地法，而不是载有信息的计算机所在地法。对于以有形介质交付拷贝的合同来说，除非合同另有约定，所适用的法律应该是合同履行地法。

---

① 联合国大会2005年11月23日通过《联合国国际合同使用电子通信公约》，旨在对国际合同使用电子通信的情形中增强法律确定性和商业可预见性。该公约处理的问题包括如何确定一方当事人在电子环境中的所在地；电子通信的收发时间和地点；使用自动信息系统订立合同；以及确立电子通信和纸面文件(包括"原始"纸面文件)以及电子认证方法和手写签名功能上等同所使用的标准。2013年3月1日生效。截至2022年6月28日，签署或加入公约的国家已有27个，生效实施的有俄罗斯、新加坡、多米尼加、洪都拉斯、黑山、斯里兰卡等15个缔约方。载 http://treaties. un. org/pages/viewDetail. aspx? src = TRETY&mtdsg. no = X_18&chapter = 10。

第三节　我国关于涉外合同法律适用的立法与司法实践

事例 9.7

中国上海甲公司与新加坡乙公司在中国香港特别行政区签署一个合资协议，约定在长沙投资设立一家房地产公司。合同约定乙公司投资1000万美元、甲公司投资800万美元设立公司，并约定适用中国香港特别行政区法来处理将来可能发生的合同争议。后因乙公司违约，甲公司起诉于长沙市中级人民法院。

虽然中国国际私法立法起步较晚，且内容较为简略，但涉外合同方面的立法却相对完善，其涉外合同的法律适用主要是以意思自治原则为主、以最密切联系原则为补充，特定条件下可以适用国际条约和国际惯例。我国的立法主要有：1993 年《海商法》、2010 年《中华人民共和国涉外民事关系法律适用法》等立法中均有关于涉外合同法律适用的规定。

一、意思自治原则的定位

对于涉外合同的法律适用问题，中国同国际社会的普遍实践一样，也采取意思自治原则，并且把这一原则作为确定涉外合同准据法的首要原则。《中华人民共和国涉外民事关系法律适用法》第 41 条规定给出了周详具体的规定，当事人可以协议选择其他适用的法律。当事人没有选择的，适用履行义务最能体现该合同特征的一方当事人经常居所地法律或者其他与该合同有最密切联系的法律。而《海商法》第 269 条也作了类似的规定，且在这一原则的适用上，又具有自己的特点：(1)法律选择的方式。对法律选择的方式，我国有关司法解释认为，合同当事人的法律选择必须是明示的，从而排除了默示方式。(2)法律选择的范围和时间。依照我国有关司法解释的规定，涉外合同法律适用的范围只包括所选国家法律中的现行实体法，而不包括冲突法，并排斥反致。对当事人为法律选择的时间，一般从订立合同时起直到一审法庭辩论终结前。如此时合同当事人仍未达成法律选择协议的，则可以按照最密切联系原则来确定合同的准据法。(3)不适用意思自治的例外。根据我国的规定，有些合同不允许采用意思自治原则而要求必须适用中国法律。如我国《民法典》第 467 条第 2 款规定，对于在中国境内履行的中外合资经营企业合同、中外合作经营企业合同、中外合作勘探开发自然资源合同，必须适用中国法律。(4)当事人选择的法律的适用范围。在涉外合同的法律适用上，中国允许采用分割方法来确定合同的准据法。对于合同的形式问题，我国《民法典》第 469 条第 1 款规定：当事人订立合同，有书面形式、口头形式和其他形式。值得注意的是，我国对 1980 年《联合国国际货物销售合同公约》的合同形式条款作出的保留，于 2013 年撤回了，因此，关于国际货物买卖合同的法律适用问题，我国不是必须采取书面形式的。

二、最密切联系原则的补充适用

根据《中华人民共和国涉外民事关系法律适用法》第 41 条、《海商法》第 269 条等法律法规的规定,涉外合同的准据法,首先应适用合同当事人经“意思自治原则”所选择的法律,在当事人未达成合意选择,或者当事人的法律选择无效时,便应适用与合同有最密切联系的国家的法律。由此可见,最密切联系原则是对意思自治原则的补充。

最密切联系原则作为适用意思自治原则的补充原则,在适用上主要采用“特征履行说”,以一方合同当事人的特征履行为标准来确定最密切联系地,如特征履行方的营业所所在地或特征履行行为地。最高人民法院的司法解释规定,人民法院根据最密切联系原则确定合同争议应适用的法律时,应根据合同的特殊性质,以及某一方当事人履行的义务最能体现合同的本质特性等因素,确定与合同有最密切联系的国家或者地区的法律作为合同的准据法。

(1)买卖合同,适用合同订立时卖方住所地法;如果合同是在买方住所地谈判并订立的,或者合同明确规定卖方须在买方住所地履行交货义务的,适用买方住所地法。

(2)来料加工、来件装配以及其他各种加工承揽合同,适用加工承揽人住所地法。

(3)成套设备供应合同,适用设备安装地法。

(4)不动产买卖、租赁或者抵押合同,适用不动产所在地法。

(5)动产租赁合同,适用出租人住所地法。

(6)动产质押合同,适用质权人住所地法。

(7)借款合同,适用贷款人住所地法。

(8)保险合同,适用保险人住所地法。

(9)融资租赁合同,适用承租人住所地法。

(10)建设工程合同,适用建设工程所在地法。

(11)仓储、保管合同,适用仓储、保管人住所地法。

(12)保证合同,适用保证人住所地法。

(13)委托合同,适用受托人住所地法。

(14)债券的发行、销售和转让合同,分别适用债券发行地法、债券销售地法和债券转让地法。

(15)拍卖合同,适用拍卖举行地法。

(16)行纪合同,适用行纪人住所地法。

(17)居间合同,适用居间人住所地法。

在适用当事人营业所所在地法时,如当事人有一个以上营业所的,应以与合同有最密切关系的营业所为准;当事人没有营业所的,以其住所或居所为准。同时,如果合同明显地与另一国家或地区的法律具有更加直接、密切的关系,则应以另一国家或者地区的法律为处理合同争议的准据法。

三、国际条约和国际惯例的适用条件

在涉外合同法律适用问题上,除了适用我国的冲突规范指定的准据法外,在一定条件下,还需要考虑国际条约的适用,对此,我国《民事诉讼法》第 267 条规定,“中华人民共和国缔结或者参加的国际条约同本法有不同规定的,适用该国际条约的规定,但中华人民共和国声明保留的条款除外”。根据国际法上“条约必须信守”原则,如果有关国际条约的规定与中国法律不同,而中国又未做出保留时,就必须适用条约。概括起来说,我国适用国际条约的条件为:(1)在涉外合同关系中,经冲突规范的指引,以我国法律为准据法;(2)我国已经加入了该国际条约;(3)国际条约的规定与中国法律不同,而中国又未对相关规定做出保留。值得注意的是,我国对国际条约的适用既包括实体规范的适用,也包括冲突规范的适用。

我国《海商法》第268条、《票据法》第95条规定,中华人民共和国法律和中华人民共和国缔结或参加的国际条约没有规定的,可以适用国际惯例。其适用条件为:(1)在涉外合同关系中,经冲突规范的指引,以我国法律为准据法;(2)中国现行法律没有解决有关合同争议的相应规定;(3)适用该国际惯例不得违背我国公共秩序。值得注意的是,这里所指的国际惯例的适用,只包括实体规范,不包括冲突规范。

事例9.7的准据法为中国内地法律。因为根据我国法律规定,中外合资经营企业合同,适用中华人民共和国法律,而不能由当事人经意思自治原则来选择其准据法。

课堂讨论案例

A国的布莱克特(Blactor)于2002年5月与我国茂盛石油公司签订了一个合作开采石油的合同。合同约定凡因本合同引起的纠纷依英国法律解决,后因布莱克特违约而发生纠纷,并诉至黑龙江省某法院。布莱克特称:“本人19岁,人的行为能力适用当事人的属人法,按A国的法律属无行为能力人,因而原订合同无效。”

[问] (1)布莱克特签订合同的行为能力应如何认定?

(2)合同中约定的准据法是否有效?

法律职业资格考试真题

1. 在国际私法中，应当适用于某一合同的实体法被称为该合同的准据法。关于合同准据法的确定，下列何种表述是正确的？(2006 年试题)

A. 我国所有的法律都允许涉外合同的当事人自行约定合同准据法

B. 合同的当事人没有选择适用于合同的准据法时，我国法院应适用与该合同有最密切联系的国家的法律

C. 关于对合同当事人的行为能力与合同的有效性应分别适用不同国家法律的主张，称为确定合同准据法的分割论

D. 按照特征性履行方法的理论，当事人未选择适用于合同的法律时，应根据合同的特殊性确定合同准据法

2. 在涉外民事关系中，依《涉外民事关系法律适用法》和司法解释，关于当事人意思自治原则，下列表述中正确的是：(2013 年试题)

A. 当事人选择的法律应与所争议的民事关系有实际联系

B. 当事人仅可在具有合同性质的涉外民事关系中选择法律

C. 在一审法庭辩论终结前，当事人有权协议选择或变更选择适用的法律

D. 各方当事人援引相同国家的法律且未提出法律适用异议的，法院可以认定当事人已经就涉外民事关系适用的法律作出了选择

3. 中国某法院受理一涉外民事案件后，依案情确定应当适用甲国法。但在查找甲国法时发现甲国不同州实施不同的法律。关于本案，法院应当采取下列哪一做法？(2011 年试题)

A. 根据意思自治原则，由当事人协议决定适用甲国哪个州的法律

B. 直接适用甲国与该涉外民事关系有最密切联系的州法律

C. 首先适用甲国区际冲突法确定准据法，如甲国没有区际冲突法，适用中国法律

D. 首先适用甲国区际冲突法确定准据法，如甲国没有区际冲突法，适用与案件有最密切联系的州法律

4. 根据我国有关法律规定，关于涉外民事关系的法律适用，下列哪些领域采用当事人意思自治原则？(2011 年试题)

A. 合同　　B. 侵权

C. 不动产物权　　D. 诉讼离婚

5. 甲国公司与中国公司就一项进出口合同的履行发生争议，并诉诸中国法院。合

同未约定法律适用的内容。原告起诉的请求和主张依据中国法律,被告对此未提出异议,且援引中国法进行答辩。根据最高人民法院《关于审理涉外民事或商事合同纠纷案件法律适用若干问题的规定》,关于合同的法律适用,下列哪一选项是正确的?(2008 年四川试题)

A. 当事人只能在一审开庭前对适用的法律进行选择

B. 因本案当事人在合同中未约定法律适用条款,原告不得依中国法起诉

C. 本案应当采用最密切联系原则确定应适用的法律

D. 本案的情况应视为当事双方已就合同适用的法律作出了选择

6. 甲国某公司拟认购中国境内一家股份有限公司的增资股份,该股份有限公司股东均为中国公民。根据我国相关法律规定,关于该认购增资合同的法律适用和管辖,下列哪一选项是正确的?(2010 年试题)

A. 双方可以采用明示方式自由约定该合同所适用的法律

B. 该合同只能适用中国法律

C. 如出现争议,双方在一审法庭辩论终结前还可就法律适用进行选择

D. 双方当事人只能选择中国仲裁机构仲裁

7. 对涉外商事合同,基本原则是允许当事人自己选择合同的准据法,但该选择是有限制的。根据我国现行法律和司法解释,当事人可以任意选择下列哪一种合同的准据法?(2008 年试题)

A. 涉外融资租赁合同

B. 在中国境内设立中外合资经营企业的合同

C. 外国人承包经营在中国境内设立的中外合作经营企业的合同

D. 外国法人购买中国境内国有独资公司股东股权的合同

8. 中国豫达公司向甲国来科公司出售一批成套设备,该设备将安装在乙国。合同约定有关的纠纷将由被告一方法院管辖但未约定合同的准据法。后双方因履约发生争议,来科公司在中国法院起诉豫达公司。根据最高人民法院《关于审理涉外民事或商事合同纠纷案件法律适用若干问题的规定》,关于我国法院在该案中应推定适用的法律,下列哪一选项是正确的?(2008 年试题)

A. 中国法,因豫达公司为设备供应方

B. 甲国法,因来科公司为该批设备的买方

C. 乙国法,因乙国为该批设备的安装地

D.《国际商事合同通则》,因该通则确定的规则具有更广泛的国际性

9. 我国民法通则明文规定在下列哪些涉外民事法律关系中应适用“最密切联系的国家的法律”?(2002 年试题)

A. 合同　　B. 扶养
C. 继承　　D. 物权

10. 某国甲公司向中国乙公司出售一批设备,约定贸易术语为"FOB(Incoterms 2010)",后设备运至中国。依《国际贸易术语解释通则》和《联合国国际货物销售合同公约》,下列哪一选项是正确的?(2013年试题)

A. 甲公司负责签订货物运输合同并支付运费

B. 甲、乙公司的风险承担以货物在装运港越过船舷为界

C. 如该批设备因未按照同类货物通用方式包装造成损失,应由甲公司承担责任

D. 如该批设备侵犯了第三方在中国的专利权,甲公司对乙公司不承担责任

11. 甲公司从国外进口一批货物,根据《联合国国际货物销售合同公约》,关于货物检验和交货不符合同约定的问题,下列说法正确的是:(2013年试题)

A. 甲公司有权依自己习惯的时间安排货物的检验

B. 如甲公司须再发运货物,没有合理机会在货到后加以检验,而卖方在订立合同时已知道再发运的安排,则检验可推迟到货物到达新目的地后进行

C. 甲公司在任何时间发现货物不符合同均可要求卖方赔偿

D. 货物不符合同情形在风险转移时已经存在,在风险转移后才显现的,卖方应当承担责任

12. 甲公司的营业所在甲国,乙公司的营业所在中国,甲国和中国均为《联合国国际货物销售合同公约》的当事国。甲公司将一批货物卖给乙公司,该批货物通过海运运输。货物运输途中,乙公司将货物转卖给了中国丙公司。根据该公约,下列哪些选项是正确的?(2012年试题)

A. 甲公司出售的货物,必须是第三方依中国知识产权不能主张任何权利的货物

B. 甲公司出售的货物,必须是第三方依中国或者甲国知识产权均不能主张任何权利的货物

C. 乙公司转售的货物,自双方合同成立时风险转移

D. 乙公司转售的货物,自乙公司向丙公司交付时风险转移

13. 某国公民杰克逊18岁,在上海某商店购买一款手机,价值4000元人民币。三天之后,杰克逊在另一商店发现该款手机的价格便宜许多,便到前一商店要求返货,被拒绝。杰克逊遂向上海某法院起诉,理由是根据其本国法,男子满20岁为成年人,自己未届成年,购买手机行为应属无效。对此,下列哪一种说法是正确的?(2005年试题)

A. 认定杰克逊的行为无效,手机可以退货

B. 认定杰克逊的行为有效,手机不能退货

C. 认定杰克逊为限制行为能力人，但因本案所涉金额不大，判购买行为有效

D. 法院应根据1980年《联合国国际货物销售合同公约》处理该案

14. 买卖双方采用CIF术语签订了国际货物买卖合同，合同约定装运港为旧金山，目的港为上海。下列何种表述是正确的？（2003年试题）

A. 卖方必须负责把货物运至上海

B. 因美国西部海港装运工人罢工、封港，卖方可以不可抗力为由免除迟延交货的责任

C. 对货物从装运港到目的港的灭损风险，由卖方购买保险，买方承担风险

D. 出口清关手续由卖方负责

15. 甲国A公司向乙国B公司出口一批货物，双方约定适用2010年《国际贸易术语解释通则》中CIF术语。该批货物由丙国C公司"乐安"号商船承运，运输途中船舶搁浅，为起浮抛弃了部分货物。船舶起浮后继续航行中又因恶劣天气，部分货物被海浪打入海中。到目的港后发现还有部分货物因固有缺陷而损失。（2012年试题）请回答下列题。

（1）"乐安"号运送该货物的航行路线要经过丁国的领海和毗连区。根据《联合国海洋法公约》，下列选项正确的是：

A. "乐安"号可不经批准穿行丁国领海，并在其间停泊转运货物

B. "乐安"号在丁国毗连区走私货物，丁国海上执法船可行使紧追权

C. "乐安"号在丁国毗连区走私货物，丁国海上执法机关可出动飞机行使紧追权

D. 丁国海上执法机关对"乐安"号的紧追权在其进入公海时立即终止

（2）A公司与B公司就该批货物在中国境内的商标权产生争议，双方诉至中国某法院。关于该商标权有关争议的法律适用，下列选项正确的是：

A. 归属争议应适用中国法

B. 归属争议应适用甲国法

C. 转让争议应适用甲国法

D. 转让争议当事人可以协议选择法律

（3）关于CIF贸易术语的适用，下列选项正确的是：

A. 货物的风险在装运港完成交货时由A公司转移给B公司

B. 货物的风险在装运港越过船舷时由A公司转移给B公司

C. 应由A公司负责海运运输

D. 应由A公司购买货物海运保险

（4）该批货物投保了平安险，关于运输中的相关损失的认定及赔偿，依《海牙规则》，下列选项正确的是：

A. 为起浮抛弃货物造成的损失属于共同海损

B. 因恶劣天气部分货物被打入海中的损失属于单独海损

C. 保险人应赔偿共同海损和因恶劣天气造成的单独海损

D. 承运人对因固有缺陷损失的货物免责,保险人应承担赔偿责任

16. 甲国贸易公司航次承租乙国籍货轮“锦绣”号将一批货物从甲国运往中国,运输合同载有适用甲国法律的条款。“锦绣”号停靠丙国某港时与丁国籍轮“金象”号相撞,有关货损和碰撞案在中国法院审理。关于该案的法律适用,下列哪些选项是正确的?(2009 年试题)

A. 有关航次租船运输合同的争议应适用与合同有最密切联系的法律

B. 有关航次租船运输合同的争议应适用甲国法律

C. 因为“锦绣”号与“金象”号的国籍不同,两轮的碰撞纠纷应适用法院地法解决

D. “锦绣”号与“金象”号的碰撞应适用丙国法律

17. 中国甲公司从国外购货,取得了代表货物的单据,其中提单上记载“凭指示”字样,交货地点为某国远东港,承运人为中国乙公司。当甲公司凭正本提单到远东港提货时,被乙公司告知货物已不在其手中。后甲公司在中国法院对乙公司提起索赔诉讼。乙公司在下列哪些情形下可免除交货责任?(2013 年试题)

A. 在甲公司提货前,货物已被同样持有正本提单的某公司提走

B. 乙公司按照提单托运人的要求返还了货物

C. 根据某国法律要求,货物交给了远东港管理当局

D. 货物超过法定期限无人向某国海关申报,被海关提取并变卖

18. A 公司和 B 公司于 2011 年 5 月 20 日签订合同,由 A 公司将一批平板电脑售卖给 B 公司。A 公司和 B 公司营业地分别位于甲国和乙国,两国均为《联合国国际货物销售合同公约》缔约国。合同项下的货物由丙国 C 公司的“潇湘”号商船承运,装运港是甲国某港口,目的港是乙国某港口。在运输途中,B 公司与中国 D 公司就货物转卖达成协议。B 公司与 D 公司就运输途中平板电脑的所有权产生了争议,D 公司将争议诉诸中国某法院。根据我国有关法律适用的规定,关于平板电脑所有权的法律适用,下列选项正确的是:(2009 年试题)

A. 当事人有约定的,可以适用当事人选择的法律,也可以适用乙国法

B. 当事人有约定的,应当适用当事人选择的法律

C. 当事人没有约定的,应当适用甲国法

D. 当事人没有约定的,应当适用乙国法

19. 中国某航空公司从甲国公司融资租赁一架飞机。双方合同约定适用甲国法律,由乙国银行提供贷款,由住所位于丙国的丙国公司担保。合同以英文作成,但贷款合同和保证合同对法律适用均没有约定。履行中发生争议,诉诸中国法院。依我国相关法律规定,下列哪一选项是正确的?(2009 年试题)

A. 飞机融资租赁合同应适用甲国法律

B. 飞机融资租赁合同应适用承租人住所地法律

C. 贷款合同应认为当事人默示选择适用英国法

D. 保证合同应适用中国某航空公司的住所地法

20. 甲公司向乙公司出口一批货物，由丙公司承运，投保了中国人民保险公司的平安险。在装运港装卸时，一包货物落入海中。海运途中，因船长过失触礁造成货物部分损失。货物最后延迟到达目的港。依《海牙规则》及国际海洋运输保险实践，关于相关损失的赔偿，下列哪些选项是正确的？（2013 年试题）

A. 对装卸过程中的货物损失，保险人应承担赔偿责任

B. 对船长驾船过失导致的货物损失，保险人应承担赔偿责任

C. 对运输延迟造成的损失，保险人应承担赔偿责任

D. 对船长驾船过失导致的货物损失，承运人可以免责

21. 国际海上运输合同的当事人在合同中选定我国某法院作为解决可能发生的纠纷的法院。关于此，下列哪一选项是错误的？（2007 年试题）

A. 该协议不得违反我国有关级别管辖和专属管辖的规定

B. 当事人可以在纠纷发生前协议选择我国法院管辖

C. 如与该合同纠纷有实际联系的地点不在我国领域内，我国法院无权依该协议对纠纷进行管辖

D. 涉外合同或涉外财产权益纠纷的当事人可以选择管辖法院

22. 中国甲公司与英国乙公司订有一笔货物销售合同，约定以跟单托收方式结算。甲公司交运货物后，开立了以乙公司为付款人的见票即付汇票，并附随单据，交由中国银行某省分行通过中国银行伦敦分行向乙公司收款。下列何种表述是错误的？（2003 年试题）

A. 中国银行某省分行是托收行，中国银行伦敦分行为代收行

B. 中国银行某省分行与中国银行伦敦分行之间是委托关系

C. 如果中国银行伦敦分行违反托收指示行事，导致甲公司遭受损失，甲公司可以直接对其起诉

D. 中国银行伦敦分行与乙公司之间没有法律上的直接关系

23. 中国甲公司从某国乙公司进口一批货物，委托中国丙银行出具一份不可撤销信用证。乙公司发货后持单据向丙银行指定的丁银行请求付款，银行审单时发现单据上记载内容和信用证不完全一致。乙公司称甲公司接受此不符点，丙银行经与甲公司沟通，证实了该说法，即指示丁银行付款。后甲公司得知乙公司所发货物无价值，遂向有管辖权的中国法院申请中止支付信用证项下的款项。下列说法正确的是：（2013 年试题）

A. 甲公司已接受不符点,丙银行必须承担付款责任

B. 乙公司行为构成信用证欺诈

C. 即使丁银行已付款,法院仍应裁定丙银行中止支付

D. 丙银行发现单证存在不符点,有义务联系甲公司征询是否接受不符点

24. 根据《最高人民法院关于审理信用证纠纷案件若干问题的规定》,中国法院认定存在信用证欺诈的,应当裁定中止支付或者判决终止支付信用证项下款项,但存在除外情形。关于除外情形,下列哪些表述是正确的?(2012 年试题)

A. 开证行的指定人、授权人已按照开证行的指令善意地进行了付款

B. 开证行或者其指定人、授权人已对信用证项下票据善意地作出了承兑

C. 保兑行善意地履行了付款义务

D. 议付行善意地进行了议付

25. 大卫是甲国人,同时具有乙国国籍,其住处在甲国,其惯常居所在乙国。后因在丙国为票据行为所引起的票据纠纷在我国涉诉。为了确定大卫之票据行为的效力,我国法院首先要确定他是否具有民事行为能力。按照我国《票据法》的规定,票据债务人的民事行为能力适用其本国法。大卫同时具有甲国国籍和乙国国籍,我国法院应如何确定其本国法?(2004 年试题)

A. 以大卫有住所的甲国法律为其本国法

B. 以票据行为地丙国的法律为其本国法

C. 以大卫有惯常居所的乙国法律为其本国法

D. 以与大卫有最密切联系的国家的法律为其本国法

26. 在中国法院审理的某票据纠纷中,与该票据相关的法律行为发生在中国,该票据付款人为甲国某州居民里斯。关于里斯行为能力的法律适用,根据我国相关法律规定,下列哪一判断是正确的?(2010 年试题)

A. 应适用与该票据纠纷有最密切联系的法律

B. 应适用里斯住所地的法律

C. 如依据中国法里斯具有完全行为能力,则应认定其具有完全行为能力

D. 如关于里斯行为能力的准据法无法查明,则应驳回起诉

27. 甲国人罗得向希姆借了一笔款。罗得在乙国给希姆开具一张五万美元的支票,其记载的付款人是罗得开立帐户的丙国银行。后丙国银行拒绝向持有支票的希姆付款。因甲国战乱,希姆和罗得移居中国经商并有了住所,希姆遂在中国某法院起诉罗得,要求其支付五万美元。关于此案的法律适用,下列哪一选项是正确的?(2009 年试题)

A. 该支票的追索应适用当事人选择的法律

B. 该支票追索权的行使期限应适用甲国法律

C. 该支票的记载事项适用乙国法律

D. 该支票记载的付款人是丙国银行，罗得的行为能力应适用丙国法

28. 中国法院就一家中国公司和一家瑞士公司之间的技术转让纠纷作出判决。判决发生效力后，瑞士公司拒不执行法院判决，而且该公司在中国既无办事机构、分支机构和代理机构，也无财产。关于该判决的承认和执行，下列选项中的哪些表述是正确的？（2003 年试题）

A. 中国公司直接向有管辖权的瑞士法院申请承认和执行

B. 中国公司向国际法院申请承认和执行

C. 由人民法院依照我国缔结或者参加的国际条约的规定，请求瑞士法院承认和执行

D. 由人民法院直接采取强制措施执行

29. 甲国公民大卫被乙国某公司雇佣，该公司主营业地在丙国，大卫工作内容为巡回于东亚地区进行产品售后服务，后双方因劳动合同纠纷诉诸中国某法院。关于该纠纷应适用的法律，下列哪一选项是正确的？（2014 年试题）

A. 中国法　　B. 甲国法

C. 乙国法　　D. 丙国法

30. 中国甲公司与法国乙公司商谈进口特种钢材，乙公司提供了买卖该种钢材的格式合同，两国均为 1980 年《联合国国际货物销售合同公约》缔约国。根据相关规则，下列哪一选项是正确的？（2014 年试题）

A. 因两国均为公约缔约国，双方不能在合同中再选择适用其他法律

B. 格式合同为该领域的习惯法，对双方具有约束力

C. 双方可对格式合同的内容进行修改和补充

D. 如双方在合同中选择了贸易术语，则不再适用公约

31. 中国甲公司向加拿大乙公司出口一批农产品，CFR 价格条件。货装船后，乙公司因始终未收到甲公司的通知，未办理保险。部分货物在途中因海上风暴毁损。根据相关规则，下列哪一选项是正确的？（2014 年试题）

A. 甲公司在装船后未给乙公司以充分的通知，造成乙公司漏保，因此损失应由甲公司承担

B. 该批农产品的风险在装港船舷转移给乙公司

C. 乙公司有办理保险的义务，因此损失应由乙公司承担

D. 海上风暴属不可抗力，乙公司只能自行承担损失

32. 中国甲公司与巴西乙公司因合同争议在中国法院提起诉讼。关于该案的法律

适用,下列哪些选项是正确的?(2014 年试题)

A. 双方可协议选择合同争议适用的法律

B. 双方应在一审开庭前通过协商一致,选择合同争议适用的法律

C. 因法院地在中国,本案的时效问题应适用中国法

D. 如案件涉及中国环境安全问题,该问题应适用中国法

33. 中国甲公司与德国乙公司签订了出口红枣的合同,约定品质为二级,信用证方式支付。后因库存二级红枣缺货,甲公司自行改装一级红枣,虽发票注明品质为一级,货价仍以二级计收。但在银行办理结汇时遭拒付。根据相关公约和惯例,下列哪些选项是正确的?(2014 年试题)

A. 甲公司应承担交货不符的责任

B. 银行应在审查货物的真实等级后再决定是否收单付款

C. 银行可以发票与信用证不符为由拒绝收单付款

D. 银行应对单据记载的发货人甲公司的诚信负责

34. 甲国公民琼斯的经常居住地在乙国,其在中国居留期间,因合同纠纷在中国法院参与民事诉讼。关于琼斯的民事能力的法律适用,下列哪一选项是正确的?(2012 年试题)

A. 民事权利能力适用甲国法

B. 民事权利能力适用中国法

C. 民事行为能力应重叠适用甲国法和中国法

D. 依照乙国法琼斯为无民事行为能力,依照中国法为有民事行为能力的,其民事行为能力适用中国法

35. 中国籍人李某 2008 年随父母定居甲国,甲国法律规定自然人具有完全民事行为能力的年龄为 21 周岁。2009 年 7 月李某 19 周岁,在其回国期间与国内某电脑软件公司签订了购买电脑软件的合同,合同分批履行。李某在部分履行合同后,以不符合甲国有关完全民事行为能力年龄法律规定为由,主张合同无效,某电脑软件公司即向我国法院起诉。依我国相关法律规定,下列哪一说法是正确的?(2009 年试题)

A. 应适用甲国法律认定李某不具有完全行为能力

B. 应适用中国法律认定李某在中国的行为具有完全行为能力

C. 李某已在甲国定居,在中国所为行为应适用定居国法律

D. 李某在甲国履行该合同的行为应适用甲国法律

36. 沙特某公司在华招聘一名中国籍雇员张某。为规避中国法律关于劳动者权益保护的强制性规定,劳动合同约定排他性地适用菲律宾法。后因劳动合同产生纠纷,张某向中国法院提起诉讼。关于该劳动合同的法律适用,下列哪一选项是正确的?

(2015 年试题)

A. 适用沙特法

B. 因涉及劳动者权益保护,直接适用中国的强制性规定

C. 在沙特法、中国法与菲律宾法中选择适用对张某最有利的法律

D. 适用菲律宾法

37. 中国甲公司与英国乙公司签订了商事合同,约定合同适用英国法。现甲乙两公司因合同履行发生纠纷诉至中国某人民法院,根据我国法律和相关司法解释,下列说法正确的是哪项?(2021 年试题)

A. 若双方在一审法庭辩论时将合同适用的法律变更为苏格兰法,应准许

B. 若英国存在多个法域,该合同纠纷应适用伦敦所在的英格兰法

C. 若双方在一审法庭辩论时约定该纠纷的诉讼时效适用中国法,应从其约定

D. 该纠纷的诉讼时效应适用中国《民法典》

38. 荷兰甲公司将一批货物卖给中国乙公司,买卖合同订立时,该批货物载于由荷兰鹿特丹开往大连的韩国籍"靖远"号远洋货船上。乙公司就该批货物的所有权纠纷诉至中国某法院,根据我国法律,下列判断正确的是哪项?(2021 年试题)

A. 应适用中国法或荷兰法

B. 若双方约定适用瑞士法,应从其约定

C. 若双方没有约定,应适用韩国法

D. 可以在中国法或者荷兰法中择一适用

39. 甲公司在德国汉堡登记注册,主营业地在波兰华沙,在新加坡有一分公司。新加坡分公司与中国乙公司签订授权在中国独家经销的合同。甲公司得知后诉至中国某法院,主张其新加坡分公司和中国乙公司签订的合同无效。关于本案,下列哪项判断是正确的?(2021 年试题)

A. 甲公司的经常居住地是波兰华沙

B. 甲公司是波兰籍公司

C. 若新加坡分公司和中国乙公司的合同未选择法律,该合同应适用新加坡法

D. 若新加坡分公司和中国乙公司的合同未选择法律,该合同应适用波兰法

40. 中国甲公司与英国乙公司签订在渤海湾勘探开发海底石油资源的合同。关于该合同履行产生的纠纷,下列选项正确的是哪个?(2021 年试题)

A. 两公司的纠纷在我国只能通过诉讼方式解决

B. 因合同在海上履行,该纠纷应适用《联合国海洋法公约》

C. 两公司可约定将纠纷提交新加坡国际仲裁中心仲裁解决

D. 两公司可协议选择由英国法院审理此案

第十章　涉外海商事关系的法律适用

［知识结构图］

- 涉外海商事关系的法律适用
  - 涉外海商事关系的法律冲突
    - 涉外海商事关系法律冲突产生的原因
    - 涉外海商事关系法律冲突的特征
  - 涉外海商事关系法律适用的基本规则
    - 涉外海商事关系法律适用的基本原则
    - 涉外海商事关系法律适用的常用规则
  - 我国关于涉外海商事关系法律适用的立法与司法实践
    - 我国关于涉外海商事关系法律适用的立法
    - 我国关于涉外海商事关系法律适用的司法实践

［内容导读］

涉外海商事关系的法律冲突主要缘由是各国有关海商事法律制度存在较大差异以及国际海商事公约和惯例本身的局限性。在涉外海商事关系的法律冲突中船舶处于中心地位、涉外因素众多且纷繁复杂、多重法律责任竞合普遍存在、船旗国法律在解决涉外海商事关系法律冲突中具有突出的地位。涉外海商事关系法律适用要坚持强制性规定直接适用原则、国际条约优先适用原则、最密切联系原则、国际惯例补充原则、法律规避无效原则和公共秩序保留原则，其常用的规则有船旗国法、物之所在地法、行为地法、法院地法、当事人合意选择的法律、理算地法、最密切联系的国家的法律。在我国涉外海商事关系法律适用的司法实践中一般坚持船舶所有权适用船旗国法、船舶抵押权适用船旗国法、船舶优先权适用受理案件的法院所在地法律、共同海损适用理算地法律、海事赔偿责任限制适用受理案件的法院所在地法律，至于船舶碰撞则原则上适用船舶碰撞地法。倘若船舶在公海上发生碰撞，则其损害赔偿适用法院地法。同一国籍的船舶，不论碰撞发生于何地，碰撞船舶之间的损害赔偿适用船旗国法律。其他涉外海商事关系的法律适用则依照我国有关涉外民商事关系法律适用规则处理。

［法律职业资格考试要点］

本章在考试中所涉及的要点：涉外海商事关系法律适用的基本规则、我国涉外海商事关系法律适用的司法实践；船舶物权的法律适用、船舶债权的法律适用、海事赔偿责任限制的法律适用。

第一节 涉外海商事关系的法律冲突

海商事关系是民事关系的一种,是指由海商法所确认和调整的,具有民事权利、义务内容的海上运输关系和船舶关系,是海商法调整的财产关系和人身关系的体现。涉外海商事关系就是指包含涉外因素的海商事关系。根据最高人民法院《关于适用〈中华人民共和国涉外民事关系法律适用法〉若干问题的解释(一)》(法释〔2020〕18 号)第 1 条的规定:"民事关系具有下列情形之一的,人民法院可以认定为涉外民事关系:(一)当事人一方或双方是外国公民、外国法人或者其他组织、无国籍人;(二)当事人一方或双方的经常居所地在中华人民共和国领域外;(三)标的物在中华人民共和国领域外;(四)产生、变更或者消灭民事关系的法律事实发生在中华人民共和国领域外;(五)可以认定为涉外民事关系的其他情形。"在实践中,由于国际海上运输以船舶为中心,以海洋和各国领水为舞台,一个海商事关系往往有多个因素跟外国国家或地区有联系,但只要某一海商事关系的主体、客体和权利义务据以发生的法律事实等诸因素中有一个因素涉及外国国家或地区,就构成一个涉外海商事关系,就可能涉及涉外海商事关系的法律适用。

涉外海商事法律关系包括海商法所调整的各种海商事关系,包括具有涉外因素的船舶物权关系、海商事债权关系、海商事赔偿责任限制等。①

一、涉外海商事关系法律冲突产生的原因

涉外海商事法律冲突是指海商事关系涉及两个或两个以上不同国家的法律,而各有关国家的海商法对于处理该海商事关系的规定不一致却又竞相要求适用于这种法律关系,从而引起法律适用上的冲突状态。

(一)各国海商事法律制度存在较大差异

从本质上来说,海商事法律就是船方和货方利益斗争的体现。由于各国的船方和货方的力量不尽相同,所以各国海商事法律存在较大差异。主要体现各国有关船舶物权的性质、内容、效力等各个方面规定存在较大差异;各国对海上货物损失和人身伤亡赔偿的责任性质和赔偿标准存在较大差异;海难救助的标的和标准不一等。

(二)海商事的国际公约和惯例本身存在较大的局限性

海商事的国际公约和惯例在调整涉外海商事关系中一直占据重要地位,其内容涉及海上货物运输、船舶碰撞、海上污染、海难救助、共同海损和海事赔偿责任限制等方面,且为不少国家和地区所接受或采纳,故在统一各国和地区的海商事法律、消除海商事法律冲突方面起了非常重要的作用。但是从现有海商事法律的国际公约和惯例来看,公约、惯例调整的海商事关系有限,目前主要集中在提单、船舶碰撞、船舶油污损

---

① 涉外海商事法律关系具体包括涉外船舶物权、国际海上货物运输合同、国际海上旅客运输合同、船舶碰撞、海上污染、海难救助、共同海损、海上保险合同和海事赔偿责任限制等。

害、海难救助、共同海损、海事赔偿责任限制等方面,有关海上保险等重要问题还没有国际公约、惯例调整。同时,现有的公约、惯例本身也存在适用范围有限等自身缺陷。此外,还存在调整同一海商事关系有多个公约并存且各个公约的内容存在差异的现象,如目前调整国际海上货物运输合同的公约主要有《海牙规则》、《维斯比规则》、《汉堡规则》以及《鹿特丹规则》[①]等,加之每一个公约的缔约国不同且有限,所以,法律冲突就在所难免。

二、涉外海商事关系法律冲突的特征

与普通的涉外民商事关系法律冲突相比,涉外海商事关系的法律冲突方面具有下列显著特征。

(一)涉外海商事关系法律冲突以船舶为中心

就船舶本身的性质而言,它是一种价值巨大的特殊动产,故在海商事法律中往往赋予其不动产的法律特性,对其进行拟人化的处理,如对物诉讼。海上运输和其他海上活动,不论是客货运输、海上拖带、海难救助,还是海洋捕捞、资源开采和各种海上科研活动,或是围绕船舶而展开的,或是与船舶有关,由此产生的法律冲突也与船舶密切相关。

(二)船旗国法在解决涉外海商事关系法律冲突中地位突出

由于船舶从事国际海上运输,船舶所在地经常变动,尤其是当船舶航行于公海时,依传统的管辖权理论,船舶处于管辖的“真空地带”,此时,原则上只有船旗国才可以对船舶行使权力。所以,船旗国法律在处理涉外海商事关系法律冲突中扮演了举足轻重的角色,在解决涉外海商事关系中有关船舶所有人的责任限制、船舶所有权、船舶抵押权的效力、同一国籍船舶之间碰撞、共同海损、单独海损等方面具有重要作用,被视为是解决涉外海商事关系法律冲突的最基本的法律。

(三)涉外因素多样性和复杂性是涉外海商事关系法律冲突的突出特征

一般来说,涉外海商事争议国际性强,涉及的环节多,当事人和作为诉讼标的的船舶、货物可能位于不同的国家和地区,常见的涉外因素有海事合同的订立地、提单签发地、船籍港、船舶的装运港、卸货港和中途停泊港、旅客和行李的启动港、转运港、目的港、被代理船舶的到达港、碰撞发生地、碰撞船舶最初到达地、加害船舶被扣地、污染损害发生地、污染损害结果地、海难事故救助地、被救助船舶的最初到达地、发生共同海损的船舶最先到达地、航程终止地、共同海损理算地、船舶抵押权的设定地、被告主要营业所所在地、争议发生地,等等。更常见的是以上几种甚至十几种涉外因素在一个涉外海商事关系中出现,这就大大增加了发生法律冲突的可能性和解决的难度。

(四)多重法律责任竞合在涉外海商事法律争议中普遍存在

由于涉外海商事关系往往涉及多重法律关系,一起海事争议往往会出现多重法律责任竞合的问题,其中最常见的是违约责任和侵权责任的竞合,即同一违法行为具有

---

① 《鹿特丹规则》于2008年12月11日在联合国第63届大会上通过,截至2022年6月,目前有5个缔约国,尚未达到公约所规定的20个缔约国的生效条件。

违约和侵权的双重性质，其中既有“侵权性的违约行为”（侵权行为直接构成违约的原因），又有“违约性的侵权行为”（违约行为造成侵权的结果）。其中发生在海上旅客运输中因承运人的责任造成旅客人身伤亡的事故以及船员的人身伤亡事故是最为常见的违约与侵权的竞合。由于违约和侵权在法律上存在极大的差异，在两种责任发生竞合的情况下如何确定请求权，将在归责原则责任范围、举证责任、救济方式、管辖权、法律适用、诉讼时效诸方面产生完全不同的法律后果。

第二节　涉外海商事关系法律适用的基本规则

事例 10.1

原告(海林尼克钢铁公司)和被告(斯沃拉玛航运有限公司)之间订立了一份海上货物运输合同,原告的货物钢线圈在希腊塞萨洛尼基港装上被告的船舶 Komninos S 轮,运往意大利的拉韦纳港与安科纳港。原告货物于 1987 年 3 月 11 日开始装船,3 月 13 日装货完毕并关闭货舱,装船时货物表面状况良好。被告给原告签发了到货地分别为拉韦纳港和安科纳港的两份提单。提单第 24 条规定:“所有争议将提交至不列颠法院解决。”在去拉韦纳港途中,船舶在 1987 年 3 月 14 日、15 日、16 日遭遇恶劣天气,船长未给货物通风。到港后发现货物水蚀受损。考虑到另一单货物要在安科纳港交货,货物所有人当时未提出索赔。1988 年 2 月至 3 月,由于未获得补偿,货物保险人要求与船舶所有人将协议延展 3 个月以提起诉讼,延展期从 3 月 18 日开始。在 3 个月的延展期到期之前,1988 年 6 月 16 日,货物所有人在英国高等法院起诉,要求船舶所有人赔偿损失。

一、涉外海商事关系法律适用的基本原则

(一)强制性规定直接适用原则

强制性法律(mandatory law),或称“强行法”,一般是指本国法律中明确规定某类法律关系应直接适用某法律的规定,不允许当事人选择。当事人不能通过约定排除适用,法院在审理过程中也不必通过本国冲突规范的指引而予以直接适用的法律。《中华人民共和国涉外民事关系法律适用法》在我国首次确立了强制性规定直接适用原则,①范围涉及劳动者权益保护、食品或公共卫生安全、环境安全、外汇管制等金融安全、反垄断和反倾销以及认定为强制性规定的其他情形。②

(二)国际条约优先适用原则

国际条约在我国涉外海商事法律冲突中优先适用的法律地位在《海商法》中得到了明确确认。

相关链接

我国《海商法》第 268 条第 1 款规定:“中华人民共和国缔结或者参加的国际条约同本法有不同规定的,适用国际条约的规定;但是,中华人民共和国声明保留的条款除

---

① 《中华人民共和国涉外民事关系法律适用法》第 4 条规定:中华人民共和国法律对涉外民事关系有强制性规定的,直接适用该强制性规定。

② 参见最高人民法院《关于适用〈中华人民共和国涉外民事关系法律适用法〉若干问题的解释(一)》(法释〔2020〕18 号)第 8 条。

外。”该规定体现了我国法院在解决涉外海商事关系的法律适用时，对于我国已参加的国际条约采取优先适用的原则，这也是条约必须信守原则的要求。

（三）最密切联系原则

依据《中华人民共和国涉外民事关系法律适用法》第2条第2款即“本法和其他法律对涉外民事关系法律适用没有规定的，适用与该涉外民事关系有最密切联系的法律”之规定，在《海商法》和《中华人民共和国涉外民事关系法律适用法》对涉外海商事关系的法律适用没有规定的情况下，该涉外海商事关系应该适用与其有最密切联系的法律，这从理论上弥补了我国今后可能出现的对某种涉外海商事关系无法律适用规定的空白。

（四）国际惯例补缺原则

我国《海商法》第268条第2款规定：“中华人民共和国法律和中华人民共和国缔结或者参加的国际条约没有规定的，可以适用国际惯例。”这就意味着在国际条约和依据冲突规范指引适用的我国法律对所涉海商事关系没有规定的情况，可以适用国际惯例。在国际航运实践中，一些重要的国际航运惯例如《约克—安特卫普规则》被广泛地用在共同海损理算中，它们在涉外海商事关系的法律适用中具有重要的补充性作用。

（五）法律规避无效原则

法律规避（evasion of law），是指涉外民事法律关系的当事人故意制造某种连结点以避开本应适用的对其不利的法律，从而使对自己有利的法律得以适用的一种行为。我国法律规定，一方当事人故意制造涉外民事关系的连结点，规避中华人民共和国法律、行政法规的强制性规定的，不发生适用外国法律的效力。①

（六）公共秩序保留原则

公共秩序保留（reservation of public order）制度，主要是指在依法院国自己的冲突规则本应适用某一外国法，但其适用会危及法院国的重大社会公共利益或法律与道德的基本原则，此时即可排除其适用的一种保留制度。公共秩序保留制度作为调整涉外民事法律关系的基本原则，在解决涉外海商事关系的法律适用时也被各国法律或国际公约普遍接受。《海商法》第276条规定：“依照本章规定适用外国法律或者国际惯例，不得违背中华人民共和国的社会公共利益。”它是涉外民事关系法律适用的最后一道“安全阀”。值得注意的是，公共秩序保留的适用应受到严格的限制，主要是针对违反了一国强制性的法律、政策或原则才有可能适用该条款。此外，在适用该条款时应尽量不违反国际法的基本准则，以避免过多适用影响国家间的合作交往乃至出现国家间法律上的报复和争端。

在事例10.1中，被告主张之一是该案应适用希腊法，进而货物所有人的索赔因卸货后一年未提起诉讼而超过诉讼时效而不为法院支持。法院认为，适用希腊的时效制

---

① 参见最高人民法院《关于适用〈中华人民共和国涉外民事关系法律适用法〉若干问题的解释（一）》（法释〔2020〕18号）第9条。

度会导致诉讼中或者可能的诉讼中一方当事人“不适当的困难”,因此,其适用将与英国的公共政策相冲突,英国法院依公共秩序保留原则驳回被告的该项请求。

二、涉外海商事关系法律适用的常用规则

(一)船旗国法

船旗国法,是指船舶所悬挂的旗帜所属国的法律。由于船舶悬挂哪一国家的旗帜易于识别,船旗国法便于确定,并且适用船旗国法还能使对有关问题的处理获得一致的结果。因此,在许多情况下,船旗国法被认为是法律适用基本规范。

船旗国法可以作为船舶物权的准据法。由于船舶不断地处于位移之中,不宜用物之所在地法原则来确定船舶的准据法。尤其是当船舶航行于公海上时,更不能适用物之所在地法。因此,各国法律一般以船旗国法作为船舶所有权和船舶抵押权的准据法。此外,船旗国法还被作为同一国籍船舶之间碰撞损害赔偿的准据法。

相关链接

我国《海商法》第270条规定:“船舶所有权的取得、转让和消灭,适用船旗国法律。”

第271条规定:“船舶抵押权适用船旗国法律。船舶在光船租赁以前或光船租赁期间,设立船舶抵押权的,适用原船舶登记国的法律。”

第273条第3款规定:“同一国籍的船舶,不论碰撞发生于何地,碰撞船舶之间的损害赔偿适用船旗国法律。”

(二)物之所在地法

物之所在地法是民商事关系的客体物所在地国家的法律。它常用来解决物权关系,如船舶留置权适用船舶所在地法。

(三)行为地法

行为地法即法律行为发生地所在国家的法律。该系属公式起源于“场所支配行为”的法律原则。由于法律行为的多样性,行为地法可以划分为合同缔结地、合同履行地和侵权行为地等。在海商事关系中,行为地法主要用来解决侵权行为损害赔偿的法律适用和部分海运合同的法律适用。

(四)法院地法

在涉外海商事关系中,船舶优先权和海事赔偿责任限制具有较明显的诉讼程序的特点。例如,船舶优先权必须通过扣押或拍卖当事船舶行使,海事赔偿的债务人向受理海商事纠纷的法院提出申请并设立责任限制基金,是其享受海事赔偿责任限制的程序要件。所以,船舶优先权和海事赔偿责任限制通常适用受理案件的法院地法。

(五)当事人合意选择的法律

在海商事关系中,当事人常通过合意自由选择适用于他们之间海商事合同关系的法律。通常,当事人会在与合同有密切联系的法律如当事人本国法或住所地法、物之所在地法、行为地法、法院地法等中间进行选择,但这并非强制性规定,根据最高人民

法院《关于适用〈中华人民共和国涉外民事关系法律适用法〉若干问题的解释(一)》(法释〔2020〕18号)第5条的规定,一方当事人以双方协议选择的法律与系争的涉外民事关系没有实际联系为由主张选择无效的,人民法院不予支持。

(六)最密切联系国家的法律

最密切联系国家的法律,是指与某一海商事关系有最密切联系的国家的法律。通常是在海事合同纠纷中,当事人如果没有选择应适用的法律,法院应适用与合同有最密切联系的国家的法律。

(七)理算地法

理算地法,是指进行共同海损理算地国家的法律。共同海损理算是海商事关系中一种比较特殊的制度,其法律适用问题不同于一般的海商事关系的法律适用,一般应适用理算地国家的法律。

第三节　我国关于涉外海商事关系法律适用的立法与司法实践

一、我国关于涉外海商事关系法律适用的立法

（一）我国关于涉外海商事关系法律适用规范的概述

1. 国内立法

我国有关涉外海商事关系法律适用规范表现为两个层次、两种类型。所谓两个层次是指我国涉外海商事关系法律适用规范立法体系由两个层次组成：第一层次是以《中华人民共和国民法典》《中华人民共和国涉外民事关系法律适用法》《海商法》为核心的各种民事法律、法规，这是我国涉外海商事关系法律适用规范的基本层次；第二层次是最高人民法院对有关涉外民事关系法律适用规范所作的司法解释和批复，如最高人民法院《关于适用〈中华人民共和国涉外民事关系法律适用法〉若干问题的解释（一）》。所谓两种类型是指我国以上两个层次的国内法规定了一般涉外民事关系的法律适用规范与特殊涉外海商事关系的法律适用规范如《海商法》第十四章“涉外关系的法律运用”，且这两种法律适用规范的内容有时存在相互交叉。

在我国涉外海商事关系法律适用中一般涉外民事关系的法律适用规范与特殊涉外海商事关系的法律适用规范之间，尤其是《中华人民共和国涉外民事关系法律适用法》出台之后，在具体适用中应该坚持以下基本原则：（1）特别法优先原则。“特别法优于一般法”原则起源于罗马法时期，是各国普遍采用的确定法律之间效力等级的基本原则。《中华人民共和国立法法》第92条采用了“特别规定”“一般规定”的措辞。《中华人民共和国涉外民事关系法律适用法》第2条第1款规定：“涉外民事关系适用的法律，依照本法确定。其他法律对涉外民事关系法律适用另有特别规定的，依照其规定。”作为特殊涉外海商事关系的法律适用规范的《海商法》与《中华人民共和国涉外民事关系法律适用法》同为全国人大常委会制定的法律，相对于《中华人民共和国涉外民事关系法律适用法》而言，《海商法》处于特别法的地位，其有关涉外海商事关系法律适用的规定应该予以优先适用。最高人民法院关于《中华人民共和国涉外民事关系法律适用法》的司法解释对此也予以重申。[①]（2）一般法补缺原则。在我国特殊涉外海商事关系的法律适用规范即《海商法》对涉外海商事关系的法律适用缺乏规定的情况下，一般涉外民事关系的法律适用规范作为普遍适用的规范应该加以适用。《中华人民共

---

① 最高人民法院《关于适用〈中华人民共和国涉外民事关系法律适用法〉若干问题的解释（一）》（法释〔2020〕18号）第3条规定：涉外民事关系法律适用法与其他法律对同一涉外民事关系法律适用规定不一致的，适用涉外民事关系法律适用法的规定，但《中华人民共和国票据法》《海商法》《中华人民共和国民用航空法》等商事领域法律的特别规定以及知识产权领域法律的特别规定除外。

和国涉外民事关系法律适用法》第2条第1款①从反向明确了一般法补缺原则，其意指如果我国特殊涉外海商事关系的法律适用规范即《海商法》对涉外海商事关系的法律适用没有规定，就适用《中华人民共和国涉外民事关系法律适用法》的相关规定。

2. 国际条约

在我国参加和缔结的条约中，就包括海商事国际公约和双边的国际条约。我国参加的实体方面的海商事国际公约、解决海商事法律冲突、程序方面的国际公约是我国调整涉外海商事关系的重要法律渊源，这在《海商法》第268条第1款中有明确的规定。特别是在20世纪90年代后我国参加了大量的海商事国际公约，也参加了大量海商事国际公约的立法、起草工作。在这些海商事国际公约中许多都有海商事国际私法的内容，成为各国谋求解决海商事法律冲突的重要途径。我国在加入WTO以后，国际贸易额明显增加，海上运输量不断加大，海商事国际公约日益成为我国及各国海事法院解决涉外海商事关系法律适用问题的重要依据，其法律地位也日益提高。

3. 国际惯例

国际惯例作为我国涉外海商事关系法律适用规范的渊源之一也在《海商法》第268条第1款中得到明确。有关海商事的国际惯例是在长期的航运实践中被人们反复运用中形成的并为多数国家所认可，具有法律约束力的行为规则。这些国际惯例许多具有任意性、民间性，如有关共同海损理算的《约克—安特卫普规则》、租船与港口作业方面的《租船和航运用语》等。

（二）我国关于涉外海商事关系法律适用的立法走势

我国有关涉外海商事关系的法律适用主要由三部分组成，即国内立法、国际条约和国际惯例，这三者初步构成我国涉外海商事关系法律适用的体系。而其中最为重要的当属国内立法中调整涉外海商事关系的特别法即我国《海商法》第十四章“涉外关系的法律运用”部分。该部分虽然就国际公约优先适用原则、国际惯例补充适用原则、意思自治原则和公共秩序保留原则以及船舶所有权、抵押权、船舶优先权、船舶碰撞、共同海损、海事赔偿责任限制的法律适用规则作出了规定，但是对船舶留置权、海上救助特别是无合同的海上救助等主要涉外海商事关系的法律适用缺乏明确的规定，特别是在《中华人民共和国涉外民事关系法律适用法》生效之后，是否凡是《海商法》第十四章没有涉及的海商事关系一概适用《中华人民共和国涉外民事关系法律适用法》的规定？所有这些问题，均有待进一步完善相关立法与司法实践予以解决。

理论争鸣

我国未来涉外海商事关系法律适用规范的修订应该解决的问题

1.《海商法》第十四章“涉外关系的法律适用”的中心任务是为有涉外因素的海商

① 《中华人民共和国涉外民事关系法律适用法》第2条第1款规定：涉外民事关系适用的法律，依照本法确定。其他法律对涉外民事关系法律适用另有特别规定的，依照其规定。

事法律关系确定准据法。目前,《海商法》虽然对合同、船舶所有权、抵押权、船舶优先权、船舶碰撞、共同海损、海事赔偿责任限制等领域的法律适用作了规定,但以上的这些规定还是存在不甚科学的地方。如《海商法》第269条规定:“合同当事人可以选择合同适用的法律,法律另有规定的除外。合同当事人没有选择的,适用与合同有最密切联系的国家的法律。”而2010年《中华人民共和国涉外民事关系法律适用法》第41条对于涉外合同的法律适用规定为:当事人可以协议选择合同适用的法律。当事人没有选择的,适用履行义务最能体现该合同特征的一方当事人经常居所地法律或者其他与该合同有最密切联系的法律。相较于《海商法》第269条而言,《中华人民共和国涉外民事关系法律适用法》第41条的亮点就在于有限地引入了特征履行的法律选择方法,使最密切联系原则既能运用特征履行方法作为确定最密切联系的具体标准,又能发挥灵活性的优势。而《海商法》第269条在合同当事人未做选择的情况下,仅规定了最密切联系原则,过于灵活而缺乏具体标准,因此需要对其进行修改。

2.《海商法》第十四章有待进一步明确与《中华人民共和国涉外民事关系法律适用法》的关系。从理论上讲,在《海商法》第十四章没有规定某种涉外海商事关系的法律适用规范的情况下,《中华人民共和国涉外民事关系法律适用法》当然适用,但是鉴于海商事关系的特殊关系,《中华人民共和国涉外民事关系法律适用法》适用于某些涉外海商事关系时需要在理论上进行澄清。(1)纯救助①的法律适用。对于纯救助的法律性质,理论上存在无因管理说、准契约说、不当得利说和特殊事件说等不同认识,进而各国立法存在较大差异,故立法上明确纯救助的法律适用实有必要。如根据大多数学者的观点,纯救助属无因管理,则依《中华人民共和国涉外民事关系法律适用法》第47条“不当得利、无因管理,适用当事人协议选择适用的法律。当事人没有选择的,适用当事人共同经常居所地法律;没有共同经常居所地的,适用不当得利、无因管理发生地法律”的规定来处理。但是问题是在此种情形下有必要对两个问题进一步解释:一是“当事人共同经常居所地法律”在此是否可以推定为救助船舶与被救助船舶的“共同的船旗国法”;二是对发生在主权国家不能管辖的公海上的纯救助,在当事人没有协议选择法律且又不拥有共同的船旗国法时,不可能适用纯救助发生地法。此时应该适用何种法律?从各国实践来看,出于对海难救助行为的鼓励,以适用救助船舶的船旗国法较为妥当。如我国将纯救助既不视为无因管理、不当得利,又不视为准契约说,将其视为一种独立的法律制度,则将按照《中华人民共和国涉外民事关系法律适用法》第2条第2款“本法和其他法律对涉外民事关系法律适用没有规定的,适用与该涉外民事关系有最密切联系的法律”的规定适用与其有最密切联系的法律。由此可见,将《中华人民共和国涉外民事关系法律适用法》的相关规定直接适用于纯救助存在困难,应该在《海商法》第十四章将来修改时,对纯救助予以特别规定以弥补空白。(2)海事侵权行为的法律适用。关于海事侵权行为的法律适用,《海商法》仅对船舶碰撞这一典型海事

① 纯救助,是指船舶遇难后,未曾请求外来救援,救助方自行救助的行为。如果救助获得成功,救助方有权获得救助报酬。

侵权行为作了明确规定。因此,其他海事侵权行为的法律适用从理论上讲应该依照《中华人民共和国涉外民事关系法律适用法》及有关司法解释来处理。一般情况下,《中华人民共和国涉外民事关系法律适用法》侵权行为的法律适用规范适用于其他海事侵权行为是没有障碍的。但是对发生在外国船舶内部的海事侵权行为就可能面临无法可适用的困境。依据《中华人民共和国涉外民事关系法律适用法》第 44 条的规定,"侵权责任,适用侵权行为地法律,但当事人有共同经常居所地的,适用共同经常居所地法律。侵权行为发生后,当事人协议选择适用法律的,按照其协议",发生在航行于公海上外国船舶内部的海事侵权行为在当事人没有共同经常居所地且没有达成法律选择协议的情况下就陷入因侵权行为地在公海而无法可以适用的窘境。另外,如发生在一国内水的外国船舶内部的且对沿岸国没有影响的侵权行为,是否一定要依照《中华人民共和国涉外民事关系法律适用法》的规定,在当事人没有共同经常居所地且没有达成法律选择协议的情况下,适用侵权行为地即沿岸国法律?而国际上通行的做法是无论发生在任何水域,发生在船舶内部、对外没有影响的侵权行为可以适用船旗国法。(3)船舶劳动合同的法律适用。在《中华人民共和国涉外民事关系法律适用法》生效之前,我国法律无劳动合同法律适用的规定。我国海事法院在涉外船员劳务纠纷中,一般不将船员雇佣合同和船员劳动合同进行区分,一概视之为船员雇佣合同,依照一般民事合同的法律适用规则处理即适用当事人选择的法律,在当事人没有选择的时候适用与该劳务纠纷有最密切联系的法律。但是如今《中华人民共和国涉外民事关系法律适用法》规定了劳动合同的法律适用,因此有必要通过某种途径解决《中华人民共和国涉外民事关系法律适用法》的劳动合同法律适用规范能否适用于船员劳动合同以及如何适用于船员劳动合同的问题。

相关链接

《中华人民共和国国际私法示范法》①
有关涉外海商事关系法律适用的特别规定

第 84 条 【船舶所有权】船舶所有权的取得、转让和消灭,适用船旗国法。

第 85 条 【船舶抵押权】船舶抵押权,适用船旗国法。船舶在光船租赁以前或者光船租赁期间,设立船舶抵押权的,适用原船舶登记地法。

第 86 条 【船舶留置权】船舶留置权,适用船舶留置地法。

第 87 条 【船舶优先权】船舶优先权,适用受理案件的法院地法。

第 108 条 【海难救助】除当事人另有约定外,在一国领海、内水内发生的海难救助,适用救助作业地法;在公海上发生的海难救助,适用救助船舶的船旗国法;国籍相同的船舶之间发生的海难救助,适用共同的船旗国法。

第 109 条 【共同海损理算】共同海损理算,适用当事人约定的理算规则。没有约

---

① 参见中国国际私法学会编:《中华人民共和国国际私法示范法》,法律出版社 2000 年版。

定的，适用理算地法。

第119条 【海事侵权】在一国领海、内水内发生的侵权行为，不论其影响及于船舶以外还是仅限于船舶内部，适用侵权行为地法。其影响仅限于船舶内部，也可以适用船旗国法。

在公海上发生的侵权行为，适用受理案件的法院地法。但其影响仅限于船舶内部的，适用船旗国法。

同一国籍的船舶，不论碰撞发生于何地，船舶碰撞的损害赔偿，适用船旗国法。

二、我国关于涉外海商事关系法律适用的司法实践

（一）船舶物权关系的法律适用

事例 10.2

美国某公司委托江苏南通某造船厂为该公司造一油轮，双方合同约定，美国某公司先预交20%造船款，双方约定该船舶造好，待该美国某公司检验合格后，美国公司立即一次性无条件支付造船费用余额。由合同产生的一切纠纷提交瑞典斯德哥尔摩商会仲裁院仲裁，合同适用美国法。待船舶造好后，美国公司迟迟不肯交付其剩余款项。于是，江苏南通某造船厂依照中国法律对已经建造好的船舶行使了留置权。美国声称江苏南通某造船厂行使船舶留置权无据。

船舶物权在海商法领域中突出的表现为船舶所有权、优先权[①]、抵押权和留置权。船舶所有权在物权中属于自物权，船舶优先权、抵押权和留置权属于他物权，是具有担保性质的物权。基于船舶物权的性质不同，不同的船舶物权有其独自的法律适用规范。

1. 船舶所有权的法律适用

物权领域的传统法律适用原则是物权适用物之所在地法。船舶所有权作为物权的一种，本应遵循物权法律适用的一般原则，即适用物之所在地法。但是随之而来的问题是如何认定船舶的“物之所在地法”。由于船舶经常在不同的国家穿梭航行，有时甚至在公海上，所以无法确定该船舶的“物之所在地法”。何况用船舶物之所在地法来确定船舶所有权准据法还存在很多其他问题。所以，绝大多数国家都规定船舶所有权

---

① 《海商法》将船舶优先权与船舶所有权、船舶抵押权同列在第二章船舶之中，可见海商法将船舶优先权视为船舶物权的一种，而2007年10月1日实行的《中华人民共和国物权法》第四编（担保物权）虽然没有将优先权作为担保物权的一种，但是其是承认船舶优先权的效力。该法第170条规定：“担保物权人在债务人不履行到期债务或者发生当事人约定的实现担保物权的情形，依法享有就担保财产优先受偿的权利，但法律另有规定的除外。”此条规定了担保物权具有优先受偿的权利，但同时承认担保物权的优先受偿权利不是绝对的，如果法律另有特别的规定，担保物权的优先受偿的效力会受到影响，如我国海商法明确规定，船舶优先权人优先于担保物权人受偿。参见胡康生主编：《中华人民共和国物权法释义》，法律出版社2007年版，第365页。随着《中华人民共和国民法典》的颁布，《中华人民共和国物权法》已被废止，但《中华人民共和国民法典》第四分编“担保物权”第386条亦继承了《中华人民共和国物权法》第170条的规定。

适用其船旗国法,我国也是如此规定。[①]

(1)船旗国法的适用范围。虽然各国在法律中大多只泛泛规定"船舶所有权,受船旗国法制约",并没有就船旗国法对船舶所有权的适用范围予以明晰规定,但是一般认为,船旗国法应该用来解决船舶所有权的取得、内容、效力、转让、消灭、转让所有权必须履行的方式及手续、登记的效力、属具的范围、船舶所有权的范围等问题。[②] 由此可以看出,船旗国法所调整的船舶所有权包括船舶的"静态所有权"和"动态所有权"。前者包括船舶所有权标的范围、属具的范围、船舶所有权的内容、效力等;后者指变动中的船舶所有权,包括船舶所有权的取得、变更、丧失。我国《海商法》第 270 条规定:"船舶所有权的取得、转让和消灭,适用船旗国法律。"从字面上看,我国海商法规定船旗国法仅适用于动态船舶所有权,但是在此应理解其也适用于静态的船舶所有权。

(2)船旗国法适用的例外。虽然船旗国法作为船舶所有权的准据法已经得到国际上的普遍承认,但是船旗国法适用于船舶所有权也有例外。主要包括如下情形:一是光船租赁时的法律适用。船舶的船旗国法也就是船舶的国籍登记地法。但是船舶在光船租赁时,往往需要办理临时性国籍登记。我国也是如此规定。[③] 一般办理这种临时国籍登记的前提条件之一是该船舶的原国籍登记已被或将被终止或者注销。这就提出一个问题,在船舶光船租赁期间船舶所有权的准据法是否是因光船租赁而取得的临时国籍所代表的船旗国法。从大多海运国家的实际做法来看,船舶所有权的准据法不包括这种因光船租赁而取得的临时国籍所代表的船旗国法。[④] 二是建造中船舶的法律适用。建造中的船舶是尚未取得船舶所有权登记的船舶,其物权关系不能适用船旗国法,如建造合同中没有对准据法进行约定的,应适用物之所在地法即船舶建造地法。三是船舶转让中的法律适用。在不同国籍的权利主体进行船舶转让情况下,卖方在将船舶交付买方时,买方进行新的船舶登记尚有一个过程,这时卖方的船舶登记尚未注销,买方通常获得一个本国的临时船舶登记证书或继续使用原船舶证书,待买方将船舶接回本国的一定期间内才能完成注销原卖方船舶登记证书的工作,即将临时登记证书更换为永久性船舶登记证书。有时这种船舶交接过程要几个月,如果该期间对船舶权属问题发生争议,船舶买卖合同中有关法律适用条款的约定是双方解决争议的首选准据法;如果没有这样约定时,应适用新变更的船旗国法,如日本、意大利、西班牙等国家在回答 1983 年国际海事委员会发出的海事国际私法问题单时持这种态度。[⑤] 四是船舶所有权非自愿转让时的法律适用。通常情况下,船舶所有权的变更是船舶所有人

---

① 参见《海商法》第 270 条。

② 参见韩立新编著:《海事国际私法》,大连海事大学出版社 2001 年版,第 83 页。

③ 《中华人民共和国船舶登记条例》第 18 条规定:"临时船舶国籍证书的有效期一般不超过 1 年。以光船租赁条件从境外租进的船舶,临时船舶国籍证书的期限可以根据租期确定,但是最长不得超过 2 年。光船租赁合同期限超过 2 年的,承租人应当在证书有效期内,到船籍港船舶登记机关申请换发临时船舶国籍证书。"

④ 参见屈广清主编:《海事国际私法新编》,法律出版社 2005 年版,第 74 页。

⑤ 参见司玉琢主编:《海商法》,法律出版社 2004 年版,第 74 页。

自愿的结果,此时毫无疑问的是应当以船旗国法作为船舶所有权的准据法。但是,在实践当中,船舶有时会因为某种原因被外国法院依法予以强制拍卖或被外国政府依法予以没收或征购。法院拍卖船舶是国家的司法行为,其依据当然是法院地法。国家征收、没收船舶也是一国的主权行为,自应适用本国的内国法,即船舶的实际所在地法。这为大多数国家所承认。《海商法》对此虽无明确规定,不过在司法实践中也是如此操作的。

2. 船舶抵押权的法律适用

依照我国《海商法》第 271 条的规定,船舶抵押权适用船旗国法律。相对于以船舶实际所在地法和法院地法作为船舶抵押权的准据法而言,以船旗国法作为船舶抵押权的准据法在同一船舶设有多个抵押权的情况下,能够实现多个抵押权的效力、内容、受偿位序等都由同一法律确定,从而保证对各个抵押权人较为公平和实现抵押权关系的稳定性、可预见性以及判决结果的一致性。所以,船舶抵押权适用船旗国法律原则为世界各国所普遍接受。

但是,《海商法》规定,船舶抵押权适用船旗国法律在一定程度上也受到限制。如船舶在光船租赁以前或者光船租赁期间,设立船舶抵押权的,适用原船舶登记国的法律。① 此外,司法实践中一般认为建造中的船舶设立抵押权应适用物之所在地法,建造后的船舶所有人已登记获得船舶所有权的,附着在该船上的抵押权亦应受船旗国法调整,除非双方有合同约定。

3. 船舶优先权的法律适用

船舶优先权并不像船舶所有权、抵押权那样,存在一个为各国所普遍接受的法律适用规范。有关国际公约也鲜有规定优先权的法律适用。从各国有关的立法、判例、理论学说来看,船舶优先权的准据法主要有船舶所在地法、行为原因准据法、船旗国法和法院地法等。《海商法》第 272 条明确规定:“船舶优先权,适用受理案件的法院所在地法律。”相对于船舶优先权的其他准据法而言,将法院地法作为船舶优先权的准据法主要有如下优点:

(1)适用法院地法能够保证准据法单一。由于船舶优先权担保的债权发生的复杂性,加之各国对船舶优先权担保的债权范围的规定存在很大差异,以船舶所在地法、行为原因准据法、船旗国法作为船舶优先权的准据法必然会导致准据法重叠、冲突、难以理解的局面。适用法院地法作为船舶优先权的准据法就可以避免这种局面。

(2)适用法院地法能够实现最方便法院。适用法院地法,审理案件的法官无须去查明外国法的内容,同时,由于法官适用的是其最熟悉的本国法,给法院对案件的审理带来方便,从而使适用法律错误的可能性大为降低,从而实现判决的公正和合理。

但是,适用法院地法作为船舶优先权的准据法也有一个缺陷,那就是容易招致择地诉讼。不过这并不妨碍其在各国立法和司法实践中得到较为广泛的适用。

4. 船舶留置权的法律适用

依据《海商法》的规定,船舶留置权是指船舶建造人、修船人在合同另一方未履行

---

① 参见《海商法》第 271 条第 2 款。

合同时,可以留置所占有的船舶,以保证造船费用或者修船费用得以偿还的权利。它是一种法定的担保物权,但与一般留置权不同的是,《海商法》所指的船舶留置权的权利主体只限于造船人和修船人。在《海商法》对船舶留置权的法律适用没有予以规定的情况下,鉴于无论是已失效的《中华人民共和国物权法》,还是 2021 年 1 月 1 日正式施行的《中华人民共和国民法典》都将船舶作为一种特殊的动产,船舶留置权从理论上应该适用《中华人民共和国涉外民事关系法律适用法》第 37 条关于动产物权法律适用的规定,“当事人可以协议选择动产物权适用的法律。当事人没有选择的,适用法律事实发生时动产所在地法律”。也就是说,船舶留置权的准据法可以由当事人约定,当事人没有约定时适用被留置船舶所在地的法律。但是在实践中,船舶留置权往往以单个条款的形式包括在造船合同或修船合同之中,这些合同的当事人在合同中一般有类似“本合同适用 × 国法律”的约定,这是否意味着当事人已经为船舶留置权选择了准据法?从理论上来讲,造船合同或修船合同的准据法与船舶留置权的准据法应该不是同一个法律。前者是债权(合同之债)的准据法;后者是物权的准据法,两者不能混为一谈。

在事例 10.2 中,虽然合同双方约定适用美国法,但是船舶留置权在我国作为一种法定的物权权利,其法律适用并不受造船合同的准据法约束,应该适用船舶所在地法即中国法。

(二)海事债权的法律适用

事例 10.3

1996 年 8 月,万富船务有限公司(以下简称万富公司)与广州海上救助打捞局(以下简称救捞局)联系,称由其经营,注册船东为菊石海运公司(以下简称菊石公司)的洪都拉斯籍“菊石”轮,在中国某海域副机发生故障,要求救捞局救助。万富公司以传真方式书面委托救捞局,要求将“菊石”轮拖到珠海联大船厂,并确认此次拖轮费用为 50,000 美元。救捞局接受委托后接拖成功返航。万富公司曾向救捞局支付 8 万港元,但其后未再向救捞局支付任何其他款项。救捞局于 1996 年 9 月向广州海事法院提起诉讼,请求判令万富公司和菊石公司支付拖欠的救助费用 41,610.71 美元及其年利率 10.98% 的利息。

由于海事债权主要产生于海商事合同、海事侵权行为、海难救助、共同海损之中,因此,具体海事债权的法律适用因其产生的原因行为的不同而不同。

1. 海商事合同的法律适用

海商事合同关系在涉外海商事关系占据十分重要地位。它主要包括国际海上运输、租船、海难救助、拖带、保险合同等。《海商法》第 269 条对涉外海商事合同的法律适用作了概括性的规定,它规定合同当事人可以选择合同适用的法律,法律另有规定的除外。合同当事人没有选择的,适用与合同有最密切联系的国家的法律。海商事合同的法律适用首先要遵循意思自治原则,最密切联系原则是对意思自治原则的补充。最密切联系的国家的法律为履行义务最能体现该合同特征的一方当事人经常居所地法律或者其他与该合同有最密切联系的法律。① 如从《涉外合同法律适用若干规定》第 5 条的规定可以看出,保险合同中保险人为履行义务最能体现保险合同特征的一方当事人。

在事例 10.3 中,根据中国法律的规定,万富公司以传真方式向救捞局发出了一份要求救助的书面委托,救捞局接受其委托,双方的这一行为,应视为已就海难救助达成协议。万富公司与救捞局没有就救助合同适用的法律作出选择,根据《海商法》第 269 条的规定,应适用与合同有最密切联系国家的法律。本案中,救捞局与万富公司之间合同的签订地、被救助船舶“菊石”轮的最先到达地均在中国,因此,中国是与本案有最密切联系的国家,本案纠纷应适用中国法律解决。救捞局接受委托后,及时派出了船舶,并成功地救助了“菊石”轮,已履行了合同义务,按照合同的约定,救捞局有向万富公司收取救助报酬的权利,万富公司有按合同的约定及时支付有关救助报酬的义务。

2. 海事侵权行为的法律适用

海事侵权行为主要表现为船舶内部侵权、船舶碰撞、海上污染以及海上人身伤亡等海难事故。当该事故具有涉外因素,则涉及法律适用问题。

(1)船舶内部侵权的法律适用。船舶内部侵权的法律适用主要为两种情形:一是船舶内部侵权发生在公海,主张适用船旗法律;二是船舶内部侵权发生在某国领海,有国家主张适用船旗国法律,也有国家主张适用领海国法律。

(2)船舶碰撞的法律适用。《海商法》第 273 条对船舶碰撞的法律适用进行了专门的规定。根据不同情形分别规定船舶碰撞的损害赔偿的准据法:第一,适用侵权行为地法。侵权行为地法是我国船舶碰撞的基本准据法。如果侵权行为地与结果发生地不在一地时,或两地都有侵害结果时,一般认为,此时法律取向应有利于受害方,应以受害方对两地最后选择的诉讼地为侵权行为地法更为公正和稳定。② 第二,适用法院地法。倘若船舶在公海上发生碰撞,则其损害赔偿适用法院地法。至于具体是哪一个法院地法则是不确定的,基本取决于原告在哪国法院起诉。根据《中华人民共和国民事诉讼法》第 29 条、第 30 条及《中华人民共和国海事诉讼特别程序法》第 6 条第 1 款的规定,原告可以选择侵权行为地、被告住所地、碰撞发生地、碰撞船舶最先到达地、加害船舶被扣留地、船籍港所在地法院行使诉权。第三,适用船旗国法。同一国籍的船舶,不论碰撞发生于何地,碰撞船舶之间的损害赔偿适用船旗国法律。

(3)海上污染的法律适用。船舶污染是指船舶或其他海上装置在正常营运中或发生事故时,溢出或排放油类货物、燃料油或其他油类物质,在运油船舶或其他海上装置以外,因污染而造成的海洋生物资源等财产损害、人身伤亡,为了防止或减轻此种损害而采取合理措施的费用以及由于采取此种措施而造成的进一步的损害。

---

① 参见《中华人民共和国涉外民事关系法律适用法》第 41 条。

② 根据最高人民法院《关于贯彻执行〈中华人民共和国民法通则〉若干意见(试行)》第 187 条的规定:“侵权行为地的法律包括侵权行为实施地法律和侵权结果发生地法律。如果两者不一致时,人民法院可以选择适用。”但是随着《中华人民共和国民法典》的颁布,包括《中华人民共和国民法通则》及其相关司法解释在内的一批法律法规已被同时废止。

事例 10.4

2008 年 2 月美国货轮“纽约号”停泊上海洋山港时与停靠在洋山港码头卸货的美国货轮“华盛顿”号发生碰撞，导致“华盛顿”号严重损害，“纽约号”上有 3 名中国船员伤亡，并致使码头工人周某严重受伤。该案发生的侵权行为应该适用何国法律？

关于海上污染的法律适用，《海商法》并没有给予明确的规定。但是我国是 1992 年《国际油污损害民事责任公约》的参加国，根据国际条约优先的原则，倘若当事人双方所属国家均是 1992 年《国际油污损害民事责任公约》的参加国，则优先适用 1992 年《国际油污损害民事责任公约》。否则，应根据《中华人民共和国涉外民事关系法律适用法》第 44 条的规定“侵权责任，适用侵权行为地法律，但当事人有共同经常居所地的，适用共同经常居所地法律。侵权行为发生后，当事人协议选择适用法律的，按照其协议”和相关司法解释来确定海上污染的准据法。

(4)海上人身伤亡的法律适用。海上人身伤亡是指船舶在营运过程中，由于碰撞、触礁、火灾、沉没、搁浅、爆炸或其他原因造成的海上事故而引起的人身伤亡。它不仅包括船员、旅客的人身伤亡，也包括其他人员因此遭受的人身伤亡。根据责任人与受害人之间是否存在合同关系，它分为责任人与受害人之间有合同关系的人身伤亡如旅客人身伤亡、船员人身伤亡和责任人与受害人之间无合同关系的人身伤亡如船舶碰撞造成其他船舶上的船员、旅客的人身伤亡。

关于海上人身伤亡的法律适用，《海商法》没有予以直接规定。由于海上人身伤亡事故在责任人和受害人之间存在合同关系时往往是合同责任与侵权责任竞合。根据《中华人民共和国民法典》第 186 条规定：“因当事人一方的违约行为，损害对方人身权益、财产权益的，受损害方有权选择请求其承担违约责任或者侵权责任。”①在此情形下，法院在适用法律时，应当根据受害方或原告选择的诉由来确定合同责任或侵权责任的准据法的。倘若受害人提起违约之诉，则依据合同的法律适用来确定准据法；若提起侵权之诉，则依据《中华人民共和国涉外民事关系法律适用法》第 44 条有关侵权行为法律适用和相关司法解释来确定海上人身伤亡的准据法。

事例 10.4 中的海事侵权行为包括美国货轮“纽约号”与美国货轮“华盛顿”号之间的碰撞行为、美国货轮“纽约号”与其中国船员之间人身伤亡行为和美国货轮“纽约号”与中国码头工人之间的人身伤亡行为。根据我国法律，美国货轮“纽约号”与美国货轮“华盛顿”号之间的碰撞行为，因其具有相同国籍而适用美国法，美国货轮“纽约号”与其中国船员之间人身伤亡行为的法律适用则因受害人行使权利的依据不同而不同，若提起违约之诉，则适用合同准据法，若提起侵权之诉，则依美国法或中国法。美国货轮“纽约号”与中国码头工人之间的人身伤亡行为则依侵权行为地法即中国法。

① 在已被废止的 1999 年《中华人民共和国合同法》第 122 条、2009 年《中华人民共和国民法通则》第 111 条、2017 年《中华人民共和国民法总则》第 186 条都有类似的规定。

3. 共同海损的法律适用

一般来说,由于海运合同或提单中往往订有共同海损条款,若该海运合同或提单对其准据法进行了约定,共同海损的准据法则为海运合同或提单的准据法。例如,《海商法》第 203 条规定:"共同海损理算,适用合同约定的理算规则;合同未约定的,适用本章的规定。"倘若当事人没有就共同海损的法律适用进行约定,共同海损应该适用何国法律?从各国实践来看,一般适用航次终止地法、理算地法或船旗国法。我国《海商法》第 274 条规定,"共同海损理算,适用理算地法律。"可见,在当事人没有就共同海损的法律适用进行约定时,我国是以理算地法作为共同海损理算的准据法。值得注意的是,虽然共同海损理算和共同海损行为的成立是两个独立的问题,但是一般认为《海商法》第 274 条的规定不仅适用于共同海损的理算,也适用于共同海损行为的成立等各个方面。只有如此,才能保证共同海损的统一性以及理算工作的顺利进行。

至于如何确定共同海损的理算地,当事人有约定的当然依其约定。倘若当事人对共同海损的理算地没有约定,我国一般以法院地作为其理算地。因为根据《中华人民共和国民事诉讼法》第 33 条的规定:"因共同海损提起的诉讼,由船舶最先到达地、共同海损理算地或者航程终止地的人民法院管辖。"《中华人民共和国海事诉讼特别程序法》也作了同样的规定。当诉讼发生在理算地以外的法院时,如果合同对共同海损理算规则有约定的,从约定的准据法;没有约定的,一般依法院地的理算规则进行理算。同时,对整个共同海损案件审理的法律适用也常常适用的是法院地法而不是共同海损规则的理算地法,因为法院通常并不把共同海损的理算和对共同海损案件的审理作为同一事实而适用同一法律。

(三)海事赔偿责任限制的法律适用

1. 海事赔偿责任限制法律适用的国际实践

对于海事赔偿责任限制,各国一般都坚持国际公约优先的原则。当不能适用国际公约时,一般通过国内法予以解决。

理论争鸣

从各国国内立法和司法实践来看,对海事赔偿责任限制的法律适用理论主要有:(1)同一原则。同一原则又称为同则主义、一元论,是指海事赔偿责任限制所适用的法律与引起该责任产生的事实所适用的法律相同。同一原则就是将导致责任产生的原因事实的准据法作为海事赔偿责任限制的准据法。该理论的缺陷是当侵权行为发生在公海上时,由于无法适用侵权行为地法,即使同时也采用重叠适用法院地法,也将面对无法确定其准据法的尴尬局面。[①] (2)分则原则。分则原则又称为异则主义、二元论,是指对于海事赔偿责任限制,根据它自己的具体情况选择一特定的法律加以适用。即责任限制和产生责任的原因事实分别适用其各自的准据法。分则原则虽然能够避免同一原则在特定情形下所面临的无法确定其准据法的尴尬局面,但是其自身也有存

① 参见屈广清主编:《海事国际私法新编》,法律出版社 2005 年版,第 167 页。

在由于其与产生责任的原因相脱离而无法独立地确定责任限制的适当准据法的不足。(3)特定原则。特定原则就是综合考虑海事赔偿责任限制的各方面因素,在立法上明确规定某一特定的法律为海事赔偿责任限制的准据法。鉴于同一原则和分则原则存在不可弥补的缺陷,有些学者认为应该对海事赔偿责任限制指定特定的准据法。关于海事赔偿责任限制的特定的准据法,有学者认为应该是船旗国法,因为适用船旗国法不仅关于船主责任的限制,不论船舶所有人到何地都是统一的,船舶所有人自己也能事先确知其责任的限制,又可把散布在世界各地的船舶所有人的总债务作为统一体看待,使债权人相互间的关系得到最简便的处理。而且从海商法的特点出发,各国所承认的船舶所有人有限责任制度能相互得到尊重,有利于保护船舶所有人的利益及适应一国航运事业发展的需要。① 以船旗国法作为海事赔偿责任限制的准据法得到一定国家立法所确认如英国。也有学者认为应该是法院地法,因为海事赔偿责任限制与海事诉讼有着密切的关系。这种观点在有关海事责任限制的国际公约中得到实践。如《1957 年船舶所有人责任限制公约》第 5 条第 5 款规定,受理案件的缔约国法律将支配程序和时效的问题。《1976 年海事索赔责任限制公约》第 10 条第 3 款规定,涉及设立基金的程序将由受理案件的缔约国法律决定。

2. 我国有关海事赔偿责任限制法律适用的实践

从我国有关海事赔偿责任限制的立法和司法实践来看,我国采取的是分则原则。一方面,《海商法》第 275 条规定:“海事赔偿责任限制,适用受理案件的法院所在地法律。”由此看来,我国以法院地法为海事赔偿责任限制的准据法。法院地法对海事责任限制适用的范围应该包括有关责任限制的权利、基金的数额等。另一方面,《中华人民共和国海事诉讼特别程序法》第九章对设立海事赔偿责任限制基金程序做了专门规定,特别是根据该法第 106 条第 2 款规定,海事法院有权对利害关系人有关责任限制的异议进行审查,该审查显然涉及了法院地有关责任限制的实体法规定。但在司法实践中,由于重大海难事故的侵权行为地与法院地许多时候是竞合的,所以海事赔偿责任限制法律适用案件在处理上适用同一准据法的情况也较多。

课堂讨论案例

1. 原告利比里亚易讯航运公司所属巴拿马籍“易讯”轮自天津港装货驶往香港途中,与巴拿马金光海外经营有限公司所属巴拿马籍“延安”号货轮在公海发生碰撞。碰撞时,“易讯”轮为让路船,“延安”轮为直航船。两船在发生碰撞前均疏忽瞭望,紧迫局面形成时,双方均采取了错误避让措施,导致了碰撞结果。原告及被告均遭受损失,“易迅”轮和“延安”轮均在巴拿马注册登记,属于同一国籍船舶。中国海事法院受理此案。

[问] 该案应该适用何国法?依据是什么?倘若中国法院确定本案适用巴拿马共和国法律。但通知当事人提供有关法律,至开庭时双方当事人未能提供,法院也未

---

① 参见[日]北胁敏一:《国际私法——国际关系法Ⅱ》,姚梅镇译,法律出版社 1989 年版,第 231 页。转引自屈广清主编:《海事国际私法新编》,法律出版社 2005 年版,第 168 页。

能查明,法院应当如何处理?如果当事人在本案中不同意适用法院地法,中国法院能适用中国法吗?

2. 某船舶属A国某公司所有,该船舶在行驶过程中触礁,于是停到B国港口,A国某公司委托B国某修船厂为该公司修理此受损船舶,双方签订修船合同,约定该船舶修理好,并由A国公司检验合格后,一次性支付修船费用。但是,待船舶修好后,B国公司迟迟不肯交付船舶修理费用。

[问] B国某修船厂依照何国法律对已经修理好的船舶行使了留置权?

3. 日本油轮"东京"号在我国东海正常航行时突然爆炸起火,邻近的3艘同是韩国籍的船舶立刻赶往救助,经过双方的努力,火情得以控制,"东京"号的船员生命安全得到保证,并将"东京"号拖至南通港,货物和船舶损失也减低到最小。此后,救助的3艘韩国船舶向我国海事法院提起海难救助费用请求之诉。

[问] 该案应该适用何国法?

法律职业资格考试真题

1. 中国甲公司将其旗下的东方号货轮光船租赁给韩国乙公司，为便于使用，东方号的登记国由中国变更为巴拿马。现东方号与另一艘巴拿马籍货轮在某海域相撞，并被诉至中国某海事法院。关于本案的法律适用，下列哪一选项是正确的？（2017 年试题）

A. 两船碰撞的损害赔偿应适用中国法

B. 如两船在公海碰撞，损害赔偿应适用《联合国海洋法公约》

C. 如两船在中国领海碰撞，损害赔偿应适用中国法

D. 如经乙公司同意，甲公司在租赁期间将东方号抵押给韩国丙公司，该抵押权应适用中国法

2. 某批中国货物由甲国货轮“盛京”号运送，提单中写明有关运输争议适用中国《海商法》。“盛京”号在公海航行时与乙国货轮“万寿”号相撞。两轮先后到达中国某港口后，“盛京”号船舶所有人在中国海事法院申请扣押了“万寿”号，并向法院起诉要求“万寿”号赔偿依其过失比例造成的撞碰损失。根据中国相关法律规定，下列选项正确的是：（2010 年试题）

A. 碰撞损害赔偿应重叠适用两个船旗国的法律

B. “万寿”号与“盛京”号的碰撞争议应适用甲国法律

C. “万寿”号与“盛京”号的碰撞争议应适用中国法律

D. “盛京”号运输货物的合同应适用中国《海商法》

3. 甲国公司与乙国航运公司订立海上运输合同，由丙国籍船舶“德洋”号运输一批货物，有关“德洋”号的争议现在中国法院审理。根据我国相关法律规定，下列哪一选项是正确的？（2010 年试题）

A. 该海上运输合同应适用船旗国法律

B. 有关“德洋”号抵押权的受偿顺序应适用法院地法律

C. 有关“德洋”号船舶优先权的争议应适用丙国法律

D. 除法律另有规定外，甲国公司与乙国航运公司可选择适用于海上运输合同的法律

4. 甲国贸易公司航次承租乙国籍货轮“锦绣”号将一批货物从甲国运往中国，运输合同载有适用甲国法律的条款。“锦绣”号停靠丙国某港时与丁国籍轮“金象”号相撞，有关货损和碰撞案在中国法院审理。关于该案的法律适用，下列哪些选项是正确的？（2009 年试题）

A. 有关航次租船运输合同的争议应适用与合同有最密切联系的法律

B. 有关航次租船运输合同的争议应适用甲国法律

C. 因为“锦绣”号与“金象”号的国籍不同，两轮的碰撞纠纷应适用法院地法解决

D.“锦绣”号与“金象”号的碰撞应适用丙国法律

5. 巴拿马籍货轮“安达号”承运一批运往中国的货物，中途停靠韩国。“安达号”在韩国停靠卸载同船装运的其他货物时与利比里亚籍轮船“百利号”相撞。“安达号”受损但能继续航行，并得知“百利号”最后的目的港也是中国港口。“安达号”继续航行至中国港口卸货并在中国某海事法院起诉“百利号”，要求其赔偿碰撞损失。依照我国法律，该法院处理该争议应适用下列哪一国法律？(2007 年试题)

A. 中国法律，因为本题两船国籍不同，应适用法院地法处理争议

B. 巴拿马法律，因为它是本题原告船舶的国籍国

C. 利比里亚法律，因为它是本题被告船舶的国籍国

D. 韩国法律，因为韩国是侵权行为地

6. 中国 X 公司与美国 Y 公司订立一项出口电器合同，约定有关该合同争议的解决适用《美国统一商法典》。X 公司负责安排巴拿马籍货轮运输，并约定适用《海牙规则》。该批货物在中国港口装船时因操作失误使码头装卸设备与船舶发生碰撞，导致船舶与部分货物的损失。依照我国有关法律，下列哪一选项是正确的？(2006 年试题)

A. 该案应由中国该港口辖区中级人民法院管辖

B. 该案应由中国该港口辖区海事法院管辖

C. 出口合同的双方选择适用《美国统一商法典》的约定是无效的

D. 运输合同应当适用中国法

7. 依照我国《海商法》相关规定，下列哪些诉讼应适用受理案件的法院所在地法律？(2006 年试题)

A. 我国法院受理的关于海事赔偿责任限制的诉讼

B. 我国法院受理的关于船舶优先权的诉讼

C. 同一国籍的船舶在公海上发生碰撞而在我国法院进行的诉讼

D. 不同国籍的外国船舶在公海上发生的碰撞而在我国法院进行的诉讼

8. 一艘悬挂巴拿马国旗并由一巴西海运公司经营的海船，运送一批属一家日本公司的货物从日本到中国，在韩国附近海域发生意外。为了安全完成本航程，该海船驶入韩国某港口避难，发生共同海损，后在中国某港口进行理算。该共同海损理算应适用什么法律？(2004 年试题)

A. 船旗国法律

B. 共同海损发生地法律

C. 巴西的法律

D. 理算地法律

9. 根据我国《海商法》关于船舶物权问题的规定，下列表述哪些是正确的？（2004年试题）

A. 船舶抵押权适用抵押地法律

B. 船舶优先权适用受理案件的法院所在地法律

C. 船舶所有权的取得、转让和消灭适用行为地法律

D. 船舶在光船租赁期间设立船舶抵押权的，适用原船舶登记国法律

10. 中国南方某航运公司将其所有的一艘悬挂巴拿马国旗的远洋货轮转让给印度一家航运公司，该船舶所有权的转让应适用下列哪一国法律？（2003年试题）

A. 中国法律

B. 巴拿马法律

C. 印度法律

D. 船舶所在地国法律

11. 我国海商法规定的关于船舶所有权的取得、转让、消灭应适用的准据法是什么？（2000年试题）

A. 船旗国法

B. 船舶的所在地法

C. 船舶的原所有人的住所地法

D. 所有权转移合同签订时的船舶的所在地法

12. 中国甲公司与德国乙公司签订了进口一批仪器的国际货物买卖合同，合同约定有关合同的一切争议适用德国法，此批货物由新加坡籍货轮“比西”号承运，并投保了一切险。“比西”号在印度洋公海航行时与巴拿马籍货轮“莉萨”号相撞。“比西”号船长为了避免该轮沉没采取了自愿搁浅的措施，“比西”号在救助人的帮助下进入了避难港，经修理继续航行到达中国目的港。但在途中曾突遇特大暴风雨，使部分仪器湿损。上述各方当事人如发生诉讼，下列关于法律适用问题的选项哪些是正确的？（1999年试题）

A. 如果该船舶碰撞案在中国法院审理，应适用中国法

B. 如果该船舶碰撞案在中国法院审理，应适用侵权行为地法

C. 如果有关该国际货物买卖合同的争议在中国法院审理，应适用中国法

D. 如果有关该国际货物买卖合同的争议在中国法院审理，应适用德国法

13. 1997年10月，香港A公司向大连海事法院起诉，根据其对我国B公司货轮“明

星号”享有的贷款抵押权求偿。经法院调查,“明星号”是我国B公司从希腊租用的一艘在巴拿马登记并悬挂巴拿马国旗的光船。在大连海事法院在处理该案时,应适用下列哪一法律?(1998年试题)

A. 香港法

B. 希腊法

C. 巴拿马法

D. 中国法

第十一章 涉外侵权关系的法律适用

[知识结构图]

- 涉外侵权关系的法律适用
  - 涉外侵权行为之债及其法律冲突
    - 涉外侵权行为之债
    - 涉外侵权行为之债的法律冲突
  - 一般侵权行为的法律适用
    - 一般侵权行为的法律适用原则
      - 侵权行为地法原则
      - 法院地法原则
      - 重叠适用侵权行为地法和法院地法原则
    - 一般侵权行为准据法的晚近发展
      - 共同属人法原则
      - 意思自治原则
      - “侵权行为自体法”或最密切联系原则
      - 适用有利于受害人的法律原则
    - 我国关于一般侵权行为法律适用的规定与实践
      - 关于第44条的适用问题
      - 关于国际条约优先适用问题
  - 特殊类型侵权行为的法律适用
    - 涉外人格权侵权的法律适用
    - 涉外海事侵权的法律适用
    - 涉外空中侵权的法律适用
    - 涉外产品侵权的法律适用
    - 涉外知识产权侵权的法律适用

[内容导读]

为解决因各国侵权责任法律制度相互歧异而产生的法律冲突,理论界将侵权行为区分为一般侵权行为和特殊类型的侵权行为,并分别确定相应的准据法规则。

对于一般侵权行为的法律适用,传统国际私法形成了侵权行为地法、法院地法、重叠适用侵权行为地法与法院地法原则;基于国际私法上的公平,晚近理论界、立法和司法实践发展了一些新的法律适用规则,主要有侵权行为自体法或最密切联系原则、共同属人法原则、意思自治原则和适用有利于受害人的法律原则。

特殊类型的侵权主要有涉外人格权侵权、海事侵权、空中侵权、产品侵权、知识产权侵权等,其法律适用各有特点,属于特别法并优于一般侵权行为的法律适用规则而被适用。

在我国,根据《中华人民共和国涉外民事关系法律适用法》第2条第1款后段、第44条,一般侵权行为之债的法律适用可概括为“三项原则”“三个优先”。“三项原则”

是侵权行为地法原则、共同经常居所地法原则、意思自治原则。“三个优先”是意思自治原则优先于侵权行为地法原则和共同经常居所地法原则而予适用；共同经常居所地法原则又优先于侵权行为地法原则而予适用；侵权行为地原则优先于最密切联系原则。其中，侵权行为地可分为侵权行为实施地和损害结果发生地；二者不一致且当事人未协定选择的，人民法院应按更密切联系原则选择其一适用。特别类型的侵权行为主要是涉外人格权侵权、涉外海事侵权、涉外空中侵权、涉外产品侵权、涉外知识产权侵权。对该等侵权行为之债的法律适用，《中华人民共和国涉外民事关系法律适用法》第45条、第46条、第50条，以及《海商法》《中华人民共和国民用航空法》等分别作为相应的规定，均属特别法，应优于《中华人民共和国涉外民事关系法律适用法》第44条而予适用。

[法律职业资格考试要点]

本章在考试中所涉及的要点有：中国关于侵权行为法律适用立法，包括海事领域的侵权、航空运输领域的侵权、产品侵权、人格权侵权、知识产权侵权等方面的法律适用，以及侵权行为地的认定。

第一节 涉外侵权行为之债及其法律冲突

一、涉外侵权行为之债

侵权行为,是指行为人不法侵害他人人身或财产权利,并造成损失而依法应当承担民事责任的行为,该民事责任即侵权行为之债。侵权行为之债属于法定之债,具有法律上的强制性。

国际私法上的侵权行为,是含有涉外因素的侵权行为。有关涉外因素,应按照最高人民法院《关于适用〈中华人民共和国涉外民事关系法律适用法〉若干问题的解释(一)》(2020年修正)第1条予以确定。其中,"产生、变更或者消灭民事关系的法律事实发生在中华人民共和国领域外"之规定,应当理解为包括侵权事件发生在不属于任何一国法律所管辖的空间。

二、涉外侵权行为之债的法律冲突

事例 11.1

2000年4月,美国雅虎公司因在网上拍卖纳粹纪念物品而被法国国际反种族主义协会和犹太学生联合会起诉至巴黎的法院。二原告认为,被告这一网上拍卖行为严重伤害了他们的感情,侵害了他们的权利。被告辩称:法国法院对总部设在美国、在美国注册的网站没有管辖权;其业务由美国政府管辖,美国宪法规定有言论自由,并未限制纳粹物品的网上拍卖;其此次拍卖是由英文用户网站"yahoo. com"主办,并非由其法语用户网站主办;该拍卖并非特别针对法国公民为购买对象,拍卖地点并非在法国。法国法院根据法国关于禁止展示或销售纳粹物品之法律规定,判定被告在其网址上公开拍卖纳粹物品的行为侵犯了这个国家的"集体回忆",是对"法国人民痛苦记忆的一种侮辱";判决被告向每个原告支付1000美元,并且必须在90日内采取必要技术措施,阻止法国用户通过雅虎网站进入到该拍卖网站,否则,每逾期一天罚款10万法郎。

因各国历史与文化传统、社会经济发展水平、立法政策与价值取向等的不同,侵权责任法律制度存在一定的差异。这种差异主要体现在:

1. 侵权行为法所保护的"权利"范围各有不同。在一国视为民事权利的,而在他国可能并不视为法律所保护的权利,如某些类别的知识产权、同性婚姻权利、事例11.1中所称的"集体记忆"权利等。通常,发达国家的立法所保护的民事权利,相对于发展中国家而言,其范围要广泛一些。

2. 侵权责任归责原则不同。归责原则是加害人承担责任的最终根据,也是侵权行为法的核心。过错责任原则、推定过错责任原则已为世界各国所普遍遵循;严格责任或无过错责任原则亦为许多国家的法律所肯定。但是,对某些侵权行为,有的国家采用过错责任制,有的则采用无过错责任制。于是,同一行为所造成的损失,根据无过错责任制就构成侵权行为,应予赔偿;而根据过错责任制则不构成侵权行为,不存在赔偿问题。

3. 侵权责任的构成要件不同。综观各国立法规定，构成一般侵权责任，应同时具备以下要件：(1)损害事实的客观存在；(2)致害行为的违法性；(3)侵权行为与损害事实之间具有因果关系；(4)致害人有过错。但是，不同国家在侵权行为构成上的规定仍有不同特点。例如，德国法规定为三要件，即违法性、侵犯权利和错意；法国法尽管规定为过错、损害以及两者之间存在因果关系，但事例 11.1 表明，在某些案件中，行为的违法性亦为构成要件之一；在英国，一个行为是否构成侵权，是与诉讼程序相关联的，即受害人是否有权在法院获得救济。就构成要件中的"行为的违法性"而言，不同国家对同一行为的合法性与违法性的判断标准也是不同的——事例 11.1 表明，在美国，雅虎公司网上拍卖纳粹物品的行为属于《美国宪法第一修正案》所规定的言论自由保护的范围，不构成违法，但在法国则完全相反。

4. 损害赔偿原则、赔偿范围和计算标准不同。有关侵权行为的赔偿原则和标准，主要涉及补偿性赔偿、惩罚性赔偿和限额赔偿三种制度。尽管补偿性赔偿原则(充分补偿或填平受害人的损失，损失多少就赔偿多少)为各国所普遍遵循，但是，在具体的赔偿范围或项目上，比如精神损害赔偿、间接损失或可期待的利益、为预防损害威胁而发生的损失、律师费等是否可被纳入赔偿范围，以及各项目之计算标准与方法，各国法律规定存在较大差异。惩罚性损害赔偿，虽然一般适用于侵权行为人有严重过错而应予以惩罚，或者对作为弱者的受害人予以特别保护的领域，但其具体适用范围、惩罚力度又往往因各国的立法政策和价值取向不同而迥然相异。在美国，许多联邦制定法明确规定对特定的违法行为可判处惩罚性损害赔偿，如《综合环境反应补偿和责任法》规定了高达 3 倍的损害赔偿额。在英国，1972 年卡塞尔有限公司诉布鲁姆案(Cassell & Co. Ltd. v. Broome)中，上议院说明了可以作出惩罚性损害赔偿的案件类型：一是政府雇员实施的压迫性或专横的损害行为；二是被告行为的目的在于盈利，且利益超出对原告补偿的；三是制定法明确规定判处惩罚性损害赔偿的行为。关于赔偿限额，各国法律规定的差别主要体现在有无限额和限额高低两个方面，并且集中在对人身损害赔偿上。发达国家所确定的人身损害赔偿标准，一般都高于发展中国家的规定，因而赔偿数额也就相对较高；在设有或适用最高赔偿限额制度的侵权行为领域，不仅法定额度较高，而且允许当事人作出高于法定最高限额的约定。

此外，在对受害人的范围或原告资格、侵权损害赔偿的诉讼时效、责任承担方式等方面，各国法律规定也存在差异。例如，在上述事例 11.1 中，对于受害人为不特定多数人之情形，谁有资格做此类涉外"公益性侵权民事诉讼"的原告，大多数国家并无明确规定。

综上所述，由于一个涉外侵权事件与不同的国家相联系，适用不同国家的法律会产生不同的结果，即有可能引发法律冲突。对于这种法律适用上的冲突，一是通过冲突规范的调整方法来解决，二是通过适用统一实体法(国际条约)来解决。

侵权行为之债的准据法就是通过冲突规范的指引，用以确定当事人之间涉外民事行为是否构成侵权、责任性质与范围、责任承担方式等问题的特定国家或地区的实体法。国际私法理论界通常将涉外侵权行为区分为一般侵权行为和特殊类型的侵权行为，分别确立有关的法律适用规则。

第二节　一般侵权行为的法律适用

一、一般侵权行为的法律适用原则

在传统国际私法理论与立法实践中，一般侵权行为的法律适用原则通常有以下几种：

（一）侵权行为地法原则

1. 侵权行为地法的含义与历史渊源

侵权行为之债适用侵权行为地法，是指在涉外民商事交往中，某一民事行为是否构成侵权、责任能力、在构成侵权时应当承担怎样的民事责任（包括责任方式、赔偿范围、赔偿费的计算、赔偿限额）、免责事由、对第三人的权利主张，甚至侵权行为损害赔偿的诉讼时效等事项，均由侵权行为地的法律支配。

侵权行为之债适用侵权行为地法，是"场所支配行为"这一古老原则的具体化，并且自 13 世纪的法则区别说以来，一直为各国国际私法普遍采用。即使关于侵权行为准据法的确定规则历经了当代的发展和变革阶段，以侵权行为地法作为侵权行为之债的准据法在各国的立法中仍然占主导地位。例如，1804 年《法国民法典》第 3 条关于"有关警察与公共治安的法律对于居住在法国境内的居民均有强制力"的规定，被法国最高法院在 1948 年解释为侵权行为适用侵权行为地法的法律根据。而 1898 年《日本法例》第 11 条、1978 年《奥地利联邦国际私法法规》第 48 条第 1 款、1999 年德国《关于非合同债权关系和物权国际私法立法》第 40 条第 1 款，都规定了侵权行为适用侵权行为地法原则。

2. 侵权行为地的确定

事例 11.2

某甲在 A 国机场购买食品，在乘坐 B 国航空公司的飞机上食用，到了 C 国下飞机后才中毒发病。此种情形下，侵权行为地如何确定？

当代社会，发达而快捷的交通、功能强大的国际互联网络，使人的流动与交往更为便捷和频繁。相应地，侵权行为的事实构成，即行为人所实施的"加害行为"与受害人所遭受的"损害结果"，就可能分别发生在两个或两个以上不同的国家。于是，就存在如何确定侵权行为地的问题。

在事例 11.1 中，国际互联网环境下的侵权行为分别涉及两台计算机，一是存放数字化作品或信息的服务器，二是链接网页时使用的终端计算机。一方面，雅虎公司将拍卖纳粹物品的资料和信息上载的地方，即供他人主动链接网页或下载的服务器所在地或从事该业务的网站所在地，可被视为加害行为地；另一方面，损害结果是在终端计算机上发生，因此，法国境内的公民使用终端计算机上网并链接上或浏览到雅虎公司的纳粹物品拍卖网站的地方，都可以成为损害结果发生地。从雅虎公司的答辩来看，法国法院应当考虑适用纳粹物品拍卖资料和信息上载的地方或从事该业务的公司所在地即美国的法律,但法院在判决中认定雅虎公司的行为损害了法国人民的"集体记忆"和感情,这就意味着其适用的是损害结果发生地的法律。①

在事例 11.2 中,虽然涉及违约责任与侵权责任的竞合问题,但从侵权法上讲,A 国和 B 国都属侵权行为实施地,C 国则是侵权损害结果发生地。

对于侵权行为实施地与损害结果发生地不一致情形下的法律选择问题,综观各国的立法,主要有三种处理方式:

(1)以加害行为地为侵权行为地。世界上大多数国家,如瑞士、意大利、波兰、奥地利、日本、德国(1999 年《关于非合同债权关系和物权国际私法立法》颁行前)、斯堪的纳维亚和拉丁美洲一些国家有关法律都规定以加害行为地为侵权行为地。例如,《奥地利联邦国际私法法规》第 48 条第 1 款规定:"非契约的损害求偿权,依造成此种损害的行为发生地国家的法律。"

(2)以损害结果发生地为侵权行为地。美国传统的国际私法理论主张损害结果发生地是侵权行为地,这体现在比尔主持的 1934 年美国《冲突法重述(第一次)》中。该重述称:"侵权行为地是必须使行为人承担责任的损害发生地。"而 1971 年里斯主持的美国《冲突法重述(第二次)》虽然主张对不同的侵权行为,根据最密切联系原则分别确定侵权行为地,但第 377 条仍以损害结果发生地为侵权行为地。另外,1972 年《加蓬民法典》第 41 条也规定以损害结果发生地为侵权行为地。

(3)在侵权行为实施地和损害发生地之间,按有利于受害人的原则由法院选择适用或者由受害人选择适用。例如,1982 年《南斯拉夫冲突法》第 28 条规定:对非合同的损害责任,如果对某些情况没有其他规定,则依行为施行地法律或后果发生地法律,选择该二法律中对受害人最为有利者而适用之。1984 年《秘鲁民法典》第 2097 条规定,非合同之债,依引起损害发生的主要行为地法;如果行为人依行为地法不负赔偿责任,在行为人应预见该不法行为将造成损害时,适用损害结果发生地法。1999 年德国《关于非合同债权关系和物权国际私法立法》第 40 条第 1 款规定:"基于侵权行为而提起的诉讼请求,适用赔偿义务人行为地国法律,受害人可以要求适用结果发生地国法律以代替上述法律。"

相关链接

2000 年 11 月 22 日通过的最高人民法院《关于审理涉及计算机网络著作权纠纷案件适用法律若干问题的解释》第 1 条规定:"网络著作权侵权纠纷案件由侵权行为地或者被告住所地人民法院管辖。侵权行为地包括实施被诉侵权行为的网络服务器、计算机终端等设备所在地。对难以确定侵权行为地和被告住所地的,原告发现侵权内容的计算机终端等设备所在地可以视为侵权行为地。"2020 年 12 月 29 日发布的最高人民法院《关于审理涉及计算机网络域名民事纠纷案件适用法律若干问题的解释》第 2 条

---

① 因该案中的损害结果发生地与法院地是重叠的,故也有人认为该案适用的是法院地法。

第1款规定:“涉及域名的侵权纠纷案件,由侵权行为地或者被告住所地的中级人民法院管辖。对难以确定侵权行为地和被告住所地的,原告发现该域名的计算机终端等设备所在地可以视为侵权行为地。”上述司法解释虽然是关于管辖权问题的规定,属于程序法范畴,其并不直接涉及国际私法上的法律选择问题。但是,在以侵权行为地法作为某一涉外互联网侵权行为之准据法时,对于其中的“侵权行为地”的确定则不无指导意义。

理论争鸣

对侵权行为为何要适用侵权行为地法,有以下不同的观点:(1)法则区别说或自然联系说。侵权行为之债的产生是侵权行为这一法律事实引起的,只有侵权行为地与侵权行为有某种自然的联系。(2)债务说。1904年,霍姆斯在斯莱特诉墨西哥全国铁路公司案(Slater v. Mexican National R. R. Co.)中指出:“该行为能产生一种债务的唯一来源是行为地发生地的法律。因而该法律能决定债务的存在。”(3)既得权说。侵权行为地法给当事人的损害赔偿请求权,类似一种财产权;原告不管在何地起诉,都携带该侵权行为地法所赋予的权利,诉讼地法院只不过是被请求支持或协助取得这一权利。(4)权利平衡说。巴迪福等学者认为,侵权行为之债的发生是基于法律的权威和立法目的,而非当事人的自由意志;只有根据法律才能使当事人之间的权利义务平衡,并促进社会正常运行。侵权行为打破了侵权行为地法律所保证的每个人的权利平衡,对行为人施加责任,是为维护这种法定的权利的平衡。① (5)主权与公共利益说。德国学者冯·巴尔提出,如果不适用侵权行为地法,即是对行为地国家主权和社会利益的侵犯。法国学者尼波耶坚持,只有侵权行为地的国家主权才对发生于其境内的行为享有利益。侵权行为是一种违反法律并对他人造成损害的不法行为,侵权行为地因此蒙受的损失最大,故适用侵权行为地法是维护行为地公共秩序的需要。

(二)法院地法原则

一般认为,最早从理论上提出侵权行为应适用法院地法这一主张的,是德国法学家华赫特(Wachter,1798~1880年)和萨维尼(Savigny,1779~1861年)。他们分别在1841年《民事实务》杂志上发表的题为“国际私法法律的各种冲突”的论文中和1849年出版的《现代罗马法体系》第8卷中对此进行了论述。他们认为,各国的侵权行为法与刑法相似,具有强行法的性质,因此,任何国家只能适用自己的侵权行为法,不能适用他国的侵权行为法;况且,一种行为在外国被认为是侵权行为,在法院地未必会作为侵权行为处理,故侵权行为只能由法院地法支配。

在实践中,英国在侵权行为问题上,由于受其历史上特有的诉讼程序观念和制度的影响,在很长一段时间里实际上采用的是“侵权行为之债适用法院地法”规则。直到1868年哈利案件,英国那种单纯地坚持以法院地法为侵权行为的准据法的做法才有所

① 参见[法]巴迪福:《国际私法各论》(第2版),曾陈明汝译,台北,中山学术文化基金董事会1979年版,第256页。

改变,即在受理发生于国外的侵权行为案件中,把侵权行为地法作为一个因素加以考虑。

侵权行为之债适用法院地法,受到一些国际私法学者的批评。它使当事人不能预见其行为的后果,甚至会使原告选择对其有利的国家法院起诉,使当事人之间的权利失去平衡,使侵权行为地国家的秩序不能得到应有的维护,因此,在当今单一地采用此规则的国家极为少见。

(三)重叠适用侵权行为地法和法院地法原则

一些学者认为,某一行为是否适法,固然要以行为地法为原则,但为了维护法院地的公共秩序和法律权威,对依行为地法成立的债权,也必须是在法院地法认许的范围内才给予保护或得到清偿。因此,一种行为是否构成侵权行为,行为地法和法院地法均应予以顾及,亦即应重叠适用侵权行为地法和法院地法。

重叠适用侵权行为地法和法院地法,为不少国家采用。但是,在具体的立法或司法实践中,有的国家奉行以侵权行为地法为主,以法院地法为辅;有的则以法院地法为主,以侵权行为地法为辅。前者为大多数国家的主张,例如,1896 年《德国民法施行法》第 12 条规定:"对于德国人在外国所为的不法行为的请求,不得大于德国所承认之请求。"1986 年修改后的《德国民法施行法》第 38 条仍然坚持这一做法。《日本法例》第 11 条也规定,因不法行为而产生的债的成立及效力应依其原因或事实发生地法;但不法行为事实发生在外国,依日本法不认为不法时,不适用前款规定;并且,对发生在外国的行为依日本法也认为不法的,被害人仍无权请求为日本所不承认的损害赔偿和其他处分。此外,1939 年《泰国国际私法》第 15 条、1979 年《匈牙利国际私法》第 34 条基本上作了类似规定。后者,即奉行"以法院地法为主,以侵权行为地法为辅"的国家,以英国为代表。英国在涉外侵权行为法律适用上的特点是,将法律适用与诉讼程序相联系,行为地法只是重要的参考。对此,威尔斯(Willes)法官在审理菲利普斯诉艾尔案(Phillips v. Eyre)[①]时指出,作为一般规则,在英国提起发生在国外的侵权诉讼,必须符合两个条件:第一,侵权行为必须具有这样的性质,即该行为如果发生在英国,也是可以起诉的;第二,根据行为发生地法,该行为一定是不正当的行为。[②] 这就是英国著名的"双重可诉"原则。

二、一般侵权行为准据法的晚近发展

20 世纪 60 年代以来,国际私法理论得到创新,传统原则被改造,新的规则被创制。侵权行为的法律适用规则或准据法原则出现的新发展,具体表现在以下几个方面:

(一)共同属人法原则

共同属人法原则,是指在侵权事件发生时加害人与受害人具有共同国籍或者在同

---

① 该案案情是:被告在牙买加(当时英国的殖民地)革命时殴打了原告,并将原告监禁起来。当时被告是该岛的行政长官。在本案诉讼前,牙买加议会通过了一项赔偿法案,对于在动乱期间所采取的行动不加追究。虽然艾尔的行为构成英国法认为的侵权行为,但根据侵权行为地法即牙买加法变为合法,故王座法院驳回其诉讼请求。

② 参见[英]莫里斯:《法律冲突法》,李东来等译,中国对外翻译出版公司 1990 年版,第 307 页。

一国家内有住所或惯常居所/经常居所的情形下,侵权关系应当适用当事人的共同本国法、共同住所地或惯常居所地/经常居所的法律。

共同属人法的适用,是20世纪中期以来国际私法理论界与实践界对传统的侵权行为准据法规则进行批判、改造或"软化处理"的结晶,在一定程度上克服了传统侵权行为地法原则的绝对性和机械性,可以避免一律适用侵权行为地法而产生的不公平现象。

目前,许多国家在其立法中采用了当事人共同属人法原则。例如,1966年《葡萄牙民法典》第45条第3款规定:"如果侵权行为人和受害人具有相同国籍,或拥有共同惯常居所地的,恰好双方都临时在国外,则可适用共同本国法或共同惯常居所地法"。1979年《匈牙利国际私法》第32条第3款也规定:"如果侵权行为人和受害人的住所在同一个国家,适用该国法。"1987年《瑞士联邦国际私法典》第133条规定:"加害人和受害人在同一个国家有惯常居所时,基于侵权行为而提出的请求,适用该国法律。"1999年德国《关于非合同债权关系和物权国际私法立法》第40条第2款规定:"如果赔偿义务人与受害人在责任事件发生时在同一国家拥有惯常居所,则适用该国法律。"

然而,在侵权行为地法原则与当事人共同属人法原则之间的关系上,虽然二者的适用是选择性的,但是仍存在两种不同的实践:一是由法院在侵权行为地法与共同属人法之间任意选择适用,如葡萄牙;二是当事人共同属人法应优先选择适用,如波兰、德国等。

(二)意思自治原则

当事人意思自治原则是确定合同准据法的基本原则。然而,目前一些国家将该原则引入侵权法领域并作为确定侵权行为准据法的规则之一。但是,此种情形下的"当事人意思自治"的范围,一般被限定于法院地法。例如,1987年《瑞士联邦国际私法典》第132条规定:"当事人可以在侵权事件发生后任何时候协议选择适用法院地的法律。"1998年《突尼斯国际私法》第71条也规定:"造成损害的原因事实发生之后,当事人可以协议适用法院地法,只要案件尚处于初审阶段。"但是,1999年德国《关于非合同债权关系和物权国际私法立法》在意思自治的适用范围上又向前迈进了一步:它并未将当事人协议选择的范围明确、严格地限定于法院地法。该法第42条规定:"非合同之债权债务关系据以产生的事件发生后,当事人可以选择应适用的法律。第三人的权利不受影响。"

将意思自治原则引入侵权法领域,允许当事人在一定范围内选择准据法,有利于当事人对法律后果的预见和争议的解决,也有利于判决的承认和执行;同时,从理论上说,也起到了对外国法适用的排除功能。但是,由于侵权行为法在一定程度上又具有强制法性质,而且侵权事件的发生可能带有意外或偶然性,因此,对当事人意思自治进行相应的限制是必要的。

理论争鸣

法国阿尔萨斯钾矿公司污染了莱茵河并导致荷兰的苗圃种植者受到损害,原告荷兰的苗圃种植者在荷兰鹿特丹地方法院起诉要求赔偿,并要求适用荷兰法,被告亦同意适用该法。1979年1月法院依据荷兰法作出判决。有人断言,该法院是以当事人选择的法院地法作为该案的准据法,并认为这是“侵权行为适用当事人选择的法院地法”的第一案。但也有质疑者认为:(1)判决并未明确宣示其适用的是当事人选择的法院地法;(2)荷兰并不是英美法系国家,法官无造法的权力;(3)该案当事人选择的并不是法院地法,而是损害结果发生地法。

(三)“侵权行为自体法”或最密切联系原则

事例11.3

贝科克诉杰克逊(Babcock v. Jackson)案:1960年9月16日,住在纽约州的贝科克小姐乘坐杰克逊驾驶的汽车前往加拿大度周末。汽车行至加拿大安大略省境内时,撞在高速公路边的一堵墙上,贝科克小姐因此受重伤。回到纽约后,贝科克就对杰克逊提起诉讼,指控杰克逊驾车时疏忽,并请求赔偿。根据侵权行为发生地加拿大安大略省《公路交通法令》第105条的规定,除为了营利的商业性运载乘客以外,汽车所有者或驾驶员对乘坐在车内其他人员所遭受的伤亡或损失不负责任;但是,法院地纽约州当时的法律规定,汽车所有者或驾驶员在此种情形下应负赔偿责任。法院根据侵权行为适用侵权行为地法的传统规则,适用安大略省的法律作为准据法,从而驳回了原告的诉讼请求。原告不服,提起上诉。审理该案的纽约州上诉法院法官富德认为,侵权行为适用侵权行为地法过于机械,往往忽视侵权行为地以外的州对解决同一案件所拥有的利益。在该案中,原告和被告均为纽约州居民,事故汽车在纽约州取得执照,在纽约州投的保险,车库在纽约州,当事人旅游的出发点和终点也在纽约州,而安大略省与本案的唯一联系是事故发生在那里,但这纯属偶然。因此,与安大略省相比,纽约州与本案有最密切的联系;本案应适用纽约州法律。于是,上诉审推翻了原判。

侵权行为自体法(Proper Law of Tort)的概念首先由英国国际私法学者莫里斯于1951年在《哈佛法学评论》上发表的“论侵权行为自体法”一文中提出。综述该学说,其基本含义就是“侵权行为应当适用与该侵权案件及其当事人有最密切联系的那个国家的法律”;①它要求“对侵权行为地法、法院地法以及当事人属人法加以综合考虑”②从而确定支配某特定侵权关系的最为适当的(proper)法律作为准据法。在莫里斯看来,尽管在多数情况下仍有适用侵权行为地法的必要,但将如此单一的公式普遍地、机械地适用于一切侵权事件以及侵权行为的所有方面,是不恰当的;应该有一个足够广泛和灵活的法律选择原则或系属公式,既能适用于通常情形,又能顾及各种例外情况。这一法律选择规则或系属公式,就是“‘侵权行为自体法’或者与‘事件和当事人’有最

① 李双元主编:《国际私法学》,北京大学出版社2000年版,第254页。

② 韩德培主编:《国际私法》,高等教育出版社、北京大学出版社2000年版,第207页。

重要联系国家的法律”。[①] 侵权行为自体法学说推动了对英国传统的侵权行为法律适用规则的改进。英国传统的国际私法对侵权行为是重叠适用法院地法和侵权行为地法的，但是，自 1971 年博伊斯诉查普林案（Boys v. Chaplin）后，英国法院对涉外侵权案件的处理规则如下：（1）在英国，不能对发生在英国国外的侵权行为起诉，除非根据英国国内法该行为是可以起诉的；（2）作为一般规则，如果根据侵权行为地法，在诉讼实际当事人之间并不存在民事责任，也不能提起诉讼；（3）但作为一般规则的例外，某特定的争端可能受与行为的发生和当事人有最密切联系的国家的法律支配。[②]

在美国，上述事例 11.3，即纽约州上诉法院作出的贝科克诉杰克逊案的判决，被后来的学术界称为是运用最密切联系学说或原则的典型案例，并对美国国际私法实务和理论产生重大影响。由哥伦比亚大学里斯教授主编的 1971 年美国《冲突法重述（第二次）》第 145 条就规定：“侵权行为争端中双方的权利和责任，由对争端的产生和当事人双方具有最密切关系的国家（州）的法律决定。”选择“最密切关系”的法律应考虑以下几个方面：（1）损害发生地法。（2）导致损害发生地法。（3）双方当事人的住所、居所、国籍国、法人所在地以及营业所在地法。（4）双方当事人关系最集中的地方的法律。

在大陆法系国家的立法中，最密切联系原则得到了广泛确认。1978 年《奥地利联邦国际私法法规》第 48 条第 1 款规定：“非契约损害求偿权，依造成此种损害的行为发生地国家的法律。但如所涉及的人均与另外同一国家的法律有更密切联系时，适用该国家的法律。”1982 年《土耳其国际私法和国际诉讼程序法》第 25 条规定：“非合性的侵权行为之债，适用侵权行为实施地法律。当侵权行为的实施与损害结果位于不同国家时，适用损害结果发生地法律。因侵权行为而产生的法律关系与他国有更密切联系时，则适用该国的法律。”1999 年德国《关于非合同债权关系和物权国际私法立法》在规定侵权行为准据法（第 40 条）之后，接着在第 41 条第 1 款明确规定：“如果某一国法律……比第 40 条第 2 款所确定适用的法律存在实质性更密切联系，则适用该另一国法律。”

（四）适用有利于受害人的法律原则

在侵权行为准据法的确定过程中，考虑对受害人更为有利的法律而适用之，是晚近立法和司法理念之一，体现了当今社会对受害人加大保护力度以维持加害人和被害人之间权利义务平衡的价值取向。20 世纪 60 年代以来，在交通事故、产品责任、环境污染等特殊类型的侵权案件中，往往存在加害人和被害人之间地位相差悬殊、权利义务极不平衡的客观现实，因此，为了保护受害人的利益，许多国家在法律适用方面都规定了适用对受害人有利的法律。例如，1979 年《匈牙利国际私法》第 32 条第 2 款规定：“如果损害发生地法对受害人更有利，以该法为准据法。”1995 年《意大利国际私法制度改革法》第 62 条第 1 款规定：“侵权责任由损害发生地法支配，尽管如此，遭受损害

---

① ［英］J. H. C. 莫里斯主编：《戴西和莫里斯论冲突法》，李双元等译，中国大百科全书出版社 1998 年版，第 1375 页。

② 参见［英］莫里斯：《法律冲突法》，李东来等译，中国对外翻译出版公司 1990 年版，第 316 ~ 317 页。

方可以要求适用导致损害结果的事件发生地法。”1999年德国《关于非合同债权关系和物权国际私法立法》第40条也有类似的规定。

三、我国关于一般侵权行为法律适用的规定与实践

《中华人民共和国涉外民事关系法律适用法》第44条规定：“侵权责任，适用侵权行为地法律，但当事人有共同经常居所地的，适用共同经常居所地法律。侵权行为发生后，当事人协议选择适用法律的，按照其协议。”第2条第1款（后段）规定：“其他法律对涉外民事关系法律适用另有特别规定的，依照其规定。”据此，我国一般侵权行为之债的法律适用，可概括为“三项原则、三个优先”。“三项原则”是指侵权行为地法原则、共同经常居所地法原则、意思自治原则；“三个优先”是指这三项原则的位阶或适用顺序不同，即意思自治原则应优先于侵权行为地法原则和共同经常居所地法原则而予适用；共同经常居所地法又优先于侵权行为地法；侵权行为地原则优先于最密切联系原则。

（一）关于第44条的适用问题

就《中华人民共和国涉外民事关系法律适用法》第44条后段而言，一般侵权责任的准据法，应当优先适用当事人在侵权行为发生后合意选择的法律，即优先于侵权行为地法或当事人共同经常居所地法而予适用。但是，对于当事人合意选择的时间、[1]选择的方式（明示的或推定的）、选择的准据法的范围有无限制、被选择的法律是否需要与侵权行为或当事人有一定的联系、被选择的法律是否包括被选国家缔结或参加的国际条约、当事人选择对被选国未生效的条约是否为有效选择、该协议成立与效力及其准据法等问题，是法律实务中需要关注的。

就《中华人民共和国涉外民事关系法律适用法》第44条前段而言，一方面，适用侵权行为地法是我国处理涉外侵权行为之债法律适用上的一般原则，这与国际上的普遍实践一致；另一方面，又以“但书”方式规定，如遇当事人有共同经常居所地之情形，则其共同经常居所地法律应当作为侵权行为地法原则之例外而予优先适用。

关于侵权行为地的确定问题。侵权行为地又可分为侵权行为实施地和损害结果发生地。1988年最高人民法院《关于贯彻执行〈中华人民共和国民法通则〉若干问题的意见（试行）》第187条曾经规定：“侵权行为地的法律包括侵权行为实施地法律和侵权结果发生地法律。如果两者不一致时，人民法院可以选择适用。”这种选择权属于人民法院的自由裁量权。该意见已于2021年1月1日被废止。根据《中华人民共和国涉外民事关系法律适用法》第44条后段关于意思自治原则的规定，如果当事人能够就侵权行为实施地法律和侵权结果发生地法律达成一致的选择，则人民法院必须尊重这一选择。在当事人并未协议选择，而且侵权行为实施地法律和侵权结果发生地法律不一致时，人民法院应当根据《中华人民共和国涉外民事关系法律适用法》第2条第2款，基于更密切联系原则选择其一适用。但是，人民法院依职权作出选择时应考虑有利于

---

[1] 侵权行为发生之前，当事人协议选择适用法律的，属于合同准据法问题，即因违约责任与侵权责任发生竞合而产生的法律适用问题。

保护受害人合法权益,以实现冲突法上的公平和实体法上的公平。

从冲突规范的类型来看,该法第 44 条属于有条件的选择型冲突规范。其中,后段的适用,须以当事人在侵权行为发生后,协议选择准据法为条件;只有在当事人未作出选择的情形下,才适用第 44 条前段;而就前段而言,经常居所地法的适用也是有限制条件的,即须以当事人有共同经常居所地为前提。

(二)关于国际条约优先适用问题

《中华人民共和国涉外民事关系法律适用法》第 2 条第 1 款隐含着国际条约的适用,因为在法理上,国际条约也属于特别法范畴。在我国缔结或参加的一些国际条约之中,就有涉及涉外侵权行为问题的。例如,《维也纳外交关系公约》就涉及外交、领事特权与豁免人员侵权问题;《华沙公约》和《海牙议定书》等涉及国际民航运输侵权问题;《中华人民共和国政府与美利坚合众国政府关于保护知识产权的谅解备忘录》[①]就涉及知识产权侵权问题;《国际油污损害民事责任公约》(以下简称 CLC1969)涉及海事侵权。无论属于一般侵权行为还是属于特别类型的侵权行为,如果有关民事侵权事件涉及我国缔结或参加的有关国际条约的,则该条约的规定应得到优先适用。但是:(1)条约的适用必须是加害人与受害人双方所属国共同参加且对相关事项均未作出保留;(2)对于我国公民与享有外交特权与豁免的外国人之间的民事侵权争议,实践中是通过调解方式或者外交途径来解决的。

2012 年最高人民法院《关于适用〈中华人民共和国涉外民事关系法律适用法〉若干问题的解释(一)》(法释〔2012〕24 号)第 4 条规定:“涉外民事关系的法律适用涉及适用国际条约的,人民法院应当根据《中华人民共和国民法通则》第一百四十二条第二款以及《中华人民共和国票据法》第九十五条第一款、《中华人民共和国海商法》第二百六十八条第一款、《中华人民共和国民用航空法》第一百八十四条第一款等法律规定予以适用,但知识产权领域的国际条约已经转化或者需要转化为国内法律的除外。”其中,《中华人民共和国民法通则》已随着《中华人民共和国民法典》的施行而于 2021 年 1 月 1 日被废止。这些有关国际条约适用的规定也随之被废除。目前,对于国际条款的优先适用问题为《中华人民共和国民事诉讼法》第 267 条所解决,即:“中华人民共和国缔结或者参加的国际条约同本法有不同规定的,适用该国际条约的规定,但中华人民共和国声明保留的条款除外。”

---

① 例如,美国沃尔特·迪斯尼公司诉北京出版社、北京少年儿童出版社、新华书店总店北京发行所、第三人大世界出版有限公司侵犯著作权纠纷案,北京市第一中级人民法院民事判决书,(1994)中经知初字第 141 号)和北京市高级人民法院民事判决书,(1995)高知终字第 23 号就直接适用了《中华人民共和国政府与美利坚合众国政府关于保护知识产权的谅解备忘录》第 3 条第 7 项规定。

第三节 特殊类型侵权行为的法律适用

随着科技的进步和社会的发展,法律所确认的权利的范围、类型、内容及保护程度等,在广度上不断扩张,在深度上不断精细化;与之相适应,侵权行为的类别,如海上交通事故与油污损害、航空运输事故、公路交通事故、产品责任、跨国环境污染、知识产权等侵权行为,与一般侵权行为相比,在归责原则、赔偿范围、责任限额等方面有显著不同,且各有自身的特点。因此,对于一些特殊类型的侵权行为,就不能完全套用一般侵权行为的法律适用原则。例如,甲国某船运公司的一艘核动力商船在乙国港口停泊时突然发生核泄漏,使乙国港口被污染,造成严重损害后果。而该船运公司的赔偿能力有可能只是实际损失的50%。[①] 为了解决此类侵权损害赔偿问题,国际社会制定了《关于核损害的民事责任的维也纳公约》及《核动力船舶经营人责任公约》,创立了双重责任制,即营运人(具体致害人)与国家共同承担责任,营运人无力赔偿部分由国家负补充赔偿责任。总之,传统上的对侵权行为法律适用不区分其种类和性质而只是概括性地规定一个准据法之立法模式或立法技术,已难以适用社会发展对权利保护提出的要求;而区分一般侵权行为和特殊类型的侵权行为,在遵循侵权行为准据法一般原则的基础上,分别规定一些特殊类型侵权行为的法律适用规则,是20世纪中期以来侵权行为的法律适用或者立法技术上出现的发展趋势。

以下就几种特殊类型的侵权行为的法律适用问题进行具体分析。

一、涉外人格权侵权的法律适用

目前,各国对于人格权侵权的法律适用作出专项性规定的,并不多见;实践中,通常是按照解决一般侵权行为之债的法律适用原则来确定人格权侵权责任的准据法。

但是,基于国际互联网固有的虚拟性、传播迅捷性、无国界性等特征,对于通过国际互联网实施的人格权侵权行为,仅适用传统的侵权行为地法律原则去解决侵权行为之债的法律冲突,并不能完全应对现实问题,因为在法律上难以对侵权行为地做技术性确定。《中华人民共和国涉外民事关系法律适用法》关注到了互联网涉外人格权侵权行为现象与特征,其第46条规定:“通过网络或者采用其他方式侵害姓名权、肖像权、名誉权、隐私权等人格权的,适用被侵权人经常居所地法律。”

相关链接

在司法实践中,运用《中华人民共和国涉外民事关系法律适用法》第46条时应当把握以下几点:第一,该条并没有完全排除第44条后段规定的当事人意思自治原则的适用。第二,适用被侵权人经常居所地法律,内含有利于受害人的立法宗旨,体现了国际私法上的公平理念。在现实的物理空间中,经常居所地是一个人的生活中心或商事

① 参见2002年国家司法考试试卷一。引用时,已略作了改动。

主体的经济活动中心，故与该人的法律人格及人格权的联系最为密切或直接关联；当其人格权受到侵害时，其生活中心所在地至少是损害结果发生地。因此，适用其生活中心所在地的法律，亦即其经常居所地法律最为公平、合理。第三，与《中华人民共和国涉外民事法律关系法律适用法》第15条相互呼应，前后一致。该法第15条规定，“人格权的内容，适用权利人经常居所地法律”。通过国际互联网等方式实施“权利人经常居所地法律”所承认、规定的人格权事项的，才可认定为人格权侵权。权利人经常居所地法律不承认的所谓“人格权”，在国际私法上不可视为侵权。

二、涉外海事侵权的法律适用

事例11.4

1986年10月18日19时许，中国籍“大庆245号”轮停靠上海黄岛油库码头准备装油时突然爆炸起火，后沉没。事故造成该码头受损，并且造成停泊在附近的日本国燕洋海运株式会社的“海燕”轮损害和船上日籍人员受伤。

（一）海事侵权行为的类型及相应的法律适用规则

在海上运输中，由于各种原因，会产生一些因侵权行为导致的损害赔偿事件。这些侵权行为，大致可分为四种情形：一是发生在船舶内部的侵权行为；二是因船舶直接或间接碰撞，包括碰撞海上或港口设施或其他损及邻近船舶等侵权行为；三是海上油污损害；四是因海上事故致旅客受到伤亡、行李受到毁损的侵权行为。不同情形的侵权行为，有关法律适用亦各有特点。

1. 发生在船舶内部的侵权行为

对于发生在船舶内部的侵权行为，无论该船舶是处于公海或某国领海，多数国家主张适用船旗国法律。但是，如果船舶处于他国领海之内，且该船舶内部的侵权行为影响及于船外的，有的国家主张适用领海国的法律，如美国；有的国家则不问是否影响领海国的利益或秩序安宁，一律适用领海国的法律作为此种侵权行为的准据法，如英国。领海国的法律，是以属地管辖原则为根据的一种侵权行为地法。

2. 碰撞

船舶碰撞，无论是直接碰撞或间接碰撞，一般适用被碰撞或受害一方的船旗国法，这是为了保护受害一方的利益。但是，如果两船都有过失，且碰撞发生在公海上，则可适用法院地法；如果碰撞发生在一国领海范围内，也可适用侵权行为地法；如果发生碰撞的船舶同属一个国家，则无论发生于公海或某国领域，大多数国家主张适用船旗国的法律。

在一国内水或领海内，船舶因碰撞、爆炸等原因导致港口工程、设施、航道、邻近船舶损害或有关人员伤亡的，一般适用侵权行为地法，即沿海国的法律。

船舶对公海上设施的侵权损害赔偿，如与海底电缆、管道等碰撞，一般适用受理案件的法院地国家的法律。

在事例11.4中，大庆号轮的侵权行为发生在中国港口内，按侵权行为适用侵权行为地法的规定,对日本船舶及船上人员的损害赔偿,应适用中国的法律。

相关链接

《统一船舶碰撞中有关民事管辖权、法律选择、判决的承认和执行方面若干规则的公约》的主要内容

关于船舶碰撞的赔偿问题,1977 年 9 月 30 日国际社会制定了《统一船舶碰撞中有关民事管辖权、法律选择、判决的承认和执行方面若干规则的公约》。

在管辖权方面,公约规定,此种诉讼,除当事人另有协议外,原告只能在公约缔约国的下列法院中提起:(1)被告的惯常住所地、住所地、主要营业所所在地;(2)碰撞发生在其内水或领海内的国家;(3)碰撞所涉船舶(原告自己的船舶除外)或属于同一所有人的船舶被依法扣留地,或已提供担保以免由于碰撞而被扣留;(4)被告在该地有依照该国法律可供扣押的财产,而且该项财产已被扣押或已提供担保以免由于碰撞而被扣押;(5)被告已在该地根据该国法律就碰撞适当提供了限额基金。

在法律适用方面,公约规定:除当事人另有协议外,如果碰撞发生在领海以外的水域,则适用受理案件法院所在地的法律;但如果有关的船舶都在同一国登记或由它出具证件,或属同一国家所有,则不管碰撞在何处发生,都适用该国法律;如船舶在不同国家登记或由它们出具证件,或属不同国家所有,则法院应适用对所有这些国家都适用的一些公约。如果经确定所有这些国家的法律与公约的原则相一致,则法院应适用这种相一致的法律。但无论如何,任何当地的有关航行的成文或不成文的规则,都应得到适用。

在判决的承认和执行方面,公约规定,除请求承认或执行判决的一方已提供了第 8 条第 1 项所规定的各种文件,并经法院查明,判决并非由无管辖权的法院作出的,且已给判决中的债务人以适当的通知并已给予了答辩的合理机会;判决也不是由于欺诈而获得的;其承认与执行也不违反被请求承认和执行国的公共政策外,还必须以被请求国与判决作出国同为缔约国,并且两国还订有这方面的补充协定,为承认和执行的条件。

3. 海上油污损害

1967 年的托利·勘庸号油轮漏油污染事件①,使国际社会认识到油污损害给人类及环境带来的灾难。为了防止船舶油污损害,确立国家的权利与义务,明确油污损害

---

① 托利·勘庸号(The Torrey Canyon)是一艘在利比里亚登记,属于美国一家公司所有的油轮,船东是百慕大一家租船公司,当时出租给英国石油公司。1967 年 3 月 18 日,该油轮满载原油行至英吉利海峡的锡利群岛时触礁,船体断裂,所载原油 3820 万加仑流入海中。在海面形成宽 2 英里、长 5 英里、厚 2 英寸的油带。油带随风漂流,波及英格兰南岸、法国北岸和荷兰西部海岸。英国和法国政府出动船舶、飞机和 1400 多人次清除污染。清除油污的措施包括:投掷炸弹把船舶残骸炸沉、投掷炸弹使原油燃烧、投放清洁剂使原油溶解等,为此支付了巨额费用。同时,油污所及之处,海洋生物无法生存,旅游业遭受严重损失。除流入海中原油本身的价值外,仅清除污染的费用和受害人的损失两项合计就达 600 多万英镑。

的民事侵权责任,国际社会先后缔结了一系列的国际条约。其中,涉及侵权赔偿责任的主要有1969年《国际干预公海油污事件公约》、CLC1969及其1992年修订后形成的议定书(以下简称CLC1992)、1971年《关于设立国际油污损害赔偿基金的国际公约》、1973年《国际防止船舶造成污染公约的1978年议定书》、2001年《燃油污染损害民事责任国际公约》等。这些条约,构成国际油污侵权行为损害赔偿的主要法律根据,内容涉及统一实体法规则和相关程序法规则。

另外,由于有关油污损害的国际公约只对缔约国产生约束力,而且缔约国之中有的参加CLC1969,有的参加CLC1992,故亦存在不同的损害赔偿制度。因此,对有关公约调整范围之外的油污损害民事损害赔偿,冲突规范的调整方法仍然十分重要。

相关链接

CLC1969与CLC1992内容的主要差别比较

项目	CLC1969	CLC1992
适用范围	1.缔约国领土,包括内水、领海内。 2.油类:装运散装油类货物的任何种类的远洋船舶和海船实际载运的原油、重柴油、润滑油和鲸油。 3.适用的油污事件:溢出或排放并污染了缔约国的领土而且造成损害。 4.适用的船舶:装运散装油类货物的任何远洋船舶和海上船艇,但军舰或其他为国家所有或经营的且在当时仅用于非商业性服务的船舶除外	1.将地域范围扩大到专属经济区或领海基线以外200海里以内的地区。 2.删除了“鲸油”。 3.将“油污事件”扩展到包括导致这种损害的严重而紧迫的威胁。 4.适用的“船舶”扩大到空载油轮或空载兼用船(油矿两用船)
赔偿范围	1.船舶溢出或排放油类而直接造成的财产损失或人身伤害; 2.采取预防措施而支付的费用(仅限于船舶溢出或排放油类后采取的措施); 3.因采取预防措施而造成的进一步灭失或损害。受害人和有关方均可就上列三项损失获得赔偿	除CLC1969规定的三项外,还包括因环境损害所致利润损失、实际采取或准备采取恢复措施(船舶虽未溢油,但存在溢油污染损害的严重紧迫危险,因此采取预防措施)而支付的合理费用两个项目
赔偿限制	船东有权对任何一个事件的责任限定为按船舶吨位计算赔偿总额,每吨2000法郎;且无论船舶吨位多大,其赔偿总额最高不超过2.1亿法郎	改“法郎”为特别提款权(SDR);大幅度提高油污损害责任限额,即5000总吨油轮,限额为300万SDR;超过者,每总吨增加420SDR,最高不超过5970SDR

续表

项目	CLC1969	CLC1992
管辖权	于一个或若干个缔约国领土或领海内发生油污损害事件或采取了防止、减轻油污损害预防措施之情形,赔偿诉讼只能向上述一个或若干个缔约国法院提出;且每一缔约国都应保证其法院拥有赔偿诉讼的必要管辖权	将管辖权扩展到专属经济区。其余相同

注:因有的国家参加CLC1969,有的国家参加CLC1992,故存在两种不同的适用范围、赔偿范围、责任限制、管辖权制度等。

4. 因海上运输致旅客伤亡、行李毁损之侵权行为

海上旅客运输中致旅客伤亡或行李毁损,因存在乘客运输合同关系,故有关损害赔偿争议,一般属于合同争议,即属于违约责任与侵权责任竞合问题。也就是说,有关运送人所承担的赔偿责任,适用合同准据法。

尽管旅客人身与财产安全在各国都受法律的强制性保护,但各国法律对海上乘客运送中致旅客伤亡或行李毁损的赔偿责任限额的规定是不同的。为统一此类赔偿责任,1961 年国际社会曾制定《统一海上客运若干规则的国际公约》。但因其对人身伤亡赔偿额规定过低,且对行李毁损之赔偿未作规定,故参加国不多而失去意义。1974 年,国际社会又制定了《海上旅客及其行李运输的雅典公约》,并于 1974 年对该公约进行修改而形成《海上旅客及其行李运输雅典公约的议定书》。该公约及其议定书就公约的适用范围、承运人责任、承运人责任的免除、举证责任、责任限额(承运人对每位旅客伤亡的赔偿最高限额)、承运人与旅客可以高于该赔偿限额的约定、有关赔偿的计算、诉讼时效、管辖权等作出了规定。需要指出的是,这些国际条约,即使当事人所属国没有参加,但也可能因旅客乘运合同的约定而成为准据法。

(二)我国有关海上侵权行为法律适用的立法

关于我国对海上侵权的法律适用,1993 年 7 月 1 日生效的《海商法》第 273 条规定:“船舶碰撞的损害赔偿,适用侵权行为地法律。船舶在公海上发生碰撞的损害赔偿,适用受理案件的法院所在地法律。同一国籍的船舶,不论碰撞发生于何地,碰撞船舶之间的损害赔偿适用船旗国法律。”第 274 条规定:“共同海损理算,适用理算地法律。”第 275 条规定:“海事赔偿责任限制,适用受理案件的法院所在地法律。”第 268 条规定:“中华人民共和国缔结或者参加的国际条约同本法有不同规定的,适用国际条约的规定;但是,中华人民共和国声明保留的条款除外。中华人民共和国法律和中华人民共和国缔结或者参加的国际条约没有规定的,可以适用国际惯例。”

目前,就海上侵权行为的国内实体法而言,我国颁布了大量的包括关于油污损害方面在内的海洋环境保护法律法规。这些都有可能是有关冲突规范所指定的准据法。主要有《中华人民共和国海洋环境保护法》《中华人民共和国防止船舶污染环境管理条例》《中华人民共和国海上交通安全法》《中华人民共和国外国籍船舶管理规则》《中华人民共和国外国籍船舶航行长江水域管理规定》等。另外,我国缔结或参加的有关海

上侵权方面的国际条约,基本情况是:1980 年 1 月 30 日加入 CLC1969,同年 4 月 29 日该条约对我国生效;1999 年 1 月 5 日申请加入 CLC1992,该条约于 2000 年 1 月 5 日起对我国生效,我国同时退出了 CLC1969;1990 年 2 月 23 日加入了 1969 年《国际干预公海油污事故公约》和 1973 年《干预公海非油类物质污染议定书》;1994 年 3 月 5 日我国第八届全国人大常委会第六次会议决定加入 1910 年《统一船舶碰撞某些法律规定的国际公约》。

三、涉外空中侵权的法律适用

(一)空中侵权行为及其法律适用

空中侵权,从广义上讲,可分为航空侵权和外空发射实体侵权。[①] 以下仅介绍国际航空侵权行为的法律适用问题。

由于各国对于航空侵权行为之债的法律规定有一定差异,同时,该侵权行为的发生往往具有偶然性或突发性,有时很难确定侵权行为地,因此,其法律适用一般是根据侵权行为的不同类型,分别确定其法律适用规则。

通常,国际航空侵权行为被分为三类:一是发生在航空器内的侵权行为;二是因航空器碰撞或航空器与其他物体相撞而发生的侵权行为;三是因事故而使旅客或者物品受到毁损的侵权行为。

对第一类侵权行为,一般主张适用航空器登记地国家的法律。例如,《南斯拉夫冲突法》第 29 条规定,如果造成损害赔偿之债的事件发生在航空器内,则航空器登记国法律应视为损害赔偿之债的事实发生地法律。

对第二类侵权行为,一般主张适用被碰撞或受害一方的航空器登记地法;如果被碰撞一方也有过失,一般主张适用其本国法。例如,《巴斯塔曼特法典》第 289 条至第 294 条规定:在领空内发生的航空器意外碰撞事件,如果碰撞各方属于同一国旗国,则适用该国的法律;如果碰撞各方不属于同一国旗国,则适用当地的法律;如果是出于过失的同一国旗国的航空器碰撞,则适用当地的法律。在公海上空发生的意外或者有过失碰撞事件,如果碰撞各方属于同一国旗国,则适用该国的法律;如果碰撞各方不属于同一国旗国,而碰撞是出于过失,则该碰撞事件应适用被撞航空器国旗所属国家的法律。

对第三类侵权行为,因航空器事故使旅客受到伤亡或物品受到毁损的侵权行为,一般适用有关国际公约或航空器登记地法律。其中,此类国际条约目前主要有:1929 年《华沙公约》、1955 年《海牙议定书》、1961 年《瓜达拉哈拉公约》。这些公约不仅规定了承运人责任承担方面的推定过失责任原则、有限责任原则和免责禁止原则等实体法规则,也规定了国际航空运输损害赔偿诉讼的平行管辖、诉讼程序适用受理案件的法院所在地法律、诉讼时效、仲裁等程序法方面的规则。

不过,由于上述公约并非所有的国家均已参加,而且在多法域国家内的航空运输侵权事件通常并不适用这些国际条约;同时,上述公约又有特定的适用范围,如《华沙

---

① 关于向外空发射实体所致侵权损害的法律适用问题,可参见韩德培主编:《国际私法》,高等教育出版社、北京大学出版社 2000 年版,第 210 页。

公约》并不适用根据国际邮政公约所办理的信件和包裹运输、为开辟新航线而从事的试验性空运以及为科学探险或紧急救助等特殊情况下的运输；再者，在航空旅客或货物运输之损害赔偿额方面，国际条约允许在不低于法定限额的基础上当事人意思自治，因此，冲突规范调整方法仍有大量的适用空间。以美国为例，1955 年美国哥伦比亚特区联邦巡回上诉法院所判的东部航空公司诉团结信托公司案（Eastern Air Lines Inc. v. Trust Co.）就是适用行为发生地法的判例；1982 年美国第六巡回上诉法院所判的贝内特诉恩斯特龙直升机案（Benetts v. Enstron Helicopter Corp.）即适用损害地法的判例。总体上讲，美国当代的判例倾向于同时采用最重要联系说和政府利益分析说。①

（二）我国关于民用航空侵权行为之债的法律适用

事例 11.5

新加坡民用航空公司一架客机飞往印度尼西亚途中，因机上物体坠落使在公海上捕鱼的越南渔船受损。后该渔船开往中国港口修理，并就该飞机造成的损害赔偿诉诸我国法院。

《中华人民共和国民用航空法》第 189 条规定："民用航空器对地面第三人的损害赔偿，适用侵权行为地法律。民用航空器在公海上空对水面第三人的损害赔偿，适用受理案件的法院所在地法律。"据此，在事例 11.5 中，法院应当适用受理案件的法院所在地即中国的法律。

另外，该法第 184 条规定："中华人民共和国缔结或者参加的国际条约同本法有不同规定的，适用国际条约的规定；但是，中华人民共和国声明保留的条款除外。中华人民共和国法律和中华人民共和国缔结或者参加的国际条约没有规定的，可以适用国际惯例。"第 190 条规定："依照本章规定适用外国法律或者国际惯例，不得违背中华人民共和国的社会公共利益。"

目前，我国参加的国际条约的基本情况是：1958 年 7 月 15 日我国递交加入《华沙公约》通知书，同年 10 月 18 日起该公约在我国生效；1975 年 8 月 20 日我国递交了加入《海牙议定书》的通知书，同年 10 月 15 日该公约在我国生效。

相关链接

司法判例

原告：陆某，女。

被告：美国联合航空公司，住所地：美国芝加哥（11555W. TOUTY. ARE. GHIXAGOIL. 60666 U. S. A.），公司驻上海办事处地址：上海市南京西路。

法定代表人：詹姆斯爱德华哥德温（James Edward Goodwin）。

原告因与被告美国联合航空公司（以下简称美联航）国际航空旅客运输损害赔偿

① 参见周海荣：《国际侵权行为法》，广东高等教育出版社 1991 年版，第 359～362 页。

纠纷,向上海市静安区人民法院提起诉讼。

原告诉称:原告在乘坐被告的班机过程中受伤,致原告伤残,完全是被告的责任。为此,原告根据《华沙公约》《海牙议定书》的规定,以及《蒙特利尔公约》所确定的7.5万美元赔偿责任限额,请求判令被告赔偿原告伤残补助费及生活护理费计7.5万美元。

诉讼中,原告变更诉讼请求,要求被告按照"吉隆坡协议"规定的10万特别提款权(132,099美元)承担赔偿责任。判令被告承担护理费人民币14,300元(含护理人员的交通费用78,010元)、原告的误工损失人民币105,877.50元、原告不能胜任岗位工作造成的工资损失人民币153,750元、原告不能担任总经理职务的损失人民币713,700元、精神安抚费人民币5万元、原告从现在到70岁的护理治疗费人民币138,000元、本案律师费人民币55,299元、律师差旅费人民币3万元,以及承担本案的诉讼费用。

被告辩称:作为责任方,被告已支付医疗费用人民币86,748.10元,但原告在事故发生半年之后提出其右膝半月板损伤,却无法证明这个损伤与此次航空事故有关联。应当对原告的伤情重新进行司法鉴定,并以此伤残标准的认定为依据。对于赔偿标准,应适用《华沙公约》或者《中华人民共和国民用航空法》的规定。"吉隆坡协议"既不是国际惯例,也不是国际条约,仅是作为国际航空运输协会成员的承运人之间订立的内部协议。"吉隆坡协议"中的10万特别提款权,只是承运人实行客观责任制和行使责任抗辩的数额界限,不是对旅客的赔偿责任。原告只是一名旅客,并非"吉隆坡协议"的签约主体,并且该协议的内容也纳入旅客运输合同中,故无权引用该协议向被告索赔。

上海市静安区人民法院经审理查明:

1998年5月12日,原告乘坐被告美联航的UA801班机,由美国夏威夷经日本飞往香港。该机在日本东京成田机场起飞时,飞机左翼引擎发生故障,机上乘客紧急撤离。原告在紧急撤离过程中受伤,被送往成田红十字医院救护。经该院摄片诊断为右踝骨折。5月14日,原告到香港伊丽莎白医院做检查,后在征得美联航同意后,于5月16日入住安徽省立医院治疗,诊断为:右侧内、外、后踝骨折伴粉碎性移位。该院先后两次对原告进行手术治疗。12月22日,原告出院,休息至1999年3月底。原告受伤住院期间,聘用2名护工护理;出院后至上班期间,聘用1名护工护理。原告受伤前的工资收入是每月人民币12,400元,受伤后休息期间的工资收入是每月人民币1225元,每月工资收入减少11,145元。原告受伤后,美联航曾向其致函,表示事故责任在于美联航,并承担了两次手术的医疗费用计人民币86,748.10元。

审理中,法院应被告美联航的申请,依法委托上海市人身伤害司法鉴定专家委员会对原告陆某右下肢的损伤情况和伤残级别进行司法鉴定。

另查明,原告所购被告美联航的机票,在"责任范围国际旅客须知"中载明:对于旅客死亡或人身伤害的责任,在大多数情况下对已探明的损失赔偿责任限度为每位旅客不超过7.5万美元。到达这种限度的责任,与公司方是否有过失责任无关。上述7.5万美元的责任限度,包括法律收费和费用。

以上事实,有原告乘坐的被告美联航的UA801航班飞机票、日本成田医院的报告、安徽省立医院的就诊报告及原告的两次出院小结、原告与美联航的往来信函等证实。以上证据经质证、认证,均可以作为认定本案事实的根据。

上海市静安区人民法院认为:本案是涉外旅客运输合同纠纷与侵权纠纷的竞合。

1. 关于本案的法律适用。双方当事人对本案应适用法律,一致的选择是《华沙公约》。《中华人民共和国合同法》第126条第1款规定:"涉外合同的当事人可以选择处理合同争议所适用的法律,但法律另有规定的除外。涉外合同的当事人没有选择的,适用与合同有最密切联系的国家的法律。"这是我国法律在涉外案件法律适用方面对当事人意思自治原则的体现,这已成为当今各国处理民商事法律关系的重要原则。《中华人民共和国民法通则》第142条第2款规定:"中华人民共和国缔结或者参加的国际条约同中华人民共和国的民事法律有不同规定的,适用国际条约的规定,但中华人民共和国声明保留的条款除外。"第3款规定:"中华人民共和国法律和中华人民共和国缔结或者参加的国际条约没有规定的,可以适用国际惯例。"由此可见,先国际条约,再国内法,再国际惯例,是我国法律对涉外民事案件法律适用顺序作出的强制性规定,当事人在协议选择涉外民事案件适用的法律时,必须符合这个规定。

我国与美国都是《华沙公约》和《海牙议定书》的成员国。作为公约缔约国,我国有义务遵守和履行公约,故本案应首先适用《华沙公约》和《海牙议定书》。根据当事人意思自治原则,本案当事人也一致选择适用《华沙公约》,这一选择不违反我国在涉外民事案件法律适用方面的强行性规定,应当允许。

2. 关于违约责任与侵权责任的确定。原告因乘坐的被告美联航的班机受伤致残,而向美联航索赔,索赔请求中包括精神损害赔偿。乘坐班机发生纠纷,通常是旅客运输合同纠纷,解决的是违约责任。但因乘坐班机受伤致残,违约行为同时侵犯了人身权利,就可能使违约责任与侵权责任竞合。《中华人民共和国合同法》第122条规定:"因当事人一方的违约行为,侵害对方人身、财产权益的,受损害方有权选择依照本法要求其承担违约责任或者依照其他法律要求其承担侵权责任。"由此可见,违约责任与侵权责任不能在同一民事案件中并存,二者必居其一,应由受损害方选择。原告在请求美联航承担违约责任的同时,又请求精神损害赔偿,应视作对责任选择不明,在这种情况下,如何确定责任的选择,对受害当事人提供必要的司法救济尤为重要。违约责任与侵权责任的重要区别在于,两者的责任范围不同。合同的损害赔偿责任严格按合同的约定执行,主要是对财产损失进行赔偿;侵权的损害赔偿责任按侵权造成的损害后果确定,不仅包括财产损失的赔偿,也包括人身伤害和精神损害的赔偿。从最大限度保护受害人利益的角度出发,法院依职权为受害人选择适用侵权损害赔偿责任。

3. 关于赔偿责任限额问题。《海牙议定书》规定,承运人对每一旅客所负的责任,以25万法郎为限,但旅客可与承运人以特别合同约定一较高的责任限度。本案中,双方当事人在机票中约定的承运人赔偿责任限额为7.5万美元。这个限额不仅体现了"当事意思自治"原则,也符合《海牙议定书》的规定。从主权国家应当遵守国际义务考虑,法院对当事人约定的这一最高限额应予认定。

人身伤害的损害赔偿,应以实际造成的损失为依据。原告请求被告美联航赔偿护理费、误工费、伤残补偿费,对其中合理部分,应由美联航承担。由于美联航的行为给原告造成了一定的身体与精神上的痛苦,其请求美联航赔偿精神抚慰金,亦应允许。按照双方当事人的约定,7.5 万美元的赔偿责任限额内包括了法律收费和费用,因此,原告请求赔偿的律师费用和律师差旅费,也应当根据实际情况酌情支持。由于以上各项的赔偿总额并未超过 7.5 万美元,故应予支持。

综上,上海市静安区人民法院于 2001 年 11 月 26 日判决:

一、被告美联航于本判决生效之日起 10 日内,赔偿原告的护理费人民币 7000 元、误工费人民币 105,877.50 元、伤残补偿费人民币 18.6 万元、精神抚慰金人民币 5 万元。

二、被告美联航于本判决生效之日起 10 日内,赔偿原告聘请律师支出的代理费人民币 16,595.10 元、律师差旅费 11,802.50 元。

鉴定费人民币 11,243 元、实际执行费人民币 6000 元,由被告美联航负担。

第一审判决后,双方当事人均未上诉,一审判决已经发生法律效力。

四、涉外产品侵权的法律适用

(一)概述

产品责任,是指产品的制造者或销售者因提供的消费产品存在缺陷而造成消费者、使用者或者第三人人身或财产损害,依法应承担损害赔偿的民事责任,是一种特殊的侵权责任。20 世纪 60 年代以来,随着保护消费者利益的要求日益突出,多数国家开始了产品责任立法。随着国际贸易的不断发展,涉外产品责任问题亦随之产生。然而,由于各国产品责任法律制度存在歧异,从而产生涉外产品侵权责任的法律冲突与法律适用问题。

目前,关于产品责任的法律适用,有的主张适用侵权行为地法,如法国、奥地利。有的主张依侵权行为地法和法院地法,如英国。有的主张产品责任由最密切联系州(国)的法律支配,如美国。有的排除传统的侵权行为地法原则而采用有限制的意思自治原则,如 1987 年《瑞士联邦国际私法典》第 135 条规定:基于产品缺陷或者有缺陷的产品说明而提出的诉讼请求,由受害人选择以下法律支配:(1)侵权行为人营业地,或无营业地时他的习惯居所地国家法律;(2)获得产品的国家的法律,除非侵权行为人证明该产品未经其同意而在该国销售。

调整涉外产品责任的实体法方面的国际公约主要有 1976 年由欧洲理事会通过的《关于造成人身伤害和死亡的产品责任的欧洲公约》和由欧洲经济共同体通过的《关于产品责任的指令》;①调整涉外产品责任的冲突法方面的国际公约主要为海牙《产品责

---

① 虽然我国不是该等公约的缔约方,但是,在法律实践中,并不能完全排除有关当事人一致选择其作为产品责任准据法之可能性。

任法律适用公约》。

相关链接

海牙《产品责任法律适用公约》的主要内容

1973年第十二届海牙国际私法会议通过了《产品责任法律适用公约》(1977年10月生效)。该公约确定了以下几项原则:(1)适用直接遭受损害的人的惯常居所地国家的内国法,但该国必须同时又是被请求承担责任的人的主营业地,或者直接遭受损害的人取得产品的地方。(2)适用侵害地国家的内国法,但该国又必须同时是直接遭受损害的人的惯常居所地,或者被请求承担责任的人的主营业地,或者直接遭受损害的人取得产品的地方。(3)如果上述法律都不适用,除非原告基于侵害地国家的内国法提出其请求,适用的法律应为被请求承担责任的人的营业地国家的内国法。(4)如果被请求承担责任的人证明他不能合理地预见产品或他自己的同类产品会经由商业渠道在该国出售,则上述规定的侵害地国家法和直接遭受损害的人的惯常居所地国法均不适用。

公约规定,依上述冲突规范所确定的准据法,主要解决以下事项:(1)责任的依据与范围;(2)免除、限制和划分责任的依据;(3)可以得到赔偿的损害的种类;(4)赔偿的方式及范围;(5)损害赔偿的权利能否转让或继承的问题;(6)有权请求损害赔偿的人;(7)本人对其代理人的行为或雇主对其雇员的行为所负的责任;(8)对法律适用规则有关产品责任举证方面的举证责任;(9)时效规则,包括有关时效的开始、中止和中断的规则。此外,公约还规定,依上述冲突规范所确定的准据法是指该国的实体法,从而排除了反致和转致;而且,该准据法只有在明显地与公共秩序相抵触时才可拒绝适用,即使应适用的法律是非缔约国的法律,亦应予适用。

(二)我国的有关立法

《中华人民共和国涉外民事法律关系法律适用法》第45条规定:"产品责任,适用被侵权人经常居所地法律;被侵权人选择适用侵权人主营业地法律、损害发生地法律的,或者侵权人在被侵权人经常居所地没有从事相关经营活动的,适用侵权人主营业地法律或者损害发生地法律。"

五、涉外知识产权侵权的法律适用

知识产权的国际保护,是指一国对外国人依据外国法取得的知识产权,根据其缔结或参加的国际条约而依该国自己的国内实体法和程序法独立保护。因此,知识产权保护的法律适用不存在适用外国法作为准据法的情形。这是知识产权的地域性决定的。尽管有关知识产权保护的国际条约大量存在,但其并没有使知识产权的地域性消失。这是理解涉外知识产权侵权的法律适用问题的关键点。

《中华人民共和国涉外民事法律关系法律适用法》第50条规定:"知识产权的侵权责任,适用被请求保护地法律,当事人也可以在侵权行为发生后协议选择适用法院地法律。”知识产权的侵权责任适用被请求保护地法律，是指凡涉知识产权侵权的，被侵权人向哪个国家提出保护请求，该被请求保护的国家基于国际知识产权保护条约下的义务，根据独立保护原则和国民待遇原则，只适用自己国家的法律。例如，被侵权人向某国的工商行政机关或海关请求查处、扣押涉嫌侵权货物或产品，则该国工商行政机关或海关仅仅按本国的知识产权法和有关行政法律法规办理；如果被侵权人向某国法院起诉，则该国法院即属于被请求国法院，其只适用法院地法。这既是由知识产权的地域性决定的，也是知识产权地域性的具体体现，更是有关知识产权国际条约中规定的“独立保护原则”的具体体现。显然，被请求保护地法律是包含了法院地法的。

课堂讨论案例

1999年2月12日，中国公民刘某在北京购买了被告荷兰皇家航空公司北京与巴黎间的往返机票。同年3月3日，刘某在法国尼斯机场搭乘被告经阿姆斯特丹返回北京的KL1264班机时，被告知其行李超重30千克，需收取超重费。刘某当即指出机票上未以中文说明行李限重。经交涉，被告同意按超重10千克处理，刘某为此付费2075法郎(折合人民币约2864元)。刘某回国后，虽与被告多次交涉，但被告坚持其没有“用中文向乘客通知行李重量限制标准的义务”。而刘某认为，被告作为经中国政府批准在国内从事民用航空运输服务的外国航空服务机构，应遵守中国的相关法律。《中华人民共和国消费者权益保护法》规定，消费者在接受服务时，有知悉所接受的服务的真实情况的权利。故对行李限重，除英文提示外，对中国消费者还应附加中文提示和说明。被告未履行用中文告知的义务，致其在不知情的情况下，遭受了财产损失，侵害了其作为中国消费者的知情权和财产权。同年3月15日，刘某以被告对超重标准未以中文说明从而侵犯消费者知情权为由，在北京朝阳区人民法院起诉，要求被告退还其所交超重费，并支付到实际给付之日止的利息，并判令被告承担其为此诉讼所付律师费、交通费等共计人民币9075元。

被告辩称：原告购买的是国际航空运输协会提供的、业经中国民航行政管理部门批准使用的标准运输凭证(BSP票)中的国际票，且中国民航行政管理部门并未就国际票的语言文字问题提出不同意见，故用英文进行提示符合中国现行法律的规定。该票在票联部分已清楚地用英文写明了每名旅客免费行李限额为20千克，故按规定已对乘客履行了告知义务；BSP票证在全世界已通用了30余年，正因为世界语言文字的繁多，在BSP国际票联中用英文，才体现出便利原则，此为国际惯例。另外，原告作为美国纽约州执业律师，不可能读不懂英文。总之，我公司在用英文履行了告知义务后，向原告收取超出免费部分的合理运费，是合理且合法的；我公司对原告未实施侵权行为，不应承担赔偿责任，请求依法驳回原告的诉讼请求。

［问］ 该案的准据法如何确定？是否可以适用国际惯例？原告在诉状中明确援引《中华人民共和国消费者权益保护法》，这是否可以推定原告对该案的准据法做了选择？对于原被告双方在法国尼斯机场时按超重10千克处理的事实，是否可以作为合同认定？如果可以作为合同认定，其成立与效力的准据法如何确定？

法律职业资格考试真题

1. 经常居所地在南京的德国人汉斯的爱犬被经常居所地在新加坡的中国公民李佳佳打死，汉斯为了报复怒将李佳佳个人隐私在网上公开。后汉斯在南京起诉李佳佳，李佳佳提出反诉。根据《法律适用法》，下列说法正确的是？（2019 年试题）

A. 汉斯和李佳佳的诉求均可协议选择要适用的法律

B. 汉斯和李佳佳的诉求均适用中国法

C. 汉斯的诉求适用德国法

D. 李佳佳的诉求适用新加坡法

2. 经常居所在广州的西班牙公民贝克，在服务器位于西班牙的某网络论坛上发帖诽谤经常居所在新加坡的中国公民王某。现王某将贝克诉至广州某法院，要求其承担侵害名誉权的责任。关于该纠纷的法律适用，下列哪一选项是正确的？（2017 年试题）

A. 侵权人是西班牙公民，应适用西班牙法

B. 被侵权人的经常居所在新加坡，应适用新加坡法

C. 被侵权人是中国公民，应适用中国法

D. 论坛服务器在西班牙，应适用西班牙法

3. 甲国某航空公司在中国设有代表处，其一架飞机从中国境内出发，经停甲国后前往乙国，在乙国发生空难。关于乘客向航空公司索赔的诉讼管辖和法律适用，根据中国相关法律，下列哪些表述是正确的（多项选择）？（2013 年试题）

A. 中国法院对该纠纷具有管辖权

B. 中国法律并不限制乙国法院对该纠纷行使管辖

C. 即使甲国法院受理了该纠纷，中国法院仍有权就同一诉讼行使管辖权

D. 如中国法院受理该纠纷，应适用受害人本国法确定损害赔偿数额

4. 甲国公民 A 与乙国公民 B 的经常居住地均在中国，双方就在丙国境内发生的侵权纠纷在中国法院提起诉讼。关于该案的法律适用，下列哪些选项是正确的？（2012 年试题）

A. 如侵权行为发生后双方达成口头协议，就纠纷的法律适用做出了选择，应适用协议选择的法律

B. 如侵权行为发生后双方达成书面协议，就纠纷的法律适用做出了选择，应适用协议选择的法律

C. 如侵权行为发生后双方未选择纠纷适用的法律，应适用丙国法

D. 如侵权行为发生后双方未选择纠纷适用的法律，应适用中国法

5. 甲国人特里长期居于乙国，丙国人王某长期居于中国，两人在北京经营相互竞争的同种产品。特里不时在互联网上发布不利于王某的消息，王某在中国法院起诉特里侵犯其名誉权、肖像权和姓名权。关于该案的法律适用，根据我国相关法律规定，下列哪些选项是错误的？（2011 年试题）

A. 名誉权的内容应适用中国法律，因为权利人的经常居住地在中国

B. 肖像权的侵害适用甲国法律，因为侵权人是甲国人

C. 姓名权的侵害适用乙国法律，因为侵权人的经常居所地在乙国

D. 网络侵权应当适用丙国法律，因为被侵权人是丙国人

6. 巴拿马籍货轮"安达号"承运一批运往中国的货物，中途停靠韩国。"安达号"在韩国停靠卸载同船装运的其他货物时与利比里亚籍轮船"百利号"相撞。"安达号"受损但能继续航行，并得知"百利号"最后的目的港也是中国港口。"安达号"继续航行至中国港口卸货并在中国某海事法院起诉"百利号"，要求其赔偿碰撞损失。依照我国法律，该法院处理该争议应适用下列哪一国法律？（2007 年试题）

A. 中国法律，因为本题两船国籍不同，应适用法院地法处理争议

B. 巴拿马法律，因为它是本题原告船舶的国籍国

C. 利比里亚法律，因为它是本题被告船舶的国籍国

D. 韩国法律，因为韩国是侵权行为地

7. 依照我国《海商法》相关规定，下列哪些诉讼应适用受理案件的法院所在地法律？（2006 年试题）

A. 我国法院受理的关于海事赔偿责任限制的诉讼

B. 我国法院受理的关于船舶优先权的诉讼

C. 同一国籍的船舶在公海上发生碰撞而在我国法院进行的诉讼

D. 不同国籍的外国船舶在公海上发生的碰撞而在我国法院进行的诉讼

8. 甲国贸易公司航次承租乙国籍货轮"锦绣"号将一批货物从甲国运往中国，运输合同载有适用甲国法律的条款。"锦绣"号停靠丙国某港时与丁国籍轮"金象"号相撞，有关货损和碰撞案在中国法院审理。关于该案的法律适用，下列哪些选项是正确的？（2006 年试题）

A. 有关航次租船运输合同的争议应适用与合同有最密切联系的法律

B. 有关航次租船运输合同的争议应适用甲国法律

C. 因为"锦绣"号与"金象"号的国籍不同，两轮的碰撞纠纷应适用法院地法解决

D. "锦绣"号与"金象"号的碰撞应适用丙国法律

9. 新加坡民用航空公司一架客机飞往印度尼西亚途中，因机上物体坠落使在公海上捕鱼的越南渔船受损。后该渔船开往中国港口修理，并就该飞机造成的损害赔偿诉

诸我国法院。对于该案,依《中华人民共和国民用航空法》规定,法院应适用下列哪个国家的法律?(2005 年试题)

A. 新加坡法律　　B. 印度尼西亚法律

C. 越南法律　　D. 中国法律

10. 甲国人 A 和 B 同受雇于香港某公司,二人均在中国上海有住所。某日,他们同乘轮船自乙国赴中国,途经公海时,二人发生口角,A 顺手抓起 B 的旅行箱向 B 掷去,造成旅行箱内的贵重仪器被毁坏。轮船抵达上海后,B 向我国法院提起诉讼,要求 A 承担赔偿责任。我国法院可以适用下列何种法律(多项选择)?(2004 年试题)

A. 甲国法　　B. 香港法

C. 乙国法　　D. 中国法

11. 下列在我国法院提起的诉讼中,构成涉外民事法律关系的有哪些?(2002 年试题)

A. 发生在美国的犯罪行为因在我国发生结果而对犯罪嫌疑人追究刑事责任

B. 中国公民和美国公民之间的婚姻关系

C. 中国公民和德国公民之间的继承关系

D. 因发生在印度的交通事故而产生的侵权行为关系

12. A 国在华留学生甲与 B 国在华留学生乙颇有积怨。乙在暑假期间回国度假,通过国际互联网致函甲在华就读的学校,称甲在暑假期间因车祸在 A 国丧生。暑假过后,甲返回学校,发现他已被注销学籍,并查明是因乙上述行为所致,甲遂向中国法院对乙提起诉讼。中国法院对案件的处理应适用何国法律?(1997 年试题)

A. 中国法

B. A 国法或 B 国法

C. 中国法或 A 国法

D. 中国法或 B 国法

13. 中国人张某在韩国首尔出差时在金达公司购买了一箱“野生高丽参”给家人补养身体,回国后经鉴定该高丽参系人工养殖,遂引发纠纷。经查,金达公司在中国既无住所,也未从事过相关经营活动,但在大连有可供扣押的房产。根据我国相关的法律规定,下列说法正确的有哪些?(2021 年试题)

A. 本纠纷应在韩国法和中国法中适用对张某有利的法律

B. 如张某在大连起诉,我国法院有管辖权

C. 本纠纷应适用韩国法

D. 如张某在大连起诉,我国法院能否管辖取决于金达公司的意思表示

第十二章　涉外婚姻家庭关系的法律适用

[知识结构图]

- 涉外婚姻家庭关系的法律适用
  - 涉外结婚准据法的确立
    - 涉外结婚实质要件的法律适用
    - 涉外结婚形式要件的法律适用
    - 特殊类型结婚的法律适用
    - 无效婚姻与可撤销婚姻的法律适用
    - 我国关于涉外结婚的规定与实践
  - 涉外离婚准据法的确立
    - 涉外离婚的管辖权
    - 涉外离婚的法律适用
    - 我国关于涉外离婚的规定与实践
  - 涉外夫妻关系准据法的确立
    - 涉外夫妻人身关系的法律适用
    - 涉外夫妻财产关系的法律适用
  - 涉外亲子关系准据法的确立
    - 涉外婚生子女的法律适用
    - 涉外非婚生子女的法律适用
    - 涉外父母子女关系的法律适用
  - 涉外收养准据法的确立
    - 涉外收养的管辖权
    - 涉外收养的法律适用
    - 海牙《跨国收养方面保护儿童及合作公约》
    - 我国关于涉外收养的规定与实践
  - 涉外监护准据法的确立
    - 涉外监护的管辖权
    - 涉外监护的法律适用
    - 关于涉外监护的国际公约
    - 我国关于涉外监护的规定与实践
  - 涉外扶养准据法的确立
    - 涉外扶养的管辖权
    - 涉外扶养的法律适用
    - 关于涉外扶养的国际公约
    - 我国关于涉外扶养的规定与实践

[内容导读]

在国际私法所调整的婚姻家庭关系中,除了内外国人之间结婚或离婚外,还包括含有外国因素的夫妻财产关系、亲子关系、收养关系、监护关系、扶养关系等。本章关注涉外婚姻家庭关系的法律冲突及其解决办法。涉外结婚与离婚是发生争议最多的问题,不仅是传统国际私法核心内容之一,而且是本章讨论的重点。学习本章时还需着重了解我国涉外婚姻家庭关系法律适用的理论与实践。

[法律职业资格考试要点]

本章在考试中所涉及的重要知识点为:涉外结婚实质要件的法律适用、形式要件的法律适用、中国关于涉外结婚的规定;涉外离婚案件的管辖权与法律适用、中国关于涉外离婚的规定;涉外夫妻人身关系的法律适用、涉外夫妻财产关系的法律适用;涉外父母子女关系的法律适用;涉外收养成立的法律适用、涉外收养效力的法律适用、涉外收养解除的法律适用、中国关于收养法律适用的规定;涉外监护的法律适用、涉外扶养的法律适用。主要的法律条文均在2011年生效的《中华人民共和国涉外民事关系法律适用法》中。

第一节　涉外结婚准据法的确立

事例 12.1

王某(男)1990 年 8 月 26 日出生于长沙黄花坝,张某(女)1993 年 12 月 20 日出生于长沙黄花坝。王某与张某是邻居,自幼相识,两小无猜。2010 年 3 月 1 日两人决定结婚,到户籍所在地婚姻登记机关登记结婚。但登记机关工作人员认定两人未到法定婚龄,不予登记。2011 年 6 月,王某和张某参加了某旅行社组织的泰国一周游,在泰国按宗教方式举行了结婚仪式。回国后,两人以夫妻名义共同生活。对王某与张某在泰国结婚的法律效力,双方亲属的意见分歧较大。

一、涉外结婚实质要件的法律适用

涉外婚姻成立与纯国内结婚一样,必须符合法定条件和程序,即结婚的实质要件和形式要件必须合法,才能有效成立婚姻关系。①

对于涉外结婚的实质要件,既有主张适用婚姻举行地法的,也有主张适用当事人属人法的,还有主张兼采多种连结点的混合制的。

二、涉外结婚形式要件的法律适用

在结婚形式方面,目前主要存在民事婚姻方式、宗教婚姻方式、民事登记和宗教仪式相结合的方式以及不要求任何形式等四种制度。

对于涉外婚姻形式要件的法律适用,既有主张适用婚姻举行地法的,也有主张适用婚姻当事人属人法的,还有主张选择适用属人法或行为地法的。

三、特殊类型结婚的法律适用

有三类特殊类型的涉外婚姻,不一定按传统的方式适用法律,如领事婚姻(consular marriages)、兵役婚姻(service marriages)与公海婚姻(marriages on the high sea)。

---

① 结婚的实质要件,包括婚姻当事人必须具备的条件(又称必备条件或积极条件)和必须排除的条件(又称禁止条件或消极条件)。前者一般是指双方当事人必须达到法定婚龄、双方当事人自愿等;而后者一般是指双方不在禁止结婚的血亲之内、不存在不能结婚的疾病或生理缺陷、没有另外的婚姻关系等。

相关链接

涉外结婚的特殊类型的比较

项目	定义	准据法	范例
领事婚姻	驻在国不反对的前提下,一国授权其驻外领事或外交代表为本国侨民依本国法律规定的方式办理结婚手续,成立婚姻的制度	当事人属人法	1963年《维也纳领事关系公约》和1961年《维也纳外交关系公约》肯定这种制度。 我国民政部、外交部1997年5月8日颁行的《出国人员婚姻登记管理办法》第6条第2款规定:"出国人员在境外办理结婚登记,男女双方须共同到我驻外使、领馆提出申请。出国人员居住国不承认外国使、领馆办理的结婚登记的,可回国内办理。"
兵役婚姻	一国派往外国服役的士兵,在该外国经本国授权的特定人员(如牧师)依本国法为他们举行婚姻仪式而成立的婚姻	当事人属人法	英国1947年修订的《英国涉外婚姻条例》中规定,在外国服役的英国士兵,如果是英国授权的随军牧师或指挥官授权的人在当地主持的结婚,即为有效婚姻。法国、比利时、挪威的民法都有类似的规定
公海婚姻	当事人在行驶于公海的商船或军舰上成立的婚姻	船旗国法	若船旗国由多法域组成,英国学者主张适用船舶登记港所在地法;美国学者则主张适用船主的住所地法或者适用当事人的住所地法。若是多个人拥有一条船或双方当事人住所地法不一致的,美国《冲突法重述(第二次)》中则规定,适用有利于实现婚姻效力的国家的法律

四、无效婚姻与可撤销婚姻的法律适用

一般认为,支配婚姻有效性的法律也可适用于无效婚姻与可撤销婚姻,所以多主张对无效婚姻依支配婚姻有效性的法律。但在具体执行中,如果某一婚姻违反了实质要件,则应适用支配婚姻实质有效性的法律,如果违反形式要件,就适用支配婚姻形式有效性的法律。英国就有相关做法:对形式无效的婚姻,适用婚姻举行地法;对违反实质要件的婚姻,依当事人的住所地法。

五、我国关于涉外结婚的规定与实践

(一)在我国境内的涉外结婚

1. 在我国境内中国公民与外国人结婚应适用中国法。①

2. 在我国境内的外国人与外国人结婚,符合我国婚姻法规定的,可办理结婚登记。双方当事人也可按其所属宗教的教规举行宗教结婚仪式,但若要使其结婚在我国具有法律效力,则必须依我国法律规定,到婚姻登记机关进行登记。在条约或互惠基础上,我国也承认具有相同国籍的外国人双方在其本国驻华使领馆成立的婚姻。

3. 在我国境内,长期居住于港澳地区的外籍华人和华侨、港澳台地区同胞与内地公民结婚应依《中华人民共和国民法典》办理。

4. 在我国境内的中国公民和外国人复婚的,按结婚办理,即必须共同到中国公民一方户口所在地的省、自治区、直辖市人民政府指定的婚姻登记机关申请登记,重新提交要求的各种证明,婚姻登记机关应根据我国婚姻法对双方当事人的结婚条件重新进行审查。

相关链接

由于特殊的历史原因,我国去台人员与大陆原配偶以及来大陆人员与台湾地区原配偶之间的婚姻关系问题,颇为复杂,实践中的大致做法是:(1)双方均未再婚,也未提出过离婚的,当然继续承认其婚姻有效。(2)双方或一方已诉请法院判决离婚,但再婚后丧偶或又离婚的,当事人要求恢复婚姻关系的,按复婚处理。一方已再婚或双方均已再婚,原有的婚姻关系已由一方或双方法院解除,承认离婚有效;如当事人要求恢复婚姻关系,则应先解除现存婚姻关系后,方可复婚。(3)一方已再婚或双方均已再婚,但未通过法定程序解除婚姻,如在事实上形成"一夫二妻"或"一妻二夫"的情况,不宜视为重婚,应采取不告不理的态度,法院不主动干涉这种婚姻关系;如其中一方起诉要求解除婚姻关系,则按离婚诉讼受理。此外,对于海峡两岸居民的复婚问题,1998 年 12 月民政部颁行的《大陆居民与台湾居民婚姻登记管理暂行办法》第 12 条规定,申请复婚的按结婚登记程序办理。但该规定已失效,现无相关规定。

(二)在我国境外的结婚

这包括中国公民之间或中国公民与外国人之间在境外结婚,以及外国人之间在外

---

① 1986 年《中华人民共和国民法通则》(现已失效)第 147 条规定:"中华人民共和国公民和外国人结婚适用婚姻缔结地法律。"2010 年《中华人民共和国涉外民事关系法律适用法》第 21 条规定:"结婚条件,适用当事人共同经常居所地法律;没有共同经常居所地的,适用共同国籍国法律;没有共同国籍,在一方当事人经常居所地或者国籍国缔结婚姻的,适用婚姻缔结地法律。"两部法律提到的"婚姻缔结地法律",既包括规范结婚实质要件的法律,也包括规范结婚形式要件的法律,既包括在我国境内结婚的法律适用问题,也包括在我国境外结婚的法律适用问题。若按照后法规定的推演,中国公民和外国人在中国境外结婚的可适用外国法。另外,我国还有规定,现役军人、外交人员、公安人员、机要人员和其他掌握重大机密的人员以及正在接受劳动教养和服刑人员不得与外国人结婚。

国结婚而要求在我国境内承认其效力的各种情况。①

2010年《中华人民共和国涉外民事关系法律适用法》并未区分国内结婚与国外结婚的情况作出不同要求，只是笼统规定"结婚条件"适用当事人共同经常居所地法律，若没有共同经常居所地的，则适用共同国籍国法律；如果既无共同经常居所地又无共同国籍，那么，在一方当事人经常居所地或者国籍国结婚的就适用婚姻缔结地法律。

相关链接

为了方便华侨(指双方均为华侨)在居住国结婚，应该鼓励他们按居住国法律在当地办理结婚登记或举行结婚仪式。如当地有关当局为此征求我驻外使领馆的意见，则应分不同情况作如下处理：(1)如该婚姻符合我国婚姻法的规定，可应其要求，以口头或书面证明其婚姻符合《中华人民共和国婚姻法》关于结婚的规定。(2)如该婚姻除年龄和禁止近亲通婚的规定外，其他符合我国婚姻法的规定，可以口头或书面证明："鉴于×××与×××已在××国定居，如××国有关当局依照当地法律准许他们结婚，我们不表示异议。"(3)如该婚姻违反我国婚姻法关于禁止干涉婚姻自由和禁止重婚的规定，我国当然不能承认该婚姻为有效，也不能为其出具任何证明。依该规定，凡双方均为华侨，且符合我国婚姻法的规定，要求在驻在国的我国使馆结婚的，只要驻在国法律允许，我国使馆可为他们办理结婚登记，颁发结婚证书。如驻在国有关当局要求，我使馆也可为此种证书出具译文，并证明其与原本相符。但不得受理华侨与外国人(包括外籍华人)结婚登记的申请。此外，凡驻在国法律不承认外国使馆办理的结婚登记为有效，以及该婚姻不符合我国婚姻法关于结婚的规定的，我国使馆均不宜受理此类申请。

理论争鸣

关于结婚适用当事人属人法的争议

许多国家认为，婚姻关系属于身份关系，它所适用的法律应与确定自然人身份与能力的法律相同，因而主张涉外结婚实质要件应适用当事人的属人法。奥地利、比利时、法国、德国等主张适用当事人本国法，而英国、加拿大、丹麦、挪威等则主张适用当事人住所地法。

涉外婚姻的实质要件适用当事人属人法，在某种程度上可以减少"移住婚姻"现象。但涉外婚姻的实质要件适用当事人属人法，有两类常见的问题需要解决：

(1)适用当事人属人法，经常遇到的一类问题是，双方当事人因国籍或住所不一致，各自的属人法对婚姻的实质要件规定不同，这时应适用哪一国的法律。根据各国

① 对于外国人之间在我国境外结婚而欲在我国发生效力的，依《中华人民共和国民法典》和《中华人民共和国涉外民事关系法律适用法》规定，既然中国公民与外国人结婚也允许适用婚姻缔结地法，那么，对此种婚姻，只要依缔结地法为有效，且不违反我国法律和公共秩序，我国也可承认其效力。

的立法与实践，通常有如下四种做法：

第一，适用丈夫的属人法。因其与现代社会男女平等原则相违背，逐渐为各国所抛弃。

第二，适用双方各自的属人法，又称双重住所（或国籍）学说。它主张适用双方当事人各自所属的法律，只要求双方当事人符合各自的属人法规定的结婚条件，而不管他们的属人法是否存在抵触，都可有效成立婚姻关系。① 奥地利、加蓬、埃及、秘鲁、塞内加尔等国的法律就采此办法。

第三，适用法院地法。在当事人中有一方的国籍或住所在法院地国时，有的国家主张适用法院地法。如1986年修改的《德国民法施行法》第13条规定，结婚的条件，在一般情况下，依未婚夫妻各自所属国家的法律，但在下述情况下，应适用德国法：未婚夫（妻）在德国有惯常居所，或是德国人，或未婚夫（妻）可望获得上述条件等。

第四，适用其他的法律。在双方当事人隶属于不同的属人法时，有的国家主张既不适用当事人各自的属人法，也不适用法院地法，而是改用第三国的法律，如适用婚姻举行地法、婚姻住所地法等。

（2）对无国籍人的结婚显然不能适用其本国法，因而一般均以他们的住所地法或惯常居所地法作为属人法。当事人如果没有住所或惯常居所，则适用当时的居住地法或法院地法。对政治避难者的结婚问题，也宜适用住所地法或惯常居所地法，而不宜适用其本国法。

课堂讨论案例

哈密勒是某国来中国的留学生，来中国之前已在本国娶有妻子。在中国留学期间，哈密勒认识了某公司女职员中国公民柳某，双方交往频繁且产生了感情，双方提出结婚。因哈密勒已在本国娶有妻子，柳某所在单位的同事强烈反对柳某同哈密勒结婚，柳某父母也极力反对这件事。柳某却愿意同哈密勒结婚，于是哈密勒以其本国法律允许一夫多妻且柳某自愿同其结婚为由，向柳某户籍所在市民政局提出与柳某结婚的申请，请求发给双方结婚证。

［问］　哈密勒与柳某能否在中国结婚？为什么？

---

① 这种方法也可称为分别适用法，如一名18岁的瑞典男子与一名16岁的英国女子在瑞典缔结婚姻，虽然瑞典法律规定女子18岁才能结婚，但若该英国女子符合英国法规定的婚龄，瑞典即应承认该婚姻的效力。

第二节 涉外离婚准据法的确立

事例 12.2

美国人马丁和英国人安娜夫妇是来中国工作的外国专家。来中国之前,2人长期在印度工作,并在印度有惯常居所。在中国工作期间,马丁向我国人民法院提起离婚的诉讼请求。对于马丁和安娜的离婚纠纷,我国法院可以适用中国法律加以解决。

离婚制度经历了从禁止到放任的曲折发展过程。目前,除极少数实行天主教教会法或受天主教会影响的国家①外,各国大都对离婚持自由主义态度。

一、涉外离婚的管辖权

涉外离婚案件常被认为涉及相关国家的公共秩序,或直接关系到其公民和家庭利益,所以,各国所坚持的原则并不一致,既有以住所作为对当事人离婚行使管辖权的,也有主张以国籍作为对当事人离婚行使管辖权的,还有采取灵活多变方式的。

大部分国家坚持:凡由不符合内国法所承认的管辖标准而由外国法院作出的离婚判决,均不能得到内国的承认和执行。这就使"跛脚婚姻"现象不时产生,从而导致20世纪初开始不断谋求离婚管辖权的国际协调。

相关链接

在离婚管辖权上趋于灵活的做法,较集中地反映在1970年缔结的《关于承认离婚与司法别居海牙公约》之中。依该公约规定,凡符合下述条件的缔约国法院作出的此种判决,均应得到其他缔约国的承认:在提起诉讼之日,(1)被告在该国有习惯居所;(2)原告在该国有习惯居所,且该居所于诉讼提起前已持续一年以上,或配偶双方的最后习惯居所在该国;(3)配偶双方为该国国民,或原告为该国国民,且有习惯居所在该国,或他(她)的习惯居所于该国已持续一年以上且于诉讼开始时至少已有部分时间进入了第二个年头;(4)原告是该国国民,且他(她)于诉讼提起时正在该国而配偶双方的最后习惯居所地国于诉讼提起时的法律不允许离婚。

二、涉外离婚的法律适用

关于涉外离婚的法律适用,也可区分离婚形式要件与实质要件来分别确定准据法。一般情况下,各国立法规定涉外离婚形式要件适用法院地法,也就是不管当事人属人法如何规定,离婚程序问题一概依法院地法处理。而对涉外离婚的实质要件则存在适用当事人属人法、适用法院地法、选择或重叠适用当事人属人法和法院地法以及

---

① 马耳他、巴西、菲律宾等国在离婚方面至今仍坚持限制主义立场。

适用有利于实现离婚的法律等不同主张与实践。

三、我国关于涉外离婚的规定与实践

事例12.3

中国籍公民张某与华侨李某在某国相识后结婚并定居该国。10年后张某在定居国起诉离婚，但该国法院以当事人双方均具有中国国籍为由拒绝受理该案。张某遂向自己在中国的最后居住地法院起诉。依我国法律和相关司法解释，中国法院有权受理该案。

(一)我国关于涉外离婚诉讼的管辖权制度

1. 中国公民和外国人在我国要求离婚的，应按我国民事诉讼法的有关规定，向有管辖权的人民法院提起诉讼。

2. 具有中国公民身份的配偶一方居住在国外(包括出国探亲、考察和学习)，一方居住在国内，不论哪一方向人民法院提起离婚诉讼，国内一方住所地人民法院都有权管辖。国外一方在居住国法院起诉，国内一方向人民法院起诉的，受诉人民法院有权管辖。这是2021年《中华人民共和国民事诉讼法》第23条及最高人民法院《关于适用〈中华人民共和国民事诉讼法〉的解释》(2022年修正)第15条明确规定的。

3. 具有中国公民身份的配偶双方在国外但未定居的，一方向人民法院提起离婚诉讼的，应由原告或被告住所地人民法院管辖。①

4. 配偶均为外国人或无国籍人的，在我国境内向有管辖权的人民法院提起离婚之诉的，该人民法院应予受理。

相关链接

对华侨之间的离婚诉讼，基本上应以其共同住所地作为确定管辖权的依据，我国驻外使领馆和我国人民法院原则上不受理此类离婚诉讼，但以下三种情况例外：第一，在国内结婚后定居国外的华侨，如定居国法院以离婚诉讼须由婚姻缔结地法院或国籍国法院管辖为由不予受理，当事人向人民法院提出离婚诉讼的，由婚姻缔结地或者一方在国内的最后居住地人民法院管辖。第二，双方在外国结婚并定居国外的华侨，如定居国法院以离婚诉讼须由当事人的国籍所属国法院管辖为由拒绝受理其离婚诉讼的，当事人向人民法院提出离婚诉讼的，由一方原住所地法院或者在国内最后居住地人民法院管辖。第三，一方居住在国外，另一方居住在国内，如一方不能到婚姻登记机关申请离婚，或双方对离婚有争议，不论哪一方要求离婚，均应向国内一方住所地或经常居住地的人民法院提起诉讼。

根据国务院2003年8月8日发布的《婚姻登记条例》，中国公民同外国人在中国内地自愿离婚的，男女双方应当共同到内地居民常住户口所在地的婚姻机关办理离婚

---

① 民政部、外交部1997年颁布的《出国人员婚姻登记管理办法》第12条在规定双方均为出国人员的离婚问题时要求向出国前一方住所地人民法院起诉。

登记。

(二)我国关于涉外离婚的法律适用

依据2010年《中华人民共和国涉外民事关系法律适用法》的规定,我国公民和外国人在我国申请离婚,应按照我国婚姻法的规定办理。此外,该法区分诉讼离婚与协议离婚的情况分别规定了准据法确立的规则:对于诉讼离婚,应适用法院地法律。对于协议离婚,允许当事人选择准据法,即当事人可协议选择适用一方当事人经常居所地法律或者国籍国法律。如果当事人没有选择离婚应适用的法律,则适用共同经常居所地法律;没有共同经常居所地的,适用共同国籍国法律;没有共同国籍的,适用办理离婚手续机构所在地法律。①

但是,我国法律对于居住在我国境内的外国人与外国人之间离婚的法律适用、中国人与中国人在外国离婚的法律适用以及外国人之间在外国离婚能否得到我国承认等问题,都没有明确具体的规定。《中华人民共和国涉外民事关系法律适用法》是没有区分离婚主体对象笼统予以规定的。依照法理,由外国法院受理的我国公民和外国人的离婚、中国人与中国人的离婚案件,按该外国的法律即法院地法的规定办理。而对于居住在我国境内的外国人与外国人之间离婚的法律适用问题,若在我国办理离婚,也可依《中华人民共和国涉外民事关系法律适用法》的规定予以处理。②

理论争鸣

关于涉外离婚法律适用的争议

涉外离婚的法律适用既有主张适用当事人属人法、适用法院地法、选择或重叠适用当事人属人法和法院地法、适用有利于实现离婚的法律,又有主张适用与结婚准据法一致的法律。

课堂讨论案例

1. 美国公民甲(男)于1990年8月在中国海南旅游期间与中国公民乙(女)相识并恋爱,甲在海南观光数日后返美。1991年7月17日乙应甲邀请赴美,在美国依法成立婚姻关系。1991年8月2日,乙以双方婚前了解不够,缺乏感情为由,向中国法院提起离婚诉讼。

[问] 中国法院审理该离婚案时应适用何种准据法?为什么?

---

① 2010年《中华人民共和国涉外民事关系法律适用法》第26条规定:"协议离婚,当事人可以协议选择适用一方当事人经常居所地法律或者国籍国法律。当事人没有选择的,适用共同经常居所地法律;没有共同经常居所地的,适用共同国籍国法律;没有共同国籍的,适用办理离婚手续机构所在地法律。"该法第27条规定:"诉讼离婚,适用法院地法律。"

② 对此,学者见解各异。有学者主张,考虑到双方当事人都是外国人,我国法院的判决能否被当事人所属国家承认与执行等问题,我们应采取较为灵活的方式:如果双方当事人有共同属人法,则适用起诉时当事人的共同属人法比较合适;如果双方当事人没有共同属人法,则可适用法院地(中国)的法律解决。

2. 中国公民某甲与某乙结婚后多年分居。某甲在上海工作，某乙多病，与父母同住西安。后某甲移居美国，1997 年申请取得美国国籍。2015 年 2 月，某甲向其居住地美国法院提起与某乙的离婚诉讼。同年 3 月，居住在西安的某乙也向西安市中级人民法院提起诉讼，要求与某甲离婚。

［问］　我国法院对该案有无管辖权？该案应如何适用法律？

第三节 涉外夫妻关系准据法的确立

事例 12.4

2019 年,浙江温州的杨某自费赴瑞典留学并结识瑞典籍同学洛克,两人从相识到相爱并步入婚姻殿堂。杨某一直想在瑞典找一份工作,却未能如愿。但洛克则希望杨某在家做全职太太。因洛克多次干扰杨丽外出谋职。杨某一气之下回到温州开办公司,洛克跟随至温州并不断阻碍杨某与客户谈生意。最后,杨某向温州法院状告洛克侵犯了夫妻人身关系。洛克回到瑞典起诉杨某未尽夫妻义务并索赔。

一、涉外夫妻人身关系的法律适用

夫妻人身关系包括姓氏权、同居义务、忠贞及扶助义务、住所决定权、从事职业和社会活动的权利、夫妻间的代理权等。对于涉外夫妻人身关系的法律适用,大致形成了适用丈夫的本国法、适用夫妻共同属人法、适用行为地法、适用最有利于维护夫妻平等关系和最有利于保护妇女权利的法律等四种理论与实践。

我国法律规定,涉外夫妻人身关系应适用共同经常居所地法律,没有共同经常居所地的,适用共同国籍国法律。①

二、涉外夫妻财产关系的法律适用

夫妻财产关系又称夫妻财产制(matrimonial property),主要包括婚姻对双方当事人的婚前财产发生什么效力,婚姻存续期间所获财产的归属,以及夫妻对财产的管理、处分和债务承担等方面的制度。② 在解决涉外夫妻财产关系的法律冲突时,通常存在适用当事人选择的法律、区分动产与不动产而适用不同的准据法、对动产和不动产统一适用法律、适用当事人属人法等做法。

我国法律规定,涉外夫妻财产关系,当事人可以协议选择适用一方当事人经常居所地法律、国籍国法律或者主要财产所在地法律;当事人没有选择的,适用共同经常居所地法律,没有共同经常居所地的,适用共同国籍国法律。③

理论争鸣

1. 对涉外夫妻财产制是否允许采用意思自治原则

部分国家把夫妻关系看作一种特殊契约关系,主张适用解决契约关系的法律冲突

---

① 参见《中华人民共和国涉外民事关系法律适用法》第 23 条。

② 夫妻财产制按不同标准可作不同的分类:从是否允许成立财产契约来约定夫妻财产关系出发,可划分为约定财产制和法定财产制;从财产关系的内容出发,可划分为夫妻共同财产制和夫妻分别财产制。在夫妻共同财产制中,又可分为完全共同财产制、获得财产共有制、收益及动产共有制以及延迟的共同财产制等。

③ 参见《中华人民共和国涉外民事关系法律适用法》第 24 条。

原则。如英国、美国、德国、法国、奥地利、瑞士、日本等对涉外夫妻财产关系的法律适用就实行当事人“意思自治”。①

也有一些国家在涉外夫妻财产制上，排除当事人的意思自治，不允许自主选择法律，硬性规定应适用的法律。其中，对夫妻财产关系坚持法定财产制的国家，处理涉外夫妻财产关系法律冲突一般采取属人法原则。这种做法既有适用丈夫的本国法的，也有适用以夫妻共同本国法为主兼采夫妻住所地法的，还有适用婚姻举行地法的。如希腊、泰国、约旦、阿拉伯联合酋长国等在涉外夫妻财产关系法律适用方面排除当事人意思自治原则，要求适用当事人本国法。

2. 关于涉外夫妻财产关系是否统一适用法律的争议

对于涉外夫妻财产关系，英美普通法系国家主张区分动产和不动产分别适用不同的冲突规范。这样可使解决夫妻财产关系的准据法与解决物权和继承的准据法保持一致，并且使关于财产（特别是不动产）的处置易于得到物之所在地国的承认和执行。②

大多数国家认为，采用分割制适用法律，常因夫妻各自的不动产所在地不同而要求适用不同的法律，不仅会使夫妻财产关系的处理更加复杂化，而且法律适用的结果也不确定。因此，他们主张对动产和不动产统一适用法律。

3. 关于准据法的可变更性的争议

对于涉外夫妻财产关系的准据法确定，当法律发生变化或连结点发生变化而引起时际冲突或动态冲突时，应适用旧法还是新法，即究竟是坚持变更主义还是不变更主义的立场，一直存在分歧。

因婚姻对夫妻财产上的效力与他们的人身关系的效力一样，都是为了使婚姻与家庭关系得以正常进行，因而不能不受当事人国籍或住所改变的影响，既然当事人已经改变了原来的住所或国籍，就应该适用新法来解决其财产关系。如 1978 年海牙《婚姻财产制法律适用公约》就采可变更主义立场。

而奥地利、波兰、捷克斯洛伐克、前南斯拉夫、德国等则采取不可变更主义，主张如果允许变更，一方面，会使规避法律的现象大量发生，从而使妇女一方的利益失去必要的保护；另一方面，会使已经确定了的夫妻财产关系发生变化，从而引起混乱和困难。

---

① 关于当事人订立婚姻财产契约的能力问题，大多认为这种行为能力与一般行为能力并无区别，故应适用一般行为能力的同一冲突原则，即当事人属人法。关于订立财产契约的形式有效性应适用的法律，也多主张应把这种法律行为的形式和一般法律行为的形式同样看待，主张适用行为方式的准据法。在夫妻财产关系上采意思自治原则的国家中，特别注意瑞士国际私法的规定，夫妻（财产）关系应适用夫妻双方选择的法律，夫妻双方可以选择的法律包括双方共同住所地国家的法律、他们婚后住所地国家的法律、他们中任一方国籍所属国的法律。选择的方式则要求意思表示必须一致，而且协议应以书面作成，或在婚约中加以规定，法律选择或法律选择的变更，可以在任何时间作出。在无相反的意思表示的情况下，婚姻缔结后的法律选择协议的效力，溯及婚姻缔结之时，而且只要双方不变更选择法律的协议，或未对法律选择提出异议，则被选择的法律，应一直予以适用。

② 1971 年美国《冲突法重述（第二次）》第 233 条规定，婚姻对夫妻结婚时配偶一方所有的土地权益的效力以及对婚姻存续期间配偶任何一方所取得的土地权益的效力，依土地所在地法院将予适用的法律；对动产，则不问婚前已有或婚后获得的，一般应适用与配偶财产有最密切联系的法律规定。

如美国为了保护夫妻双方当事人的平等权益，提倡“跟踪原则”（tracing rule），即有些州限制财产所在地法的适用，主张夫妻财产制并不因当事人住所或财产转移至他州而改变准据法。

课堂讨论案例

2012年，美籍华人唐某某经人介绍，认识了上海的蔡某。2013年春节，唐某某专程回沪办理了结婚登记手续。然后接蔡某去美国定居，并在唐人街举行了隆重的婚礼。不料在美国的生活并未让蔡某满足，一年后，她借口夫妻生活不适应，独自返回上海。2014年蔡某准备在上海投资开办公司，唐某某汇给蔡某10万美元做本金。可蔡某公司未办起来，还以自己和唐某某夫妻两人的名义向唐的好友朱某借款30万元人民币。蔡某与初恋情人杨汉将所有钱财挥霍一空。朱某多次找蔡某催还借款，一直没有结果。而唐某某获知真相后，也以不是自己借的为理由拒绝了朱某的要求。最后，朱某在上海将蔡某和唐某某告上法庭，请求还款并支付利息。

[问] 30万元借款及利息该由蔡某一人承担还是她和唐某某两人一起承担？该案应如何适用法律？

第四节　涉外亲子关系准据法的确立

事例 12.5

法国商人冯德智林在巴黎已娶有妻子,但婚后多年不育。法国公司于2012年派冯德智林到中国武汉市工作。在中国工作期间,经长期交往,与江西省某地女子胡某某产生感情,双方未婚同居。

因法国商人冯德智林的太太特别想要一个中国小孩,于是,法国商人冯德智林便与胡某某达成借腹生子协议,由胡某某为其生子,男女均可。所生子女为冯德智林的太太所有,胡某某哺乳6个月后交冯德智林的太太,冯德智林付胡某某人民币6万元。协议达成后,冯德智林、胡某某二人同居致使胡某某怀孕,分娩生一男孩阿昌。哺乳期6个月后,胡某某将孩子交给已到中国的冯德智林太太抚养,冯德智林付胡某某人民币6万元。

冯德智林太太带孩子回法国时遇到法律障碍。我国有关部门不让冯德智林的太太将小孩阿昌带回法国。冯德智林便以生父的名义带孩子离境,因冯德智林与胡某某不存在婚姻关系,并且我国法律不允许借腹生子,也同样被拒绝。最后,冯德智林便以收养的名义带孩子出境,由于冯德智林与孩子有血缘关系,我国有关部门拒绝为冯德智林出具收养关系证明和手续,此路也同样不通。

一、涉外婚生子女的法律适用

婚生子女是指有效婚姻关系中怀孕所生育的子女,而非婚生子女是指非婚姻关系(包括无效婚姻)中所生的子女。①

关于子女是否为婚生的准据法,有适用父母属人法、适用子女属人法、适用决定婚姻有效性的法律、适用对子女婚生更为有利的法律等不同主张。

理论争鸣

关于适用父母属人法确定婚生子女的不同做法

依据当事人属人法来确定婚生子女的做法,既有适用子女属人法的,也有适用父母属人法的。而以父母属人法来确定子女是否婚生的做法,通常存在如下不同的理论

① 亲子关系又称父母子女关系,是指父母和子女之间的一种法律关系。父母子女关系依父母与子女之间是否有血缘关系而划分为亲生父母子女关系和养父母子女关系。亲生父母子女关系是有血缘关系的父母子女关系,养父母子女关系是因收养而成立的父母子女关系。一般来说,养父母与养子女之间并无血缘关系。在亲生父母子女关系中,依子女是否为有效婚姻关系所生,又分为父母与婚生子女的关系和父母与非婚生子女的关系。本节所讨论的亲子关系即指有血缘关系的父母子女关系。

与实践：

第一，适用生母之夫的本国法。这是法国、比利时、意大利、泰国等所采用的确定父母与婚生子女关系的准据法制度。①

第二，适用生父的住所地法。英国有些学者和判例主张适用生父的住所地法来决定子女是否为婚生子女。

第三，适用子女出生时生母的属人法。《法国民法典》规定，子女是否婚生的问题由子女出生时生母的属人法决定。

第四，适用父母双方的属人法。1978 年《奥地利联邦国际私法法规》第 21 条规定，子女婚生的要件及因此而发生的争议，依该子女出生时配偶双方的属人法，如子女出生前婚姻已解除，依解除时配偶双方的属人法，配偶双方的属人法不同时，依其中更有利于子女为婚生的一方的法律。

第五，分别适用父母各自的属人法。美国 1934 年《冲突法重述（第一次）》主张由父亲的住所地法决定父亲与子女的婚生关系，由母亲的住所地法决定母亲与子女的婚生关系。卢森堡、比利时、荷兰也以父母中相关一方的本国法决定子女是否属于婚生。②

二、涉外非婚生子女的法律适用

非婚生子女的准正，是指将符合法定条件的非婚生子女依据法定程序赋予婚生子女同等法律地位的制度。对于非婚生子女准正的法律适用，有些国家并不区分准正方式，只是笼统地规定准正应适用的法律；有些国家分别规定了事后结婚、认领及国家行为准正所应适用的法律。

相关链接

项目	定义	准据法	法律效力
准正（legitimation）	已出生的非婚生子女因生父母结婚或司法宣告而取得婚生子女资格的制度。准正又称婚生推定，源于罗马法	统一适用当事人属人法；区分准正方式，依据事后结婚、认领及国家行为准正而分别适用法律。对国家行为准正的准据法主要依准正国家的法律或法院认为应适用的法律	通过该制度，使非婚生子女因其生父与生母在其出生后结婚或司法宣告而被婚生化。即将符合法定条件的非婚生子女依法定程序赋予婚生子女同等法律地位

① 有学者认为该制度是父权思想的体现，还有一些学者认为婚生问题主要涉及父的家庭生活及经济负担，若生硬地适用子女出生时母之夫的本国法可能会产生一些不合理的现象。如生母未与生父结婚，而与另一男子结婚，则适用母之夫的本国法来决定子女的婚生问题未免有些牵强。因此，有学者指出，这里的"夫"在生父母根本无婚姻关系或婚姻无效时，应指子女的生父。这一主张在大多数采用此种准据法立法的国家中似乎已得到广泛接受，如希腊明确规定适用生父的本国法。

② 这种做法的立法理由是，因子女婚生与相关父母之一方的利益最为密切，所以应分别适用相关父母一方的法律。但采用此种立法，在父母属人法不同且规定有差异时，可能会产生这样一种后果，即对父亲而言，一个子女可能为婚生，而对母亲来说却可能是非婚生。

续表

项目	定义	准据法	法律效力
认领（acknowledgement of natural child）	认领制度是指通过法定程序，使非婚生子女实现婚生化的法律行为	认领的形式要件准据法适用认领行为发生地法；认领实质要件的准据法适用父母属人法、分别适用父母和子女的属人法、适用子女属人法、适用有利于认领非婚生子女的法律	通过非婚生子女的父亲或母亲的行为而赋予该子女与婚生子女相同之地位

三、涉外父母子女关系的法律适用

父母对未成年子女的权利义务关系一般包括两个方面：一是父母对未成年子女人身方面的权利和义务；二是父母对未成年子女财产方面的权利和义务。[①] 对此，有的国家采取笼统的规定方式，主张对亲子关系不区分婚生子、非婚生子、被收养人和他们养父母的关系，只要任何一种亲子关系成立，亲子间的权利和义务关系应适用的准据法便是同一的，如波兰法；也有的国家区别不同亲子关系的内容而分别规定不同的准据法，如英国和希腊。

关于涉外父母子女权利义务关系应适用的准据法，有的国家以父母在家庭关系中居于主导地位而主张适用父母的属人法，有的国家侧重于保护子女利益而要求适用子女的属人法。不过，在涉外亲子关系中，如对子女的监护、教育，并不能完全理解为谋求父母的利益，因此，借维护子女的利益而完全排斥父母的属人法的适用也不见得完全妥当，于是又有第三种主张，即提倡适用父母子女双方共同的属人法。

我国法律规定，涉外父母子女人身关系和财产关系适用父母子女的共同经常居所地法律；没有共同经常居所地的，适用一方当事人经常居所地法律或者国籍国法律中有利于保护弱者权益的法律。[②]

课堂讨论案例

美国公民大卫2011年到北京留学并与西安一女子梁某相识，不久2人未婚同居。2012年9月梁某怀孕并生一女枚枚。2013年大卫因工作关系移居越南，此后再未同梁某联系。2015年年初，梁某将枚枚留在西安老家，自己则远嫁加拿大。2017年大卫又被公司派往加拿大工作。一次偶遇使大卫与梁某旧情复发，常在一起偷欢。但两人因各自已组成家庭，不愿意离婚重组家庭。梁某思念女儿枚枚，常想将枚枚移民加拿大，可因梁某一直未取得加拿大国籍而未办成。于是，2018年8月在梁某的再三要求下，大卫同意以枚枚父亲身份为枚枚办理移民手续。

［问］ 涉及确认枚枚与大卫的父女关系问题，应适用美国法、中国法还是加拿大法作为准据法？为什么？

---

① 父母对未成年子女的人身方面的权利义务，主要是保护教育权、居所指定权、职业许可权、惩戒权、交还子女请求权（对不依法扣留子女的人的一种请求权）、法定代理权等。父母对未成年子女的财产方面的权利义务，主要涉及父母对其财产的管理、取得、收益及处分的权利和义务。

② 参见《中华人民共和国涉外民事关系法律适用法》第25条。

第五节 涉外收养准据法的确立

事例 12.6

湖北某大学教师雷某与美籍华人李甲结婚后移居美国,夫妻恩爱,生活幸福。2012 年雷某在美国宾夕法尼亚州生一女李乙。李乙出生后获得美国国籍。在雷某怀孕期间以及李乙出生后一段时间,都是雷某父母在美国照顾。因李甲与雷某工作太忙,2013 年年初,雷某父母回中国时也将李乙带回湖北抚养。2014 年雷某回国探亲,随后将李乙带回美国。不久,雷某父母又到美国帮助照看李乙。2015 年年底,雷某父母回国,李乙随父母在美国生活。2016 年年初,雷某不幸患病去世。不久,李甲也被确诊患有癌症并到了晚期。李甲在安排后事时将李乙交给北京的妹妹李丙收养,2016 年 10 月,美国宾夕法尼亚州孤儿法院颁发了准许李丙收养李乙的收养令。2016 年年底,李甲因医治无效在北京死亡。李乙随其姑姑生活在北京。雷某的父母却认为李丙自己生有一儿子,而李乙从小由外祖父母带大,理应归他们抚养。双方争执不下,最后于 2016 年年底诉至法院。

一、涉外收养的管辖权

对于涉外收养的管辖权行使的依据,大陆法系坚持以国籍为主,普通法系则坚守住所地原则。随着海牙国际私法会议的努力,惯常居所成为对涉外收养行使管辖权的主要依据之一。

相关链接

1965 年海牙《收养管辖权、法律适用和判决承认公约》第 3 条规定,收养人惯常居所地国,或于夫妻共同收养时他们的惯常居所地国,或收养人国籍国,或于夫妻共同收养时他们的共同国籍国的主管机关均有审批收养的管辖权。

二、涉外收养的法律适用

(一)涉外收养成立要件的法律适用

收养是一种在收养人和被收养人之间建立起拟制的父母子女关系的法律行为,而收养关系一旦含有跨国或跨法域的因素就成为涉外收养。在国际私法上,对涉外收养的成立的形式要件,诸如是否须经当事人申请、是否须经公证或登记,大都只主张适用收养成立地法。但对涉外收养的实质要件的准据法选择,则有适用收养人属人法、适用被收养人属人法、分别适用收养人和被收养人属人法、适用法院地法、适用有利于保护被收养人的法律等不同的立法与实践。

（二）涉外收养效力的法律适用

关于涉外收养的效力，[①]各国法律有不同的规定。对于涉外收养效力法律冲突的解决，各国通常采取适用收养人属人法、[②]收养人和被收养人属人法、被收养人属人法、支配收养关系成立的法律等做法。

（三）涉外收养关系解除的法律适用

关于涉外收养关系解除的法律适用，当今世界主要有两种做法：一是采取与收养成立相同的准据法，如奥地利、前南斯拉夫和意大利；二是采取与收养效力相同的准据法，如罗马尼亚和匈牙利。

相关链接

除某些伊斯兰国家认为收养是不合法和无效的外，世界上绝大多数国家都承认收养制度，但各国法律有关收养的规定却是颇有不同的。如有些国家规定只有未成年人才能被收为养子女，个别国家却允许收养成年人。在收养效力方面，有的国家只规定"完全收养"，即收养关系成立后，被收养人与其生父母之间的权利义务关系即告消除，而与收养人之间建立起父母子女的权利义务关系，养子女的法律地位同婚生子女一样，享有婚生子女的权利，承担婚生子女的义务；有的国家却只有"单纯收养"制度，又称不完全收养，即收养关系成立后，被收养人与其生父母之间的权利义务关系并不完全消除，他们之间仍互相享有某种继承权，或者是收养关系成立之后，养子女的法律地位并不完全等同于婚生子女，养子女只是取得某些权利，而无继承权；有的国家则二者兼有。此外，还有国家规定，收养人在收养子女前必须经过一定的试养期。[③]

三、海牙《跨国收养方面保护儿童及合作公约》

由于对收养活动没有统一的法律文件来调整各国之间的法律差异，大多数国家在跨国收养的原则问题上都本着尽量扩大适用本国法律的原则去处理具体问题，致使这一领域的法律冲突日渐突出，因此，如何在跨国收养中解决各国法律冲突，就关系到跨

---

① 收养的效力涉及收养对养子女与养父母的法律效力和收养对养子女与生父母的法律效力。前者主要包括养父母与养子女的权利义务、养子女的姓名、养父母与养子女之间的遗产继承、养子女及其后代与养父母及其亲属的关系等问题。后者主要包括收养成立后养子女和生父母的关系问题。

② 1995年《意大利国际私法制度改革法》第39条规定，被收养人与收养人或收养人夫妻双方以及收养人亲属之间的人身和财产关系受收养人本国法或者收养人夫妻双方共同本国法支配；如果收养人夫妻双方无共同国籍，则由双方共同居住地法或者夫妻双方婚姻生活主要所在地法支配。1978年《奥地利联邦国际私法法规》第26条第2款规定，收养的效力，依收养人的属人法；如为配偶双方所收养，依支配他们婚姻的人身法律效力的法律；但在配偶一方死亡后，依另一方的属人法。1996年《列支敦士登国际私法》第27条第2款规定，收养子女的效力适用收养人惯常居所地国法律；夫妻双方收养子女适用支配婚姻对个人法律效力的法律，如果夫妻一方死亡则适用另一方惯常居所地国法律。

③ 关于收养制度的法律歧异情况，可参见李双元主编：《涉外婚姻家庭法》，中国政法大学出版社1989年版，第103～105页；蒋新苗：《收养法比较研究》，北京大学出版社2005年版，第70～131页。

国收养的正常进行与被收养儿童的权益保护问题。① 1993 年,海牙国际私法会议第 17 届大会通过了《跨国收养方面保护儿童及合作公约》。该公约主张加强各国的合作机制,最大限度地便利跨国收养程序,为儿童利益提供最佳保护。该公约共分 7 章、48 条,主要内容分述如下:

1. 公约适用范围

该公约规定只适用于产生永久性父母子女关系的收养,从而排除了类似简单收养的其他形式的收养。被收养儿童的年龄应在 18 岁以下,收养人为夫妻或个人。

2. 跨国收养的实质要件

该公约规定,收养程序的开始须适用收养人所在国和被收养人所在国双方的法律,即对儿童是否适合于收养的条件依儿童原住国法律规定,而对预期养父母是否适合收养儿童的条件依收养国的法律规定。

该公约规定,收养进行的条件包括:原住国的主管机关必须确认该儿童适合收养;对在原住国内安置该儿童的可能性作了应有的考虑后,确认跨国收养符合儿童的最大利益;收养国的主管机关必须确认预期养父母条件合格并适合收养儿童;保证预期养父母得到必要的商议;确认该儿童已经或将被批准进入并长期居住在该国。

3. 中央机关及其委任机构

该公约规定了中央机关制度,以保证各国间的合作机制。中央机关的职能可通过三种方式来实现:(1)中央机关之间直接进行合作;(2)通过政府直接控制的公共机构进行合作;(3)通过政府批准委任的民间机构进行合作。该公约还进一步规定了中央机关和委任机构的工作范围。

4. 跨国收养的程序要件

该公约规定,跨国收养应通过中央机关进行,首先由收养人按规定向本国的中央机关提出申请,然后由收养国的中央机关向原住国的中央机关转交该申请。原住国的中央机关在收到申请后,应准备一份报告,报告中对儿童的成长、种族、宗教及文化背景给予适当考虑;根据有关儿童和预期养父母的情况以确认所面临的安置是否符合该儿童的最大利益等。此外,该公约还对儿童的交付移送、再收养的程序作了规定,没有对试养期作出强行规定。

5. 收养的承认及效力

该公约规定,对收养的承认即确认了儿童与其养父母之间的父母子女关系,同时儿童与其亲生父母之间的关系即告终止。收养成立后,养父母对儿童负有父母责任,养子女即享有与该国其他被收养人同等的权利,而没有类比亲生子女的权利,这主要是因为一些收养国从自身利益出发,不愿给予养子女和亲生子女同等的权利。

该公约还规定了拒绝承认收养的条件,即当对收养的承认明显违反缔约国的公共政策和儿童的利益时,可予以拒绝。

---

① 1965 年海牙国际私法会议通过的《收养管辖权、法律适用和判决承认公约》只有奥地利、瑞士、英国签署并批准,一直未生效,2008 年 10 月 23 日退出舞台。

6. 一般规定

该公约的一般规定部分包括下列内容:移送儿童在原住国或在收养国境内进行的情况;收养未成立之前有关方面之间的接触;有关儿童背景资料的保存,以及跨国收养费用;等等。

该公约通过的第二天便向各国开放签字,当即有墨西哥、哥斯达黎加、巴西和罗马尼亚等国签署了公约。海牙《跨国收养方面保护儿童及合作公约》于 1995 年 5 月 1 日正式生效。截至 2022 年 6 月底已有 104 个缔约国,其中海牙国际私法会议成员国 74 个,非成员国 30 个。还有俄罗斯、韩国和尼泊尔签署了该公约但未批准实施。

相关链接

我国派代表全程参加了海牙《跨国收养方面保护儿童及合作公约》的讨论与审议。经过反复斟酌,中国政府于 2000 年 11 月 30 日签署了海牙《跨国收养方面保护儿童及合作公约》。2005 年 4 月 27 日由第十届全国人大常委会第十五次会议正式批准了该公约,2006 年 1 月 1 日在我国生效实施。

四、我国关于涉外收养的规定与实践

改革开放以来,随着对外交往的不断扩大,我国涉外收养案件逐年递增。在《中华人民共和国收养法》未颁布之前,在我国进行涉外收养一般是按照《中华人民共和国婚姻法》及有关行政规章来办理的。尽管我国于 1991 年颁布了《中华人民共和国收养法》,但其中对涉外收养的规定仍不全面。20 世纪 80 年代末,在制定我国单行的收养法过程中,最初提交全国人民代表大会审议的收养法草案曾有专门的一章对涉外收养的准据法选择问题单独加以规定,这一章规定了涉外收养关系成立的实质要件,适用被收养人住所地法律,同时不得违背收养人住所地法律;涉外收养关系成立的形式要件,适用收养时的行为地法律,涉外收养的效力适用收养人住所地法律,并规定了被收养人的国籍等问题。但是,因为种种原因该规定未被采纳。在 1991 年 12 月 29 日通过的《中华人民共和国收养法》中,仅第 20 条笼统地对外国人在我国收养子女作了规定,即"外国人依照本法可以在中华人民共和国收养子女"。而《中华人民共和国民法通则》对涉外收养问题的准据法,无明文规定,仅其第 148 条规定了可以类推适用于涉外收养效力。尽管第九届全国人大常委会第五次会议在 1998 年 11 月 4 日通过了《关于修改〈中华人民共和国收养法〉的决定》,但是修改后的收养法也只在第 21 条中对涉外收养作了粗线条的规定,不仅未跳出原收养法第 20 条的框架,而且对中国人收养外国儿童以及法律适用问题未作任何明文规定,留下了立法空白。而 2010 年第十一届全国人大常委会第十七次会议在 2010 年 10 月 28 日通过的《中华人民共和国涉外民事关系法律适用法》也只是笼统地规定了涉外收养的准据法选择问题,①并未区分外国人收养

---

① 《中华人民共和国涉外民事关系法律适用法》第 28 条规定:"收养的条件和手续,适用收养人和被收养人经常居所地法律。收养的效力,适用收养时收养人经常居所地法律。收养关系的解除,适用收养时被收养人经常居所地法律或者法院地法律。"

中国儿童与中国人收养外国儿童的法律适用情况。不过,《中华人民共和国民法典》第1109条规定,外国人依法可以在中华人民共和国收养子女。外国人在中华人民共和国收养子女,应当经其所在国主管机关依照该国法律审查同意。收养人应当提供其所在国有权机构出具的有关其年龄、婚姻、职业、财产、健康、有无受过刑事处罚等状况的证明材料,并与送养人签订书面协议,亲自向省、自治区、直辖市人民政府民政部门登记。

因此,我国的涉外收养在实践中可适用的法律依据除《中华人民共和国民法典》《中华人民共和国涉外民事关系法律适用法》第28条和1999年颁布的《外国人在中华人民共和国收养子女登记办法》外,还有海牙《跨国收养方面保护儿童及合作公约》。

我国涉外收养立法依然存在不足之处,司法实践经验有待进一步丰富。

理论争鸣

1. 关于我国涉外收养立法的争议

有学者主张单独立法,由全国人大颁行专门的涉外收养法;有学者主张只在民法典中设相关条款进行规定。

2. 关于涉外收养法律适用的争议

有学者主张对收养关系统一适用法律;也有学者主张区分收养形式要件、实质要件、收养效力等分别适用法律。而涉外收养究竟应适用养父母的属人法还是养子女的属人法的分歧一直无法调和。

课堂讨论案例

法国人麦本与马丽于2013年在巴黎结婚,2016年麦本夫妻移居意大利。2017年麦本夫妻受公司委派到中国北京工作。麦本夫妻婚后一直未生育子女,该夫妻在华工作期间被中国小孩吸引,非常喜爱中国儿童。麦本夫妻在贵州相中一名中国女孩纤纤,准备收养纤纤为养女并决定一起回意大利生活。

[问] 根据我国法律,麦本夫妻收养中国贵州女孩纤纤,应适用何种准据法?如何办理收养手续?为什么?

第六节　涉外监护准据法的确立

事例 12.7

秦某出生于美国，具有美国国籍，现年 10 岁。秦某的父亲是华裔美国人，母亲是中国人。3 年前，秦某的父母在美国离异后，秦某的母亲携秦某回国定居，秦某的母亲在公安机关办理了常住户口登记，也为秦某办理了在中国长期居留的证件。后秦某的父亲委托中国律师在中国某人民法院提起诉讼，请求取得对其子的监护权。

一、涉外监护的管辖权

对于涉外监护案件，当今世界各国一般以住所、居所或国籍为依据行使管辖权。1996 年海牙《关于父母责任和保护儿童措施的管辖权、法律适用、承认、执行和合作公约》规定，儿童惯常居所地国可对监护行使管辖权。

二、涉外监护的法律适用

监护制度是为保护受监护人的利益而设置的，①各国大都以被监护人的属人法作为有关监护问题的准据法。但英国是适用法院地法来解决有关监护的法律冲突的。另外，目前一些新冲突法在某些涉及监护人的利益方面，如是否可以拒绝接受担任监护，允许适用监护人的本国法。可见，有关涉外监护法律适用的通行做法有：适用被监护人的属人法、适用监护人的属人法、适用法院地法等。

三、关于涉外监护的国际公约

（一）关于未成年人监护的国际公约

海牙国际私法会议现行有关未成年人监护的国际公约就是 1996 年通过的《关于父母责任和保护儿童措施的管辖权、法律适用、承认、执行和合作公约》。该公约于 2002 年 1 月 1 日生效。

该公约共 7 章、63 条，在坚持儿童惯常居所地国行使管辖权的首要原则基础上，明文规定父母责任的准据法为儿童惯常居所地法。不仅如此，该公约特别强调各缔约国在涉外监护方面的国际合作。

相关链接

海牙国际私法会议曾通过 3 个有关未成年人监护的国际公约，首先是 1902 年《未

---

① 监护是对无行为能力人和限制行为能力人在无父母或父母不能行使亲权的情况下，为保护其人身和财产利益而设置的一种法律制度。监护制度源于罗马法，其目的是防止未适婚人、女子或精神病人等因不善管理而损害宗族成员的继承权。监护权人代行家长权，监护权是家长权的一种补充和延长。至罗马后期，监护制度才渐渐以保护受监护人的利益为目的。目前，各国立法均设立了以保护受监护人利益为目的的监护制度。监护可分为对未成年人的监护和对成年人的监护。未成年人监护一般在未成年人无父母或父母不能行使亲权时设立。对成年人来说，一般不发生监护问题，但如成年人被宣告禁治产时，也应设立监护。

成年人监护公约》;其次是1961年通过的《关于未成年人保护的管辖权和法律适用公约》,其取代了1902年《未成年人监护公约》;最后是1996年通过的《关于父母责任和保护儿童措施的管辖权、法律适用、承认、执行和合作公约》,其明确规定取代前两个公约。

截至2020年10月29日,已有奥地利等57个国家签署、加入或批准了《关于父母责任和保护儿童措施的管辖权、法律适用、承认、执行和合作公约》,生效实施的有53个国家。①

(二)关于成年人国际保护公约

海牙国际私法会议于2000年通过的《关于成年人国际保护公约》,②适用于心智不健全或精神衰弱等不能保护其自身利益的成年人,在管辖权和法律适用方面都主张采用惯常居所这一连结点。③

四、我国关于涉外监护的规定与实践

对于涉外监护法律适用问题,《中华人民共和国涉外民事关系法律适用法》第30条明文规定:"监护,适用一方当事人经常居所地法律或者国籍国法律中有利于保护被监护人权益的法律"。而在我国法院的司法实践中,以适用被监护人本国法作为处理涉外监护问题的一般原则,只在特殊情况下允许采用被监护人住所地法。对此,最高人民法院较早的司法解释就有粗线条的说明,④但是现已失效。

理论争鸣

当今世界立法有关监护适用被监护人属人法方面的不同做法

第一,适用被监护人的本国法,如波兰法、意大利法。此外,1902年海牙《未成年人监护公约》就坚持监护人适用被监护人的本国法。第二,适用被监护人的住所地法,如秘鲁法。1961年海牙《关于未成年人保护的管辖权和法律适用公约》主张适用被监护人的惯常居所地法。

课堂讨论案例

2013年,中国籍男子赵某与日本籍女子佐木智子结婚,并在婚后生子赵某某。赵

① 参见http://www.hcch.net/en/instruments/conventions/status-table/?cid=70,accessed on 28 June, 2022。

② 该公约取代了1905年海牙《禁治产及类似保护措施公约》。截至2020年9月30日,已有法国、德国、荷兰、瑞士、英国和奥地利等18个国家签署、加入或批准了《关于成年人国际保护公约》,生效实施的有13个国家。

③ 有关监护的国际公约的主要内容及具体规定,可参见李双元主编:《国际私法》(第2版),北京大学出版社2007年版,第456~458页。

④ 最高人民法院《关于贯彻执行〈中华人民共和国民法通则〉若干问题的意见(试行)》第190条规定:"监护的设立、变更和终止,适用被监护人的本国法律,但是,被监护人在我国境内有住所的,适用我国的法律。"

某某取得中国国籍。2016年,佐木智子回日本,长期不归。2018年,赵某以夫妻长期分居,感情淡漠为由,到住所地法院提起离婚诉讼。在子女抚养问题上,赵某要求抚养赵某某,佐木智子要求赵某某由她带到日本抚养。法院询问赵某某愿随父还是愿随母生活,赵某某回答说与谁一起生活均可。

［问］　赵某某应由谁监护?该案中应依何种准据法确定赵某某的监护权与抚养权?为什么?

第七节 涉外扶养准据法的确立

事例 12.8

祖祖辈辈务农的伍某与妻子刘某含辛茹苦养育两子，长子发奋苦读，在长沙读完大学后留学英国并定居英国。次子少小贪玩不爱读书，最后留在农村务农。次子常年游手好闲，不务正业，只从父母手中索取，从不赡养父母。长子原来每年还从英国寄点生活费给父母，后获知所寄的钱大多被次子挥霍了，也就停止寄钱回国。伍某与刘某年事渐高，无生活来源，多次要长子从英国寄生活费被拒绝，而次子则常常弄点钱就自己挥霍了。最后，伍某与刘某将两个儿子告上法庭，请求给付赡养费。

一、涉外扶养的管辖权

对于涉外扶养的问题，英美法系国家一般以住所作为行使管辖权的依据，而大陆法系国家一般以国籍或住所作为行使管辖权的依据，如 1987 年《瑞士联邦国际私法典》第 75 条规定，子女的惯常居所地或作为被告一方的父或母的住所地或惯常居所地的瑞士法院，或者子女或作为被告一方的父母在瑞士既没有住所，又没有惯常居所，但只要其中一方具有瑞士国籍的，其国籍所在地的瑞士法院，有权受理请求支付扶养费的诉讼和由母亲提出的请求支付生育子女和扶养子女的补偿费的诉讼。

二、涉外扶养的法律适用

扶养（support maintenance）是指根据身份关系，在一定的亲属间，有经济能力的对于缺乏生活能力的应给予扶助以维持其生活的一种法律制度。根据扶养的主体和对象可分为配偶之间的扶养、亲子之间的扶养以及其他亲属之间的扶养。在国际私法上，有的国家对这三类扶养分别规定准据法，如匈牙利；也有国家对上述三类扶养不加区分，笼统规定扶养应适用的法律，如土耳其。

对于涉外扶养准据法选择，常见的有：适用被扶养人的属人法、适用扶养人的属人法、适用扶养人与被扶养人共同的属人法、适用有利于被扶养人的法律、类推适用国际公约等不同理论与实践。

三、关于涉外扶养的国际公约

海牙国际私法会议在 20 世纪曾通过 3 个有关扶养的国际公约，一是 1958 年《关于未成年人扶养义务法律适用公约》；二是 1973 年《扶养义务判决承认与执行公约》；[①]三是 1973 年《扶养义务法律适用公约》。此外，第二十一届海牙国际私法会议于 2007 年 11 月 23 日通过了《关于儿童扶养及其他家庭扶养方式的国际保障措施公约》与《扶养

---

① 《扶养义务判决承认与执行公约》于 1976 年 8 月 1 日生效，截至 2015 年 9 月 1 日，已经有法国、德国、荷兰、瑞士、土耳其和英国等 24 个国家签署、加入或批准了该公约，也只有比利时签署后未批准实施。该公约共 7 章、37 条。

义务法律适用议定书》。海牙国际私法会议 1973 年的《扶养义务法律适用公约》于 1977 年 10 月 1 日生效,截至 2022 年 6 月 28 日,已经有法国、德国、荷兰和英国等 17 个国家签署、加入或批准了该公约,只有比利时、挪威签署后未批准实施。

1973 年海牙《扶养义务法律适用公约》共 4 章、27 条,将扶养区分为因离婚和别居而产生的扶养义务与一般扶养义务两类,分别规定了应适用的法律。公约在坚持以惯常居所地、财产所在地和法院地等作为选择法律的连结点的基础上,特别强调结果选择方法。①

四、我国关于涉外扶养的规定与实践

之前,《中华人民共和国民法通则》对涉外扶养准据法选择主张采用"最密切联系原则"来取代传统硬性的、固定的空间连结点,使选择法律的灵活性大大加强。最高人民法院的司法解释进一步明确了涉外扶养的最密切联系因素。② 2010 年《中华人民共和国涉外民事关系法律适用法》第 29 条则明确规定:"扶养,适用一方当事人经常居所地法律、国籍国法律或者主要财产所在地法律中有利于保护被扶养人权益的法律"。

理论争鸣

关于涉外扶养适用有利于被扶养人的法律的争议

有学者主张,被扶养人在扶养关系中总是处于弱势地位一方,从一定程度上说,适用被扶养人属人法较之适用扶养人属人法能更好地保护被扶养人的利益。但也有学者认为,在逻辑上不能必然得出适用被扶养人的属人法必然对被扶养人最为有利的结论,实际上,有时也恰恰相反,对被扶养人最为有利的法律可能就是扶养人的属人法或扶养财产所在地法。因此,1998 年《突尼斯国际私法》就明确规定应适用对被扶养人有利的法律。③

课堂讨论案例

1. 王某花与加拿大公民杰克 2011 年在加拿大安大略省登记结婚。婚后,王某花加入加拿大籍,第二年生下一女杰科金。2013 年,杰克到香港加远有限公司任职,王某花

---

① 参见李双元主编:《中国与国际私法统一化进程》(修订版),武汉大学出版社 1998 年版,第 517 ~ 529 页。

② 《中华人民共和国民法通则》第 148 条规定:"扶养适用与被扶养人有最密切联系的国家的法律。"对该条的适用范围,我国学者的意见和最高人民法院的司法解释都认为,该法第 148 条中"扶养"一词应作广义解释,不同于《中华人民共和国民法典》第 1059 条中的扶养仅是指夫妻之间的扶养,而是包括父母子女相互之间的扶养、夫妻相互之间的扶养以及其他有关人之间的扶养。此外,对于何为"与被扶养人有最密切联系的国家的法律",我国最高人民法院《关于贯彻执行〈中华人民共和国民法通则〉若干问题的意见(试行)》第 189 条规定:"扶养人和被扶养人的国籍、住所以及供养被扶养人的财产所在地,均可视为与被扶养人有最密切的联系。"

③ 1998 年《突尼斯国际私法》第 51 条规定:"扶养义务由权利人的本国法或住所地法支配,或由义务人的本国法或住所地法支配。法官应适用对权利人最有利的法律。"

携女随夫回国，以夫妻共同名义在深圳购房居住。2015年，杰克受公司委派到四川省成都市任该公司驻四川办事处首席代表，王某花带女儿杰科金回加拿大。杰克到成都市不久，与中国四川籍姑娘李某在成都市一家酒店相识，李某当时在酒店做服务员。二人一见钟情，感情发展迅速，往来密切，并公开同居。2017年，杰克被召回中国香港工作。李某跟随杰克到深圳居住。杰克未告知王某花便将2013年购买的一套三居室房子赠送给李某，并签订了书面协议。2017年9月，王某花到中国香港看望丈夫，并准备在中国香港买房定居。王某花见深圳房价高涨，打算卖掉原在深圳买的那套三居室房子凑钱在香港买房。此时，她才发现房子已经换了主人。王某花一气之下，提出与杰克离婚，同时在深圳将李某告上法庭，要求其返还住房。

［问］ 王某花与杰克的离婚应如何适用法律？王某花与杰克的夫妻财产应如何适用法律？杰科金的抚养问题应如何适用法律？

2. 韩国籍男子金华2012年来北京留学时认识北京一打印社女子荀某。经过一年交往，两人难舍难分。2015年两人在北京登记结婚并居住在朝阳区，婚后生育一子金某中。在金某中3岁时，金华与荀某离婚。双方约定由荀某抚养金某中，金华每月支付2000元的抚养费。2017年金华在北京完成学业后回韩国就职。2019年，金华被韩国公司派往中国开拓市场。金华不时探望荀某母子。荀某因拖着小孩无法工作，没有收入来源，多次提出要金华每月增加金某中的抚养费。但金华以其在韩国的妻子和3个小孩生活费用开支大，经济紧张而不愿增加。最后，荀某将金华告上法庭，要求增加支付金某中每月抚养费3000元。金华则反诉要求变更金某中的抚养关系。

［问］ 谁的诉讼请求会得到支持？该案应如何适用法律？为什么？

法律职业资格考试真题

1. 定居在上海的法国人甲和中国人乙女结婚，不孕，遂让乙女的堂妹丙（中国人，定居上海）代孕，生下一子丁交给甲乙抚养，丁取得了法国国籍。后乙死亡，甲与新加坡女子戊再婚，并一起带丁回法国定居，一年多以后，丙请求确认和丁的母子关系，甲戊不许，引发争议诉至人民法院，根据相关法律和司法解释，下列哪些选项是正确的？（2018 年试题）

A. 丙与丁的人身关系适用法国法

B. 丙与丁的人身关系适用中国法或法国法中有利于保护弱方利益的法律

C. 戊与丁的母子关系适用法国法

D. 戊与丁的母子关系适用中国法、新加坡法或法国法中有利于保护弱方利益的法律

2. 因中国与新加坡不承认同性婚姻，经常居所同在新疆的新加坡男性公民毛毛与中国男性公民萌主到伦敦结婚。后因感情不和，毛毛与萌主欲解除婚姻关系引发争议，诉到某中国法院，并要求分割财产。关于该案，根据中国相关法律，下列哪些选项是正确的？（2018 年试题）

A. 两人在伦敦结婚的行为，属于国际私法上的法律规避

B. 因伦敦是婚姻缔结地，两人的婚姻条件应适用英国法

C. 二人的财产分割应根据夫妻财产关系法律适用规则

D. 因新疆是两人共同经常居所地，两人的结婚条件应适用中国法

3. 中国公民王某将甲国公民米勒诉至某人民法院，请求判决两人离婚、分割夫妻财产并将幼子的监护权判决给她。王某与米勒的经常居所及主要财产均在上海，其幼子为甲国籍。关于本案的法律适用，下列哪些选项是正确的？（2017 年试题）

A. 离婚事项，应适用中国法

B. 夫妻财产的分割，王某与米勒可选择适用中国法或甲国法

C. 监护权事项，在甲国法与中国法中选择适用有利于保护幼子利益的法律

D. 夫妻财产的分割与监护权事项均应适用中国法

4. 韩国公民金某与德国公民汉森自 2013 年 1 月起一直居住于上海，并于该年 6 月在上海结婚。2015 年 8 月，二人欲在上海解除婚姻关系。关于二人财产关系与离婚的法律适用，下列哪些选项是正确的？（2015 年试题）

A. 二人可约定其财产关系适用韩国法

B. 如诉讼离婚，应适用中国法

C. 如协议离婚,二人没有选择法律的,应适用中国法

D. 如协议离婚,二人可以在中国法、韩国法及德国法中进行选择

5. 经常居住于英国的法国籍夫妇甲和乙,想来华共同收养某儿童。对此,下列哪一说法是正确的?(2014 年试题)

A. 甲、乙必须共同来华办理收养手续

B. 甲、乙应与送养人订立书面收养协议

C. 收养的条件应重叠适用中国法和法国法

D. 若发生收养效力纠纷,应适用中国法

6. 中国人李某(女)与甲国人金某(男)2011 年在乙国依照乙国法律登记结婚,婚后二人定居在北京。依《涉外民事关系法律适用法》,关于其夫妻关系的法律适用,下列哪些表述是正确的?(2013 年试题)

A. 婚后李某是否应改从其丈夫姓氏的问题,适用甲国法

B. 双方是否应当同居的问题,适用中国法

C. 婚姻对他们婚前财产的效力问题,适用乙国法

D. 婚姻存续期间双方取得的财产的处分问题,双方可选择适用甲国法

7. 甲国公民玛丽与中国公民王某经常居住地均在中国,2 人在乙国结婚。关于双方婚姻关系的法律适用,下列哪些选项是正确的?(2012 年试题)

A. 结婚手续只能适用中国法

B. 结婚手续符合甲国法、中国法和乙国法中的任何一个,即为有效

C. 结婚条件应适用乙国法

D. 结婚条件应适用中国法

8. 某甲国公民经常居住地在甲国,在中国收养了长期居住于北京的中国儿童,并将其带回甲国生活。根据中国关于收养关系法律适用的规定,下列哪一选项是正确的?(2012 年试题)

A. 收养的条件和手续应同时符合甲国法和中国法

B. 收养的条件和手续符合中国法即可

C. 收养效力纠纷诉至中国法院的,应适用中国法

D. 收养关系解除的纠纷诉至中国法院的,应适用甲国法

9. 根据我国关于外国人在华收养子女的法律规定,下列哪一选项是错误的?(2008 年试题)

A. 外国人在华收养子女,应经其所在国主管机关依照该国法律审查同意

B. 外国收养人应提供由其所在国有权机构出具的有关收养人的年龄、婚姻、职业、

财产、健康、有无受过刑事处罚等状况的证明材料

C. 前项证明材料须经该外国人所在国的外交机关或该外交机关授权的机构认证

D. 前项证明材料须经中国驻该外国使馆认证

10. 一对英国夫妇婚后移居意大利,后来华工作。该夫妇于今年收养一名中国儿童并决定一起回意大利生活。根据我国法律,有关该夫妇收养中国儿童所应适用的法律,下列哪一选项是正确的?(2007 年试题)

A. 应适用中国法和意大利法

B. 应适用中国法和英国法

C. 只需适用中国的有关法律规定

D. 只需适用意大利的有关法律规定

11. 定居甲国的华侨王某与李某在甲国结婚,后王某在甲国起诉与李某离婚时被该国法院以当事人均具有中国国籍为由拒绝受理。王某转而在我国法院诉请离婚。根据我国现行司法解释,有关此案的管辖与适用法律,下列哪些选项是正确的?(2007 年试题)

A. 王某原住所地法院有管辖权

B. 因两人定居国外且在国外结婚,我国法院不应受理

C. 李某在国内的最后住所地法院有管辖权

D. 如中国法院管辖,认定其婚姻是否有效应适用甲国法律

12. 中国人甲与法国人乙在瑞士结婚并定居在瑞士。婚后因感情不和,甲回到中国提起离婚诉讼。依据《最高人民法院关于贯彻执行〈中华人民共和国民法通则〉若干问题的意见(试行)》,关于该案涉及的离婚以及因离婚而引起的财产分割的法律适用问题,下列哪些选项是正确的?(2005 年试题)

A. 该婚姻的有效性应适用法国法律

B. 该案涉及的离婚条件适用中国法律

C. 财产分割动产适用瑞士法,不动产适用不动产所在地法

D. 涉及该案的财产分割应适用中国法律

13. 依我国法律规定,在我国法院受理的涉外离婚案件审理过程中,认定婚姻是否有效应当以下列哪一项为准据法?(2004 年试题)

A. 婚姻缔结地法

B. 当事人本国法

C. 当事人住所地法

D. 法院地法

14. 按照我国《民法通则》及其司法解释的规定，父母子女相互之间的扶养、夫妻相互之间的扶养以及其他有扶养关系的人之间的扶养，应当适用与被扶养人有最密切联系的国家的法律。下列哪些国家可以视为与被扶养人有最密切联系的国家？（2003 年试题）

A. 扶养人和被扶养人的国籍国

B. 扶养人和被扶养人的住所地国

C. 扶养人和被扶养人的居所地国

D. 供养被扶养人的财产所在地国

15. 秦某出生于美国，具有美国国籍，现年 10 岁。秦某的父亲是华裔美国人，母亲是中国人。3 年前，秦某的父母在美国离异后，秦某的母亲携秦某回国定居，秦某的母亲在公安机关办理了常住户口登记，也为秦某办理了在中国长期居留的证件。后秦某的父亲委托中国律师在中国某人民法院提起诉讼，请求取得对其子的监护权。关于对秦某监护的设立、变更和终止，我国人民法院应该适用下列哪国法律？（2003 年试题）

A. 被监护人的本国法律

B. 中国法律

C. 美国法律

D. 被监护人的住所地国家的法律

16. 在该案中，如果秦某只是临时居留在中国，我国人民法院对秦某的监护的设立、变更和终止应该适用下列哪国的法律？（2003 年试题）

A. 被监护人的本国法律

B. 中国法律

C. 美国法律

D. 被监护人的住所地国家的法律

17. 中国人高某想要得到其具有美国国籍的儿子的赡养，要求人民法院给予支持。下列选项中哪些是正确的？（2002 年试题）

A. 我国没有关于赡养的法律适用规范立法，故应驳回高某的起诉

B. 我国没有关于赡养的法律适用规范立法，因此该案应适用我国法律

C. 该案适用《民法通则》的规定来确定准据法

D. 该案适用高某儿子的本国法，即美国法

18. 美国公民甲（男）于 1990 年 8 月在中国海南旅游期间与中国公民乙（女）相识并恋爱，甲在海南观光数日后返美。1991 年 7 月 17 日乙应甲邀请赴美，在美国办理了结婚登记。1991 年 8 月 2 日，乙以双方婚前了解不够，无法建立感情为由，向中国法院提起离婚诉讼。下列选项哪个是中国法院审理该离婚案时应适用的准据法？（1999 年

试题)

A. 美国法

B. 中国法

C. 同时适用美国法和中国法

D. 法院可以选择适用美国法或中国法

19. 甲与乙系大学同班同学,1987 年甲大学毕业后赴加拿大留学并定居加拿大,1993 年取得加拿大国籍。1988 年乙赴美国留学,1993 年成为美国加州永久居民,1995 年甲乙同游欧洲,并随后在意大利按当地法律结婚。1996 年乙回到中国,不再与甲来往。一年后,向中国法院提出与甲离婚。中国法院在认定甲乙的婚姻是否有效时,应适用何国法律?(1998 年试题)

A. 美国加州法律

B. 加拿大法律

C. 意大利法律

D. 中国法律

20. 埃及人甲与印度人乙的经常居所和主要财产都在上海,现二人在上海某人民法院起诉离婚并要求分割夫妻共同财产。根据中国相关法律规定,下列选项中正确的是?(2021 年试题)

A. 甲乙之子在上海出生,其子出生时不具有中国国籍

B. 只要该诉讼尚未了结,甲乙二人就不得离境

C. 诉讼离婚及夫妻财产分割事项均应适用中国法

D. 甲乙可就夫妻财产分割事项协议选择新加坡法

21. 久居上海的德国籍夫妇洛克和玛丽去年赴云南收养了女孩小梅。小梅的亲生父母就收养关系的解除向上海某法院起诉,下列关于法律适用的哪项判断是正确的?(2021 年试题)

A. 收养条件应适用德国法

B. 收养手续应适用中国法或德国法

C. 收养解除应适用中国法

D. 收养效力应适用德国法

第十三章　涉外继承关系的法律适用

[知识结构图]

- 涉外继承关系的法律适用
  - 涉外遗嘱继承的法律适用
    - 涉外遗嘱继承的法律冲突
    - 涉外遗嘱继承的法律适用规则
    - 我国关于涉外遗嘱继承的规定与实践
  - 涉外法定继承的法律适用
    - 涉外法定继承的法律冲突
    - 涉外法定继承的法律适用规则
    - 涉外法定继承准据法的适用范围
    - 我国关于涉外法定继承的规定与实践
  - 涉外无人继承财产的法律适用
    - 涉外无人继承财产的法律冲突
    - 涉外无人继承财产的法律适用规则
    - 我国关于涉外无人继承财产的规定与实践
  - 关于遗产继承的国际公约
    - 《遗嘱处分方式法律适用公约》
    - 《遗产国际管理公约》
    - 《死者遗产继承的准据法公约》

[内容导读]

涉外继承是指继承关系的主体、客体、法律事实这三个要素中,有一个或一个以上为外国因素。不同国家因其社会制度、意识形态、历史传统、宗教信仰和风俗习惯等方面的差异,使各国的继承法基本原则、基本制度以及各项具体规定都存在相当大的区别,因此,涉外继承领域常会产生法律冲突。这样,适用何国法律就成为解决涉外继承关系的关键点。涉外继承关系分为遗嘱继承关系、法定继承关系和无人继承关系三种情形。这三种情形是有先后次序的。世界各国法律都规定首先依据合法有效遗嘱继承,缺少合法有效遗嘱才依法定继承,在没有继承人的情况下最终依据无人继承的法律规定。这构成本章的前三节,每一节都按照法律冲突—法律适用—中国立法规定与实践的逻辑顺序排列,便于读者阅读。为了能在更大范围协调各国的涉外继承的法律适用规则,世界各国到目前为止制定有三个重要的国际公约,这些公约的主要内容作为本章第四节。

[法律职业资格考试要点]

本章在考试中所涉及的要点有:立遗嘱人能力的法律适用,遗嘱方式的法律适用,遗嘱内容和效力的法律适用,中国关于涉外遗嘱继承法律适用的规定;涉外法定继承法律适用中的区别制与同一制，涉外法定继承准据法的适用范围，中国关于涉外法定继承法律适用的规定与实践；关于涉外无人继承财产的基本理论，涉外无人继承财产归属问题的法律适用，中国关于无人继承财产法律适用的规定与实践。

第一节　涉外遗嘱继承的法律适用

事例 13.1

2015 年,南昌市一个农民经常帮一位在南昌的美国人清理房间,深受该美国人喜欢。由于该美国人是离婚独居,一年以后,该美国人就决定把自己在南昌的一套自有住房在其死后给该农民,双方就此到南昌市公证处作了公证。2017 年,该美国人在南昌死亡,该农民欲将该房产过户到自己名下而遭到拒绝,他该怎么办?

一、涉外遗嘱继承的法律冲突

涉外遗嘱继承,是指遗嘱继承法律关系的主体、客体、法律事实三个要素中有一个或一个以上为外国因素的继承。① 继承因为涉及各国国内民法,在各国法律规定不同的情况下,涉外遗嘱继承难免产生冲突。这些冲突表现为四个方面。

(一)立遗嘱人的能力方面的冲突

立遗嘱是一种单方法律行为,大多数国家都规定只有具备完全民事行为能力的成年人才能设立遗嘱,但各国立法所规定的立遗嘱人的完全民事行为能力的年龄界限并不一致。例如,《日本民法典》第 961 条规定:“已满 15 岁者,可以立遗嘱。”而《德国民法典》第 2229 条规定:“未成年人已满 16 岁者,方可立遗嘱。”假设一名 15 岁的德国留学生在日本死亡,生前立下遗嘱,那么,依据日本法这名留学生具有立遗嘱能力,所立遗嘱有效;但依德国法,这份遗嘱却无效。所以,关于立遗嘱能力的法律冲突的解决显得非常重要。

(二)遗嘱实质有效性的法律冲突

遗嘱的实质有效性问题,包括遗嘱继承是否允许和不受限制,立遗嘱人是否必须给他的配偶和子女留下一定份额的遗产,遗赠是否有效等方面的内容,故又可称“遗嘱的效力”。

尽管各国立法普遍赋予立遗嘱人可以自由处分自己财产的权利,但同时也对立遗嘱的自由都作出了不同程度的限制。在大陆法系国家,普遍采取的是有限制的遗嘱自由主义,即以遗嘱方式处分的遗产只能是立遗嘱人全部遗产的一部分。如《法国民法典》第 913 条规定:“不问生前赠与或遗赠,如立遗嘱人死亡时仅遗有一个子女时,其赠与或遗赠不得超过其所有财产的半数;如遗有两个子女时,其赠与或遗赠不得超过三分之一;如遗有子女三人以上时,其赠与或遗赠不得超过四分之一。”日本法律也作了

---

① 遗嘱是指立遗嘱人生前在法律允许的范围内,依照法律规定的方式预先处分其遗产,并于死亡时发生法律效力的单方法律行为。遗嘱继承又称指定继承,是指继承人以及其继承的遗产由死者生前通过遗嘱加以指定的一种继承方式。而有关涉外民事关系的界定可参见 2021 年 1 月 1 日施行的最高人民法院《关于适用〈中华人民共和国涉外民事关系法律适用法〉若干问题的解释(一)》第 1 条的规定。

同样严格的限制。在英美法系国家,很多国家也改变了过去所采取的绝对遗嘱自由主义,而转为对遗嘱内容实行某些限制。如英国1938年颁布的《家庭供养条例》原则上要求,被继承人对家庭成员负有不可推卸的抚养义务,如果被继承人以遗嘱的方式逃避这一法定义务,有关当事人可以请求法院予以变更。美国许多州的法律也明确规定被继承人不能剥夺生存配偶的继承权。

在立嘱人是否必须给他的配偶和子女留下一定份额的遗产方面,法国规定立遗嘱人不得违反法律关于法定继承人的"特留份"的规定,否则所立遗嘱无效。英国也规定,遗嘱应当对缺乏劳动能力的儿子、未成年或未出嫁的女儿保留必要的数额。

在遗赠是否有效方面,各国立法所规定的无效条件也各不相同。例如,《捷克斯洛伐克民法典》规定:"凡与法律或公共利益相矛盾的遗嘱条件,以及意思不明或相抵触的条件,无效。"《法国民法典》第1021条规定:"遗嘱人以其他人的物件遗赠时,不问其是否知悉不属于自己所有,遗赠均属无效。"该法第1042条第1款还规定:"如遗赠物在立遗嘱人生前就全部灭失时,遗赠无效。"该法第1043条规定:"如指定的继承人或受遗赠人拒绝接受遗赠,或无接受能力时,遗嘱处分无效。"《保加利亚继承法》规定:因遗嘱处分而受利益之人在遗嘱人之前死亡者,遗嘱处分不发生效力。

因为在涉及遗嘱有效性的各个方面各国的法律都存在不同规定,因此,难免出现法律冲突问题。

(三)遗嘱解释的法律冲突

因为各国法律观念深受各自不同法律文化的影响,尽管用词一样,但各自的含义并不相同,因此,关于遗嘱的解释有时也会产生法律冲突。例如,立遗嘱人通过所立遗嘱,将一定数额的钱款遗赠给他的债权人,而这笔钱款恰好等于立遗嘱人对该债权人所承担的债务。对此,根据英国法,可把它解释为立遗嘱人是想要以此来偿还他所欠的债务。但依据法国法却不能得出这样的结论,因为《法国民法典》第1023条规定:"对债权人所作的遗赠,不应视为抵偿其债权。"这样一来,依据不同法律进行的遗嘱解释所导致的结果也就不同。

(四)遗嘱方式的法律冲突

遗嘱方式的法律冲突表现在设立方式和变更或撤销方式等方面。

对于设立遗嘱的方式,世界各国主要有普通遗嘱和特别遗嘱两大类。有的国家兼采这两大类方式。例如,《法国民法典》就规定有普通遗嘱和特别遗嘱两大类,前者包括自书遗嘱、公证遗嘱、密封遗嘱三种,后者包括军人遗嘱、隔绝地遗嘱、海上遗嘱、外国遗嘱四种。有的国家则只有普通遗嘱一种方式。如《加拿大民法典》只规定了自书形式的遗嘱。除了遗嘱设立方式不同外,对同一种遗嘱方式的设立程序,各国也有不同的规定。例如,对于公证遗嘱的设立,日本、瑞士等国要求须有两人或两人以上的见证人参加,而德国、匈牙利等国则没有这种要求。

对于变更或撤销遗嘱的方式,各国也存在较大的差异。《法国民法典》既有明示撤销,也有推定撤销。① 而《美国统一继承法典》规定了遗嘱变更或撤销的两种方式:一是通过书面形式,重新设立明确撤销原来所立遗嘱其中一部分的新遗嘱,或重新设立与原遗嘱相矛盾的遗嘱;二是通过行为表示来撤销遗嘱,如立遗嘱人或遗嘱中所指定的继承人在立遗嘱人面前烧毁、撕毁、盖销、涂抹原遗嘱。这样一来,一项在法国有效的遗嘱如果在美国被涂抹,就难免产生法律适用上的冲突。

二、涉外遗嘱继承的法律适用规则

涉外遗嘱继承的法律冲突表现在很多方面,那么,其法律冲突的解决是统一适用一套规则来确定其准据法,还是分别适用不同的规则来确定其准据法呢?目前,国际社会对于涉外遗嘱的法律冲突的解决基本上是按照涉外遗嘱继承的不同方面采取不同的法律适用规则的。

(一)立嘱能力的法律适用

关于立嘱能力的法律适用,主要有以下主张。

1. 适用当事人的属人法

立遗嘱是一种单方法律行为,在国际私法中,对于有关当事人的行为能力问题的法律冲突,国际上通常的做法是采取属人法解决,即本国法或住所地法。

理论争鸣

关于立嘱能力适用属人法的分歧

在实践中,有时会出现立遗嘱人设立遗嘱后又改变了国籍或住所这样一种情况。那么,立遗嘱人死亡后应以哪个属人法作为其立嘱能力的准据法呢?在立法实践和学说上是有分歧的,主要有以下主张:

(1)主张适用死亡时的属人法。遗嘱是立嘱人死后才发生效力的,立嘱人在死前还不能创设一个权利,因而只能适用立嘱人死亡时的属人法。坚持此种观点的国家主要有阿尔及利亚、约旦、奥地利、埃及、匈牙利等。

(2)主张适用立嘱时的属人法。一个有效的法律行为(立嘱)既已完成,就不能因以后属人法连结点的改变而成为无效。日本、塞内加尔、土耳其、波兰、捷克斯洛伐克、前南斯拉夫、阿根廷等一些国家都持此种观点。

(3)有条件选择适用能使遗嘱有效成立的属人法。例如,1979年的《奥地利联邦国际私法法规》第30条规定:"立遗嘱的能力依死者为该法律行为时的属人法,但如该法不认为有效而死者死亡时的属人法认为有效时,则以后者为准。"这种观点在于弥补前两种主张所可能导致的遗嘱无效。

(4)特殊处理办法。英国法对立嘱人改变住所后的立嘱能力的适用,分三种情况分别对待。第一,如立嘱时立嘱人的住所地法认为有立嘱能力,而后来的住所地法认

---

① 参见《法国民法典》,载 https://www.legifrance.gouv.fr/codes/texte-Lc/LEGZTEXT000006070721/?isSuggest = true。

为无能力的,应适用立嘱时的住所地法;第二,如立嘱时住所地法认为无立嘱能力,而最后住所地法认为有能力的,应适用最后住所地法;第三,如根据原住所地法他本有能力立嘱但却未立遗嘱,后来的住所地法认为他无立嘱能力,则他原先取得的此种立嘱能力不能保留。

2. 适用多种连结因素指引的准据法

有的国家对于立遗嘱的法律适用采取了放宽的态度,对立遗嘱能力适用多种连结因素指引的准据法,诸如选择适用立遗嘱人的本国法、住所地法或惯常居所地法。例如,1987 年《瑞士联邦国际私法典》第 94 条规定:“根据立遗嘱人的住所地法律或习惯居所地法律、或其本国法律的规定,立遗嘱人有立嘱能力的,他即具有成立遗嘱的能力。”

不管怎样,关于不动产的立遗嘱能力通常要求适用不动产所在地法。[①]

(二)遗嘱实质有效性的法律适用

遗嘱本身的成立与否与立遗嘱能力有关,但立遗嘱后遗嘱的内容是否有效则只能由法院地法定继承所确定的准据法来决定。因为一般地说,遗嘱本身的准据法涉及遗嘱的生效要件、遗嘱的撤销权及其可否放弃等方面的问题,而这些问题与法院地的当地秩序有着紧密的联系。

(三)遗嘱解释的法律适用

对遗嘱解释的法律适用,许多国家并没有单独规定准据法,而是笼统地规定遗嘱成立和效力适用什么法律。在这种情况下,遗嘱解释当然受设立遗嘱的准据法支配,通常就是立嘱人的属人法。但也有少数国家在立法中对遗嘱解释规定了准据法。例如,美国 1971 年《冲突法重述(第二次)》第 240 条和第 264 条规定:对于动产遗嘱的解释应适用立嘱人自主选择的那个法律,而在无此种选择时,应适用立嘱人死亡时的住所地法;对于处分土地权益的遗嘱的解释,也应适用立嘱人自主选择的那个法律,但在无此种选择时,则应适用土地所在地法院将予适用的法律。

理论争鸣

关于遗嘱解释的法律适用的理论争议

巴迪福认为,在有关遗嘱的解释问题上,法国法院应主要探寻立遗嘱人的意思,并且不要考虑其应适用什么法律,只是在立遗嘱人意思不明时,才有必要确定应适用什么法律。因此,巴迪福指出,对于遗嘱的解释,如立遗嘱人未指明应适用的法律,可依其住所地法;如系赠与,其解释则应依一般契约解释的规则。[②] 而法国法有关一般契约的解释规则由当事人自主选择的法律确定。莫里斯则认为,就英国法而言,动产遗嘱

① 参见李双元等:《中国国际私法通论》(第 3 版),法律出版社 2007 年版,第 475 页。

② 参见[法]巴迪福:《国际私法各论》(第 2 版),曾陈明汝译,台北,中山学术文化基金董事会 1979 年版,第 433 页。

的解释的准据法应是立遗嘱人自主选择的法律，在无相反指定时，这个法律即应认为就是立遗嘱人立遗嘱时的住所地法。

莫里斯强调指出，没有理由可以认为对不动产遗嘱的解释应有别的什么规则，但如遗嘱中使用了不动产所在地国家的法律术语，则可能表明立遗嘱人意欲适用该不动产所在地法对遗嘱进行解释。①

（四）遗嘱方式的法律适用

一般而言，对于设立遗嘱方式的准据法与撤销遗嘱方式的准据法，各国冲突法的规定通常是相同的。因此，遗嘱方式的法律适用主要是指遗嘱设立方式的法律适用。对遗嘱方式应适用的法律，主要有以下主张：

1. 区分动产遗嘱和不动产遗嘱而分别适用准据法

英国、美国、日本、法国、匈牙利、德国等都主张区分动产遗嘱和不动产遗嘱分别选择适用遗嘱方式的准据法。这些国家一般都规定，不动产遗嘱方式适用不动产所在地法，动产遗嘱方式则可在立遗嘱人属人法和立遗嘱地法之间选择适用。例如，1964 年日本第 100 号法令公布的《关于遗嘱方式准据法》第 2 条规定："遗嘱方式，符合下列法律之一的其方式有效：(1)行为地法；(2)遗嘱人立遗嘱或死亡时国籍所属国家的法律；(3)遗嘱人立遗嘱或死亡时之住所地法；(5)遗嘱人立遗嘱或死亡时之经常居所地法；(4)至于不动产的遗嘱，依不动产所在地法。"②

2. 统一适用立遗嘱人属人法或立遗嘱行为地法

这种主张不分动产遗嘱和不动产遗嘱，只要遗嘱的设立方式符合立遗嘱人的属人法或立遗嘱行为地法，均为有效。例如，《泰国国际私法》第 40 条规定："遗嘱的方式，依遗嘱人本国法，或依遗嘱地法。"塞内加尔、苏联、埃及、阿尔及利亚、布隆迪、意大利、波兰、捷克斯洛伐克、土耳其、多哥等国家也采取单一制。在这种单一体制前提下，法律适用其实就是一种选择性做法，或选择属人法或选择行为地法。主张适用立嘱行为地法的，多认为"场所支配行为"原则属于强行法范畴，应严格遵循。而主张适用立嘱人属人法的则认为，遗嘱制度本身就要求在遗产的处分上充分尊重立嘱人的意思表示，而且遗嘱是一种准身份行为，并非纯粹的一种财产行为，因而只应适用立嘱人属人法。例如，荷兰就把遗嘱方式视作遗嘱能力问题，要求不论动产或不动产遗嘱方式都要受立嘱人本国法支配。

但是，遗嘱作为一种单方法律行为，毕竟和一般的法律行为还是有很大区别的，更何况立遗嘱人处分的遗产也可能位于几个国家境内，因此，目前普遍认为，遗嘱方式准据法不该只囿于立遗嘱行为地法或属人法，而应是可作多种选择的。对于遗嘱方式的准据法选择，当今发展趋势是越来越宽松，越来越灵活。在这方面，1961 年海牙《遗嘱

---

① 参见［英］莫里斯：《冲突法》（英文第 2 版），1980 年，第 345 ~ 347 页。转引自李双元主编：《国际法与比较法论丛》第 7 辑，中国方正出版社 2003 年版，第 36 页。

② 参见日本《关于遗嘱方式准据法》，载 https://www. Japaneselawtranslation. 80. jp/en/laws/view/3871, accessed on 28 June, 2022。

处分方式法律冲突公约》集中地反映了这种发展趋势。①

3. 主张适用遗产所在地法

还有极少数国家规定,不论动产和不动产,其遗嘱方式均适用遗产所在地法,如阿根廷、巴拉圭、乌拉圭等。

三、我国关于涉外遗嘱继承的规定与实践

(一)我国关于涉外遗嘱继承的实体法规定

1. 关于涉外遗嘱继承的实质要件

我国关于涉外遗嘱继承的实质要件表现在《中华人民共和国民法典》第 1133 条、第 1141 条、第 1143 条中。其中,第 1143 条第 1 款是关于立遗嘱人能力的规定,即立遗嘱人必须具备完全的民事行为能力,无民事行为能力人或者限制民事行为能力人所立遗嘱无效。第 1141 条是关于遗嘱内容的限制规定,即遗嘱应当对缺乏劳动能力又没有生活来源的继承人保留必要的遗产份额。第 1133 条和第 1143 条第 2 款对遗嘱效力问题作了规定,即遗嘱人所立遗嘱应当遵守国家法律,遗嘱必须是遗嘱人真实意思的表示,否则遗嘱无效。

2. 关于涉外遗嘱的形式要件

关于涉外遗嘱的形式要件体现在《中华人民共和国民法典》第 1134 条至第 1139 条、第 1142 条中。其中,第 1134 条至第 1139 条是有关遗嘱设立方式的规定。我国法律认定的遗嘱方式有自书遗嘱、代书遗嘱、打印遗嘱、录音录像遗嘱、口头遗嘱、公证遗嘱六种。第 1142 条对遗嘱撤回或变更作了明确规定,即"遗嘱人可以撤回、变更自己所立的遗嘱。立遗嘱后,遗嘱人实施与遗嘱内容相反的民事法律行为的,视为对遗嘱相关内容的撤回。立有数份遗嘱,内容相抵触的,以最后的遗嘱为准"。

(二)我国关于涉外遗嘱继承法律适用的规定

2010 年《中华人民共和国涉外民事关系法律适用法》对立遗嘱能力、遗嘱方式、遗嘱效力以及遗产的管理的法律适用作了明确的规定。其中,该法第 12 条对关于立遗嘱人的行为能力的法律适用作了具体规定,即"自然人的民事行为能力,适用经常居所地法律"。该法第 32 条是就涉外遗嘱方式准据法选择进行了规定,即"遗嘱方式,符合遗嘱人立遗嘱时或者死亡时经常居所地法律、国籍国法律或者遗嘱行为地法律的,遗嘱均为成立"。该法第 33 条是专门针对涉外遗嘱效力法律适用的规定,即"遗嘱效力,适用遗嘱人立遗嘱时或者死亡时经常居所地法律或者国籍国法律"。该法第 34 条则是对涉外遗产管理法律适用所作的规定,即"遗产管理等事项,适用遗产所在地法律"。但是,对于涉外遗嘱解释的法律适用,我国立法并无具体规定。

---

① 《遗嘱处分方式法律冲突公约》第 1 条规定,凡遗嘱处分在方式上符合下列各国内法的,应为有效:(1)立遗嘱人立遗嘱时所在地;(2)立遗嘱人所作出处分或死亡时国籍所属国;(3)立遗嘱人所作出处分或死亡时的住所地;(4)立遗嘱人作出处分或死亡时的惯常居住地;(5)在涉及不动产时,财产所在地。

理论争鸣

遗嘱继承法律适用的分析视角

关于遗嘱继承的法律适用问题，学者们见仁见智，有的侧重从遗嘱的实质要件和形式要件两方面探讨，[①]有的从立遗嘱能力、遗嘱方式、遗嘱解释、遗嘱撤销等方面探讨，[②]有的从立嘱能力、遗嘱方式、遗嘱解释、遗嘱撤销、遗嘱的实质有效性等方面探讨，[③]有的从立遗嘱人能力、遗嘱方式、遗嘱内容和效力、遗嘱撤销等方面探讨。[④] 为了方便对遗嘱继承法律适用的理解，本书将涉外遗嘱继承法律适用按照立遗嘱人能力、遗嘱的实质有效性、遗嘱的解释、遗嘱方式四个方面加以探讨，因为前三部分涉及遗嘱的实质要件，而遗嘱的撤销主要涉及撤销方式问题，因而将其并入第四部分形式要件。[⑤]

课堂讨论案例

中国籍公民王某玫1984年随父母到印度尼西亚定居，1985年加入印度尼西亚国籍。1995年，王某玫丈夫去世，王某玫除有一子外，无其他亲属。2012年，王某玫变卖在印度尼西亚的财产，与其子回中国定居。回国后，王某玫购买一套公寓居住。王某玫的儿子有业不就，靠王某玫的积蓄生活。王某玫对其子好逸恶劳十分反感，多次劝说儿子自食其力，儿子置若罔闻。王某玫遂加强了对财产的控制。王某玫的儿子对其母不满，先后在2017年、2018年两次加害其母，均被与其母朝夕相伴的一条爱犬救解。王某玫身体不好，又遭逆子两次暗算，心力交瘁，自知不久将绝于人世。2018年年底，王某玫找到律师立下书面遗嘱：(1)取消儿子的继承权。(2)我死后，尚可留存人民币10万元左右，由爱犬继承，这笔钱由律师掌管，用于爱犬的生活费用。爱犬的日常生活，由律师照料。(3)在律师履行交付的义务后，公寓一套归律师所有。王某玫立遗嘱后不久就去世了。律师安葬了死者。王某玫的爱犬在王某玫的墓地守候，4天4夜不吃不喝，悲壮死去。

［问］　(1)王某玫遗嘱的效力适用何国法律来认定？

(2)王某玫的遗产如何处理？

---

① 参见张潇剑：《国际私法论》(第2版)，北京大学出版社2008年版，第416～420页。

② 参见黄进主编：《国际私法》(第2版)，法律出版社2005年版，第373～376页；韩德培：《国际私法》，高等教育出版社、北京大学出版社2000年版，第238～241页。

③ 参见李双元等：《中国国际私法通论》(第3版)，法律出版社2007年版，第474～478页。

④ 参见章尚锦主编：《国际私法》，中国人民大学出版社2000年版，第264～266页。

⑤ 具体详细内容可以参见朱子勤：《涉外继承的法律适用》，载《人民司法》2000年第4期；周黎明：《涉外继承法律适用的比较研究》，载《商丘师范学院学报》2006年第4期。

第二节 涉外法定继承的法律适用

事例 13.2

汤姆·李是中国人,在中国有住所。2019 年在日本去世,留有在日本的房屋 3 栋,在中国工商银行存款 15 万元,在一中美合资公司有股票 20 万股,价值 40 万元。汤姆·李生前未立遗嘱,配偶早已死亡,有两个成年儿子,一个在中国,另一个在日本。两儿子因遗产继承发生纠纷,诉至中国法院。如何适用法律解决其争议?

一、涉外法定继承的法律冲突

法定继承出现在无遗嘱或遗嘱无效,或有遗嘱但也存在无遗嘱处分的财产情形下,又称无遗嘱继承。法定继承,是指继承人的范围、继承顺序以及遗产份额的分配等均由法律直接作出规定的一种继承方式。各国立法对法定继承均有规定,但由于其具体内容不尽相同,难免出现以下三方面的法律冲突。

(一)继承人范围的法律冲突

法定继承人是指那些依法享有继承权的继承人。法定继承人的范围通常是根据婚姻关系、血缘关系以及抚养关系确立的,但各国所确立的范围宽窄不一。如英、美将死者的配偶、直系卑亲属、父母、兄弟姐妹、叔、伯、姑、舅、姨等都确定为继承人;《德国民法典》甚至把与死者有任何血亲关系的生存者都划入法定继承人的范围。而苏联、东欧国家及我国规定的法定继承人范围则相对狭窄,只有配偶、子女、父母、兄弟姐妹、祖父母、外祖父母才有继承权。

在基于抚养关系而形成的法定继承方面,各国法律的差异则更大。例如,中国承认养子女对养父母财产享有继承权,英国法、美国一些州的法律、丹麦法、挪威法也都有类似规定;但也有少数国家的法律排除了养子女对养父母财产的继承权。

(二)继承人顺序的法律冲突

各国对继承人顺序的规定是不相同的。一般来讲,对继承人范围规定较宽的国家,其对继承人顺序的规定较为复杂,而对继承人范围规定较窄的国家,其对继承人顺序规定则较为简单。例如,《德国民法典》规定了五个法定继承顺序:第一顺序为直系血亲卑亲属;第二顺序为父母及其血亲卑亲属;第三顺序为祖父母、外祖父母及其直系血亲卑亲属;第四顺序为曾祖父母及其直系血亲卑亲属;第五顺序为高祖父母、更远亲等的亲属及其直系血亲尊亲属、卑亲属。而苏联只将法定继承人顺序分为两个:第一顺序为子女(包括养子女)、配偶和父母(包括养父母)以及死亡人死后出生的子女;第二顺序为死亡人的兄弟姐妹、祖父母、外祖父母。《中华人民共和国民法典》第 1127 条关于法定继承人顺序也只有两个,第一顺序:配偶、子女、父母;第二顺序:兄弟姐妹、祖父母、外祖父母。不过,第 1129 条还规定:"丧偶儿媳对公婆,丧偶女婿对岳父母,尽了主要赡养义务的,作为第一顺序继承人。"

法定继承顺序规定的不同会使在同一案件中适用不同国家的法律将产生不同甚至是截然相反的结果。例如,一位住所在德国的华侨未立遗嘱在德国死亡,在德国留有一笔遗产,其德国子女和在我国的父母均要求继承这笔遗产,向我国法院提起了继承诉讼。如果适用《中华人民共和国民法典》,父母和子女都是第一顺序继承人,可以同时继承;如果适用德国法,则只有子女才可以继承,因为《德国民法典》规定,子女是第一顺序继承人,父母是第二顺序继承人。因此,关于法定继承顺序的规定不同,不可避免地会产生涉外法定继承的法律冲突。

(三)继承人应继份额的法律冲突

继承人的应继份额,是指共同继承人在继承被继承人遗产时所应取得的数额。在这方面,各国立法规定差异很大。例如,《日本民法典》对同一顺序的继承人的应继份额规定:(1)直系卑亲属及配偶为继承人时,直系卑亲属继承遗产的2/3,配偶继承遗产的1/3。(2)直系尊亲属及其配偶为继承人时,配偶与直系尊亲属各继承遗产的1/2。(3)配偶与兄弟姐妹为继承人时,配偶继承遗产的2/3,兄弟姐妹继承遗产的1/3。(4)直系卑亲属、直系尊亲属或者兄弟姐妹有数人时,各自的继承份额应当相等。但非嫡出的直系卑亲属的份额是嫡出直系卑亲属继承份额的1/2;异父或异母的兄弟姐妹的继承份额是同父母的兄弟姐妹继承份额的1/2。[①]《中华人民共和国民法典》第1130条对遗产分配规定:"同一顺序继承人继承遗产的份额,一般应当均等。对生活有特殊困难又缺乏劳动能力的继承人,分配遗产时,应当予以照顾。对被继承人尽了主要扶养义务或者与被继承人共同生活的继承人,分配遗产时,可以多分。有扶养能力和有扶养条件的继承人,不尽扶养义务的,分配遗产时,应当不分或者少分。继承人协商同意的,也可以不均等。"法律关于继承份额的规定不同也同样会引发法律冲突。

二、涉外法定继承的法律适用规则

对于涉外法定继承的法律适用问题,各国一直都是根据各自的国内法来解决的。而就涉外法定继承的准据法,各国立法和司法实践通常采用两种方式,即同一制和区别制。

(一)同一制的法律适用

国际私法上的同一制又称单一制,是指在涉外法定继承中,不区分动产与不动产,统一适用一个法律。在同一制的国家中,除少数国家规定法定继承适用遗产所在地法以外,大多数国家均规定适用被继承人的属人法。

1. 适用被继承人属人法

这是一条古老的冲突规范,它源于罗马法上的"普遍继承"制度。依照罗马法的观点,继承是继承人在法律上取得被继承人的地位,是死者人格的延伸。目前,这是一条各国广泛采用的冲突规范,但在确定属人法时,有的主张本国法,有的主张住所地法。

其中,德国、巴拿马、葡萄牙、希腊、瑞典、波兰、捷克、斯洛伐克、意大利、日本、奥地

---

① 参见《日本民法典》,载 https://www. Janpaneselawtranslation. go. jp/en/laws/view/2252 # je. ptzch3sczat1, accessed on 28 June, 2002。

利、比利时、荷兰、多米尼加、伊朗、伊拉克、韩国、西班牙、古巴、墨西哥、埃及、叙利亚等国家都规定继承关系适用被继承人的本国法。而挪威、丹麦、冰岛、智利、哥伦比亚、秘鲁、尼加拉瓜、哥斯达黎加、阿根廷、巴西、危地马拉、秘鲁等国则采用被继承人的住所地法。

继承依被继承人属人法的同一制原则,不仅为许多国家的国内法广为接受,而且在一些国际条约中也得到了体现和采用。例如,1928 年《布斯塔曼特法典》第 144 条规定:“法定继承和遗嘱继承,包括继承顺序,继承权利的数量,及其规定的内在效力,不论遗产的性质及其所在地,均受权利所由产生的人的属人法支配。”至于这个“属人法”是指被继承人的本国法还是住所地法,该法典第 7 条规定由各缔约国自行确定。1989 年海牙《死者遗产继承的准据法公约》也采用同一制。

2. 适用遗产所在地法

这一条冲突规范是从“物权依物之所在地法”这项传统原则中派生出来的。主张适用遗产所在地法作为法定继承准据法的理由在于,继承的主要问题是财产,属于物权的范围,因而与遗产所在地有着密切的关系,所以应适用遗产所在地法。但目前只有拉丁美洲的乌拉圭、哥斯达黎加等少数国家采用这一做法。例如,1941 年的《乌拉圭国际私法》第 2400 条规定:“对死者遗留的财产,完全按其死亡时财产所在地的法律规定行使法定继承权或遗嘱继承权。”

(二) 区别制的法律适用

区别制又称分割制,是指在涉外继承中,死者的遗产区分为动产与不动产,分别适用不同的准据法,即不动产适用物之所在地法,动产适用死者的属人法。这一制度最初是由 14 世纪意大利法则区别说创始人巴托鲁斯的学生巴尔多斯提出来的。他根据老师的法则区别说理论,将动产继承划入“人法”范畴,适用被继承人属人法,将不动产继承划入“物法”范畴,适用物之所在地法。此后,这种方法得到 16 世纪法国著名学者杜摩兰的大力提倡。当今仍然有很多国家和地区坚持采用区别制,如英国、美国、法国、比利时、卢森堡、泰国、保加利亚、玻利维亚、智利、马达加斯加、中非、塞内加尔、加蓬、白俄罗斯,以及英联邦中的一些国家、加拿大魁北克省等。采取区别制的国家对不动产继承毫无例外地适用物之所在地法,但对动产继承采用的法律适用原则则不尽相同。

相关链接

动产继承法律适用的不同做法

1. 适用被继承人住所地法

这是许多国家和地区采用的做法,如英国、美国、法国、比利时、智利、泰国、加蓬、加拿大魁北克省、白俄罗斯等。

2. 适用被继承人本国法

这是少数国家的做法,如保加利亚、塞内加尔、卢森堡和玻利维亚等。1972 年的

《塞内加尔家庭法》第847条第1款就规定:“涉及与继承范围、继承顺序以及继承人之间各自资产与债务的转移有关的遗产归属问题,由死者本国法确定。”

3. 属人法与财产所在地法相结合的混合制

还有少数国家采用组合制,即以属人法为主,兼采财产所在地法。例如,1982年《土耳其国际私法和国际诉讼程序法》第22条规定:遗产的法定继承适用被继承人本国法律,继承在土耳其境内的不动产适用土耳其法律。显然,土耳其在涉外法定继承准据法上的做法,既不能完全列入“同一制”,也不能简单归为“区别制”,因为它仅规定位于其境内的不动产不受死者属人法的约束。

三、涉外法定继承准据法的适用范围

法定继承的准据法到底能适用多大的范围,这是在确定法律选择之后的另一个重要问题。尽管各国立法不尽一致,但通常认为,法定继承的准据法至少应支配以下四个方面的问题:

1. 继承的开始及原因。继承自被继承人死亡开始。死亡有自然死亡和宣告死亡。在被继承人自然死亡时,一般不会产生法律冲突。但在宣告死亡时,各国对宣告死亡时间的确定是不同的。例如,有的国家认为,在只宣告为失踪的情况下,并不构成继承开始的原因,而只会使被宣告失踪人的财产转归财产管理人管理。而有的国家则规定宣告失踪即具有宣告死亡的效力,因而构成继承开始的原因。对于这些问题,一般均应由继承的准据法支配。

2. 继承人的范围和顺序。对于哪些人可以成为继承人,是否允许通过继承契约来处理遗产继承或放弃继承,在被继承人死亡时尚未出生的人是否可以作为继承人,失踪人可否成为继承人,一个对被继承人犯下谋杀或虐待、遗弃等罪行的人是否可以成为继承人,相互有继承权的数人在同一事件中死亡却无法证明死亡顺序时,对继承人的顺序应如何确定,是否允许代位继承,等等,所有这些问题都应适用继承准据法。当然,在确定继承人前,某人是否为被继承人的子女或配偶则属于继承的“先决问题”,应另外适用法律解决。

3. 继承开始的效力。在继承开始后,继承人有多人时,遗产应如何分割?某些继承人所分得的遗产存在瑕疵时,其他继承人应否对该继承人的损失给予补偿?继承人可否在继承开始后放弃继承?继承人的继承是否可以进行某些限制?被继承人的哪些权利义务可由继承人继承和承担?等等。这些都是法定继承的核心问题,理所当然应由继承准据法解决。

4. 被继承人遗嘱处分财产的权利。被继承人遗嘱处分财产的权利是跟立嘱能力不同的另一个问题。前文所述,在国际私法上,立嘱能力一般是适用立嘱人的属人法。但是,在有能力立遗嘱的情况下,立嘱人是否有权不受限制地处分其财产(包括特留份)?当然这一问题不能由立嘱人的属人法来解决,因为有关特留份的规定在各国继承法中多被认为是属于强行法。这就是我们前面所提到的,遗嘱的实质有效性应适用法定继承准据法来解决。

四、我国关于涉外法定继承的规定与实践

关于涉外法定继承，之前《中华人民共和国继承法》及《中华人民共和国民法通则》在总结我国处理涉外继承案件的审判实践基础上，结合中国国情，参照国际上其他国家的立法规定，对我国涉外法定继承的法律适用作了明确规定。如现已失效的《中华人民共和国继承法》第36条规定：中国公民继承在中华人民共和国境外的遗产或者继承在中华人民共和国境内的外国人的遗产，动产适用被继承人住所地法律，不动产适用不动产所在地法律。外国人继承在中华人民共和国境内的遗产或者继承在中华人民共和国境外的中国公民的遗产，动产适用被继承人住所地法律，不动产适用不动产所在地法律。又如，已经吸收《中华人民共和国民法通则》第149条的《中华人民共和国涉外民事关系法律适用法》第31条规定：遗产的法定继承，适用被继承人死亡时经常居所地法律，但不动产法定继承，适用不动产所在地法律。

由于自然人的住所经常发生变动，有时还会出现一个自然人同时拥有几个住所的现象，因而应当适用哪个住所地的法律也常常会引起争议。最高人民法院《关于贯彻执行〈中华人民共和国继承法〉若干问题的意见》第63条规定："涉外继承，遗产为动产的，适用被继承人住所地法律，即适用被继承人生前最后住所地国家的法律。"该规定在被继承人住所地前增加了定语"生前最后"，以解决该冲突规则可能带来的积极冲突。

2010年《中华人民共和国涉外民事关系法律适用法》对涉外法定继承的连结点采取了"经常居所地"这一概念。该法第31条规定："法定继承，适用被继承人死亡时经常居所地法律，但不动产法定继承，适用不动产所在地法律。"同时该法第51条对《中华人民共和国民法通则》与《中华人民共和国继承法》中就法定继承的有关法律适用的关系作了规定：《中华人民共和国继承法》第36条与本法规定不一致的，适用本法。因此，在涉外法定继承中，目前应严格按照《中华人民共和国涉外民事关系法律适用法》中的"经常居所地"来确定准据法。最高人民法院《关于适用〈中华人民共和国涉外民事关系法律适用法〉若干问题的解释(一)》(2020年修正)第13条规定：自然人在涉外民事关系产生或者变更、终止时已经连续居住1年以上且作为其生活中心的地方，人民法院可以认定为涉外民事关系法律适用法规定的自然人的经常居所地，但就医、劳务派遣、公务等情形除外。

可以说，我国在涉外法定继承的法律适用方面的规定是有其独特之处的。概括起来，主要体现在三个方面：(1)我国对涉外继承的法律适用采取符合国际通行做法的区别制；(2)明确指出被继承人的经常居所地法是其死亡时的经常居所地法；(3)遵守国际条约中的规定。

课堂讨论案例

中国公民小林与日本公民小山村2002年结婚在日本从事房地产，2008年在深圳发展并设立了公司，2011年夫妻又来到英国伦敦从事服装贸易，并定居英国，有住所，2014年小林回国探亲遭车祸身亡，小山村打算继承遗产。已知死者财产：日本房产可

值200万美元,深圳存款500万美元,英国不动产值100万美元,动产20万美元。

英国冲突规则:动产继承适用被继承人死亡时住所地法,不动产适用不动产所在地法,中国冲突规则与英国的相同。日本冲突规则:继承适用死者的本国法。英国法规定,妻子为第一顺序继承人;中国法规定,妻子与父母为同一顺序继承人;日本法规定,妻子为没有其他顺序继承人时的继承人。

[问]　(1)本案中如何确定法律适用?

(2)如果小林的父母健在,小山村在何国起诉可获得较多遗产?

第三节 涉外无人继承财产的法律适用

事例 13.3

1930 年,一位住所在德国的德国人在英国死亡,并遗留一笔动产在英国。该德国人生前未立遗嘱,也无法定继承人。德国依本国法律认为该项财产应由德国继承,于是向英国法院提起继承诉讼。根据当时的英国冲突规范,动产继承适用被继承人的住所地法即适用德国法,而依德国法,这笔财产属于无人继承财产,应由德国国库以继承人身份取得。但英国法院却认为,这样做会与英国奉行的先占权原则相违背,因而主张不能适用德国法,而改为适用遗产所在地法。在此,英国法院将无人继承财产的性质首先依继承准据法识别为无主物,而后依遗产所在地法即英国法,判由英国国库依先占权取得。

一、涉外无人继承财产的法律冲突

涉外无人继承财产是指公民死亡后,其财产无人继承的情形。它包括内国公民死亡后遗留在外国的财产无人继承,以及外国公民死亡后遗留在内国的财产无人继承。因各国的规定不一致,难免产生法律冲突,其中尤其以无人继承财产归属方面的法律冲突最为突出。

相关链接

涉外无人继承财产的确定依据

在涉外继承关系中,有下列情形之一的,一般确定为无人继承财产:(1)被继承人没有法定继承人且又未立遗嘱指定继承人、受遗赠人,或所立遗嘱无效。(2)全体法定继承人、遗嘱指定继承人和受遗赠人,在法定期限内都放弃继承或放弃受遗赠。(3)所有继承人都丧失了继承权,受遗赠人亦被取消受遗产权。(4)继承人或受遗赠人情况不明,经公告仍然无人出面主张继承或受遗赠。(5)被继承人以遗嘱依法剥夺了一切继承人的继承权。(6)被继承人用遗嘱只处分了部分遗产,在无法定继承人时,其未处分部分的遗产属于无人继承财产。

二、涉外无人继承财产的法律适用规则

在解决无人继承财产的法律冲突方面,通常存在以下两种法律适用主张:

(一)适用死者属人法

涉外无人继承财产采取适用死者属人法即继承关系准据法的做法,这也是大多数主张继承权主义的国家的通行制度。德国法院在审判实践中就采用此原则。例如,英国公民死后遗留在德国的无人继承财产,德国法院会根据德国冲突规则,适用被继承

人的本国法即英国法，来决定该无人继承财产的归属。然后依英国法，无人继承财产由财产所在地国即德国以属地先占权先占取得，收归德国国库。

(二)适用遗产所在地法

涉外无人继承财产适用遗产所在地法往往是那些奉行“先占权主义”的国家的做法，如英国、奥地利、法国、秘鲁等。《秘鲁民法典》第 2101 条规定：“如果依死者住所地法，遗产须交给外国或其他权力机关，对死者在秘鲁的财产继承，依秘鲁法。”1978 年《奥地利联邦国际私法法规》第 29 条规定：“如果依第 28 条第 1 款(死亡继承依死者死亡时的属人法)所指定的法律，遗产无人继承，或将归于作为法定继承人的领土当局，那么在这些情况下，应以死者财产在其死亡时所在地国家的法律，取代该法律。”《死者遗产继承法律适用公约》第 16 条规定：“如果根据本公约指定的准据法，既没有受遗赠人、遗嘱继承人，也没有法定继承顺序范围内的继承人，适用上述法律的规定并不影响国家或者依法设立的有关公共机构获得其领土上无人继承财产的权利。”在这里，对于涉外无人继承财产，财产所在地的缔约国，可以依据该公约所确定的继承关系准据法以外的法律，而取得该项遗产。

三、我国关于涉外无人继承财产的规定与实践

2010 年《中华人民共和国涉外民事关系法律适用法》第 35 条对无人继承遗产的归属的法律适用作了明确规定，即“无人继承遗产的归属，适用被继承人死亡时遗产所在地法律”。那么，应依据什么法律来认定是无人继承的财产呢？当然应当适用我国关于法定继承的法律适用规则所确定的准据法来决定。

理论争鸣

1. 关于无人继承财产的归属问题的争议

世界上几乎所有国家都主张无人继承财产属于国家。但国家是以什么资格或名义来取得这种无人继承的财产的，立法实践与学说有截然对立的两种主张：

一是继承权主义。这种主张认为，国家可以特殊继承人身份或最后继承人身份来取得无人继承财产。它最早是由德国著名国际私法学家萨维尼提出来的，他认为国家和地方团体可以假定为最后的法定继承人。目前，德国、匈牙利、瑞士、西班牙、意大利等国采用此说。例如，《德国民法典》第 1936 条规定：“继承开始时，被继承人既无血亲，又无配偶，以被继承人死亡时所属邦之国库为法定继承人。被继承人如果不属于任何邦的德国公民，则以德国国库为其法定继承人”。

二是先占权主义。这种主张认为，无人继承的财产是无主财产，属于无主物的范畴，对它的所有权依民法上的先占制度取得，因此，国家可以先占权取得无人继承财产。为什么要由国家先占而非由其他个人或组织先占呢？法国学者魏斯就曾指出，这是为防止个人先占引起社会混乱而危及公益。目前采用这种主张的国家有美国、英国、秘鲁、土耳其、奥地利、法国和日本等国。例如，英国 1925 年的《遗产管理法》和 1952 年的《未立遗嘱人遗产法》均规定：“没有任何人对遗产提出要求时，遗产应归属于国家，国家以先占权取得无人继承财产”。

2. 关于无人继承财产的识别与无人继承财产的法律适用的关系

有的学者将无人继承财产的识别和无人继承财产的法律适用分开,主张分别适用不同的法律,即前者适用继承准据法,后者适用遗产所在地法。有的学者主张无人继承财产的识别和无人继承财产的法律适用统一适用继承准据法。还有学者主张无人继承财产的识别首先依死者本国法,但同时依财产所在地法加以限制,即在财产所在地法认为不是无人继承时,不得作为无人继承财产处理。

课堂讨论案例

美国公民杰克独自一人于2009年1月到中国一所高校任英语教师,2014年3月突然因病去世。其在中国和美国遗留的财产如下:在中国广州有一房产(价值40万元人民币)、在招商银行存款50万元人民币,在美国有现金存款50万美元。为处理其遗产,其所在学校与其在美国的法定继承人联系。但因地址不明,联系无果,只好按有关规定登出公告,期满6个月,仍无人申请继承。

[问] (1)杰克的遗产应如何处理?我国法律是怎样规定的?

(2)按照国际上相关的法律适用规则又该如何处理?

第四节　关于遗产继承的国际公约

一、《遗嘱处分方式法律适用公约》

（一）公约的基本情况

海牙国际私法会议于1961年10月5日通过的《遗嘱处分方式法律适用公约》是一部关于统一各国遗嘱处分方式法律适用规则的国际公约，1964年1月5日生效。从1997年7月1日起，该公约适用于中国香港特别行政区。截至2022年6月28日，该公约共有42个缔约方，意大利和葡萄牙只签署了公约。[①] 该公约的最大特点是关于遗嘱方式的准据法采取了宽松态度和做法，比较全面、充分地反映了当今世界各国遗嘱方式法律适用制度的发展趋势。

（二）公约的具体规定

该公约的范围只涉及遗嘱的方式，不涉及遗嘱的内容。《遗嘱处分方式法律适用公约》第1条明确规定：不动产遗嘱方式，依财产所在地法。动产遗嘱方式，可依下列任一法律：（1）遗嘱人立遗嘱地法；（2）遗嘱人立遗嘱时或死亡时的国籍国法；（3）遗嘱人立遗嘱时或死亡时的住所地法；（4）遗嘱人立遗嘱时或死亡时的惯常居所地法。上述方式也适用于撤销遗嘱的遗嘱方式，而且，公约也不妨碍缔约国通过现有的或将来制定的法律规则，承认上述法律适用规则所指法律之外其他法律所规定的遗嘱方式的有效性。

二、《遗产国际管理公约》

（一）公约的基本情况

《遗产国际管理公约》是一个旨在协调英美法系和大陆法系关于遗产管理冲突的国际公约，由海牙国际私法会议于1973年10月2日通过，1993年7月1日生效。截至2022年6月28日，共有8个国家签署了该公约，其中3个国家已批准实施。[②]

（二）公约的具体规定

该公约的主要内容是涉及一种“国际证书”（international certificate）制度。在普通法系国家，死者遗产管理制度实行间接遗产转移制度，即被继承人死后，遗产并不是直接归属于继承人，而是先归属于法院，再经遗产管理人交给继承人所有。但在大陆法系国家，法院通常不介入继承事务，死者遗产直接归属于继承人。这样，在涉外继承中，普通法系国家法院指定的遗产管理人常不为大陆法系国家所承认。而这种由死者生前惯常居所地的缔约国的有关机构依公约所附格式及自己的法律（在公约规定的其

① 参见海牙国际私法会议（HCCH）官网，https://www.hcch.net/en/instruments/coventions/status-table/? cid=40，accessed on 28 June，2022。

② 参见海牙国际私法会议（HCCH）官网，https://www.hcch.net/en/instruments/coventions/status-table/? cid=83，accessed on 28 June，2022。

他情况下,也可依死者国籍国法)作出的国际证书,依据公约应得到其他缔约国的承认。承认方式既可由被请求国的有关机关依据本国法规定的简易程序作出,也可直接以公告方式进行。根据公约,证书应载有遗产证书持有人(遗产管理人)的姓名以及他依据一定的法律,有权对所有遗产中的有体或无体动产为有效的法律行为,并为这类遗产的利益而从事活动的权利。但公约规定,证书持有人在进行上述法律行为或行使上述权利时,应服从被请求国地方当局所要求的与其本国的遗产代表人同样的监督和管理。被请求国还可以占有在其领土内的财产以清偿债务。

三、《死者遗产继承的准据法公约》

(一)公约的基本情况

为了弥补上述两公约就统一遗产继承的法律适用的不足,海牙国际私法会议于1989年8月1日缔结了《死者遗产继承的准据法公约》。该公约是对目前世界上有关涉外继承法律适用的各种既存制度进行折中和协调的产物。其方法是在同一制继承制度的总方针下,给出多种可采用的连结因素,从而基本上协调了在该问题上不同法系的利益,为各国所接受。

我国对于制定该公约表现出极大的关注,派代表团参加了全部的相关会议,并就涉外继承之法律适用等方面的事项,向会议阐明了中国法律的规定情况及我方的观点,对公约的最后通过做出了重要的贡献。截至2015年9月1日,《死者遗产继承的准据法公约》仅阿根廷、荷兰、[1]瑞士、卢森堡4国签署了公约,公约尚未生效。不过,该公约是目前世界上有关遗产继承法律适用方面规定最为全面的一个公约,共有5章、31条。

(二)公约的具体规定

1. 公约适用范围

(1)事项范围。公约并没有直接对事项范围作出明确规定,而是规定了排除事项。这些事项包括遗嘱的方式、遗嘱人的能力、夫妻财产制以及非依继承方式获得的财产权益等。除这些事项外,一切遗产继承的法律适用问题,均由该公约调整。[2](第1条)

(2)空间范围。《死者遗产继承的准据法公约》第2条规定:只要受理案件的法院所在地国家参加了公约,该法院就要适用公约,而不问准据法所属国是否参加公约。即使最后所确定的准据法为非缔约国法律,公约也应适用。

2. 关于准据法的确定

公约对于准据法的确定采用了继承法律适用的“同一制”制度。其具体规定在第3条中。

(1)继承适用被继承人死亡时惯常居所地国家的法律,如果被继承人具有该国国

---

① 荷兰于1996年9月27日批准了该公约,但2014年12月17日又向海牙国际私法会议提交声明退出公约,该退出声明于2015年4月1日生效,载 http://www.hcch.net/en/instruments/conventions/statustable/?cid=62。

② Article 1, Convention on the Law Applicable to Succession to the Estates of Deceased Persons.

籍的。

(2)继承也可适用被继承人死亡时惯常居所地国家的法律,如果被继承人在临死前在该国居住过至少不低于5年的期限。但在特殊情况下,如果被继承人在死亡时,与其本国有更密切的联系,则适用其本国的法律。

(3)在其他情况下,继承适用被继承人死亡时具有该国国籍的国家的法律。但如果被继承人在死亡时与其他国家有更密切联系的,在这种情况下,继承适用与其有更密切联系的国家的法律。

公约的上述规定,确定了4个连结因素,即死者死亡时的惯常居所地国、死者国籍国、死者死亡时的国籍国以及与死者有最密切联系的国家。

公约采用这种以惯常居所地为主的多元连结因素,主要目的是协调各国国际私法在属人法问题上的分歧。

3. 关于转致制度的规定

《死者遗产继承的准据法公约》第4条规定,如果根据公约的有关条款应适用非缔约国的法律,而该国的冲突规则又指定适用另一非缔约国的法律,且该另一国的冲突法指定适用自己的法律,则最终适用后一非缔约国的法律。与以往海牙公约毫无保留地拒绝反致的传统态度和做法相比,该继承公约能采用转致制度,应该说是一大进步。

4. 关于继承准据法的适用范围

《死者遗产继承的准据法公约》第5条规定:根据公约第3条和第4条确定的法律,除被继承人有明示的异议外,适用于死者的所有遗产,不管这些遗产分布于何处。

根据《死者遗产继承的准据法公约》第7条的规定,继承准据法调整的具体事项包括:(1)继承人、遗赠受赠人及其份额;(2)死者遗留的债务,以及由他死亡所引起的种种继承权利的确定;(3)继承权的剥夺和继承资格的取消;(4)有关礼物、预赠或遗产的归还和清结;(5)对于遗嘱处分财产的限制;(6)遗嘱的实质要件;(7)法院地国法律认为属于继承法调整的其他事项。

5. 关于遗产继承中的意思自治原则

《死者遗产继承的准据法公约》第6条规定:"当事人可以指定一国或数国的法律用以调整其全部财产中的某些财产的继承问题。"即明确承认涉外继承领域里的当事人意思自治原则。这是该公约的另一大进步。但是,这种意思自治是有严格限制的。首先,在选择的形式方面,该公约要求必须是明示的,而且,必须符合订立遗嘱的形式要件。其次,当事人的选择只限于其指定法律时死亡时的国籍国法或惯常居所地法。再次,撤销法律的选择,也必须符合撤销遗嘱的方式。最后,当事人不能选择某一国法律适用于部分遗产的继承,而只能是用于全部遗产的继承。

《死者遗产继承的准据法公约》第8条还对继承协议作了定义,即继承协议是指当事人各方商定的、用于设立、变更和取消一方或数方协议当事人在未来继承中的权利的书面协议。该公约还允许选择支配继承协议的法律。但这种选择只限于取得未来遗产的一方当事人于协议缔结时的惯常居所地国家的法律或其国籍国法律。

6. 严格的公共秩序保留制度

关于公共秩序保留问题,公约作了明确、严格的规定,即根据公约所确定的法律,当其适用与公共政策(公共秩序)明显不相容时方可拒绝其适用。这样就排除了国家采用公共秩序保留的广泛权利。

课堂讨论案例

巴某为蒙古国公民,定居蒙古。2015年5月在中国昆明旅游时,心脏病突发死亡,死后留有遗产(随身照相机、信用卡)无人继承,也未有遗嘱。当地外事部门申请昆明市中级人民法院对外发出寻找继承人公告。公告期为6个月。6个月后,仍然没有人申请法定继承权。

[问] 巴某的遗产依何国法处理?

法律职业资格考试真题

1. 经常居所在上海的瑞士公民怀特未留遗嘱死亡，怀特在上海银行存有100万元人民币，在苏黎世银行存有10万欧元，且在上海与巴黎各有一套房产。现其继承人因遗产分割纠纷诉至上海某法院。依中国法律规定，下列哪些选项是正确的？（2016年试题）

A. 100万元人民币存款应适用中国法

B. 10万欧元存款应适用中国法

C. 上海的房产应适用中国法

D. 巴黎的房产应适用法国法

2. 中国人李某定居甲国，后移居乙国，数年后死于癌症，未留遗嘱。李某在中国、乙国分别有住房和存款，李某养子和李某妻子的遗产之争在中国法院审理。关于该遗产继承案的法律适用，下列哪些选项是正确的？（2010年试题）

A. 李某动产的继承应适用甲国法

B. 李某动产的继承应适用乙国法

C. 李某动产的继承应适用中国法

D. 李某所购房屋的继承应适用房屋所在国的法律

3. 侨居甲国的中国公民田某在乙国旅行时遇车祸身亡。其生前在丙国某银行寄存有价值10万美元的股票、珠宝一批，在中国遗留有价值200万元人民币的房产一处。田某在中国的父母要求继承这批股票和珠宝。我国与甲乙丙三国均无有关遗产继承的特别协议。依我国法律，前述股票和珠宝的继承应适用哪一国的法律？（2004年试题）

A. 中国法

B. 甲国法

C. 乙国法

D. 丙国法

4. 甲国人琼斯在我国工作期间不幸病故。琼斯在我国境内遗留有价值300万元人民币的财产，但未留遗嘱，亦无继承人。在这种情况下，琼斯遗留在我国的财产应依据什么法律处理？（2004年试题）

A. 依甲国法处理

B. 依涉外继承的准据法处理

C. 依中国法律处理，但中甲两国缔结或参加的国际条约另有规定的除外

D. 交甲国驻华使领馆依甲国法处理

5. 王某系已取得美国国籍且在纽约有住所的华人，1996 年 2 月回中国探亲期间病故于上海，未留遗嘱。王某在上海遗有 1 栋别墅和 200 万元人民币的存款，在美国纽约遗有 1 套公寓房、2 家商店、3 辆汽车、若干存款。王某在纽约没有亲属，其在上海的亲属因继承王某遗产发生争议，诉至上海某人民法院。根据国家私法规则，我国法院应适用下列哪些法律审理这一案件？（2003 年试题）

A. 在纽约州的财产适用纽约州法律

B. 在上海的财产适用中国法律

C. 遗产中的动产适用纽约州法律

D. 遗产中的不动产适用不动产所在地法律

6. 甲某系已取得美国国籍且在纽约有住所的华人，1996 年 2 月甲回中国探亲期间病故于上海，未留遗嘱。甲在上海遗有一栋别墅和 200 万元人民币的存款，在纽约留下一栋住房、两家商店及若干存款和汽车、珠宝等。甲某在纽约没有亲属，其在上海的亲属向人民法院提出财产继承请求，中国法院根据中国的国际私法规则，应适用什么法律审理这一案件？（1997 年试题）

A. 中国法

B. 纽约州法

C. 动产适用纽约州法，不动产适用不动产所在地法

D. 纽约州财产适用纽约州法，中国财产适用中国法

第十四章　国际民事诉讼程序

[知识结构图]

- 国际民事诉讼程序
  - 国际民事诉讼的概念与特征
    - 国际民事诉讼的定义与性质
    - 国际民事诉讼法的法律渊源
    - 国际民事诉讼主体的定位
  - 国际民事诉讼管辖权
    - 国际民事诉讼管辖权的定义
    - 国际民事诉讼管辖的分类
  - 国际民事诉讼的基本程序规则
    - 期间
    - 诉讼时效
    - 平行诉讼
    - 不方便法院原则
    - 财产保全
  - 国际民事司法协助
    - 国际民事司法协助的定义
    - 域外送达制度
    - 域外调查取证制度
  - 外国法院判决的承认与执行
    - 承认与执行外国法院判决的概念
    - 承认与执行外国法院判决的理论依据
    - 承认与执行外国法院判决的条件
    - 承认与执行外国法院判决的程序
    - 我国关于承认与执行外国法院判决的规定与实践

[内容导读]

当一个国家的法院审理一起国际私法案件的时候，由于涉外因素的存在，常常会遇到一些特殊的法律程序上的问题需要解决，例如，外国人与外国国家在内国法院的民事诉讼地位问题；内国法院对国际民事诉讼的管辖权问题；内国法院的诉讼程序如何获得外国法院的民事司法协助的问题；各国法院之间判决的相互承认与执行问题；等等。各国立法与国际条约、国际惯例关于这些问题的规定，就构成了本章所涉及的国际民事诉讼程序。

[法律职业资格考试要点]

在历年考试的国际私法试题中，国际民事诉讼占有重要的地位。

本章在考试中所涉及的要点有：国际民商事争议的概念与特点，国际民商事争议的类型,国际民商事争议的解决方式,国际民事诉讼的概念和特点,国际民事诉讼法的概念和特点,外国人的民事诉讼地位(有关外国人民事诉讼地位的一般原则、外国人在中国的民事诉讼地位),国际民事诉讼案件管辖权(国际民事诉讼案件管辖权概述、确定国际民事诉讼案件管辖权的原则、一事再理与一事两诉、诉讼管辖权和仲裁管辖权、中国关于国际民事诉讼案件管辖权的规定),国际民事诉讼的期间、诉讼保全、诉讼时效,国际司法协助(国际司法协助概述、国际司法协助的途径和履行司法协助条约、中国关于司法协助的规定、域外送达与中国关于域外送达文书的规定、域外取证),承认与执行外国法院判决的程序和条件(双边司法协助协定的规定、中国关于外国法院判决承认与执行的规定),外资非正常撤离中国相关利益方跨国追究与诉讼的问题。

第一节　国际民事诉讼的概念与特征

事例 14.1

2010 年，中国女子朱某与美国男子马特在美国纽约登记结婚，并在纽约定居，2013 年朱琳返回中国居住，其后未回美国。2016 年马特在美国联邦地方法院提起离婚诉讼，不久，朱某在中国上海某区人民法院亦提起离婚诉讼。

一、国际民事诉讼的定义与性质

国际民事诉讼，是指含有国际因素（或称涉外因素）的民事诉讼。国际因素，是指民事诉讼的主体、客体或内容三项中的某一项或多项与外国有牵连关系。国际民事诉讼由于在诉讼主体、内容、客体方面含有国际因素，因此其除了具备内国民事诉讼的一般特征外，还具有其他一些特征，从而在性质上与内国民事诉讼有所区别。

相关链接

国际民事诉讼程序与内国民事诉讼程序的比较

项目	国际民事诉讼程序	内国民事诉讼程序
国家主权问题	维护国家主权具有至关重要的意义。国际民事案件必然涉及法院地国与外国之间的司法主权的冲突与协调问题。例如，外国当事人委托律师担任诉讼代理人的问题；法院适用何种语言与文字审判国际民事案件的问题等	不会出现内国与外国的司法主权的冲突与协调问题
法律适用问题	法律适用的情况比较复杂。在解决国际民事纠纷时，可能涉及国际条约、公约的有关规定（这里主要指程序方面的规则），法院必须适用这些规定。此外，法院在审理国际民事案件适用有关的实体法规范时，需要根据内国法律所规定的冲突规范选择适用实体法，有时这一实体法可能是外国法，因而会遇到外国法的适用问题	主要适用内国的程序法律规则与实体规则
诉讼行为的完成问题	有些诉讼行为需要在国外完成。例如，调查取证时，一方当事人在国外，或者有关的证据位于国外；法院对不在内国领域内居住的当事人送达诉讼文书；申请人申请执行在国外的财产等，这些行为都需要在国外完成，因而需要外国法院的协助	所有诉讼行为都在内国完成，无须外国法院的协助

涉外民事诉讼与国际民事诉讼的关系

国际民事诉讼,从内国的立场出发,因为其含有涉外因素,而称为涉外民事诉讼。而从国际的立场出发,含有国际因素(民事诉讼诸要素中有一个或多个与两个或两个以上的国家具有牵连关系)的民事诉讼为国际民事诉讼,由于涉外因素也是一种国际因素,涉外民事诉讼实际是某一具体国家的国际民事诉讼。我国在有关立法中,一般使用“涉外民事诉讼”的概念,如《中华人民共和国民事诉讼法》第四编“涉外民事诉讼程序的特别规定”,主要是从与中国立法或司法管辖相牵连的角度出发界定的。有的国家的立法使用“国际民事诉讼”这一概念,如1962年捷克斯洛伐克的《国际私法及国际民事诉讼法》。在理论界,国际私法学者多使用“国际民事诉讼”这一概念,而诉讼法学者多使用“涉外民事诉讼”这一概念。①

2022年3月22日通过的最高人民法院《关于适用〈中华人民共和国民事诉讼法〉的解释》第520条规定:“有下列情形之一,人民法院可以认定为涉外民事案件:(一)当事人一方或者双方是外国人、无国籍人、外国企业或者组织的;(二)当事人一方或者双方的经常居所地在中华人民共和国领域外的;(三)标的物在中华人民共和国领域外的;(四)产生、变更或者消灭民事关系的法律事实发生在中华人民共和国领域外的;(五)可以认定为涉外民事案件的其他情形。”②

2022年3月22日发布的最高人民法院《关于适用〈中华人民共和国涉外民事关系法律适用法〉若干问题的解释(一)》第1条规定,“民事关系具有下列情形之一的,人民法院可以认定为涉外民事关系:(一)当事人一方或双方是外国公民、外国法人或者其他组织、无国籍人;(二)当事人一方或双方的经常居所地在中华人民共和国领域外;(三)标的物在中华人民共和国领域外;(四)产生、变更或者消灭民事关系的法律事实发生在中华人民共和国领域外;(五)可以认定为涉外民事关系的其他情形。”

二、国际民事诉讼法的法律渊源

国际民事诉讼法的法律渊源是指国际民事诉讼法的法律效力得以体现的外部形式。不同的国家,其国际民事诉讼程序的法律渊源是不同的,在国内法渊源方面,大陆法系国家以国家立法为主,而英美法系国家以法院判例为主。此外,各国间就国际民事诉讼程序问题签订了众多的双边条约和多边公约,它们构成了国际民事诉讼法的国际法渊源。③

---

① 参见李双元、谢石松、欧福永:《国际民事诉讼法概论》(第3版),武汉大学出版社2016年版,第14页。

② 我国1992年最高人民法院《关于适用〈中华人民共和国民事诉讼法〉若干问题的意见》的相关规定较简单,该解释第304条规定:“当事人一方或双方为外国人、无国籍人、外国企业或组织、或者当事人之间民事法律关系的设立、变更、终止的法律事实发生在外国,或者诉讼标的物在外国的民事案件,为涉外民事案件。”

③ 参见李浩培编著:《国际民事程序法概论》,法律出版社1996年版,第6页。

相关链接

中国国际民事诉讼法的法律渊源

国内立法	《中华人民共和国民事诉讼法》第四编“涉外民事诉讼程序的特别规定”,《中华人民共和国海事诉讼特别程序法》中关于涉外海事诉讼特别程序的一些特别规定,等等
司法解释	主要是最高人民法院为贯彻落实民事诉讼法、海事程序法而颁布的一些司法解释,这些司法解释中关于涉外民事诉讼程序的规定,是有效的法律渊源,如最高人民法院《关于适用〈中华人民共和国民事诉讼法〉的解释》
国际条约	我国缔结或参加的国际条约、公约中所含有的关于涉外民事诉讼程序的条款,亦是有效的法律渊源,除非我国对其作出了保留。在多边公约方面:我国加入的1965年海牙国际私法会议《关于向国外送达民事或民商事司法文书和司法外文书公约》(简称《海牙送达公约》)、1970年海牙国际私法会议《关于从国外调取民事或商事证据的公约》(简称《海牙取证公约》)等;在双边条约方面:我国与法国、波兰、蒙古国、比利时、罗马尼亚、意大利、西班牙、俄罗斯、土耳其、古巴等60多个国家签订的双边民商事司法协助协定

三、国际民事诉讼主体的定位

(一)外国人的民事法律地位

外国人的国际民事诉讼地位是指外国人在某一法院地国境内享有什么样的诉讼权利,承担什么样的诉讼义务,并能在多大程度上通过自己的行为行使诉讼权利承担诉讼义务,即具有什么样的诉讼权利能力和诉讼行为能力。

世界各国的民事诉讼立法和各有关的国际条约在规范外国人的民事诉讼地位时都原则上给予外国人以国民待遇,即规定外国人享有与本国国民同等的民事诉讼权利,承担同等的民事诉讼义务。如现行的《中华人民共和国民事诉讼法》第5条第1款就明确规定了这一原则,即“外国人、无国籍人、外国企业和组织在人民法院起诉、应诉,同中华人民共和国公民、法人和其他组织有同等的诉讼权利义务”。不过,由于世界各国的传统文化、政治制度以及社会经济利益不同,诉讼法律制度也存在差异,各国的诉讼立法为了保证内国国民在国外也能得到所在国的国民待遇,一般都在给予外国人以国民待遇的同时,要求以对等互惠为条件。如《中华人民共和国民事诉讼法》第5条第2款就规定了这一对等原则:“外国法院对中华人民共和国公民、法人和其他组织的民事诉讼权利加以限制的,中华人民共和国人民法院对该国公民、企业和组织的民事诉讼权利,实行对等原则。”

相关链接

涉外民事诉讼行为能力与属人

世界各国的国际民事诉讼立法均普遍规定，依当事人属人法来确定外国人的民事诉讼行为能力。如大陆法系国家中的德国、日本等国的民事诉讼法都规定外国人的民事诉讼行为能力依当事人本国法，英美法系国家也原则上依据住所地法来裁定外国人的民事诉讼行为能力问题。另外，为了求得民商事法律关系的稳定，保护善意的对方当事人，特别是本国国民的合法权益，各国在规定以属人法决定外国人民事诉讼行为能力的原则的同时，作为补充，一般都规定如果依法院地法外国人具有民事诉讼行为能力的，也视为有能力。如《日本民事诉讼法》第51条规定："外国人依据其本国法律没有诉讼能力，但如依据日本法律有诉讼行为能力时，视为有诉讼行为能力的人。"虽然我国现行的民事诉讼立法没有对外国人的民事诉讼地位问题作出明确的规定，但根据我国有关立法的精神，①原则上应该依外国人的属人法来确定其诉讼行为能力。而且，如果有关外国人依其属人法没有诉讼行为能力，而依我国民事诉讼法具有该项能力时，在我国境内所为的诉讼行为应该视为有诉讼行为能力的行为，该有关外国人不能以其本国法或住所地法的相反规定来对抗其对方当事人。

（二）诉讼代理制度

诉讼代理，是指诉讼代理人基于当事人或其法定代理人的授权以当事人的名义代为实施诉讼行为，该行为直接对当事人发生法律效力。在国际民事诉讼中有关诉讼代理的内容主要包括：外国当事人是否有权委托诉讼代理人，以及可以委托什么样的人作为诉讼代理人代为实施诉讼行为，以实现或保护其民事诉讼权利和民事实体权利。在国际社会的司法实践中，还存在一种领事代理制度，即一个国家的驻外领事，可以依据有关国家的立法和有关国际条约的规定，在其管辖范围内的驻在国法院，依职权代表其派遣国国民（包括法人）参与有关的诉讼程序，以保护有关自然人或法人在驻在国的合法权益。②

根据现行的《中华人民共和国民事诉讼法》第270条的规定："外国人、无国籍人、外国企业和组织在人民法院起诉、应诉，需要委托律师代理诉讼的，必须委托中华人民共和国的律师。"

2022年3月22日修正的最高人民法院《关于适用〈中华人民共和国民事诉讼法〉的解释》第526条规定，国际民事诉讼中的外籍当事人可以委托其本国人为诉讼代理人，也可以委托本国律师以非律师身份担任诉讼代理人，即外国人不能委托外国律师

---

① 《中华人民共和国涉外民事关系法律适用法》第11条规定："自然人的民事权利能力，适用经常居所地法律。"第12条规定："自然人的民事行为能力，适用经常居所地法律。自然人从事民事活动，依照经常居所地法律为无民事行为能力，依照行为地法律为有民事行为能力的，适用行为地法律，但涉及婚姻家庭、继承的除外。"

② 参见屈广清、欧福永主编：《国际民商事诉讼程序导论》，人民法院出版社2004年版，第32～33页。

以律师身份在我国人民法院代为进行诉讼活动。此外，我国也是《维也纳领事关系公约》的缔约国，外国人所属国的领事可以依据该公约的有关规定以及我国同有关国家签订的双边领事条约的规定，在我国人民法院代理其派遣国国民实施诉讼行为，以保护其派遣国国民（包括法人）的合法权益。

（三）外交及领事人员的司法豁免

外交代表作为外国国家或国际组织的代表与象征，赋予其司法豁免权，既是对外国国家或国际组织的尊重，也是为了确保外交代表能有效执行职务。2021 年《中华人民共和国民事诉讼法》第 268 条规定："对享有外交特权与豁免的外国人、外国组织或者国际组织提起的民事诉讼，应当依照中华人民共和国有关法律和中华人民共和国缔结或者参加的国际条约的规定办理。"不过，外交及领事人员享有的民事豁免权并不是绝对的，而是有一定的限制。

相关链接

外交人员不能享有民事司法豁免权的情形

根据我国法律以及参加的国际条约，在下列情形中，外交人员不能享有民事司法豁免权：

1. 享有司法豁免权的外交人员被诉至我国人民法院，若其派遣国政府明确表示放弃其司法豁免权的，人民法院可以受理对该外交人员提出的民事诉讼。

2. 享有司法豁免权的外交人员，因从事与外交职务无关的行为而引起的民事纠纷，不享有司法豁免权。下述行为属于与外交职务无关的行为：(1) 外交人员因自己的不动产与他人发生民事纠纷；(2) 外交人员以私人身份作为遗嘱执行人、管理人，或者作为继承人而卷入继承纠纷的；(3) 外交人员超出职务范围而从事商业活动，所引起的民事纠纷；(4) 外交人员在未表明其身份情况下订立合同所引起的纠纷；(5) 外交人员因自己的交通工具肇事而引发的纠纷。

3. 享有司法豁免权的外交人员，自己作为原告向人民法院起诉引起被告提出反诉的，不享有司法豁免权。①

课堂讨论案例

2020 年 1 月，广东某公司经理王某与香港某制衣社经理部邵某在深圳口头成交一笔羽绒生意，总货款为 45 万美元，没有签订书面合同。当年 4 月、5 月广东某公司分两次将货发给了香港方。香港方收到货后迟迟不付货款。经广东方多次催促，8 月，港方给广东公司王经理回了一封信，信中表示因羽绒的质量问题，羽绒在香港销售情况不好，暂欠的货款 45 万美元尽量设法于 10 月底付清。广东某公司等到 11 月仍不见港方

① 参见 1961 年《维也纳外交关系公约》、1963 年《维也纳领事关系公约》、1986 年《中华人民共和国外交特权与豁免条例》和 1990 年《中华人民共和国领事特权与豁免条例》。

付款,便于11月16日委托深圳经济贸易律师事务所律师向法院起诉香港某制衣社。经律师调查,香港方欠该公司债务事实属实,又通过香港律师协助调查得知香港某制衣社已将这批货物出售。据此,律师向香港邵某发出律师函,要求他的公司出具质量问题证据,并到深圳经济贸易律师事务所协商解决办法。半个月后,邵某到深圳向律师解释因新冠肺炎疫情缘故,生意不好做。商品积压多,资金周转困难,表示愿在1个月内分3次还清45万美元本金,希望对方能谅解其困难,不追索利息。经律师给原告方当事人做工作,原告同意不要利息,双方遂达成还款协议,港方当即开出20万美元支票给原告方,余下25万美元,也在12月底前全部付清。

[问] (1)涉外民事案件的代理分为几种形式?各国都有哪些规定?

(2)我国法律规定涉外民事案件代理的形式有几种?

(3)外国人聘请我国律师在我国境内代理民事案件要履行哪些手续?

第二节　国际民事诉讼管辖权

事例 14.2

原告太平洋保险公司上海分公司与被告保加利亚航运公司（Navigation Maritime Bulgaria, Ltd.）签订了国际货物运输合同，案外人中国人民保险公司上海分公司为避免被告所属船舶遭到扣押，曾经应被告的请求向原告出具过担保函，在该担保函中明确约定涉案纠纷由上海海事法院及其上诉法院管辖。后原被告之间发生运输货物受损争议，原告向上海海事法院起诉，被告以自己与原告之间没有协议管辖的约定为由，向上海海事法院提出管辖权异议。上海海事法院认为：虽然涉案主合同未显示双方当事人就管辖权问题作出过约定，但纠纷发生后，案外人中国人民保险公司上海分公司为避免被告所属船舶遭到扣押，曾经应被告的请求向原告出具过担保函，在该担保函中明确约定涉案纠纷由上海海事法院及其上诉法院管辖。尽管该担保函所产生的法律关系是原告与案外保证人之间的保证合同关系，但被告作为被保证一方显然知道该担保函的具体内容。被告在明知的情况下从未提出过异议，应认定其对担保函中管辖法院的约定已经认可，所以关于管辖法院的约定的约束力及于原告、被告和第三人。

一、国际民事诉讼管辖权的定义

国际民事诉讼管辖，是指一国法院受理某国际民事案件的依据，即一国法院有权受理国际民事案件的范围。管辖权问题在国际民事诉讼中具有重要意义的原因在于：首先，法院行使司法管辖权是行使国家司法主权的具体表现；其次，司法管辖权的确定是法院受理案件并进行审理的前提；最后，司法管辖权的确定往往同法律的适用（包括程序法、冲突规范和实体法）密切相关。由于上述原因，司法管辖权的确定直接影响案件的审理结果，并最终影响当事人的权利义务关系。①

由于国际民事案件管辖权的确定和行使直接涉及国家主权、国家利益及当事人利益的保护，而各国的政治经济利益又不尽相同，所以，迄今为止，国际社会还没有形成一种统一的国际民事案件管辖权制度。国际社会在这一问题上的普遍实践仍旧是由世界各国根据其确定和行使国际管辖权所追求的基本目的，来确定内国法院对特定的国际民事案件是否具有国际管辖权，从而形成了各种不同的国际民事案件管辖权制度。②

① 参见徐卉：《涉外民商事诉讼管辖权冲突研究》，中国政法大学出版社 2001 年版，第 9 ~ 14 页。

② 以下参见刘力：《国际民事诉讼管辖权研究》，中国法制出版社 2004 年版，第 88 页以下。

相关链接

世界主要法系国家国际民事诉讼管辖权制度

项目	主要内容
英美法系国家	一般都区分对人诉讼和对物诉讼,根据“有效控制原则”分别确定内国法院对这两类诉讼是否具有管辖权。在对人诉讼中,有关案件的被告在送达传票时处于内国境内,有关传票能有效地送达给该被告人,内国法院就对该有关案件具有管辖权。至于该被告人国籍如何、其住所或居所何在、有关案件事实发生在哪里,都无关紧要。对有关法人提起的诉讼,只要该有关法人在内国注册或有商业活动,内国法院就对该法人具有管辖权
法国法系国家(法国、意大利)	一般都是依据有关当事人的国籍来确定一国法院的管辖权,明确规定内国法院对有关内国国民的诉讼具有管辖权,而不论有关内国国民在诉讼中处于原告还是被告的地位,即使有关诉讼与内国毫无关系也不例外。而且,对于至少当事人一方是内国国民的案件,一般都由内国法院管辖。如意大利法只允许在外国人和居住在意大利境外的意大利人之间的案件中约定外国法院的管辖权和排除意大利法院的管辖权。与此相对应,对于外国人之间的案件,这些国家的立法和司法实践一般也都原则上排除内国法院的管辖权。如在法国,只有当有关外国当事人在法国设有事实上的住所时,法国法院才对有关外国当事人之间的案件行使管辖权。 此外,属于拉丁法系的法国、意大利、比利时、荷兰、卢森堡、西班牙、葡萄牙等国的法律都在不同程度上承认当事人协议选择管辖法院的权利
德国法系国家(德国、奥地利)	以被告人的住所来确定内国法院对有关案件是否具有管辖权作为原则,而以依据国籍确定国际民事案件管辖权作为例外。一般都规定除不动产方面的物权或所有权的案件、继承案件、租赁案件、再审案件、特定的婚姻案件、禁治产案件、某些有关执行和破产的案件由内国法院专属管辖以外,其他案件依被告方的住所地来确定国际民事案件管辖权,只有有关婚姻案件和各种涉及身份地位的案件才由当事人的国籍国法院管辖。此外,这些国家的立法都在一个相当广泛的范围内尊重当事人的意思表示,规定在不与内国专属管辖权规范相抵触的前提下,当事人双方可以自由地选择内国法院管辖权或外国法院管辖权

最高人民法院国际商事法庭

2018年6月29日,我国最高人民法院分别在广东省深圳市和陕西省西安市设立第一国际商事法庭和第二国际商事法庭,最高人民法院民事审判第四庭负责协调并指导两个国际商事法庭工作。国际商事法庭是最高人民法院设立的专门处理国际商事纠纷的常设审判机构,案件审理由3名或者3名以上法官组成合议庭进行。国际商事法庭实行一审终审制,作出的判决、裁定是发生法律效力的判决、裁定。根据最高人民法院《关于设立国际商事法庭若干问题的规定》,最高人民法院国际商事法庭受理下列案件:(1)依照2021年《中华人民共和国民事诉讼法》第35条的规定协议选择最高人民法院管辖且标的额为人民币3亿元以上的第一审国际商事案件;(2)高级人民法院对其所管辖的第一审国际商事案件,认为需要由最高人民法院审理并获准许的;(3)在全国有重大影响的第一审国际商事案件;(4)照本规定第14条申请仲裁保全、申请撤销或者执行国际商事仲裁裁决的;(5)最高人民法院认为应当由国际商事法庭审理的其他国际商事案件。

二、国际民事诉讼管辖的分类

依不同标准,可以对国际民事诉讼管辖进行不同的分类。根据我国有关立法和参加的国际条约,国际民事诉讼管辖的种类通常分为普通管辖、特殊地域管辖、协议管辖、应诉管辖和专属管辖。①

相关链接

国际民事诉讼管辖种类的比较

项目	定义	具体适用
普通管辖	以当事人的住所、居所、临时所在地为标志来确定管辖法院	普通管辖通常采用"原告就被告"的原则,即由原告向被告所在地国家的法院提起诉讼,因此有些国家称被告住所地为"普通审判籍"。《中华人民共和国民事诉讼法》第22条和第23条有相关规定
特殊地域管辖	以诉讼标的所在地为标准确定何国法院管辖	特殊地域管辖包括对物权争议的管辖,对侵权行为诉讼、有关合同诉讼的管辖,对船舶诉讼和继承诉讼的管辖等。各类诉讼确立管辖的标志各不相同。如2021年《中华人民共和国民事诉讼法》第272条对合同诉讼的管辖的规定
协议管辖	双方当事人在争议发生之前或之后,用协议的方式来确定他们的争议由哪一个国家的法院来管辖	2021年《中华人民共和国民事诉讼法》第35条规定不仅具体规定了协议管辖问题,而且涉及当事人协议选择管辖法院的条件:第一,当事人能协议选择管辖法院的案件,仅限于因涉外合同或者涉外财产权益引起的纠纷;第二,双方当事人在协议选择管辖法院时,必须采用书面形式;第三,双方当事人通过书面协议所选择的管辖法院,应是与争议有实际联系的地点的法院;第四,双方当事人协议选择我国人民法院管辖时,不得违反我国民事诉讼法关于级别管辖和专属管辖的规定,否则协议管辖无效

① 参见肖永平:《国际私法原理》(第2版),法律出版社2007年版,第369~370页。

续表

项目	定义	具体适用
应诉管辖	又称默示管辖或推定管辖,是指受诉法院对案件不一定有管辖权,但基于被告的应诉,而推定被告承认该法院对案件有管辖权	应诉管辖不同于协议管辖,管辖法院不是双方当事人在诉讼之前确定的,法院的管辖权也不是基于双方当事人一致的意思表示而取得的,而是一方当事人起诉后,对方当事人以应诉的方式自愿接受受诉法院管辖的制度。但这种管辖制度同样是以当事人的意志为基础的,即以被告接受为前提
专属管辖	特定的国际民事案件专属于内国特定的法院管辖	专属管辖具有诉讼标的特殊性和管辖上的排他性双重属性。例如,2021 年《中华人民共和国民事诉讼法》第 273 条规定的三资合同纠纷只能由我国人民法院专属管辖,其他任何国家法院都无权管辖,当事人也不得以协议变更管辖

课堂讨论案例

英国凯英公司与我国贝华公司签订合同在我国共同投资建立中外合资经营企业。后凯英公司与贝华公司之间就此合同发生争议,提起诉讼。

[问] (1)依照我国法律规定,可以在哪国起诉?

(2)如果双方当事人在合同中选择英国管辖,我国法院有无管辖权?

(3)如果双方当事人在合同中选择第三国管辖,我国法院有无管辖权?

第三节 国际民事诉讼的基本程序规则

事例 14.3

1984 年 12 月 3 日,位于博帕尔的美国联合碳化物公司发生 45 吨有毒气体泄漏事件,直接致使 3150 人死亡,5 万多人失明,2 万多人受到严重毒害,近 8 万人终身残疾,15 万人接受治疗,受这起事件影响的人口多达 150 余万。当受害人向美国法院提起诉讼时,却遭到美国法院以"不方便"为由的拒绝。美国法院认为侵权行为地在印度,受害人也是印度人,应该在印度提起诉讼。

一、期间

(一)国际民事诉讼期间的特点

在国际民事诉讼中,由于涉及国外的当事人或需要在国外完成一定的诉讼行为,诉讼期间一般需要较长的时间,各国民事诉讼法规定的国际民事诉讼期间往往比国内民事诉讼期间要长。我国民事诉讼法考虑到国际民事诉讼的特殊情况,对国际民事诉讼中某些诉讼行为的期间也作出了特别规定。这些规定的特点有二:第一,法定期间较长,如一审的被告、二审的被上诉人提出答辩状的期限,以及当事人不服一审法院判决的上诉期限,都是 30 日,比内国民事诉讼中的期间长。第二,当事人可以申请延长法定期间。当事人提出答辩状或提出上诉,需要延长期间的,可以在一定条件下申请延长。

(二)我国国际民事诉讼期间的特别规定及其适用

1. 被告答辩期间的特别规定。2021 年《中华人民共和国民事诉讼法》第 275 条规定:"被告在中华人民共和国领域内没有住所的,人民法院应当将起诉状副本送达被告,并通知被告在收到起诉状副本后三十日内提出答辩状。被告申请延期的,是否准许,由人民法院决定。"

2. 上诉期和答辩期的特别规定。2021 年《中华人民共和国民事诉讼法》第 276 条规定:"在中华人民共和国领域内没有住所的当事人,不服第一审人民法院判决、裁定的,有权在判决书、裁定书送达之日起三十日内提起上诉。被上诉人在收到上诉状副本后,应当在三十日内提出答辩状。当事人不能在法定期间提起上诉或者提出答辩状,申请延期的,是否准许,由人民法院决定。"在国际民事诉讼中对判决和裁定的上诉期限未作区别。

3. 国际民事诉讼案件审限的特别规定。2021 年《中华人民共和国民事诉讼法》第 277 条规定:"人民法院审理涉外民事案件的期间,不受本法第一百四十九条、第一百七十六条规定的限制。"第 152 条是关于适用普通程序审理第一审民事案件审限的规定,第一审民事案件的审限为 6 个月,第 183 条是关于上诉案件审限的规定,第二审上诉案件的审限为 3 个月,对裁定的上诉为 30 日。在国际民事诉讼中,第一审和第二审案件的审限可以不受上述期间的限制。

二、诉讼时效

由于各国对诉讼时效期间长短、中止、中断或延长的事由、诉讼时效的客体和效力等方面的规定存在差异，因此在国际民事诉讼中，需要确定应适用哪一个国家有关诉讼时效的规定，即应确定诉讼时效的准据法。对于诉讼时效的准据法，目前各国的趋势是规定诉讼时效适用该诉讼请求的准据法，[①]《中华人民共和国涉外民事关系法律适用法》第7条也明确规定，诉讼时效，适用相关涉外民事关系应当适用的法律。如此一来，有关涉外合同关系的诉讼时效就应该依据合同的准据法确定，涉外侵权案件的诉讼时效就应由该侵权行为的准据法确定。

三、平行诉讼

（一）平行诉讼的含义及其发生原因

平行诉讼，是指相同的当事人基于同一诉讼请求或案件事实，先后或同时向两个或两个以上的国家的法院起诉，而两个或两个以上国家法院都进行受理的情形。平行诉讼有两种基本的表现形态：一为重复诉讼，即同一当事人作为原告同时或先后向两个或两个以上国家的法院以同一对方当事人为被告提起诉讼；二为对抗诉讼，即在此国法院甲起诉乙，而在另一国法院乙又以同一事实或以相同的诉讼请求起诉甲。

平行诉讼的发生，有其客观原因与主观原因，客观原因主要是各国法律关于国际民事诉讼管辖权规定的不同。例如，拉丁法系国家如法国常以当事人是否具有法国国籍作为法国法院是否对国际民事案件行使管辖权的标志，而英美法系国家如英国常以当事人是否在英国拥有住所作为英国法院是否对国际民事案件行使管辖权的标志。假若某一案件中，当事人为在英国拥有住所的法国人，则其既在英国法院进行诉讼，又可在法国法院进行诉讼，因而有可能引发平行诉讼。主观原因是当事人选择法院（forum shopping），即当事人为取得对自己有利的某国法院判决或是为对抗对方当事人的诉讼请求，而提起重复诉讼或对抗诉讼。[②]

（二）各国解决平行诉讼的方法

平行诉讼作为各国司法管辖权相互冲突的产物，其存在具有一定的客观合理性，但其亦有一定的负面效应，如容易导致出现相互矛盾的判决，使当事人的权利义务关系陷入不稳定状态，引发国家间的司法对抗等，因此，各国基本上对平行诉讼都采取了一定的限制措施。

---

① 参见韩德培主编：《国际私法》，高等教育出版社、北京大学出版社2000年版，第111～112页。

② 参见陈荣宗：《国际民事诉讼之法律问题》，载台湾《法学丛刊》1996年第2期。

相关链接

世界各法系国家解决平行诉讼问题的方法

项目	主要内容
英美法系国家	适用不方便法院原则(principle of non convenience forum),是指法院在受理某一涉外民事案件时,发现由本国法院受理该案对法院与当事人都不方便,并且又存在另一国法院可作为受理此案的代替法院的情况,于是法院便以本院是非方便法院为由,拒绝行使管辖权,这样就能够避免平行诉讼的发生。 颁布禁止诉讼令(anti-suit injunction),是指在平行诉讼发生后,法院颁发禁令,禁止当事人在外国或本国法院进行诉讼,当事人如果不遵守此禁令,则可能构成藐视法庭①
大陆法系国家	以外国法院的判决是否可能在本国获得承认,作为限制本国法院的竞合诉讼的条件,如果外国法院进行的竞合诉讼能产生在本国可以承认的判决,则本国法院将终(中)止在本国的竞合诉讼②

我国司法实践有关平行诉讼的应对

我国目前民事诉讼立法对国际民事诉讼中的平行诉讼问题没有作出明文规定,但有关的司法解释涉及了这一问题。最高人民法院《关于适用〈中华人民共和国民事诉讼法〉的解释》第 15 条规定:"中国公民一方居住在国外,一方居住在国内,不论哪一方向人民法院提起离婚诉讼,国内一方住所地人民法院都有权管辖。国外一方在居住国法院起诉,国内一方向人民法院起诉的,受诉人民法院有权管辖。"该司法解释第 531 条规定:"中华人民共和国法院和外国法院都有管辖权的案件,一方当事人向外国法院起诉,而另一方当事人向中华人民共和国法院起诉的,人民法院可予受理。判决后,外国法院申请或者当事人请求人民法院承认和执行外国法院对本案作出的判决、裁定的,不予准许;但双方共同缔结或者参加的国际条约另有规定的除外。外国法院判决、裁定已经被人民法院承认,当事人就同一争议向人民法院起诉的,人民法院不予受理。"不过,该解释这种对平行诉讼现象不加限制的做法,受到了学者的广泛批评。③

---

① 参见刘铁铮:《论国际管辖权冲突之防止》,载刘铁铮:《国际私法论丛》,台北,三民书局股份有限公司 1984 年版,第 273 页以下。

② 参见徐卉:《国际民商事平行诉讼研究》,载陈光中、江伟主编:《诉讼法论丛》第 1 卷,法律出版社 1998 年版,第 323 页以下。

③ 参见郭树理:《国际民事诉讼中的平行诉讼问题》,载梁慧星主编:《民商法论丛》第 18 卷,金桥文化出版(香港)有限公司 2001 年版,第 618 页以下。

四、不方便法院原则

不方便法院原则是具有广泛自由裁量性质的一项原则，即法院在处理民商事案件时，尽管其本身对案件具有管辖权，也是正确的审判地点，但如果法院发现其是审理案件的不适当法院或在外国有审理案件的适当法院，法院有权使用自由裁量权拒绝行使管辖权。不方便法院原则于19世纪首先出现在苏格兰，最初被贴上了不管辖法院(forum non competens)的标签。到19世纪中期，苏格兰法院才使用不方便法院(forum non conveniens)这一术语。在20世纪中后期，苏格兰的不方便法院原则逐渐被绝大部分的普通法国家所采纳。①

相关链接

我国司法实践中有关不方便法院原则的应对

我国有关民事诉讼法的司法解释纳入了不方便法院原则，最高人民法院2022年《关于适用〈中华人民共和国民事诉讼法〉的解释》第530条规定："涉外民事案件同时符合下列情形的，人民法院可以裁定驳回原告的起诉，告知其向更方便的外国法院提起诉讼：(一)被告提出案件应由更方便外国法院管辖的请求，或者提出管辖异议；(二)当事人之间不存在选择中华人民共和国法院管辖的协议；(三)案件不属于中华人民共和国法院专属管辖；(四)案件不涉及中华人民共和国国家、公民、法人或者其他组织的利益；(五)案件争议的主要事实不是发生在中华人民共和国境内，且案件不适用中华人民共和国法律，人民法院审理案件在认定事实和适用法律方面存在重大困难；(六)外国法院对案件享有管辖权，且审理该案件更加方便"。

此外，学者们早就提出在立法与司法实践中接受不方便法院原则。《中华人民共和国国际私法示范法》是中国国际私法学会拟订的民间规范，其第51条规定了不方便法院原则，即"对本法规定中华人民共和国法院享有管辖权的诉讼，如中华人民共和国法院认为实际行使管辖权对当事人及案件的审理均极不方便，且有其他法院对该诉讼的审理更为方便时，经被告申请，可以决定不行使管辖权"。

五、财产保全

(一)财产保全的含义

财产保全，是指在国际民事诉讼中，为保证法院将来作出的判决能够顺利地执行，根据申请人的请求，法院依法责令被申请人提供担保或者将被申请人的财产予以扣押的一种国际民事诉讼制度。

---

① 关于不方便法院原则的全面论述，可以参见徐伟功：《不方便法院原则研究》，吉林人民出版社2002年版。

（二）我国关于国际民事诉讼中的财产保全程序的法律规定

1. 财产保全申请

在国际民事诉讼中，一方当事人认为可能判决因对方当事人的行为或者其他原因，而不能执行或者难以执行的，可以根据2021年《中华人民共和国民事诉讼法》第103条、第104条的规定，向人民法院提出财产保全申请。但是，当事人在提出财产保全申请的同时，必须提供担保，担保的数额应相当于请求保全的数额，否则，人民法院不能接受当事人的财产保全申请。利害关系人因情况紧急，不立即申请财产保全将会使其合法权益受到难以弥补的损害的，可以在起诉之前向人民法院申请财产保全，并提供担保，担保的数额也应相当于请求保全的数额。但是，利害关系人在人民法院裁定准许财产保全后，必须在30日内提起诉讼。逾期不起诉的，人民法院便裁定解除财产保全。

2. 财产保全措施

主要是发布扣押令，扣押被申请人的财产，也不排除采取查封、冻结等措施。这里所说的财产，主要是指船舶、航空器、车辆及其他财产。法院既可以对被申请人所有的财产采取保全措施，也可以对其使用的财产采取保全措施。

3. 财产保全赔偿

2021年《中华人民共和国民事诉讼法》第108条规定："申请有错误的，申请人应当赔偿被申请人因保全所遭受的损失。"申请有错误，是指申请人在诉讼终结时的判决结果与其申请财产保全请求不一致，也就是诉讼结果是申请人败诉，导致申请人的财产保全申请没有理由与事实根据，由此给被申请人造成的实际损失，理应由申请人负责赔偿。这样规定，充分体现了我国民事诉讼法公平保护双方当事人合法权益的原则。

4. 财产保全的解除

根据《中华人民共和国民事诉讼法》的规定，财产保全是一种临时性的强制措施。有下列情形之一的，法院应发布解除保全措施的命令，由执行员执行：其一，利害关系人起诉前向法院申请财产保全后，30日内不起诉的；其二，被申请人提供担保的；其三，受诉法院在审理中认为实施财产保全的原因已消灭或审理后申请人败诉的。

课堂讨论案例

中国公民甲得知A国法院正在审理其配偶中国公民乙提起的离婚诉讼，便在自己住所地的中国法院对乙也提起离婚之诉。依我国司法实践，法院对于甲的起诉应如何处理？

第四节 国际民事司法协助

事例 14.4

2002 年,珠海市香洲区人民法院审理了一起中国消费者告德国奔驰汽车公司产品责任纠纷的案件,法院向受送达人德国奔驰汽车公司在北京设立的办事处送达诉讼状副本时,北京办事处提出异议,认为中德两国是《海牙送达公约》的成员国,应依公约规定的程序送达,并否认法院送达的效力,于是,此案因送达问题的争议被推迟开庭。后来,最高人民法院针对该问题作出批复:当受送达人在中国领域内设有代表机构时,人民法院可根据 2017 年《中华人民共和国民事诉讼法》第 267 条第 5 项[①]规定向受送达人在中国领域内设立的代表机构送达文书,而不必根据《海牙送达公约》的规定向国外送达,而且,人民法院向外国公司的驻华代表机构送达诉讼文书时,可以适用留置送达。批复以司法解释的形式明确了向受送达人驻华代表机构送达司法文书的效力。

一、国际民事司法协助的定义

(一)国际民事司法协助概述

司法协助,是指不同国家的法院之间,根据自己国家缔结或者参加的国际条约,或者按照互惠原则,相互委托,代为一定的诉讼行为,如送达司法文书、传讯证人、收集证据以及承认和执行法院判决和仲裁裁决等。在国际民事诉讼中,提出请求的法院的行为,称为法院委托;履行他国法院委托的行为,称为司法协助。[②]

一国法律的效力只能及于本国境内,在本国境外没有域外效力,一国的司法机关也只能在本国境内行使司法权,不能在其他国家行使这种权力。然而,日益频繁的国际交往使各国司法机关处理的国际民事案件大量增加,迫切需要各国在司法领域进行国际合作,以维护正常的国际交往,保障各国当事人的合法权益。因此,各国相互间的司法协助作为克服司法管辖权障碍,便利诉讼顺利进行的重要手段,为国际社会所普遍采用,具有重要的意义。

为协调不同国家之间某些司法上的关系,主权国家之间采用双边或者多边国际条约的方式,将共同有关的司法上的某些问题作出规定,形成司法上的协助关系。但是,各主权国家是根据其意志行事的,有的并未参加某些国际性的条约,或者并未同某些国家订立双边性的协议,它们在司法上根据平等互利、互惠原则进行协助。因此,双边或多边国际条约、互惠原则,形成司法协助的不同方式,即不同国家之间,或者根据条约的义务开展司法协助,或者根据互惠关系进行司法协助。

---

① 2021 年《中华人民共和国民事诉讼法》修正后为第 274 条第 5 项。

② 参见徐宏:《国际民事司法协助》(第 2 版),武汉大学出版社 2006 年版,第 20 页以下。

理论争鸣

司法协助的狭义与广义之争

在国际上,司法协助这一概念有狭义和广义之分,有些大陆法系国家,如法国、比利时、波兰、意大利等国家,认为司法协助仅限于送达文书和调查取证。它们认为判决的承认与执行,是当事人的私权,不是法院彼此之间可以自行决定的事情。要求一个国家的法院承认和执行另一个国家法院的判决,属于当事人的权利,只能由当事人自己申请。这是狭义的司法协助。广义的司法协助,不仅包括代为送达文书和调查取证,还包括对外国的法院判决和仲裁裁决的承认与执行。

(二)司法协助的途径与程序

根据我国缔结和参加的国际条约,以及民事诉讼法的有关规定,一般司法协助有如下几个途径:

1. 根据国际条约规定的途径进行(中央机关途径)

这种方式一般要求各国建立一个司法协助的中央机关,通过该中央机关来进行司法协助,具体做法是:请求国主管机关(一般为法院)将请求协助事项提交给被请求国的中央机关,再由该中央机关转交给该国有关主管机关(一般也为法院)协助执行。

2. 通过外交途径进行

在我国与外国尚未缔结或参加国际条约,但已建立外交关系的情况下,司法协助可以通过外交途径进行。目前与我国缔结或参加了有关司法协助的国际条约的国家,相对于同我国建交的国家而言,数量还比较少,因此,我国与其他国家通过外交方式进行司法协助仍是主要的途径。以外国法院通过外交途径委托我国法院进行司法协助为例,外交途径的具体做法是:首先,由该国驻华使馆将法律文书交我国外交部领事司,由后者转递有关高级人民法院;其次,由该高级人民法院交有关中级人民法院向当事人送达;最后,当事人签收后,由送达的中级人民法院将送达回证送高级人民法院,再通过外交部领事司转交给对方。如无送达回证的,由送达的中级人民法院出具送达证明,予以转交。

3. 通过本国驻外国的使领馆进行

当文书的受送达人或被调查取证者为在外国的本国公民时,一般司法协助可以通过本国驻外国的使领馆进行,这种方式已为大多数国家所承认。我国民事诉讼法规定,外国驻中国的使领馆可以向该国公民送达诉讼文书和调查取证,但不得违反中国的法律,并不得采取强制措施。除外国使领馆外,任何外国机关和个人不得在中国领域内送达文书或调查取证。

二、域外送达制度

(一)域外文书送达的概念

域外文书送达(service abroad of documents),是指在国际民事诉讼中,一国法院通过法定方式将司法文书和司法外文书送达给在国外的当事人及其他有关诉讼参与人的行为。这里讲的文书主要包括法院的判决书、调解书、裁定书、决定书、起诉书副本、答辩状、传票、通知书等。①

1965 年 11 月 15 日海牙国际私法会议通过《海牙送达公约》,在域外送达制度国际化方面迈出可喜的一步。该公约得到较为广泛的认可,于 1969 年 2 月 10 日生效,截至 2021 年 6 月 17 日,一共有缔约方 79 个,②中国于 1991 年批准加入该公约。

(二)中国关于域外文书送达的规定

《中华人民共和国民事诉讼法》第 274 条规定了 8 种不同的涉外民事诉讼送达方式:

1. 依条约规定的方式送达

所谓依条约规定的方式送达,是指以受送达人所在国与我国共同缔结的双边条约或共同参加的多边条约所规定的方式进行送达。这是国际民事诉讼中信守国际条约的具体体现。我国与外国缔结或共同参加的条约不同,规定的送达方式也不尽相同,因此在向境外受送达人送达诉讼文书和法律文书时,应分别依照有关规定进行。

2. 通过外交途径送达

在涉外民事诉讼中,如果受送达人所在国与我国没有双边或者多边条约的关系,送达诉讼文书或法律文书可能通过外交途径进行。通过外交途径送达,是国际公认的最正规的送达方式,各国法律均予规定。1986 年,我国最高人民法院、外交部、司法部联合颁布了《关于我国法院和外国法院通过外交途径相互委托送达法律文书若干问题的通知》,为通过外交途径送达法律文书作了具体规定。其主要程序包括:(1)要求送达的法律文书须经省、自治区、直辖市高级人民法院审查,由外交部领事司负责转送。(2)须准确注明受送达人的姓名、性别、年龄、国籍及其在国外的详细外文地址,并将该案的基本情况函告外交部领事司。(3)须附有送达委托书,即委托对方法院送达。如果对方法院名称不明,可以委托受送达人所在地区的主管法院。委托书和所送达的法律文书应附有该国文字,或者该国同意使用的第三国文字的译本。如该国对委托书和法律文书要求公证、认证的,应协同外交部领事司办理。

3. 由我国驻外国使、领馆代为送达

根据我国参加的 1961 年《维也纳外交关系公约》、1963 年《维也纳领事关系公约》的有关规定,使、领馆可以向驻在国的本国当事人送达法律文书。因此,如果受送达人是我国当事人,其所在国也是该条约的成员国,即可委托我国驻该国使、领馆代为送达。受送达所在国是非公约成员国的,如果根据该国法律允许我国使、领馆直接送达的,也可以委托我国驻该国的使、领馆代为送达。我国法院委托我国驻外使、领馆代为送达的,可不必附有外文译本。

---

① 关于域外送达具体论述,可参见何其生:《域外送达制度研究》,北京大学出版社 2006 年版。

② 资料来源:https://www.hcch.net/en/instruments/conventions/status-table/?cid=17,2022 年 6 月 28 日访问。

4. 向受送达人委托的人送达

在涉外民事诉讼中,有的当事人因不在我国领域内居住,不能直接接受我国人民法院向其送达诉讼文书,如其委托有诉讼代理人,并在授权委托书中明确表示由其代理人代收诉讼文书的,人民法院可以向其诉讼代理人送达。诉讼代理人经被代理人授权,可代为诉讼行为和接受诉讼行为,代为接受送达是代为接受诉讼行为的内容之一。

5. 向受送达人设在我国的代表机构送达

涉外民事诉讼的当事人是外国企业或者组织,人民法院不便向其直接送达诉讼文书或法律文书的,如果它在我国境内设有代表机构,可以向其代表机构送达。外国企业和组织,如果在我国境内没有设立代表机构,但设有分支机构或有它的业务代办人,并且分支机构或业务代办人有权接受送达的,也可以向其分支机构或业务代办人送达。人民法院向上述人员或机构送达的,其效力与向受送达人本人送达相同,诉讼期间应从上述人员或机构接受送达之日的第二天开始起算。

6. 向受送达人邮寄送达

向不住在我国境内的外国当事人送达诉讼文书或法律文书,以邮寄的方式进行送达,是一种最简便的方式。1965 年《海牙送达公约》规定,在当地国家不反对的条件下,可以邮寄送达。我国是该公约的成员国,同时《中华人民共和国民事诉讼法》规定,受送达人所在国的法律允许邮寄送达的,可以邮寄送达。自邮寄之日起满 3 个月,送达回证没有退回,但根据各种情况足以认定已经送达的,期间届满之日视为送达。在国际上,许多国家的法律不禁止外国法院对本国当事人邮寄送达,或者对此不加干预,但有的国家认为如果两国间不存在这方面协议的,不应对其本国当事人进行邮寄送达。因此,邮寄送达以受送达人所在国法律允许为条件。

7. 采用传真、电子邮件等能够确认受送达人收悉的方式送达

为应对新技术时代所带来的社会关系的变化,传统的送达方式也面临创新,因此新修订的《中华人民共和国民事诉讼法》增加了新的送达方式,包括传真、电子邮件等其他新的能被受送达人收悉的送达方式。根据新修订的《中华人民共和国民事诉讼法》的相关规定,2022 年 3 月 22 日,最高人民法院审判委员会第 1866 次全体会议审议通过了《最高人民法院关于修改〈最高人民法院关于适用《中华人民共和国民事诉讼法》的解释〉的决定》(法释〔2022〕11 号)。该决定明确规定,适用简易程序审理案件,人民法院可以依照《中华人民共和国民事诉讼法》第 90 条、第 162 条的规定采取捎口信、电话、短信、传真、电子邮件等简便方式传唤双方当事人、通知证人和送达诉讼文书。

8. 向受送达人公告送达

公告送达,是在上述几种送达方式都不能采用时,可以采用的唯一送达方式。公告送达的方式是将送达文书的内容登载在可以出口的报纸上,以告知受送达人。根据《中华人民共和国民事诉讼法》规定,公告的告知期为 3 个月,即自公告之日起满 3 个月,视为送达。

三、域外调查取证制度

(一)域外调查取证概述

域外调查取证(taking of evidence abroad),是指在国际民事诉讼中,基于国际条约或互惠,被请求国协助请求国了解案情,获得或收集证据的活动。调查取证同送达文书一样,是诉讼赖以进行的一项必要程序。国际民事诉讼案件中的域外调查取证,虽然也属于程序性行为,但比域外文书送达却要复杂得多。①

为了协调各国不同的调查取证制度,尽可能减少纷争,国际社会一直致力于这一领域的合作,特别是海牙国际私法会议为此付出了长期、巨大的努力。在其 19 世纪末期拟定的《民事诉讼程序公约》中,就含有相互协助调查取证的规定。该公约经多次修订,最后为 1954 年《民事诉讼程序公约》所取代。1970 年 3 月 18 日,海牙国际私法会议主持通过了一项专门公约即《关于从国外调取民事或商事证据的公约》,以取代 1954 年《民事诉讼程序公约》中有关取证部分的规定。《海牙取证公约》兼顾了各方面的意见,因而得到了广泛的接受,于 1972 年 10 月 7 日生效,截至 2021 年 6 月 17 日,一共有缔约方 64 个。② 中国已于 1997 年加入该公约。

此外,各国还就相互协助取证签订了许多双边条约。同时,各国通常还在本国法律中规定,在与有关国家之间不存在条约关系时,可在互惠的基础上相互协助调查取证。

(二)域外调查取证方式

域外调查取证方式主要有:

1. 代为取证。代为取证又称"请求书"或"法院嘱托"方式,是指一国受理案件的司法机关向证据所在国的司法机关提出请求,由后者代为进行取证。

2. 领事取证。领事取证即一国司法机关通过该国派驻他国的领事或外交官员在其驻在国直接调查证据。

3. 特派员取证。即受理诉讼的法院如需从国外获取证据,可委派官员直接在外国领土上调取证据。

4. 当事人或诉讼代理人自行取证。

5. 出庭作证。一国法院在审理国际民商事案件时,如果证人在国外,除可通过上述方式进行域外取证外,还可以要求域外的证人到其境内,当庭向法院提供证据,这就是"出庭作证"。当然,这里的"出庭",不一定是到法庭作证或在庭审时作证,它可以是在法官主持或授权下在任何场所进行的取证,甚至在个别情况下,还包括在对法庭和证人都方便的第三国境内所进行的取证。

(三)我国关于域外调查取证的规定

我国民事诉讼法中关于域外调查取证的专门规定的内容不多。一般来说,我国法

---

① 关于域外取证制度的具体论述,可参见王克玉:《国际民商事案件域外取证法律适用问题研究》,人民法院出版社 2008 年版。

② 资料来源:https://www.hcch.net/en/instruments/conventions/status-table/?cid=82,2022 年 6 月 28 日访问。

院和外国法院可以在国际条约或互惠的基础上,根据民事诉讼法的有关规定,互相请求协助调查取证。根据《中华人民共和国民事诉讼法》第284条第2款和第3款的规定,外国驻我国的使领馆可以向该国公民直接调查取证,但不得违反中国的法律,并不得采取强制措施。此外,除上述情况外,未经我国主管机关准许,任何外国机关或个人不得在我国领域内调查取证。在实践中,外国律师请中国律师代行应由司法机关行使的调查取证权,也不被允许。

课堂讨论案例

甲国与中国均为1965年在海牙签订的《关于向国外送达民事或商事司法文书和司法外文书的公约》的缔约国。现甲国法院依该公约向总部设在南京的东陵公司送达若干司法文件。

[问] (1)根据该公约及我国的相关规定,执行送达的人民法院应如何处理?

(2)根据该公约及我国的相关规定,东陵公司收到人民法院送达的该等司法文书后,发现其只有英文文本的,是否可以拒收?为什么?

第五节 外国法院判决的承认与执行

事例 14.5

五味晃系日本公民，因与日本日中物产有限公司(法定代表人宇佐邦夫)存在借贷纠纷，经日本国横滨地方法院小田原分院判决，由宇佐邦夫及其公司向债权人五味晃偿还借款1.4亿日元。由于宇佐邦夫在本国无力偿还该项借款，日本国熊本地方法院玉名分院又下达扣押令和债权转让命令，追加宇佐邦夫在中国投资的中日合资企业大连发日海产食品有限公司为第三人，要求第三人将宇佐邦夫在该公司的投资款人民币485万元扣押，并转让给五味晃。上述判决及扣押令、债权转让命令经日本国有关法院依据《海牙送达公约》委托我国司法部向大连发日海产食品有限公司送达后，该公司认为日本国有关法院的判决对中国法人不应产生法律效力，故拒绝履行。为此，五味晃向大连市中级人民法院提出申请，要求承认并执行日本国有关法院的判决及扣押令、债权转让命令。

一、承认与执行外国法院判决的概念

所谓外国法院判决的承认和执行，系指一国法院基于国际条约或互惠，根据外国法院或有关当事人的请求或申请，依法承认和执行他国法院就某一国际民商事案件所作出的判决。① 某一国际民商事案件由有关国家的法院受理后，经过审理并作出了判决，接着就提出如何执行这一判决的问题。判决的执行是诉讼程序的最终目的，这在国际民事诉讼中尤为重要。

二、承认与执行外国法院判决的理论依据

理论争鸣

国际上关于承认和执行外国法院判决的理论主要有三种，即礼让说、既得权说和债务说。礼让说特别强调主权原则，它主张承认与执行外国法院判决不是基于它本身的域外效力，而仅仅是出于一种国际礼让。既得权说认为，为了保证国际民商事法律关系的稳定性，一国对于依外国法院判决确立的权利也应加以保护，这种保护不是基于对外国法院判决域外效力的承认，而是对依外国法院判决取得的权利的承认和保护。债务说则认为，“当具有管辖权的外国法院已判处一方当事人该支付另一方当事人一笔金钱后，支付这笔金钱就成了法律上的一种债务，可以通过债务诉讼使之在本国履行”。除了这三种主要学说外，还有互惠说、义务说、特别法律说、重大关系说和一

① 关于外国法院判决承认与执行的具体论述，可参见钱锋：《外国法院民商事判决承认与执行研究》，中国民主法制出版社2008年版。

事不再理说等。①

三、承认与执行外国法院判决的条件

承认和执行外国法院判决的一个很重要的方面是在什么条件下，一国可以承认和执行外国法院判决。对于这个问题，一些国际条约和国内立法进行了专门的规定。归纳起来，国际条约和国内立法规定的承认和执行外国法院判决的条件主要有：(1)外国法院判决是具有管辖权的外国法院作出的；(2)被告在判决前受到审判法院及时和适当的传唤；(3)外国法院判决的承认和执行，不会损害本国的公共秩序；(4)外国法院判决是已经发生法律效力的终局判决；(5)外国法院判决不是通过欺骗或规避法律取得的；(6)外国法院判决不会与承认与执行地国法院以前就同一案件所作出的业已发生法律效力的判决相抵触；(7)外国法院判决所适用的法律须符合本国冲突规范的规定，适用了本国冲突规范指定的准据法；(8)外国法院判决不是刑事判决，而是民商事判决。

四、承认与执行外国法院判决的程序

从各国立法和司法实践来看，主要有几种不同的承认和执行外国法院判决的程序：第一，经形式上的审查后发执行令的程序。采用这种程序的国家对需要在本国承认和执行的外国法院判决仅作形式上的审查，而不进行实质性的审查，即只要外国法院判决符合本国承认和执行外国法院判决的条件，就予以承认，发给执行令，由本国法院强制执行。德国、意大利等国采用这种程序。第二，经实质性的审查后发执行令的程序。采用这种程序的国家对需要在本国承认和执行的外国法院判决从法律和事实两方面进行实质性的审查。如果发现外国法院判决没有这两方面的问题，发给执行令，予以执行；如果发现外国法院判决有这两方面的问题，可以此为由拒绝发给执行令，也可以此为由变更外国法院所作出的判决，然后发给执行令，按变更后的判决执行。比利时、卢森堡等国采用这种程序。第三，判例法程序。英、美等普通法系国家采用这种程序，它们对外国法院判决不直接执行，而是将之作为向执行地国法院重新提起诉讼的根据，经执行地国法院重新审理后，如认为与当地法律并无抵触之处，则由执行地国法院作出一个与外国法院判决内容相同的判决，然后根据一般的程序予以执行。因此，从法律形式上讲，被请求执行地国法院执行的并不是外国法院判决，而是与外国法院判决内容相同的本国法院判决。此外，还有一些普通法系国家采用登记签发执行令的程序。

五、我国关于承认与执行外国法院判决的规定与实践

(一)我国法院判决在外国的承认与执行

依照《中华人民共和国民事诉讼法》第287条的规定，我国法院作出的发生法律效力的判决、裁定，如果被执行人或其财产不在我国领域内，当事人请求执行的，可以由

---

① 参见董立坤：《略论对外国法院判决的承认与执行——兼析我国民事诉讼法中的有关规定》，载《中国社会科学》1985年第2期。

当事人直接向有管辖权的外国法院申请承认和执行，也可以由我国法院根据我国缔结或参加的国际条约的规定，或者按照互惠原则，请求外国法院承认和执行。

（二）外国法院判决在中国的承认与执行

依照《中华人民共和国民事诉讼法》第288条和第289条的规定，外国法院作出的发生法律效力的判决、裁定，需要我国人民法院承认和执行的，可以由当事人直接向我国有管辖权的人民法院申请承认和执行，也可以由外国法院依照该国与我国缔结或者参加的国际条约的规定，或者按照互惠原则，请求人民法院承认和执行。人民法院对申请或者请求承认和执行的外国法院作出的发生法律效力的判决、裁定，依照我国缔结或者参加的国际条约，或者按照互惠原则进行审查后，认为不违反我国法律的基本原则或者国家主权、安全、社会公共利益的，裁定承认其效力，需要执行的，发出执行令，依照民事诉讼法有关规定执行。违反我国法律的基本原则或者国家主权、安全、社会公共利益的，不予承认和执行。

课堂讨论案例

中国法院就一家中国公司和一家瑞士公司之间的技术转让纠纷作出判决。判决发生效力后，瑞士公司拒不执行法院判决，而且该公司在中国既无办事机构、分支机构和代理机构，也无财产。

［问］ （1）中国公司是否可直接向有管辖权的瑞士法院申请承认和执行？

（2）人民法院是否可直接采取强制措施执行？

法律职业资格考试真题

1. 依照我国现行法律规定及司法解释，下列哪项判断是正确的？（2006 年试题）

A. 对于在我国境内没有住所的外国被告提起涉外侵权诉讼，只有该侵权行为实施地在我国境内时，其所属辖区的中级人民法院才可以对该侵权诉讼行使管辖权

B. 我国法院可以根据当事人选择我国法院的书面协议对涉外民事诉讼行使管辖权

C. 对原本无权管辖的涉外民事诉讼，只要该诉讼的被告前来出庭应诉，我国法院就可以对其行使管辖权

D. 因在中国履行中外合资经营企业合同发生的纠纷，当事人只能向中国法院提起诉讼

2. 居住于我国台湾地区的当事人张某在大陆某法院参与民事诉讼。关于该案，下列哪一选项是不正确的？（2012 年试题）

A. 张某与大陆当事人有同等诉讼权利和义务

B. 确定应适用台湾地区民事法律的，受案的法院予以适用

C. 如张某在大陆，民事诉讼文书可以直接送达

D. 如张某在台湾地区地址明确，可以邮寄送达，但必须在送达回证上签收

3. 朴某为韩国人，现在我国某市中级人民法院因民事纠纷涉诉。可以成为朴某诉讼代理人的有哪些？（2002 年试题）

A. 韩国公民

B. 以律师身份接受朴某委托的韩国律师

C. 中国律师

D. 中国公民

4. 荷兰人迈克在中国工作期间被一同事过失伤害。因双方就损害赔偿标准达不成协议，迈克向工作所在地某人民法院提起诉讼，他可以委托下列哪些人为其诉讼代理人？（2003 年试题）

A. 荷兰人

B. 以律师身份担任诉讼代理人的荷兰律师

C. 以非律师身份担任诉讼代理人的荷兰律师

D. 以个人名义出任诉讼代理人的荷兰驻华使领馆官员

5. 根据我国《民事诉讼法》及相关司法解释的规定，在涉外民事诉讼中，外国当事

人可以委托下列哪些人作为其诉讼代理人？（2005年试题）

A. 中国律师

B. 中国公民

C. 其本国驻华使、领馆官员

D. 其本国公民

6. 某外国公民阮某因合同纠纷在中国法院起诉中国公民张某。关于该民事诉讼，下列哪一选项是正确的？（2012年试题）

A. 阮某可以委托本国律师以非律师身份担任诉讼代理人

B. 受阮某委托，某该国驻华使馆官员可以以个人名义担任诉讼代理人，并在诉讼中享有外交特权和豁免权

C. 阮某和张某可用明示方式选择与争议有实际联系的地点的法院管辖

D. 中国法院和外国法院对该案都有管辖权的，如张某向外国法院起诉，阮某向中国法院起诉，中国法院不能受理

7. 普拉克是外国公民，在一起由中国法院审理的涉外侵权案件中为原告。普拉克请求使用其本国语言进行诉讼。关于中国法院对该请求的处理，下列哪一选项是正确的？（2008年试题）

A. 尊重普拉克的这一请求，使用其本国的语言进行案件的审理

B. 驳回普拉克的这一请求，使用中文进行案件的审理，告知由其自行解决翻译问题

C. 驳回普拉克的这一请求，以中文进行案件的审理，但在其要求并承担费用的情况下，应为其提供翻译

D. 驳回普拉克的这一请求，使用中文进行案件的审理，但可为其提供免费翻译

8. 英国人施密特因合同纠纷在中国法院涉诉。关于该民事诉讼，下列哪一选项是正确的？（2015年试题）

A. 施密特可以向人民法院提交英文书面材料，无需提供中文翻译件

B. 施密特可以委托任意一位英国出庭律师以公民代理的形式代理诉讼

C. 如施密特不在中国境内，英国驻华大使馆可以授权本馆官员为施密特聘请中国律师代理诉讼

D. 如经调解双方当事人达成协议，人民法院已制发调解书，但施密特要求发给判决书，应予拒绝

9. 甲国A公司和中国B公司合资设立住所地在中国C区的D公司，双方在合资合同中约定争议由甲国法院管辖。后A、B两公司就合资合同的履行引发争议，A公司诉至甲国某法院。中国B公司未出庭，也未作任何回应，甲国法院作出缺席判决。现

甲国A公司向中国某法院申请承认和执行该判决，根据中国相关法律、司法解释及司法实践，下列说法正确的是？（2019年试题）

A. 中国C区中院对本案有管辖权

B. 甲国A公司的申请文件必须附有中文译本

C. 中国法院可以专属管辖为由拒绝承认和执行甲国判决

D. 因为甲国法院缺席审判，中国法院应对甲国判决不予承认和执行

10. 德国彩虹公司与中国杭州的晓晨公司在杭州签署了一个中外合作经营企业合同，后在中国履行协议期间发生纠纷。关于该纠纷的相关判断，以下说法正确的有：（2018年试题）

A. 双方可以选择德国的法律作为该合同的准据法

B. 双方可以在合同中约定该合同纠纷由德国法院进行管辖

C. 双方可以约定该案件在瑞典的斯德哥尔摩仲裁院进行仲裁

D. 双方可以约定该案件在荷兰海牙的国际仲裁法院进行仲裁

11. 在涉外民事诉讼中，管辖权是首要的问题。根据我国现行法律和司法解释，关于涉外管辖权，下列哪一选项是正确的？（2008年四川试题）

A. 在涉外民事案件中，中国法院不得根据原告的住所地行使管辖权

B. 被告可以通过自己的行为接受中国法院的管辖

C. 双方当事人均无法同意由对方国家的法院管辖的，可采用书面协议选择与争议没有实际联系的第三国法院管辖

D. 当事人将争议诉诸法院的权利在任何情况下均不可剥夺

12. 澳门甲公司与内地乙公司的合同争议由内地一仲裁机构审理，甲公司最终胜诉。乙公司在广东、上海和澳门均有财产。基于这些事实，下列哪些选项是正确的？（2010年试题）

A. 甲公司可分别向广东和上海有管辖权的法院申请执行

B. 只有国务院港澳办提供的名单内的仲裁机构作出的裁决才能被澳门法院认可与执行

C. 甲公司分别向内地和澳门法院申请执行的，内地法院应先行执行清偿

D. 两地法院执行财产总额不得超过依裁决和法律规定所确定的数额

13. 台湾地区甲公司因合同纠纷起诉大陆乙公司，台湾地区法院判决乙公司败诉。乙公司在上海和北京均有财产，但未执行该判决。关于该判决的执行，下列哪一选项是正确的？（2011年试题）

A. 甲公司向上海和北京的中级人民法院申请认可该判决的，由最先立案的中级人民法院管辖

B. 该判决效力低于人民法院作出的生效判决

C. 甲公司申请财产保全的,人民法院可以要求其提供有效的担保;不提供担保的,视情况决定是否准予财产保全

D. 甲公司申请认可该判决的,应当在判决效力确定后1年内提出

14. 定居甲国的华侨王某与李某在甲国结婚,后王某在甲国起诉与李某离婚时被该国法院以当事人均具有中国国籍为由拒绝受理。王某转而在我国法院诉请离婚。根据我国现行司法解释,有关此案的管辖与适用法律,下列哪些选项是正确的?(2007年试题)

A. 王某原住所地法院有管辖权

B. 因两人定居国外且在国外结婚,我国法院不应受理

C. 李某在国内的最后住所地法院有管辖权

D. 如中国法院管辖,认定其婚姻是否有效应适用甲国法律

15. 国际海上运输合同的当事人在合同中选定我国某法院作为解决可能发生的纠纷的法院。关于此,下列哪一选项是错误的?(2017年试题)

A. 该协议不得违反我国有关级别管辖和专属管辖的规定

B. 当事人可以在纠纷发生前协议选择我国法院管辖

C. 如与该合同纠纷有实际联系的地点不在我国领域内,我国法院无权依该协议对纠纷进行管辖

D. 涉外合同或涉外财产权益纠纷的当事人可以选择管辖法院

16. 克森公司是甲国的一家国有物资公司。去年,该公司与乙国驻丙国的使馆就向该使馆提供馆舍修缮材料事宜,签订了一项供货协议。后来,由于使馆认为克森公司交货存在质量瑕疵,双方产生纠纷。根据国际法的有关规则,下列哪一选项是正确的?(2008年试题)

A. 乙国使馆无权在丙国法院就上述事项提起诉讼

B. 克森公司在丙国应享有司法管辖豁免

C. 乙国使馆可以就该事项向甲国法院提起诉讼

D. 甲国须对克森公司的上述行为承担国家责任

17. 俄罗斯公民萨沙来华与中国公民韩某签订一份设备买卖合同。后因履约纠纷韩某将萨沙诉至中国某法院。经查,萨沙在中国境内没有可供扣押的财产,亦无居所;该套设备位于中国境内。关于本案的管辖权与法律适用,依中国法律规定,下列哪一选项是正确的?(2016年试题)

A. 中国法院没有管辖权

B. 韩某可在该套设备所在地或合同签订地法院起诉

C. 韩某只能在其住所地法院起诉

D. 萨沙与韩某只能选择适用中国法或俄罗斯法

18.《最高人民法院关于涉外民商事案件诉讼管辖若干问题的规定》中,明确了涉外民商事案件的诉讼管辖权限和范围,也规定了例外的情况。不适用上述规定进行集中管辖的涉外案件是?(2007 年试题)

A. 涉外房地产案件

B. 边境贸易纠纷案件

C. 强制执行国际仲裁裁决案件

D. 信用证纠纷案件

19. 越南人阮萌萌在中国购买了一套商品房,因为其要回国生活,于是把该房产卖给了中国人熊毛毛,该房屋买卖合同签订后,熊毛毛并未支付价款。阮萌萌在越南法院起诉熊毛毛,要求其支付价款。现熊毛毛来到中国某法院起诉阮萌萌,要求解除该房屋买卖合同。已知中越两国并未签订相应的双边或多边协议,根据中国相关法律和司法解释,下列说法正确的是?(2019 年试题)

A. 中国某法院若受理熊毛毛起诉,则违反了“一事不再理”原则

B. 对于熊毛毛起诉,中国某法院可予受理

C. 中国某法院应该受理该案,其对该案有专属管辖权

D. 若越南法院作出判决且已先被中国法院承认和执行,亦可以受理该起诉

20. 中国甲公司和美国乙公司签订 1 亿美元标的额的买卖合同,合同约定纠纷由最高院国际商事法庭管辖,以下表述正确的有哪些?(2019 年试题)

A. 国际商事法庭受理后,可直接委托国际商事专家委员会成员调解

B. 国际商事法庭作出的判决,败诉方不能上诉

C. 若双方达成合意,国际商事法庭可以用英文进行案件的审理

D. 因为违反级别管辖,合同中选择国际商事法庭的约定无效

21. 甲乙均为俄罗斯公民。甲定居中国,乙定居韩国,双方在汉城订立了一借贷合同,其中约定有关该合同的争议由中国法院排他管辖,英国法律为合同准据法。后双方因执行该合同发生争议而诉至我国法院。关于该合同争议的诉讼时效所应适用的法律,下列哪一个选项是正确的?(2005 年试题)

A. 当事人双方都是俄罗斯公民,该合同争议的诉讼时效应适用俄罗斯法律

B. 当事人在汉城订立合同,该合同争议的诉讼时效应适用韩国法律

C. 当事人选择英国法为合同准据法,该合同争议的诉讼时效应适用英国法律

D. 当事人选择由我国法院管辖,该合同争议的诉讼时效应适用我国法律

22. 依照我国的司法解释，涉外民事诉讼法律关系的诉讼时效，应当依照下列哪一判断确定？（2002 年试题）

A. 法院地法

B. 原告住所地法

C. 被告住所地法

D. 冲突规范确定的民事法律关系的准据法

23. 某外国法院依照该国与我国缔结或共同参加的国际条约的规定提出司法协助请求，我国法院应该依照什么程序提供司法协助？（2004 年试题）

A. 依照国际惯例进行

B. 依照我国法律规定的程序进行

C. 依照该外国法律规定的程序进行，但该程序不得违反我国的公共秩序

D. 在一定条件下，也可依照外国法院请求的特殊方式进行

24. 内地某中级法院审理一起涉及澳门特别行政区企业的商事案件，需委托澳门特别行政区法院进行司法协助。关于该司法协助事项，下列哪些表述是正确的？（2013 年试题）

A. 该案件司法文书送达的委托，应通过该中级法院所属高级法院转交澳门特别行政区终审法院

B. 澳门特别行政区终审法院有权要求该中级法院就其中文委托书提供葡萄牙语译本

C. 该中级法院可以请求澳门特别行政区法院协助调取与该案件有关的证据

D. 在受委托方法院执行委托调取证据时，该中级法院司法人员经过受委托方允许可以出席并直接向证人提问

25. 蒙古公民高娃因民事纠纷在蒙古某法院涉诉。因高娃在北京居住，该蒙古法院欲通过蒙古驻华使馆将传票送达高娃，并向其调查取证。依中国法律规定，下列哪一选项是正确的？（2016 年试题）

A. 蒙古驻华使馆可向高娃送达传票

B. 蒙古驻华使馆不得向高娃调查取证

C. 只有经中国外交部同意后，蒙古驻华使馆才能向高娃送达传票

D. 蒙古驻华使馆可向高娃调查取证并在必要时采取强制措施

26. 内地某中级人民法院在审理一民事案件过程中，需从澳门调取证据。依据《最高人民法院关于内地与澳门特别行政区法院就民商事案件相互委托送达司法文书和调取证据的安排》，下列哪些说法是正确的？（2005 年试题）

A. 该中级人民法院可直接委托澳门的有关法院调取证据

B. 澳门受托法院可以该民事案件属于其专属管辖为由拒绝执行受托事项

C. 受托法院完成调取证据的期限最迟不得超过自收到委托书之日起三个月

D. 最高人民法院与澳门特别行政区终审法院可以直接委托调取证据

27. 秦某与洪某在台北因合同纠纷涉诉,被告洪某败诉。现秦某向洪某财产所在地的大陆某中级人民法院申请认可该台湾地区的民事判决。关于该判决的认可,下列哪些选项是正确的?(2015 年试题)

A. 人民法院受理秦某申请后,应当在 6 个月内审结

B. 受理秦某的认可申请后,作出裁定前,秦某要求撤回申请的,人民法院应当允许

C. 如人民法院裁定不予认可该判决,秦某可以在裁定作出 1 年后再次提出申请

D. 人民法院受理申请后,如对该判决是否生效不能确定,应告知秦某提交作出判决的法院出具的证明文件

28. 中国与甲国均为《关于从国外调取民事或商事证据的公约》的缔约国,现甲国法院因审理一民商事案件,需向中国请求调取证据。根据该公约及我国相关规定,下列哪一说法是正确的?(2014 年试题)

A. 甲国法院可将请求书交中国司法部,请求代为取证

B. 中国不能以该请求书不属于司法机关职权范围为由拒绝执行

C. 甲国驻中国领事代表可在其执行职务范围内,向中国公民取证,必要时可采取强制措施

D. 甲国当事人可直接在中国向有关证人获取证人证言

29. 在我国法院审理的一个涉外诉讼案件中,需要从甲国调取某些证据。甲国是《关于从国外调取民事或商事证据公约》的缔约国。根据该公约,下列哪些选项是正确的?(2008 年试题)

A. 赵律师作为中方当事人的诉讼代理人,可以依照上述公约请求甲国法院调取所需的证据

B. 调取证据的请求,应以请求书的方式提出

C. 请求书应通过我国外交部转交甲国的中央机关

D. 中国驻甲国的领事代表在其执行职务的区域内,可以在不采取强制措施的情况下向华侨取证

30. 中国和甲国均为《关于从国外调取民事或商事证据的公约》的缔约国。关于两国之间的域外证据调取,下列哪一选项是正确的?(2010 年试题)

A. 委托方向另一缔约方请求调取的证据不限于用于司法程序的证据

B. 中国可以相关诉讼属于中国法院专属管辖为由拒绝甲国调取证据的请求

C. 甲国可以相关事项在甲国不能提起诉讼为由拒绝中国调取证据的请求

D. 甲国外交代表在其驻华执行职务的区域内，在不采取强制措施的情况下，可向甲国公民调取证据

31. 根据我国《民事诉讼法》和有关条约的规定，外国法院向位于我国领域内的当事人送达司法文书和司法外文书时，不能采用下列哪几种送达方式？（2002 年试题）

A. 外交途径送达

B. 通过外交人员或领事向非派遣国国民送达

C. 邮寄直接送达

D. 司法程序中的利害关系人直接送达

32. 甲国与中国均为 1965 年在海牙签订的《关于向国外送达民事或商事司法文书和司法外文书公约》的缔约国。现甲国法院依该公约向总部设在南京的东陵公司送达若干司法文件。根据该公约及我国的相关规定，下列判断何者为错误？（2005 年试题）

A. 这些司法文书应由甲国驻华使、领馆直接送交我国司法部

B. 收到司法部转递的司法文书后，执行送达的人民法院如发现该司法文书所涉及的诉讼标的属于我国法院专属管辖，则应拒绝执行甲国的送达请求。

C. 执行送达的人民法院如果发现其中确定的出庭日期已过，则应直接将该等司法文书退回，不再向东陵公司送达

D. 东陵公司收到人民法院送达的该等司法文书后，发现其只有英文文本的，可以拒收

33. 某中国企业因与在境外设立的斯坦利公司的争议向我国法院提起诉讼。根据我国现行司法解释，关于向斯坦利公司有效送达司法文书的问题，下列哪些选项是正确的？（2007 年试题）

A. 法院可向该公司设在中国的任何分支机构送达

B. 法院可向该公司设在中国的任何代表机构送达

C. 如该公司的主要负责人位于中国境内时，法院可向其送达

D. 法院可向该公司在中国的诉讼代理人送达

34. 香港地区甲公司与内地乙公司发生投资纠纷，乙公司诉诸某中级人民法院。陈某是甲公司法定代表人，张某是甲公司的诉讼代理人。关于该案的文书送达及法律适用，下列哪些选项是正确的？（2011 年试题）

A. 如陈某在内地，受案法院必须通过上一级人民法院向其送达

B. 如甲公司在授权委托书中明确表明张某无权代为接收有关司法文书，则不能向其送达

C. 如甲公司在内地设有代表机构的，受案人民法院可直接向该代表机构送达

D. 同时采用公告送达和其他多种方式送达的，应当根据最先实现送达的方式确定

送达日期

35. 大陆甲公司与台湾地区乙公司签订了出口家具合同,双方在合同履行中产生纠纷,乙公司拒绝向甲公司付款。甲公司在大陆将争议诉诸法院。关于向台湾地区当事人送达文书,下列哪些选项是正确的?(2009 年试题)

A. 可向乙公司在大陆的任何业务代办人送达

B. 如乙公司的相关当事人在台湾下落不明的,可采用公告送达

C. 邮寄送达的,如乙公司未在送达回证上签收而只是在邮件回执上签收,可视为送达

D. 邮寄送达未能收到送达与否证明文件的,满三个月即可视为已送达

36. 某律师在代理一项涉外民事诉讼案件中,需要了解有关司法文书域外送达的规则。关于司法文书域外送达的规则,下列哪些选项是正确的?(2008 年四川试题)

A. 境外当事人位于《关于向国外送达民事或商事司法文书和司法外文书公约》(《海牙送达公约》)缔约国境内的,除该国与我国之间的双边条约另有规定的,应采用该公约规定的送达方式向该当事人送达

B. 对不符合前项情形的境外当事人,可以采用外交途径送达

C. 我国法院需要依《海牙送达公约》向居住在其他缔约国的被告送达司法文书的,应由司法部送交对方国家的中央机关

D. 若境外当事人为华侨,在其所在国法律允许的情况下,可委托我国驻该国使领馆送达

37. 居住于我国台湾地区的当事人张某在大陆某法院参与民事诉讼。关于该案,下列哪一选项是不正确的?(2012 年试题)

A. 张某与大陆当事人有同等诉讼权利和义务

B. 确定应适用台湾地区民事法律的,受案的法院予以适用

C. 如张某在大陆,民事诉讼文书可以直接送达

D. 如张某在台湾地区地址明确,可以邮寄送达,但必须在送达回证上签收

38. 中国某法院审理一起涉外民事纠纷,需要向作为被告的外国某公司进行送达。根据《关于向国外送达民事或商事司法文书和司法外文书公约》(《海牙送达公约》)、中国法律和司法解释,关于该案件的涉外送达,法院的下列哪一做法是正确的?(2013 年试题)

A. 应首先按照《海牙送达公约》规定的方式进行送达

B. 不得对被告采用邮寄送达方式

C. 可通过中国驻被告所在国使领馆向被告进行送达

D. 可通过电子邮件方式向被告送达

39. 希腊甲公司与中国乙公司签订许可协议，授权其在亚洲地区独占使用其某项发明专利，许可期限10年，标的额3.6亿元人民币，协议选择中国最高院国际商事法庭管辖。协议履行期间，因为甲公司又给予荷兰丙公司以同样的专利许可，乙公司向国际商事法庭起诉甲公司。根据相关法律规定，下列说法正确的是？（2019年试题）

A. 对国际商事法庭判决不服的，可在最高院本部申请再审

B. 有丰富经验的希腊法学家西蒙可以被国际商事法庭遴选为法官参与本案审理

C. 如果双方无异议，希腊文字的证据材料无须提交中文译本

D. 在希腊获得的证据只要经公证和认证，即可采用

40. 我国某法院接到一位中国公民提出的要求承认一项外国法院判决的申请。依我国法律规定，关于承认该外国判决，下列哪一选项是错误的？（2007年试题）

A. 如我国与该外国间存在司法协助协定，应依该协定办理

B. 如我国与该外国间既不存在司法协助协定，也不存在任何互惠关系，法院应驳回当事人申请

C. 只有作出判决的外国法院对案件具有管辖权时，该外国判决才有可能被我国法院承认

D. 只有已发生法律效力的外国法院判决才有可能被我国法院承认

41. 现有一德国法院的判决在我国欲得到承认和执行，依照我国《民事诉讼法》的规定必须符合下列哪些条件，德国法院的判决才能得到我国的承认和执行？（2002年试题）

A. 德国法院适用了我国冲突规范所规定的准据法

B. 德国法院判决的承认和执行不会损害我国的公共秩序

C. 德国法院判决已经发生法律效力

D. 德国与我国缔结或者参加了国际条约或有互惠关系

42. 中国法院就一家中国公司和一家瑞士公司之间的技术转让纠纷作出判决。判决发生效力后，瑞士公司拒不执行法院判决，而且该公司在中国既无办事机构、分支机构和代理机构，也无财产。关于该判决的承认和执行，下列选项中的哪些表述是正确的？（2003年试题）

A. 中国公司直接向有管辖权的瑞士法院申请承认和执行

B. 中国公司向国际法院申请承认和执行

C. 由人民法院依照我国缔结或者参加的国际条约的规定，请求瑞士法院承认和执行

D. 由人民法院直接采取强制措施执行

43. 朗文与戴某缔结了一个在甲国和中国履行的合同。履约过程中发生争议，朗

文向甲国法院起诉戴某并获得胜诉判决。戴某败诉后就同一案件向我国法院提起诉讼。朗文以该案件已经甲国法院判决生效为由对中国法院提出管辖权异议。依据我国法律、司法解释以及我国缔结的相关条约，下列哪一选项是正确的？（2008 年试题）

A. 朗文的主张构成对我国法院就同一案件实体问题行使管辖权的有效异议

B. 我国法院对戴某的起诉没有管辖权

C. 我国法院对涉外民事诉讼案件的管辖权不受任何限制

D. 我国法院可以受理戴某的起诉

44. 位于厦门的甲公司与位于台北的乙公司因货物买卖产生纠纷，双方在台湾地区的有关法院就该纠纷进行诉讼，该法院做出终审判决。根据《最高人民法院关于人民法院认可台湾地区有关法院民事判决的规定》，下列哪些选项是正确的？（2005 年试题）

A. 当事人可在该判决生效后两年内向人民法院提出对该判决的认可申请

B. 当事人对台湾地区有关法院的判决未申请认可，而是就同一案件事实另行向人民法院提起诉讼的，人民法院应予受理

C. 乙公司向人民法院提出认可申请后，甲公司向人民法院就同一案件事实提起诉讼的，人民法院应予受理

D. 当事人提出的认可申请被驳回后，再就同一案件事实向人民法院起诉的，人民法院仍可受理

45. 李某在内地某法院取得一项涉及王某的具有给付内容的生效民事判决。王某的主要财产在澳门，在内地也有少量可供执行的财产。根据《最高人民法院关于内地与澳门特别行政区相互认可和执行民商事判决的安排》，下列哪一选项是正确的？（2008 年四川试题）

A. 李某有权同时向内地与澳门有管辖权的法院申请执行

B. 李某向澳门法院提出执行申请的同时，可以向内地法院申请查封、扣押或者冻结王某的财产

C. 如澳门法院受理执行申请，它不能仅执行该判决中的部分请求

D. 该判决的执行应适用内地法律

46. 2006 年 3 月 21 日，最高人民法院公布《关于内地与澳门特别行政区相互认可和执行民商事判决的安排》。根据该文件规定，下列哪些选项是正确的？（2008 年四川试题）

A. 内地有关劳动争议案件的判决适用该安排

B. 澳门特别行政区有关劳动民事案件的判决适用该安排

C. 经裁定予以认可的判决，与被请求方法院的判决具有同等效力

D. 最高人民法院与澳门特别行政区终审法院不承担提供相关法律资料的义务

47. 外国公民张女士与旅居该国的华侨王先生结婚,后因感情疏离,张女士向该国法院起诉离婚并获得对其有利的判决,包括解除夫妻关系,以及夫妻财产分割和子女抚养等内容。该外国与中国之间没有司法协助协定。张女士向中国法院申请承认该离婚判决,王先生随后在同一中国法院起诉与张女士离婚。根据我国法律和司法解释,下列哪一选项是错误的?(2008 年试题)

A. 中国法院应依《最高人民法院关于中国公民申请承认外国法院离婚判决程序问题的规定》决定是否承认该判决中解除夫妻身份关系的内容

B. 中国法院应依前项司法解释决定是否执行该判决中解除夫妻身份关系之外的内容

C. 若张女士的申请被驳回,她就无权再提出承认该判决的申请,但可另行向中国法院起诉离婚

D. 中国法院不应受理王先生的离婚起诉

48. 甲国秋叶公司在该国法院获得一项胜诉的判决,并准备向中国法院申请执行。根据我国现行法律,下列哪些选项是正确的?(2008 年试题)

A. 该判决可以由当事人直接向我国有管辖权的法院申请执行

B. 该判决可以由甲国法院依照该国与我国缔结或共同参加的国际条约的规定向我国有管辖权的法院申请执行

C. 对外国法院判决效力的承认,我国采取裁定方式

D. 对与我国缔结司法协助条约的国家的法院判决,我国法院均应予以执行

49. 香港甲公司与内地乙公司订立供货合同,约定由香港法院管辖。后双方因是否解除该合同及赔偿问题诉诸香港法院,法院判乙公司败诉。依相关规定,下列哪一选项是正确的?(2009 年试题)

A. 如该合同被解除,则香港法院管辖的协议也随之无效

B. 如乙公司在内地两省均有财产,甲公司可向两省的有关法院申请认可和执行

C. 如甲公司向内地法院申请认可和执行判决,免除执行费用

D. 如甲公司向内地法院提交的文件无中文文本,应当提交证明无误的中文译本

50. 关于内地与香港民商事案件判决的认可与执行,根据内地与香港的相关安排,下列哪一选项是正确的?(2010 年试题)

A. 申请人向内地和香港法院提交的文件没有中文文本的,均应提交证明无误的中文译本

B. 当事人通过协议选择内地或香港法院管辖的,经选择的法院作出的判决均可获得认可与执行

C. 当事人之间的合同无效,其中选择管辖法院的条款亦无效

D. 当事人对认可和执行与否的裁定不服的,在内地可向上一级法院申请复议,在

香港可依其法律规定提出上诉

51. 当事人欲将某外国法院作出的民事判决申请中国法院承认和执行。根据中国法律，下列哪一选项是错误的？（2012 年试题）

A. 该判决应向中国有管辖权的法院申请承认和执行

B. 该判决应是外国法院作出的发生法律效力的判决

C. 承认和执行该判决的请求须由该外国法院向中国法院提出，不能由当事人向中国法院提出

D. 如该判决违反中国的公共利益，中国法院不予承认和执行

52. Y 国人朴某与中国人杨某在 Y 国诉讼离婚，杨某向中国某法院申请承认 Y 国法院的判决。中国和 Y 国之间没有关于法院判决承认和执行的双边协议，也没有相应的互惠关系，根据相关法律及司法解释，下列哪些判断是正确的？（2019 年试题）

A. 法院应依两国既无双边协议也无互惠关系，拒绝承认 Y 国的离婚判决

B. 若 Y 国离婚判决是在朴某缺席且未得到合法传唤情况下作出的，法院应拒绝承认

C. 若法院已经受理了杨某的申请，朴某向法院起诉与杨某离婚的，法院应当受理

D. 若法院已经受理了杨某的申请，杨某不得撤回其申请

53. 中国甲公司与日本乙公司的商事纠纷在日本境内通过仲裁解决。因甲公司未履行裁决，乙公司向某人民法院申请承认与执行该裁决。中日均为《纽约公约》缔约国，关于该裁决在中国的承认与执行，下列哪一选项是正确的？（2017 年试题）

A. 该人民法院应组成合议庭审查

B. 如该裁决是由临时仲裁庭作出的，该人民法院应拒绝承认与执行

C. 如该人民法院认为该裁决不符合《纽约公约》的规定，即可直接裁定拒绝承认和执行

D. 乙公司申请执行该裁决的期间应适用日本法的规定

54. 中国香港甲公司与内地乙公司签订商事合同，并通过电子邮件约定如发生纠纷由香港法院管辖。后因履约纠纷，甲公司将乙公司诉至香港法院并胜诉。判决生效后，甲公司申请人民法院认可和执行该判决。关于该判决在内地的认可与执行，下列哪一选项是正确的？（2017 年试题）

A. 电子邮件不符合“书面”管辖协议的要求，故该判决不应被认可与执行

B. 如乙公司的住所地与财产所在地分处两个中级人民法院的辖区，甲公司向这两个人民法院提出申请的，由最先立案的人民法院管辖

C. 如乙公司在内地与香港均有财产，甲公司不得同时向两地法院提出申请

D. 如甲公司的申请被人民法院裁定驳回，它可直接向最高人民法院申请复议

55. 李某与王某在台湾地区因民事纠纷涉诉，被告王某败诉，李某向王某在福建的财产所在地的中级人民法院申请认可台湾地区的民事判决。下列哪些选项可以成为中级人民法院拒绝认可的理由？(2009 年试题)

A. 案件为人民法院专属管辖

B. 人民法院已承认了某外国法院就相同案件作出的判决

C. 双方没有关于司法管辖的协议

D. 王某在本案中缺席且未给予合法传唤

56. 在甲乙两公司的涉外诉讼中，我国法院根据冲突规范认为应适用 A 国法律，但对于具体规则不了解。甲公司申请法学专家某教授向法院提供 A 国法律相关内容，乙公司对某教授的中立性保持质疑。根据我国相关法律，下列说法中正确的有哪些？(2021 年试题)

A. 甲公司应证明某教授的中立性

B. 某教授出庭所作陈述，可被视为甲公司的举证行为，具有证明力

C. 某教授可书面提供 A 国法律报告，无须出庭

D. 法院可依职权另行委托其他专家查明 A 国法

第十五章　国际商事仲裁法

[知识结构图]

- 国际商事仲裁法
  - 国际商事仲裁概述
    - 国际商事仲裁的定义
    - 国际商事仲裁的法律渊源
    - 国际商事仲裁机构
  - 国际商事仲裁协议
    - 仲裁协议概述
    - 仲裁协议的法律效力
    - 仲裁协议的有效要件及其认定
    - 仲裁协议的准据法
  - 国际商事仲裁程序
    - 仲裁规则
    - 仲裁规则的作用
    - 仲裁的基本程序
  - 国际商事仲裁裁决的承认与执行
    - 外国仲裁裁决承认与执行的条件
    - 外国仲裁裁决承认与执行的程序
    - 我国关于外国仲裁裁决承认与执行的法律制度

[内容导读]

国际商事仲裁以其自治、快速、经济、保密、专业、程序富有灵活性、一裁终局等优点而常被国际商业社会公认为私人解决国际商事纠纷的最为适当的方式。有效的仲裁协议构成国际商事仲裁的基础。确定仲裁协议的准据法并由适当的机构以此法律认定仲裁协议的有效性是必须解决的前提性问题。仲裁机构审理国际商事案件既需要解决程序法的适用问题也需要解决实体法的适用问题。仲裁机构作出的仲裁裁决，由于仲裁机构本身没有强制执行仲裁裁决的能力，如果当事人不自动履行，胜诉方就需要求助于法院强制执行。《中华人民共和国民事诉讼法》及其司法解释与《中华人民共和国仲裁法》（以下简称《仲裁法》）规定了我国承认与执行涉外仲裁裁决的制度，同时我国加入了联合国1958年《承认及执行外国仲裁裁决公约》（又称《纽约公约》），因而我国法院承认和执行该公约缔约国领土内作出的外国仲裁裁决主要是依据该公约进行。

[法律职业资格考试要点]

本章在考试中所涉及的要点有涉外仲裁协议的效力认定、涉外仲裁程序、外国仲裁裁决的承认与执行，其中包括承认和执行的程序以及对其效力的审查等。

第一节 国际商事仲裁概述

一、国际商事仲裁的定义

(一)仲裁的含义

仲裁的汉语解释为“争执双方同意的第三者对争执事项作出决定”。[①] 其对应的英文表述为“arbitration”,基本含义也是由双方当事人挑选的人进行的公断。仲裁作为一个法律概念,就是指“纠纷当事人在自愿的基础上达成协议,将纠纷提交非司法机构的第三者审理,第三者就纠纷居中评断是非,并作出对争议各方具有约束力的裁决的一种解决纠纷的制度、方法或方式”。[②]

(二)商事的含义

“商事”一词,虽然在国际商事仲裁的界定与实践中十分重要,但却没有一个明确的概念。多数国家尽可能对此作广义的解释。《国际商事仲裁示范法》对“商事”的注释是:“‘商事’一词应给予广义的解释,以便包括产生于所有具有商业性质的关系的事项,不论这种关系是否为契约关系。具有商事关系的关系包括但不限于下列交易:任何提供或交换商品或劳务的贸易交易;销售协议;商事代表或代理;保付代理;租赁;咨询;设计;许可;投资;融资;银行业;保险;开采协议或特许权;合营企业或其他形式的工业或商业合作;客货的航空、海洋、铁路或公路运输。”我国在加入 1958 年《纽约公约》时作出了商事保留声明,即“契约性和非契约性商事法律关系是指,由于合同、侵权或者根据有关法律规定而产生的经济上的权利义务关系,例如货物买卖、财产租赁、工程承包、加工承揽、技术转让、合资经营、合作经营、勘探开发自然资源、保险、信贷、劳务、代理、咨询服务和海上、民用航空、铁路、公路的客货运输以及产品责任、环境污染、海上事故和所有权等,但不包括外国投资者与东道国政府之间的争端”。

(三)国际的含义

各国对于商事仲裁是否属“国际”的认定,大体可分为两种标准:

1. 实质性连结因素标准

这种标准以双方当事人的国籍、住所或居所、法人注册地、公司管理地、仲裁地等实质性连结因素为依据,如果这些因素在不同国家,所进行的仲裁就是国际仲裁。

2. 争议的国际性质标准

这种标准主张,由于国际商事交易的多样性、广泛性和流动性,如果仅仅基于仲裁地点、当事人的国籍、住所或营业地这类简单的连结因素确定仲裁的国际性,往往有失偏颇,因而应该对争议的性质加以分析,如果争议“涉及国际商事利益”,为解决该争议

---

① 中国社会科学院语言研究所词典编辑室编:《现代汉语词典》(第 3 版)(修订本),商务印书馆 1996 年版,第 1633 页。

② 黄进、宋连斌、徐前权:《仲裁法》(第 3 版),中国政法大学出版社 2007 年版,第 1 页。

所进行的仲裁便是国际商事仲裁。

《国际商事仲裁示范法》第1条第3款将“国际”定义为：“一项争议是国际性的，如果1. 仲裁协议双方当事人在签订该协议的时候，他们的营业地位于不同的国家；或者2. 下列地点之一位于双方当事人营业地共同所在的国家之外：(1)仲裁协议中或根据仲裁协议确定的仲裁地；(2)商事关系义务的主要部分将在要履行的任何地点或与争议的客体具有最密切联系的地点；(3)双方当事人已明示约定仲裁协议的客体与一个以上的国家有联系。”美国、加拿大、法国、俄罗斯等国均采取了这种标准。

综上所述，国际商事仲裁(international commercial arbitration)可界定为当事人各方通过协议自愿将他们之间发生的具有国际性或涉外性的商事争议提交一名或数名仲裁员组成的仲裁庭，由该仲裁庭作出对当事人具有约束力的裁决的一种制度。

理论争鸣

有关国际商事仲裁的性质分歧

关于国际商事仲裁的性质，国内外学者从不同角度分别提出了四种理论，即司法权论、契约论、混合论及自治论。

1. 司法权论(jurisdictional theory)

司法权理论认为，国家对在其管辖领域内进行的一切仲裁具有监督和管理的权利。该理论虽然也承认仲裁源于当事人之间的协议，但同时却强调，在仲裁协议的效力、仲裁员的权利、仲裁员的仲裁行为以及仲裁裁决的承认和执行等方面，其权威性均取决于有关国家的法律，是国家承认和授权的结果。该理论还认为，裁判权是一种国家主权职权，只有国家才能行使审判权，如果没有仲裁地国家法律的授权，仲裁员是不能行使通常只能由法院或法官才能行使的权力的。只有仲裁地国家的法律允许当事人通过仲裁解决他们之间的争议，仲裁员才能像法院或法官一样从仲裁地法中取得此种权力和授权，仲裁裁决才能像法院判决一样具有强制执行力。在仲裁实践中，奉行此说的国家主要有德国、奥地利、意大利和埃及等。

2. 契约论(theory of contract)

契约论认为仲裁是基于当事人的意志和合意创立的，完全建立在当事人合意达成的仲裁协议的基础上，没有仲裁协议就没有仲裁。当事人双方不仅可以协议选择仲裁机构和仲裁地点，而且在仲裁规则和仲裁实质问题准据法的确定上，当事人也有较大的自主权。仲裁员也是由当事人直接或间接选定的，其权力不是源于法律，而是源于当事人的授权。仲裁员是当事人的代理人，他作出的裁决就是代理人为当事人所订立的契约，其约束力来自“当事人的合约必须信守执行”这一古训，当事人有义务自动执行，否则，胜诉方可将仲裁裁决作为一种合同之债，向法院申请强制执行。在仲裁实践中，奉行此说的国家主要有法国、荷兰等。

3. 混合论(mixed theory)

混合论试图兼采司法权论和契约论的长处。该理论认为，司法权论和契约论虽貌似对立,但却可以协调。也就是说,仲裁的司法性和契约性是同时存在的,并且不可分割。一方面,仲裁不能超越所有的法律体系,总存在一些能确定仲裁协议的效力和仲裁裁决可执行性的法律。另一方面,仲裁源于当事人的契约,仲裁员、仲裁程序规则和仲裁实质性问题的准据法的确定,主要取决于当事人的协议。

4. 自治论(autonomous theory)

自治论认为,仲裁制度是一种独创的制度,它摆脱了契约和司法权的观念,是一种超国家的自治制度。这种学说既反对将仲裁制度归结为纯司法性或纯契约性的制度,也反对混合论的观点,而主张不能把仲裁跟司法权或契约联系起来。判断仲裁的性质,仲裁实际上是超越司法权或契约的,具有自治性。他们把仲裁的产生和发展归功于商人们注重实效的实践的结果,是商人们首先在不顾及法律的情形下创设并发展了仲裁,而后才得到法律的承认。他们认为,仲裁中奉行的当事人自治原则,既不是基于仲裁的契约性,也不是基于司法性,而是基于仲裁制度的实际需要。仲裁协议和仲裁裁决之所以具有强制性,既不是因为契约,也不是因为执行仲裁协议或仲裁裁决的法院所属国法律的授权或让与,而是因为这是国际商业关系的基本需要或内在要求。

二、国际商事仲裁的法律渊源

国际商事仲裁作为国际民商事纠纷解决的一种方式,其法律地位及其效力均应受到包括国际法与国内法在内的法律规制。

(一)国际公约

1923 年,国际商会(International Chamber of Commerce,ICC)设立国际仲裁院并积极推进国际社会制定了两部关于国际仲裁的公约,即 1923 年日内瓦《仲裁条款议定书》与 1927 年《关于执行外国仲裁裁决的公约》。这两部公约的目的就是促进国际范围内承认仲裁协议与仲裁裁决。

国际仲裁领域最具影响力的国际公约当属由联合国主持制定的 1958 年《纽约公约》。该公约的宗旨就是统一承认与执行国际仲裁裁决的标准。其主要规定包括:(1)各缔约国应当承认当事各方所签订或在互惠函电中所载明的合同中的仲裁条款或仲裁协议的效力;(2)除公约规定拒绝承认与执行外国仲裁裁决的情况外,各缔约国应当承认与执行该项在外国作出的仲裁裁决;(3)公约规定了各国可以拒绝承认与执行的外国仲裁裁决的各项条件。

《纽约公约》后,国际社会制定了一系列关于国际仲裁的双边与多边公约。影响较大的是《解决国家与他国国民间投资争议公约》。此外,还有一些区域性公约,如冷战期间由联合国欧洲经济委员会主持制定的,旨在促进东西欧贸易的《欧洲国际商事仲裁公约》;1975 年由美洲国家主持制定,旨在承认与执行仲裁协议与仲裁裁决的《美洲国家国际商事仲裁公约》等。

(二)国内法

虽然自 1958 年《纽约公约》生效后,国际社会致力于统一国际商事仲裁的法律,但国内法仍然是国际商事仲裁的主要法律渊源。一些国家在其民事诉讼法中就仲裁作出专门规定,如《德国民事诉讼法》《法国民事诉讼法》《日本民事诉讼法》等;一些国家制定了专门的仲裁法,如 1926 年《美国联邦仲裁法》、1996 年《英国仲裁法》。这些仲裁法,既调整国内仲裁,也调整国际仲裁。也有些国家制定了专门调整国际商事仲裁的法律,如 1988 年制定的《埃及国际商事仲裁法案》。就内容而言,这些仲裁法主要涉及仲裁协议的效力、仲裁庭的权力、仲裁程序的进行、仲裁裁决的效力及仲裁裁决的承认与执行等。在过去,各国调整国际商事仲裁的法律差异较大,特别表现在法院与仲裁的关系规定上。但 1985 年由联合国国际贸易法委员会主持制定的《国际商事仲裁示范法》对许多国家的国内仲裁立法规定产生了较大影响,并使调整国际商事仲裁的国内法律日趋统一。

(三)仲裁规则

现在,几乎所有的仲裁法都授权国际商事仲裁的当事人在其订立的仲裁协议中可以约定仲裁应当适用的规则。大多数案件的当事人都会选择常设仲裁机构进行仲裁,而常设仲裁机构均有自己的仲裁规则。当事人在将争议提交这些常设仲裁机构时,若无相反的约定,就意味着适用该机构的仲裁规则。有些仲裁机构还专门规定当事人同意将其争议提交他们仲裁,其机构制定的仲裁规则就将自动适用。这样,仲裁规则就成为调整仲裁的第三种法律渊源。

仲裁规则规定仲裁的开始、仲裁员的选定、仲裁程序及仲裁裁决等事项。这些事项一般在仲裁法中会作出规定,但仲裁规则,特别是专门性仲裁机构的仲裁规则,较之仲裁法的规定,更具有针对性。

临时仲裁缺失常设仲裁机构所拥有的仲裁规则,同时,因临时仲裁的选用是在当事人纠纷发生后,此时当事人很难就仲裁规则达成一致。仲裁规则的缺失使得临时仲裁难以启动。为了解决这一问题,联合国国际贸易法委员会组织了来自不同法律制度国家的专家,于 1976 年制定了一套仲裁规则。当事人在选择仲裁时,通常选用该仲裁规则。可以说,此套规则已广泛应用于临时仲裁。

三、国际商事仲裁机构

国际商事仲裁可分为临时仲裁和机构仲裁。机构仲裁也称为制度性仲裁、常设仲裁,即当事人根据仲裁协议,将他们之间的纠纷提交给某一常设仲裁机构,在其管理下进行仲裁。机构仲裁,相比于临时仲裁,具有专业化管理、便于确定仲裁规则、便于选择仲裁员、裁决履行有司法支持以及可以进行缺席审理和作出缺席裁决等优点。[①] 国际上的国际商事仲裁机构既有全球性的,也有国别性的。历史悠久、较为知名的国际性商事仲裁机构有:设于国际商会下的国际商会仲裁院(the ICC International Court of Arbitration)、设于世界银行下的解决投资争端国际中心(International Center for Settlement of Investment Disputes,ICSID)、设于世界知识产权组织国际局下的世界知识产权组织仲裁与调解中心;我国以外著名的国内仲裁机构有:瑞典斯德哥尔摩商会仲裁院(Arbitration Institute of the Stockholm Chamber of Commerce,SCC)、英国伦敦国际

---

① 参见李双元等编著:《中国国际私法通论》,法律出版社 1996 年版,第 680 ~ 681 页。

仲裁院（London Court of International Arbitration，LCIA）、美国仲裁协会（American Arbitration Association，AAA）、瑞士苏黎世商会仲裁院（Court of Arbitration of the Zurich Chamber of Commerce）、新加坡国际仲裁中心（Singapore International Arbitration Center，S1AC）等。

相关链接

中国国际商事仲裁机构

1. 中国国际经济贸易仲裁委员会（China International Economic and Trade Arbitration Commission，CIETAC，从2000年10月1日起同时启用“中国国际商会仲裁院”名称）。CIETAC是中国国际贸易促进委员会（中国国际商会）属下的一个民间性的常设仲裁机构，成立于1956年，总部设在北京，并在深圳、上海、天津、重庆、杭州、武汉、福州、西安、南京、成都、济南、海口、雄安分别设有华南分会、上海分会、天津分会、西南分会、浙江分会、湖北分会、福建分会、丝绸之路仲裁中心、江苏仲裁中心、四川分会、山东分会、海南仲裁中心和雄安分会。仲裁会还在香港设立香港仲裁中心，在加拿大温哥华设立北美仲裁中心，在奥地利维也纳设立欧洲仲裁中心。

2. 中国海事仲裁委员会（China Maritime Arbitration Commission，CMAC）。CMAC是我国唯一受理国际或涉外海事争议的常设仲裁机构，总部设在北京。

3. 中国依《仲裁法》新组建的仲裁委员会。根据《仲裁法》第79条的规定，各地可以组建新的仲裁机构，与原有仲裁机构比较，新仲裁机构的最大特色是独立于行政机关，与行政机关没有隶属关系。如深圳仲裁委员会、北京仲裁委员会。

4. 香港国际仲裁中心（HongKong International Arbitration Centre，HKIAC）。HKIAC成立于1985年，该中心的仲裁事务分为本地仲裁和国际仲裁。本地仲裁是指争议双方当事人都是香港人的仲裁，适用《香港国际仲裁中心本港仲裁规则》。国际仲裁是指争议一方或双方当事人为非香港人的仲裁，适用《联合国国际贸易法委员会仲裁规则》。

第二节　国际商事仲裁协议

事例 15.1

中国 A 公司与德国 B 公司在合同中约定仲裁机构为设在巴黎的国际商会仲裁院，仲裁地为斯德哥尔摩，但对该仲裁条款应适用的法律未作约定。依我国现行司法解释，我国法院审查该仲裁条款效力时，应适用哪国的法律?

一、仲裁协议概述

(一)仲裁协议的概念

仲裁协议，是指双方当事人愿意把他们之间将来可能发生或者已经发生的争议交付仲裁的协议。仲裁协议既是争议双方当事人将争议提交仲裁的依据，也是仲裁机构受理国际商事案件的唯一依据。

(二)仲裁协议的种类

仲裁协议大致分为下列三种类型：

1. 仲裁条款。仲裁条款是在争议发生前，双方当事人在合同中所订立的将有关合同争议提交仲裁的条款。它不是独立的文件，而是主合同的一个条款，是当事人之间在争议发生之前所达成的将争议提交仲裁解决的约定。

2. 仲裁协议书，也称仲裁特约，是指在争议发生之前或之后双方当事人在自愿的基础上订立的同意将争议提交仲裁的一种独立协议，它独立于合同而存在。

3. 其他书面文件中包含的仲裁协议。当事人在往来函电及其他有关文件中达成的将争议交付仲裁的特别约定，如通过信件、电报、传真或其他电子传送系统达成的争议交付仲裁的协议，即属此类仲裁协议。

(三)仲裁协议的内容

仲裁协议无论以何种形式存在，一般包括下列内容：

1. 提交仲裁的争议事项。即将什么样的争议提交仲裁解决。各国法律都有属于仲裁管辖的事项的规定。超出规定的事项往往使得仲裁协议无效。同时，仲裁协议约定的仲裁事项也是对仲裁庭管辖权范围的一种限制。如果仲裁庭裁决的事项超出了该项协议的范围，则就超出协议规定范围的事项所作的裁决就不能得到法院的承认与执行。

2. 仲裁的组织形式。如双方同意由临时仲裁庭进行仲裁，应在仲裁协议中写明其组成；如双方同意提交某一常设仲裁机构仲裁，应在仲裁协议中写明仲裁机构的名称。

3. 仲裁地点。双方应在仲裁协议中写明仲裁机构的名称，以便明晰将来可能的仲裁机构，通常情况下，约定的仲裁地点就是仲裁机构所在地。

4. 仲裁适用的法律。仲裁机构进行仲裁时，通常情况下是依据协议选择的法律，因此,仲裁协议约定适用的法律非常重要。

5. 仲裁裁决的效力。由于各国对于仲裁裁决的效力规定存在差异,因此,在国际商事仲裁协议中有必要对仲裁裁决的效力予以约定,以免之后就仲裁裁决的效力发生争议。

具备上述内容的仲裁协议必须是经过双方当事人平等协商,自愿达成的协议,而且不能违背仲裁地国家法律中的强制性规定,也不应与仲裁地国家的公共秩序相抵触。

中国国际经济贸易仲裁委员会拟定的示范条款是:"凡因本合同引起的或与本合同有关的任何争议,均应提交中国国际经济贸易仲裁委员会,按照申请仲裁时该会现行有效的仲裁规则进行仲裁。仲裁裁决是终局的,对双方均有拘束力。"

理论争鸣

仲裁条款自治理论

国际商事仲裁协议中仲裁条款是否具有独立性问题,是指包含仲裁条款的某一国际商事合同的无效对构成合同一部分的仲裁条款的效力有何影响?合同中的仲裁条款是否因为主合同的无效而无效?这一问题非常重要,因为仲裁协议是仲裁制度存在和发展的基础。

目前,仲裁条款独立性理论受到了各国仲裁立法和司法实践以及大多数国际仲裁规则的充分肯定,并已在许多国家的国内立法和国际商事仲裁机构的仲裁规则中得到确认。1987 年《瑞士联邦国际私法典》第 178 条第 3 款规定:"不得以主合同无效或仲裁协议系针对尚未发生的争议为理由而对仲裁协议有效性提出异议。"1985 年联合国《国际商事仲裁示范法》第 16 条第 1 款规定:"仲裁庭可以对它自己的管辖权包括仲裁协议的存在或效力的任何异议,作出裁定。为此目的,构成合同一部分的仲裁条款应视为独立于其他合同条款以外的一项协议。仲裁庭作出关于合同无效的决定,不应在法律上导致仲裁条款的无效。"《国际商会调解与仲裁规则》第 8 条第 4 款规定:"如无另外规定,仲裁员不因有人主张合同无效或不存在而丧失管辖,如果仲裁员认为仲裁协议是有效的,即使合同本身可能不存在或无效,仲裁员仍应继续行使管辖权以确定当事人各自的权利,并对他们的请求的抗辩作出决定。"

1994 年《仲裁法》第 19 条第 1 款就规定:"仲裁协议独立存在,合同的变更、解除、终止或者无效,不影响仲裁协议的效力。"随后 1999 年 10 月 1 日生效的《中华人民共和国合同法》第 57 条又规定:"合同无效、被撤销或者终止的,不影响合同中独立存在的有关解决争议方法的条款的效力。"2021 年 1 月 1 日生效的《中华人民共和国民法典》第 507 条明确规定:合同不生效、无效、被撤销或者终止的,不影响合同中有关解决争议方法的条款的效力。这里的争议解决条款,当然也包括了使用仲裁方式解决争议的仲裁条款。

二、仲裁协议的法律效力

所谓仲裁协议的效力，是指一项有效的仲裁协议对有关当事人和机构的作用或约束力。关于仲裁协议的效力，学理及各国法律的相关规定基本一致。

(一)对当事人的法律效力

仲裁协议一经依法有效成立，即对当事人直接产生法律效力。双方当事人必须受仲裁协议的约束，任何一方不得将仲裁协议约定的争议事项向法院提起诉讼，并且不得擅自变更、撤销已成立的、有效的仲裁协议。

(二)对仲裁庭的法律效力

有效的仲裁协议是有关仲裁机构对约定的争议事项行使管辖权的依据，没有仲裁协议，一方当事人申请仲裁，仲裁庭无权受理。同时，仲裁庭的管辖权完全依赖于当事人双方所订立的仲裁协议。仲裁庭只能依仲裁协议约定的方式对当事人在仲裁协议中约定的事项进行仲裁，对仲裁协议约定范围以外的任何争议则无权仲裁。

(三)对法院的法律效力

一项有效的仲裁协议在赋予仲裁庭管辖权的同时，排除了法院对争议事项的司法管辖权。也就是说，任何一方当事人不得随意撤销已订立的仲裁协议，不得就仲裁协议中约定的事项向法院起诉，法院也不得受理有仲裁协议的争议。

(四)对裁决的承认和执行的法律效力

一项有效的仲裁协议是强制执行仲裁裁决的法律依据。

三、仲裁协议的有效要件及其认定

仲裁协议的效力是以其有效为前提的。仲裁协议的有效必须具备必要的条件。

(一)仲裁协议的有效要件

首先，仲裁协议必须采用书面形式。1958 年《纽约公约》与《国际商事仲裁示范法》均明确规定仲裁协议需采用书面形式。

其次，订立仲裁协议的当事人必须具备行为能力。一般而言，无行为能力的人所为的一切行为均无法律效力。据此，仲裁协议的一方或双方当事人如果在订立仲裁协议时无行为能力，那么所订立的仲裁协议即无效。如 1958 年《纽约公约》第 5 条第 1 款(甲)项规定，如果订立仲裁协议的“当事人依对其适用之法律有某种无行为能力情形者”，缔约国可以拒绝承认执行该仲裁裁决。

最后，仲裁协议约定的争议事项具有可仲裁性。争议事项具有可仲裁性，是指当事人订立的仲裁协议中约定的提交仲裁的事项，必须是有关国家法律所允许采用仲裁方式处理的事项。如果当事人约定提交仲裁的事项属于有关国家法律规定的不可仲裁的事项，则该仲裁协议无效。1958 年《纽约公约》第 2 条第 1 款明确规定仲裁协议提交的争议产生于“同某个可以通过仲裁方式解决的事项有关的特定法律关系”。除此以外，该公约第 5 条第 2 款还规定，如果根据仲裁裁决承认与执行地法律，争议事项系属不可仲裁事项，则该国可以拒绝承认与执行该裁决。我国 1995 年生效的《仲裁法》第 3 条规定，对于婚姻、收养、监护、扶养、继承纠纷，以及依法应当由行政机关处理的行政争议,不能仲裁。

（二）仲裁协议效力的认定机构

根据相关国际公约、国内立法及仲裁实践,有权认定仲裁协议效力的机构主要有下列几种。

1. 仲裁庭

许多国家的仲裁立法和国际条约都规定仲裁庭有权认定仲裁协议是否有效。如联合国国际贸易法委员会主持制定的《国际商事仲裁示范法》第16条第1款规定:“仲裁庭可以对它自己的管辖权包括对仲裁协议的存在或效力的任何异议,作出裁定。”

我国《仲裁法》第20条规定,当事人对仲裁协议的效力有异议的,可以请求仲裁委员会作出决定。并且此种异议,应当在仲裁庭首次开庭前提出。虽然我国《仲裁法》规定仲裁委员会有权作出决定,但在实践中,仲裁委员会常授权仲裁庭作出决定。如2022年《北京仲裁委员会/北京国际仲裁中心仲裁规则》第6条第4项规定:“本会或者本会授权的仲裁庭有权就仲裁案件的管辖权作出决定。仲裁庭的决定可以在仲裁程序进行中作出,也可以在裁决书中作出。”

在国际商事仲裁中,仲裁庭有权对管辖权异议作出决定是各国普遍接受的管辖权原则。该原则也称自裁管辖权原则。自裁管辖权原则对于仲裁庭来说,意味着它可以裁判自己的管辖权,作出管辖或者不管辖的决定,而不必等待法院判决。也就是说,如果当事人提出仲裁协议无效的抗辩,不需要中止仲裁程序把争议提交法院决定,而是由仲裁庭自己来决定。

2. 法院

法院对商事仲裁协议的效力进行认定,是国际社会的普遍做法。不仅如此,在仲裁庭或仲裁机构和法院的认定意见存在冲突时,将以法院的意见为准。

根据我国《仲裁法》第20条的规定,当事人对仲裁协议的效力有异议的,可以请求仲裁委员会作出决定或者请求人民法院作出裁定。一方请求仲裁委员会作出决定,另一方请求人民法院作出裁定的,由人民法院裁定。

四、仲裁协议的准据法

仲裁协议是国际商事仲裁的基础。有效的仲裁协议既是仲裁庭行使管辖权的依据,也是仲裁裁决具有执行力的法律基础。然而,由于各国法律对仲裁协议存在与否、生效条件等规定可能不同,仲裁协议因适用不同的法律而可能出现不同的结果。这样,仲裁庭和有关国家的法院将依据仲裁协议的准据法来确定仲裁协议存在与否及其效力等。仲裁协议的准据法主要通过下列几种方法确定。

（一）适用当事人选择的法律

仲裁协议作为当事人之间的一项合同,可以适用当事人意思自治原则解决法律适用问题,即适用当事人单独为仲裁协议选择的法律。这一做法已被英国、法国、瑞典等国家接受。但在仲裁实践中,当事人单独选择仲裁协议适用法律的情况极为罕见。

（二）适用主合同法律

英国法院基于仲裁条款构成附属于主合同的自治合同的观念,主张适用于仲裁协议的法律与适用于主合同的法律一致。这种做法也为一些学者所主张。

(三)适用仲裁地法律

当事人未明示选择仲裁协议的准据法时,国际上通行的做法是以仲裁地法或裁决地法作为仲裁协议的准据法。

《国际商事仲裁示范法》并没有就仲裁协议的准据法作出规定,但《纽约公约》接受了当事人可以选用仲裁地以外的法律作为仲裁协议的准据法。根据《纽约公约》第5条第1款(甲)项的规定,仲裁协议如果根据其当事人选定适用的法律,或在没有这种选定的时候,根据作出裁决的国家的法律而无效,被请求承认或执行的裁决可以拒绝承认或执行。

《中华人民共和国涉外民事关系法律适用法》对仲裁协议的法律适用作了专门规定,其第18条规定:“当事人可以协议选择仲裁协议适用的法律。当事人没有选择的,适用仲裁机构所在地法律或者仲裁地法律。”

第三节 国际商事仲裁程序

国际商事仲裁程序是规定如何进行仲裁的程序，是调整仲裁庭、仲裁协议的当事人，以及相关人员和机构之间关系应当遵循的程序。调整国际商事仲裁程序的规则既包括仲裁规则，也包括相关国家的仲裁法。

一、仲裁规则

国际商事仲裁的进行必须依据仲裁规则。仲裁规则是指规范仲裁进行的具体程序及此程序中相应的仲裁法律关系的规则。换言之，仲裁规则就是仲裁机构、仲裁员和仲裁参与人在进行具体仲裁活动时所必须遵守的准则。

（一）仲裁规则的确定

目前，仲裁实践中的仲裁规则主要以下列方式确定：(1)由仲裁机构制定。各仲裁机构都备有自己的仲裁规则。(2)由仲裁促进组织制定。如联合国国际贸易法委员会制定的《联合国国际贸易法委员会仲裁规则》，该规则在临时仲裁中得到广泛应用。(3)由当事人拟定。在机构仲裁中，有些仲裁机构明确规定，选择该仲裁机构的，就被视为选择适用其仲裁规则。如 2015 年《中国国际经济贸易仲裁委员会仲裁规则》第 4 条第 2 项规定，凡当事人同意将争议提交仲裁委员会仲裁的，均视为同意按照本规则进行仲裁。第 3 项规定，当事人约定适用其他仲裁规则，或约定对本规则有关内容进行变更的，从其约定，但其约定无法实施或与仲裁地强制性法律规定相抵触者除外。

（二）仲裁规则的具体内容

仲裁规则应具备的内容虽然没有统一的标准，但从国际仲裁实践看，一般应该涵盖如下内容：仲裁管辖，仲裁组织，仲裁申请、答辩及反请求的提出，送达，仲裁员的选定，仲裁庭的组成，审理程序，裁决的作出，等等。仲裁机构制定的仲裁规则，除这些内容外，通常对该机构的组成、职能等与具体仲裁活动密切相关的事项也作出规定。

二、仲裁规则的作用

仲裁规则用于调整仲裁的内部程序，是仲裁参与者的“内部法”。其作用主要体现在以下三个方面：

(1)为当事人提供了一套系统而又方便的争议解决程序。

(2)为仲裁机构、仲裁庭进行仲裁活动提供了程序规则。

(3)为仲裁的司法监督提供了重要依据。

三、仲裁的基本程序

仲裁程序因其所依据的仲裁法不同而不同。现结合我国 1994 年《仲裁法》和国内主要仲裁机构现行的仲裁规则的有关内容，介绍国际商事仲裁程序的主要环节。

（一）申请和受理

仲裁程序起因于当事人提出申请。根据《仲裁法》的规定，当事人申请仲裁应当符合下列条件:有仲裁协议;有具体的仲裁请求及所依据的事实、理由;属于仲裁委员会的受理范围。

当事人申请仲裁,应当向仲裁委员会递交仲裁协议、仲裁申请书及副本。仲裁申请书应载明下列事项:(1)当事人的基本情况。具体包括申请人和被申请人的姓名、性别、年龄、职业、工作单位、住所、联系方式等。当事人若是法人或其他组织的,则应写明其名称、住所和法定代表人或者主要负责人的姓名、职务及联系方式。如果申请人委托了仲裁代理人,则应提交授权委托书。(2)仲裁请求及所依据的事实(包括仲裁协议)、理由。(3)证据和根据来源、证人姓名和住所。

按照中国的仲裁法及实践,只有仲裁申请被仲裁委员会受理并发出仲裁通知,仲裁程序才真正开始。《仲裁法》规定,仲裁委员会收到仲裁申请书之日起5日内,认为符合受理条件的,应当受理,并通知当事人;认为不符合受理条件的,应当书面通知当事人不予受理,并说明理由。

(二)答辩与反请求

仲裁中的答辩,是指仲裁案件的被申请人为了维护自己的权益,对申请人在仲裁申请书中提出的仲裁请求和所依据的事实和理由进行答复和辩解的行为。所谓反请求,是指在仲裁程序进行中被申请人针对申请人提出的独立请求。答辩和反请求是仲裁过程中被申请人用以保障其利益的两种重要手段。

《仲裁法》规定,被申请人收到仲裁申请书副本后,应当在仲裁规则规定的期限内向仲裁委员会提交答辩书。仲裁委员会收到答辩书后,应当在仲裁规则规定的期限内将答辩书副本送达申请人。被申请人如不按期提交答辩书,意味着他自愿放弃了答辩的权利,不影响仲裁程序的进行。

在仲裁过程中,申请人可以放弃或者变更仲裁请求,被申请人可以承认或者反驳仲裁请求,有权提出反请求。一旦被申请人提出了反请求,申请人也有权对反请求进行答辩。同样,申请人未作答辩的,不影响仲裁程序的进行。

(三)财产保全

仲裁中,因另一方当事人的行为或其他原因,可能使将来的仲裁裁决不能执行或者难以执行的,可由一方当事人申请并经仲裁委员会转交,由有管辖权的中级人民法院根据《中华人民共和国民事诉讼法》采取限制特定财产处分权的保全措施。

按照《仲裁法》的规定,财产保全可由当事人于申请仲裁时或之后提出。应注意以下几个问题:(1)采取这种措施必须是因一方当事人的行为或者其他原因,可能使仲裁裁决不能执行或难以执行。(2)采取这种措施必须是仲裁案件的一方当事人向仲裁委员会提出财产保全申请,仲裁委员会对申请不加审查而径直将申请依法提交有关的人民法院。没有当事人的申请,仲裁委员会不能主动向人民法院申请财产保全。(3)人民法院采取保全措施,可以责令申请人提供担保,申请人拒绝提供担保的,驳回申请。(4)申请有错误的,申请人应当赔偿被申请人因财产保全所遭受的损失,仲裁委员会作为转交机构不承担任何赔偿责任。另外,仲裁中关于财产保全的其他事项,参照《中华人民共和国民事诉讼法》的有关规定处理。

(四)证据保全

仲裁中的证据保全,是指在仲裁程序进行过程中,证据所在地的中级人民法院对某些可能灭失或者以后难以取得的证据,经当事人申请并由仲裁委员会提交而采取的强制性保护、固定措施。根据《仲裁法》,需要采取证据保全措施的情况有两种:第一,证据存在失灭的可能。第二,证据以后难以取得。此外,有关证据保全的其他事项,参照《中华人民共和国民事诉讼法》的有关规定执行。

(五)仲裁庭的组成

仲裁庭有两种形式,即合议制仲裁庭和独任仲裁庭。我国《仲裁法》规定,仲裁庭可以由 3 名仲裁员组成,也可以由 1 名仲裁员组成;由 3 名仲裁员组成的,设首席仲裁员。

仲裁庭的组成程序主要包括两个步骤,即首先确定仲裁庭的形式,然后再确定仲裁庭的成员。(1)确定仲裁庭的形式。仲裁庭的组成形式应由双方当事人协商确定。只有当双方当事人在规定的期限内没有确定的,才由仲裁委员会主任根据具体情况来确定仲裁庭由 1 名或 3 名仲裁员组成。(2)选定仲裁员。仲裁庭的形式确定下来以后,就要确定具体的仲裁庭成员。仲裁员的确定也是以当事人的意愿为优先的。如果是独任仲裁庭,则仲裁员由当事人共同协商选定;如果是合议制仲裁庭,则双方当事人各自选定 1 名仲裁员,第 3 名仲裁员由双方当事人共同选定。上述委任仲裁员事宜,也可由当事人委托仲裁委员会主任进行。若当事人未在规定的时间内选定仲裁员或首席仲裁员,则仲裁委员会主任有权作出指定。仲裁庭一经成立,仲裁委员会的秘书处应迅速将案卷移交仲裁庭。

(六)仲裁员的回避

仲裁员在具有可能影响对案件公正审理和裁决的情况下,依照法律的规定,可以自行向仲裁委员会请求退出仲裁,或者根据当事人的申请退出仲裁。这就是仲裁员回避制度。申请仲裁员回避是仲裁当事人的一项重要权利。

1. 回避的理由

《仲裁法》规定了仲裁员必须回避的四种理由:是本案当事人或者当事人、代理人的近亲属;与本案有利害关系;与本案当事人、代理人有其他关系,可能影响公正仲裁的;私自会见当事人、代理人,或者接受当事人、代理人的请客送礼。

2. 回避的形式

仲裁员回避的形式有两种:(1)仲裁员自行回避。仲裁员发现自己具有法律规定的回避理由可能影响公正仲裁的,必须及时向仲裁委员会说明情况,并主动要求回避。(2)当事人申请回避。当事人如认为仲裁员具有法律规定的回避情形的,有权向仲裁委员会提出要求该仲裁员回避的申请。一旦当事人提出这样的申请,无论其理由成立与否,被异议的仲裁员可自行回避,这并不意味着仲裁员承认存在当事人提出的回避情形。当然,仲裁员也可不自行回避,而根据仲裁机构的决定行事。

3. 回避申请提出的时间

原则上,当事人一经发现仲裁员有须予以回避的事由,应立即提出,以免妨碍仲裁的顺利进行。按照我国《仲裁法》第35条的规定,当事人提出回避申请,应当说明理由,在首次开庭前提出;回避事由在首次开庭后知道的,可以在最后一次开庭终结前提出。

4. 对回避申请的处理

无论是仲裁员自行提出的回避请求,还是当事人提出的回避申请,都需要一定的机构或人员作出该仲裁员是否回避的决定。《仲裁法》规定,仲裁员是否回避,由仲裁委员会主任决定;仲裁委员会主任担任仲裁员时,由仲裁委员会集体决定。

5. 回避的后果

仲裁员回避并不导致仲裁程序终结。当事人应当依照《仲裁法》关于选定仲裁员的规定重新选定仲裁员,或者由仲裁委员会主任指定替代的仲裁员。重新选定或指定仲裁员后,当事人可以请求已进行的仲裁程序重新进行,是否准许,由仲裁庭视情况决定。仲裁庭也可自行决定已进行的仲裁程序重新进行。

(七)仲裁审理

1. 仲裁审理的原则

仲裁庭组成后,即进入仲裁审理阶段。仲裁庭对当事人提交的争议进行审理时,应遵循两条原则:第一,开庭原则。仲裁实践中,仲裁庭以开庭审理为原则,但也不排除书面审理。我国《仲裁法》规定,仲裁应当开庭进行;当事人协议不开庭的,仲裁庭可以根据仲裁申请书、答辩书以及其他材料作出裁决。第二,不公开原则。仲裁应在保密状态下进行,无论采用何种审理方式,不得向外界公开仲裁的情况。仲裁员、仲裁机构及秘书应当严格保守仲裁秘密,不得向外界透露任何有关仲裁案件的实体和程序情况。仲裁委员会的秘书人员也负有保密义务。当然,根据当事人的协议,仲裁也可以公开进行,但涉及国家秘密的除外。

2. 证据和举证责任

从申请仲裁到裁决,通常情况下,仲裁活动围绕着证据的提供、收集和审查判断展开。《仲裁法》没有规定仲裁中证据的种类,参照《中华人民共和国民事诉讼法》,仲裁中的证据包括:书证;物证;视听资料;电子数据;证人证言;当事人陈述;鉴定意见;勘验笔录。证据必须在仲裁审理中查证属实,才能作为认定案件事实的依据。

和民事诉讼的当事人一样,一般情况下,仲裁当事人对自己提出的仲裁请求或反请求(统称主张)有责任提供证据予以证明,如果不能举证,应当承担不利后果。但按照《仲裁法》,必要时仲裁庭也可以自行收集。需要强调的是,在收集证据时,仲裁庭认为有必要通知当事人到场的,应及时通知当事人到场;经通知仍有一方或双方当事人不到场的,仲裁庭调查事实和收集证据的行动不受影响。同时,不论是当事人提供的证据,仲裁庭自行收集的证据,还是鉴定书或专家意见书,只有得到仲裁庭采信的,才能成为裁决的依据。但所有的证据必须给予当事人充分的质证和发表评论的机会,否则即构成违反正当程序。

3. 开庭前的准备

中国的实践中,开庭审理较为普遍。为了顺利开庭,仲裁庭在开庭前必须做好准备工作。(1)通知当事人开庭的时间和地点。开庭时间一般由仲裁庭与秘书处协商确定。特殊情况下,当事人要求延期的,应在开庭前适当时间向仲裁庭提出申请,如有正当理由,仲裁庭可同意延期开庭。仲裁员如因特殊情况需要延期开庭的,也应提前通知仲裁委员会,并由后者通知当事人,新的开庭时间应尽快确定并通知当事人。关于开庭地点,《仲裁法》并无明确规定。一般理解,在中国仲裁中,当事人在仲裁协议中选择的仲裁委员会的所在地,即为开庭地点。若当事人约定了另外的开庭地点,可视情况从其约定。(2)开庭前的讨论。《仲裁法》没有明文规定仲裁庭应举行预备会议,但实际上,大多数仲裁庭通常会在一个适当的时间交换意见,大致确定开庭的方案及主要的需要注意及查询的问题。

4. 开庭审理

《仲裁法》对于仲裁庭开庭审理的程序的规定,较之《中华人民共和国民事诉讼法》的规定要灵活得多,它没有严格区分调查和辩论程序。比如,在调查中,可以穿插进行当事人的辩论。但是,无论庭审程序如何进行,一定要注意保障所有当事人充分陈述案件的权利。

开庭审理时,做好开庭笔录是记录人员的重要职责。《仲裁法》规定:仲裁庭应当将开庭情况记入笔录。当事人和其他仲裁参与人认为对自己陈述的记录有遗漏或者差错的,有权申请补正。如果不予补正,应当记录该申请。笔录由仲裁员、记录人员、当事人和其他仲裁参与人签名或者盖章。

一般来讲,一个案件通过一次开庭,不需要第二次开庭,即可作出裁决,审理终结。但有些案件案情比较复杂、涉及法律关系比较多、争议较大,或在第一次开庭后作出裁决前出现新的情况足以影响裁决的结果,必须进行第二次甚至数次开庭,其基本程序和第一次开庭并无大的不同,开庭日期、地点的通知及具体程序可视情况更灵活一些。

5. 书面审理

根据当事人的协议,仲裁庭可以只根据当事人提供的书面材料对案件进行审理并作出仲裁裁决。书面审理时,仲裁庭不举行聆讯,只凭书面材料对案件作出判断。通常,进行书面审理的都是争议金额小、案情简单、事实清楚的案件。书面审理的案件,同样必须给予当事人充分陈述案件的权利。

(八)和解与调解

一方当事人在申请仲裁后,有权随时与另一方当事人和解。和解既可发生在开庭当中,也可发生在庭审外,但它都是在没有仲裁庭主持的情况下,当事人自行达成的。和解将导致以下结果:第一,申请人可以撤回仲裁申请,仲裁委员会也可视情况决定撤销案件;第二,当事人可以请求仲裁庭根据和解协议制作仲裁裁决书,也可以依协议申请撤销案件,还可约定以仲裁规则不加禁止的其他方式结案。当事人达成和解协议,撤回仲裁申请后又反悔的,可以依据仲裁协议再次申请仲裁。

仲裁中的调解,是指各方经当事人同意,在仲裁庭的主持下,当事人在自愿协商和互谅互让的基础上达成一致意见,是解决纠纷的一种方式。从中国的仲裁实践看,调解有三种方式:第一,仲裁庭与各方当事人一起共同磋商。第二,双方当事人自己磋商,在达成一致意见后,将此意见告知仲裁庭。第三,仲裁庭与各方当事人分别磋商。当事人经调解对纠纷的解决达成协议的,仲裁庭应当根据协议的结果制作裁决书。

(九)裁决

仲裁庭认为案件已审理终结,即可作出裁决书。按照《仲裁法》,由3名仲裁员组成仲裁庭时,应按多数意见作出裁决,少数仲裁员的不同意见可以记入笔录;如果不能形成多数意见,应按首席仲裁员意见作出。《仲裁法》对作出裁决的期限未作明确规定,各仲裁机构的做法略有差异。《仲裁委员会仲裁暂行规则示范文本》第41条规定:仲裁庭应当在仲裁庭组成后4个月之内作出仲裁裁决,有特殊情况需要延长的,由首席仲裁员或独任仲裁员报经本仲裁委员会主任批准,可以适当延长。

相关链接

《仲裁法》关于裁决书的规定

按照我国《仲裁法》的规定,裁决书应当写明仲裁请求、争议事实、裁决理由、裁决结果、仲裁费用的负担和裁决日期。当事人协议无须写明争议事实和裁决理由的,可以不写。裁决书由仲裁员签名后,加盖仲裁委员会印章。对裁决持不同意见的仲裁员,可以签名,也可以不签名。当然,这些规定只列明了仲裁裁决书的主要内容,作为一份完整的仲裁裁决书,还应写明仲裁机构的名称和地址、裁决书的编号、双方当事人的基本情况、代理人的情况、仲裁庭组成情况、仲裁员姓名、审理过程及作出裁决的地点、裁决的履行期限等。如果在仲裁程序中有下列情况的,也应写明:仲裁委员会对案件管辖权作出决定的情况;采取保全措施的情况;作出部分裁决、中间裁决的情况;重要证据的质证,特别是仲裁庭自行收集证据、指定鉴定人进行鉴定等情况。此外,裁决书应注明是终局裁决,还是部分裁决、中间裁决。如果裁决书是根据和解协议和调解结果制作的,称为合意裁决,其内容可以较为简单,如当事人未有相反约定,只需根据和解协议和调解结果制作即可。

部分裁决在《仲裁法》中也称作先行裁决,它是仲裁庭在审理案件的过程中,查明了一部分事实或部分问题,为了便于继续审理其他问题和及时保护当事人的合法权益,就已查清的部分问题所作的裁决。在仲裁理论上,还有中间裁决或临时裁决之说,但《仲裁法》没有规定中间裁决或临时裁决。

裁决书自作出之日起发生法律效力。仲裁裁决生效后,任何一方当事人不得寻求改变裁决的内容,除非法律另有规定。但是,《仲裁法》规定,当事人在收到裁决书之日起30日内可就下列问题要求仲裁庭补正:一是文字错误;二是计算错误;三是已经交付仲裁但在裁决书中遗漏的事项。而对其他错误,包括对裁决本身的错误,仲裁庭则无权更正。

第四节 国际商事仲裁裁决的承认与执行

事例 15.2

中国甲公司与日本乙公司的商事纠纷在日本境内通过仲裁解决。因甲公司未履行裁决,乙公司向某人民法院申请承认与执行该裁决。中日均为《纽约公约》缔约国,关于该裁决在中国的承认与执行,人民法院应组成合议庭审查。

仲裁裁决作为仲裁庭就当事人提交仲裁解决的事项作出的决定,对争议各方具有法律上的拘束力。在国际商事仲裁中,大多数仲裁裁决能够得到自动履行,但在实际生活中,也存在败诉方不愿履行裁决的情形。此时,胜诉方就需要求助于相关法院强制执行。一国法院执行国际商事仲裁裁决分两种情形:一是执行本国的涉外仲裁裁决,二是执行外国的仲裁裁决。

对于外国仲裁裁决,还存在承认问题,即是否认可外国仲裁裁决的效力。承认外国仲裁裁决和执行外国仲裁裁决是既有联系又有区别的两个问题。承认外国仲裁裁决是指法院依法确认某一外国裁决在内国有可予执行的法律效力;执行外国仲裁裁决是指法院在承认外国仲裁裁决效力的基础上,依照本国法律规定的执行程序予以强制执行。承认一项外国裁决不一定必然导致执行该裁决,但执行一项外国裁决,其前提是内国法院承认该裁决的效力。各国的仲裁或相关立法均规定了承认和执行外国仲裁裁决的条件与程序。为了统一各国承认与执行外国仲裁裁决的制度,国际社会先后制定了 3 个承认与执行外国仲裁裁决的国际公约:国际联盟在 1923 年主持制定的《仲裁条款议定书》,1927 年主持制定的《关于执行外国仲裁裁决的公约》,以及 1958 年联合国主持制定的《纽约公约》。现在,《纽约公约》实际上已取代了前两个公约,成为目前国际上关于承认与执行外国仲裁裁决的最重要的国际公约。本节将依次介绍《纽约公约》的有关规定、各国承认与执行外国仲裁裁决的程序以及我国的相关制度。

一、外国仲裁裁决承认与执行的条件

《纽约公约》以排除的方式规定了承认和执行外国仲裁裁决的条件,如果被请求承认和执行的裁决具有公约规定的排除情形,则被请求执行国家有权拒绝承认和执行,即凡外国仲裁裁决有下列情形之一的,被请求承认和执行的机关可以依据仲裁裁决的执行义务人的请求和证明,拒绝予以承认和执行:(1)仲裁协议无效。(2)未给予适当通知或未能提出申辩。根据《纽约公约》第 5 条第 1 款第 2 项的规定,如果对作为裁决执行对象的当事人未曾给予有关指定仲裁员或者进行仲裁程序的适当通知,或者作为裁决执行对象的当事人由于其他情况未能提出申辩,则可拒绝承认和执行该项裁决。被申请人拒绝参加仲裁或者在仲裁中持不积极的态度,则认为被申请人是有意放弃其陈述案情的机会。在适当通知后,照常进行的缺席仲裁并不妨碍裁决的效力。至于当事人未能在仲裁过程中提出申辩,应该是指由于该当事人自身的过失以外的原因而使

他未能提出申辩。(3)仲裁庭超越权限。(4)仲裁庭的组成和仲裁程序不当。(5)裁决不具有约束力或已被撤销、停止执行。另外,根据《纽约公约》第5条第2款的规定,如果被请求承认和执行外国仲裁裁决的国家的主管机关,认为按照该国法律,有下列情形的,可以主动予以拒绝承认和证明:(1)裁决的事项属于不可裁决事项;(2)承认或执行裁决违反该国公共政策。

二、外国仲裁裁决承认与执行的程序

从各国立法实践看,承认与执行外国仲裁裁决的程序规定可分为三类:

一是将外国仲裁裁决作为外国法院判决对待。这种执行方式的条件之一就是申请承认和执行的当事人必须首先得到裁决作出地国法院的确认,确认该裁决在该国是可执行的,这实际上形成的是对仲裁裁决的双重审查,增加了当事人在申请执行上的难度和费用上的负担。除适用国际公约外,采此实践的国家主要有意大利、奥地利、西班牙、埃及、印度等。

二是将外国仲裁裁决作为合同之债对待。这是英美等国的做法,要求有关当事人提起一个请求履行仲裁裁决中规定的义务或请求损害赔偿的诉讼来获得在内国境内承认和执行外国仲裁裁决的执行令。

三是将外国仲裁裁决作为国内仲裁裁决对待。该程序把适用于执行内国仲裁裁决的规则扩大及于外国仲裁裁决的执行。德国、法国、日本、希腊、比利时等国采此程序。这是承认与执行外国仲裁裁决较为简便的程序。

三、我国关于外国仲裁裁决承认与执行的法律制度

(一)外国仲裁裁决在中国的承认与执行的承认制度

按照1991年《中华人民共和国民事诉讼法》第269条的规定及司法实践,国外仲裁机构的裁决,包括临时裁决,需要中国法院承认与执行的,应当由当事人直接向被执行人住所地或者财产所在地的中级人民法院申请,人民法院应当依照中国缔结或者参加的国际条约,或按照互惠原则办理。2021年修正后的《中华人民共和国民事诉讼法》第288条也作了同样的规定。我国参加了联合国1958年《纽约公约》,因而我国法院承认和执行该公约缔约国领土内作出的外国仲裁裁决主要是依据该公约进行。对于非缔约国领土内作出的仲裁裁决,只能按照互惠原则办理。而对于与中国没有缔结或参加有关国际公约,也没有互惠关系国家的仲裁机构作出的仲裁裁决,当事人可以以仲裁裁决为依据向中国有管辖权的人民法院起诉,并由其作出判决,予以执行。

根据1986年12月2日全国人民代表大会常务委员会《关于我国加入〈承认及执行外国仲裁裁决公约〉的决定》(《纽约公约》),1987年4月10日最高人民法院《关于执行我国加入的〈承认及执行外国仲裁裁决公约〉的通知》的规定以及2021年修订后的《中华人民共和国民事诉讼法》的有关规定,我国承认和执行外国仲裁裁决的现行承认制度包括以下内容:

1. 中国承认和执行外国仲裁裁决的范围

我国加入《纽约公约》时作了两项保留,即互惠保留和商事保留。根据互惠保留原则,我国只承认和执行在该公约对我国生效后另一缔约国领土内作成的仲裁裁决。而

对于在非缔约国领土内作出的仲裁裁决，不依《纽约公约》承认与执行。根据商事保留原则，我国仅对按照我国法律属于契约性和非契约性的商事法律关系所引起的争议适用该公约。所谓“契约性和非契约性商事法律关系”，具体是指由于合同、侵权或者有关法律规定而产生的经济上的权利义务关系，但不包括外国投资者与东道国政府之间的争端。

2. 申请承认执行的条件和程序

在实践中，根据《中华人民共和国民事诉讼法》关于发生在域外的事实和证据要求公证机关公证和认证的规定，对于当事人向我国法院请求承认和执行的裁决，当事人必须提供由我国驻仲裁地国家使领馆对裁决书正本的认证。

3. 当事人申请承认和执行的期限

1991 年《中华人民共和国民事诉讼法》第 219 条对申请我国法院承认及执行的仲裁裁决申请执行期限作出了规定，即双方当事人或一方当事人为个人的，应在 1 年内提出；双方为法人或其他组织的，应在 6 个月内提出。2021 年修正后的《中华人民共和国民事诉讼法》作了修改，该法第 246 条规定申请执行的期间统一为两年。

4. 管辖法院

对于当事人的申请，应由我国下列地点的人民法院管辖：(1) 被执行人为自然人的，为其户籍所在地或者居住地；(2) 被执行人为法人的，为其主要办事机构所在地；(3) 被执行人在我国无住所、居所或者主要办事机构，但有财产在我国境内的，为其财产所在地。

5. 法院的审查

我国有管辖权的法院接到被申请执行一方当事人的申请后，应对申请承认与执行的仲裁裁决进行审查。如果认为不具有《纽约公约》第 5 条第 1 款、第 2 款所列情形的，应当裁定承认其效力，并且按照民事诉讼法规定的程序执行，如果认定具有第 5 条第 2 款所列的情形之一的，或者根据被执行人提供的证据证明具有第 5 条第 1 款所列情形之一的，应当裁定驳回申请，拒绝承认与执行。

(二) 中国对外国仲裁裁决承认与执行的执行制度

依照《中华人民共和国民事诉讼法》及其司法解释与《仲裁法》的有关规定，中国对外国仲裁裁决在中国的承认与执行的具体规定主要包括：

1. 执行外国仲裁裁决的法院

根据 2021 年修正后的《中华人民共和国民事诉讼法》第 280 条与最高人民法院发布的《关于适用〈中华人民共和国仲裁法〉若干问题的解释》第 29 条的规定，当事人申请执行涉外仲裁裁决的，由被执行人的住所地或者被执行人的财产所在地的中级人民法院管辖。

2. 不予执行外国仲裁裁决的情形

我国《仲裁法》第 71 条、2021 年《中华人民共和国民事诉讼法》第 281 条第 1 款规定了人民法院拒绝执行涉外仲裁裁决的理由。根据该规定，被申请执行人提出证据证明裁决有下列情形之一的，人民法院裁定不予执行：(1) 当事人在合同中没有订立仲裁条款或者事后没有达成书面仲裁协议的。(2)被申请人没有得到指定仲裁员或者进行仲裁程序的通知,或者由于其他不属被申请人负责的原因未能陈述意见的。(3)仲裁庭的组成或仲裁的程序与仲裁规则不符的。(4)裁决的事项不属于仲裁协议的范围或者仲裁机构无权仲裁的。

对于外国仲裁裁决是否具有法定的不予执行的上述情形,由被申请执行人负举证责任,人民法院不主动进行审查。但人民法院对于执行仲裁裁决是否违背社会公共利益可以主动提出,2021 年《中华人民共和国民事诉讼法》第 281 条第 2 款规定,人民法院认定执行该裁决违背社会公共利益的,裁定不予执行。

仲裁裁决被人民法院裁定不予执行的,当事人可以根据双方达成的书面仲裁协议重新仲裁,也可以向人民法院起诉。

课堂讨论案例

中国 A 公司与甲国 B 公司签订货物买卖合同,约定合同争议提交中国 C 仲裁委员会仲裁,仲裁地在中国,但对仲裁条款应适用的法律未作约定。后因货物质量问题双方发生纠纷,中国 A 公司依仲裁条款向 C 仲裁委提起仲裁,但 B 公司主张仲裁条款无效。

[问]　根据我国相关法律规定,关于本案仲裁条款的效力审查问题,应该如何做为好,为什么?

法律职业资格考试真题

1. 2015年3月，甲国公民杰夫欲向中国法院申请承认并执行一项在甲国境内作出的仲裁裁决。中国与甲国均为《承认与执行外国仲裁裁决公约》成员国。关于该裁决的承认和执行，下列哪一选项是正确的？（2015年试题）

A. 杰夫应通过甲国法院向被执行人住所地或其财产所在地的中级人民法院申请

B. 如该裁决系临时仲裁庭作出的裁决，人民法院不应承认与执行

C. 如承认和执行申请被裁定驳回，杰夫可向人民法院起诉

D. 如杰夫仅申请承认而未同时申请执行该裁决，人民法院可以对是否执行一并作出裁定

2. 中国甲公司与外国乙公司在合同中约定，合同争议提交中国国际经济贸易仲裁委员会仲裁，仲裁地在北京。双方未约定仲裁规则及仲裁协议适用的法律。对此，下列哪些选项是正确的？（2014年试题）

A. 如当事人对仲裁协议效力有争议，提请所选仲裁机构解决的，应在首次开庭前书面提出

B. 如当事人将仲裁协议效力的争议诉至中国法院，应适用中国法

C. 如仲裁协议有效，应适用中国国际经济贸易仲裁委员会的仲裁规则仲裁

D. 如仲裁协议有效，仲裁中申请人可申请更改仲裁请求，仲裁庭不能拒绝

3. 中国和甲国均为《承认与执行外国仲裁裁决公约》缔约国。现甲国某申请人向中国法院申请承认和执行在甲国作出的一项仲裁裁决。对此，下列哪一选项是正确的？（2010年试题）

A. 我国应对该裁决的承认与执行适用公约，因为该申请人具有公约缔约国国籍

B. 有关中国投资者与甲国政府间投资争端的仲裁裁决不适用公约

C. 中国有义务承认公约缔约国所有仲裁裁决的效力

D. 被执行人为中国法人的，应由该法人营业所所在地法院管辖

4. 某国甲公司与中国乙公司订立买卖合同，概括性地约定有关争议由“中国贸仲”仲裁，也可以向法院起诉。后双方因违约责任产生争议。关于该争议的解决，依我国相关法律规定，下列哪一选项是正确的？（2009年试题）

A. 违约责任不属于可仲裁的范围

B. 应认定合同已确定了仲裁机构

C. 仲裁协议因约定不明而在任何情况下无效

D. 如某国甲公司不服仲裁机构对仲裁协议效力作出的决定，向我国法院申请确认

协议效力,我国法院可以受理

5. 关于仲裁裁决的撤销,根据我国现行法律,下列哪一选项是正确的?(2008年试题)

A. 我国法院可根据我国法律撤销一项外国仲裁裁决

B. 我国法院撤销涉外仲裁裁决的法定理由之一是裁决事项超出仲裁协议范围

C. 撤销涉外仲裁裁决的法定理由和撤销国内仲裁裁决的法定理由相同

D. 对法院作出的不予执行仲裁裁决的裁定,当事人无权上诉

6. 下列哪些机构是国际性的常设仲裁机构?(2002年试题)

A. 美国仲裁协会

B. 香港国际仲裁中心

C. 国际商会仲裁院

D. 解决投资争端国际中心

7. 上海甲公司作为卖方和澳门乙公司订立了一项钢材购销合同,约定有关合同的争议在中国内地仲裁。乙公司在内地和澳门均有营业机构。双方发生争议后,仲裁庭裁决乙公司对甲公司进行赔偿。乙公司未在规定的期限内履行仲裁裁决。关于甲公司对此采取的做法,下列哪些选项是正确的?(2008年试题)

A. 向内地有管辖权的中级人民法院申请执行该仲裁裁决

B. 向澳门特别行政区中级法院申请执行该仲裁裁决

C. 分别向内地有管辖权的中级人民法院和澳门特别行政区中级法院申请执行仲裁裁决

D. 向澳门特别行政区初级法院申请执行该仲裁裁决

8. 我国甲公司与瑞士乙公司订立仲裁协议,约定由某地仲裁机构仲裁,但约定的仲裁机构名称不准确。根据最高人民法院关于适用《中华人民共和国仲裁法》的解释,下列哪些选项是正确的?(2007年试题)

A. 仲裁机构名称不准确,但能确定具体的仲裁机构的,应认定选定了仲裁机构

B. 如仲裁协议约定的仲裁地仅有一个仲裁机构,该仲裁机构应视为约定的仲裁机构

C. 如仲裁协议约定的仲裁地有两个仲裁机构,成立较早的仲裁机构应视为约定的仲裁机构

D. 仲裁协议仅约定纠纷适用的仲裁规则的,不得视为约定了仲裁机构

9. 中国公司与新加坡公司协议将其货物买卖纠纷提交设在中国某直辖市的仲裁委员会仲裁。经审理,仲裁庭裁决中国公司败诉。中国公司试图通过法院撤销该仲裁

裁决。据此,下列选项中哪一项是正确的?(2005 年试题)

A. 中国公司可以向该市高级人民法院提出撤销仲裁裁决的申请

B. 人民法院可依“裁决所根据的证据不充分”这一理由撤销该裁决

C. 如有权受理该撤销仲裁裁决请求的法院做出了驳回该请求的裁定,中国公司可以对该裁定提起上诉

D. 受理该请求的法院在裁定撤销该仲裁裁决前须报上一级人民法院审查

10. 日本甲公司与中国乙公司将商事合同纠纷提交中国国际经济贸易仲裁委员会仲裁。根据我国法律和中国国际贸易仲裁委员会仲裁规则,下列哪些选项是正确的?(2021 年试题)

A. 两公司可约定仲裁地在新加坡

B. 如两公司未约定仲裁协议适用的法律,则应适用合同纠纷应适用的法律

C. 两公司可约定合同和仲裁协议分别适用瑞士法和中国法

D. 如仲裁庭在日本仲裁,应适用日本冲突规范确定应适用的实体法

11. 甲国 A 公司与中国某市 B 公司订立合同,约定合同纠纷由甲国乙市法院适用《中华人民共和国民事诉讼法》解决。后双方达成补充协议,约定合同纠纷除了可以向甲国乙市法院诉讼外,还可向中国某市仲裁委员会申请仲裁,但须适用甲国国际仲裁中心规则。后双方发生合同纠纷,根据我国相关法律的规定,关于该纠纷解决方式下列判断正确的是?(2021 年试题)

A. 可由甲国乙市法院适用《中华人民共和国民事诉讼法》解决

B. 可由甲国乙市法院适用甲国民事诉讼规则解决

C. 可由中国某市仲裁委员会适用 H 国国际仲裁中心仲裁规则解决

D. 可由中国某市仲裁委员会适用自己的仲裁规则解决

附录　参考答案

第一章

1. BCD　2. ABC　3. C

第三章

1. A　2. AD　3. A　4. A　5. D　6. D　7. B　8. C　9. B　10. C　11. B　12. C　13. AD　14. BD　15. C　16. BCD

第四章

1. BC　2. AC　3. CD　4. D　5. B　6. A　7. ABC　8. ABCD　9. ABC　10. AB

第五章

1. A　2. ABC　3. B　4. B　5. AB　6. B　7. C　8. C　9. BD　10. C　11. A　12. AC　13. ABCD　14. B　15. C　16. B　17. C　18. B　19. C　20. ACD

第六章

1. AD　2. C　3. D　4. B　5. BD　6. B

第七章

1. B　2. D　3. ACD　4. BD　5. A　6. BD　7. C　8. BD　9. ABCD　10. C　11. ABC　12. ABC　13. ABCD

第八章

1. D　2. AC　3. A　4. A　5. D　6. C　7. A　8. AC　9. AD　10. C　11. AD　12. D　13. BC

第九章

1. BCD　2. CD　3. B　4. AB　5. D　6. B　7. A　8. C　9. AB　10. C　11. BD　12. AC　13. B　14. CD　15. (1)BC　(2)AD　(3)ACD　(4)AB　16. BD　17. ACD　18. BCD　19. A　20. ABD　21. C　22. C　23. B　24. ABCD　25. AD　26. C　27. C　28. AC　29. D　30. C　31. A　32. AD　33. AC　34. D　35. B　36. B　37. A　38. B　39. A　40. C

第十章

1. D　2. CD　3. D　4. BD　5. D　6. B　7. ABD　8. D　9. BD　10. B　11. A　12. AD　13. C

第十一章

1. D 2. B 3. ABC 4. ABD 5. BCD 6. D 7. ABD 8. BD 9. D 10. AD 11. BCD 12. D 13. BC

第十二章

1. BC 2. AD 3. ABC 4. ABCD 5. B 6. BD 7. BD 8. A 9. D 10. A 11. ACD 12. BD 13. A 14. ABD 15. BD 16. AC 17. C 18. B 19. C 20. A 21. C

第十三章

1. ABCD 2. BD 3. B 4. C 5. CD 6. C

第十四章

1. B 2. D 3. ACD 4. ACD 5. ABCD 6. A 7. C 8. C 9. ABCD 10. C 11. B 12. CD 13. AB 14. ACD 15,C 16. C 17. B 18. AB 19. B 20. C 21. C 22. D 23. BD 24. ACD 25. A 26. CD 27. ABD 28. A 29. B 30. D 31. BCD 32. BC 33. BCD 34. BC 35. BC 36. ABCD 37. D 38. D 39. A 40. B 41. BCD 42. AC 43. D 44. BD 45. B 46. ABC 47. B 48. ABC 49. D 50. D 51. C 52. B 53. A 54. B 55. ABD 56. BD

第十五章

1. C 2. ABC 3. B 4. B 5. B 6. CD 7. ABC 8. AB 9. D 10. AC 11. B